2023年度国家出版基金资助项目
"十四五"时期国家重点出版物出版专项规划项目
中国建材工业智能制造研究与实践丛书

中国混凝土行业智能制造研究与实践

主编 师海霞 钟 伟 刘登贤

中国建设科技出版社有限责任公司
China Construction Science and Technology Press Co., Ltd.
北京

图书在版编目（CIP）数据

中国混凝土行业智能制造研究与实践/师海霞，钟伟，刘登贤主编. --北京：中国建设科技出版社有限责任公司，2025.9. --（中国建材工业智能制造研究与实践丛书/江源主编）. -- ISBN 978-7-5160-4620-3

Ⅰ.F426.91

中国国家版本馆 CIP 数据核字第 2025LL9779 号

中国混凝土行业智能制造研究与实践
ZHONGGUO HUNNINGTU HANGYE ZHINENG ZHIZAO YANJIU YU SHIJIAN
主编　师海霞　钟　伟　刘登贤

出版发行：	中国建设科技出版社有限责任公司
地　　址：	北京市西城区白纸坊东街 2 号院 6 号楼
邮　　编：	100054
经　　销：	全国各地新华书店
印　　刷：	北京印刷集团有限责任公司
开　　本：	787mm×1092mm　1/16
印　　张：	19
字　　数：	420 千字
版　　次：	2025 年 9 月第 1 版
印　　次：	2025 年 9 月第 1 次
定　　价：	**98.00 元**

本社网址：www.jskjcbs.com　微信公众号：zgjskjcbs
请选用正版图书，采购、销售盗版图书属违法行为
版权专有，盗版必究。本社法律顾问：北京天驰君泰律师事务所，张杰律师
举报信箱：zhangjie@tiantailaw.com　　举报电话：（010）63567684
本书如有印装质量问题，由我社事业发展中心负责调换，联系电话：（010）63567692

《中国建材工业智能制造研究与实践丛书》

总 策 划：佟令玫（经济日报出版社社长、中国建设科技出版社社长）

顾问委员会

顾　　问：杜善义（中国工程院院士）
　　　　　柴天佑（中国工程院院士）
　　　　　缪昌文（中国工程院院士）
　　　　　瞿金平（中国工程院院士）
　　　　　张联盟（中国工程院院士）
　　　　　彭　寿（中国工程院院士）
　　　　　董绍明（中国工程院院士）
　　　　　钟义信（发展中世界工程技术科学院院士）

主任委员会

主任委员：张广沛（中国建筑材料联合会监事长）
　　　　　王郁涛（中国水泥协会副会长兼秘书长）
　　　　　张佰恒（中国建筑玻璃与工业玻璃协会会长）
　　　　　齐子刚（中国石材协会常务副会长）
　　　　　孙建成（中国混凝土与水泥制品协会特别副会长）
　　　　　徐熙武（中国建筑卫生陶瓷协会副会长）
　　　　　胡幼奕（中国砂石协会执行会长）
　　　　　李卫国（中国建筑防水协会会长）
　　　　　韩继先（中国绝热节能材料协会执行会长）
　　　　　刘能文（中国木材保护工业协会会长）
副主任委员：曾令荣（中国建筑材料工业规划研究院院长/
　　　　　　　　　建筑材料工业信息中心主任）

叶德林（中国建筑卫生陶瓷协会副会长）
范永斌（中国水泥协会副秘书长）
杨晓东（中国砂石协会秘书长）
师海霞（中国混凝土与水泥制品协会副秘书长）
胡希宝（中国建筑防水协会副秘书长）
邓惠青（中国石材协会原副秘书长）
何　进（广东省玻璃行业协会会长）
万永宁（广东省玻璃行业协会原会长）
陈　林（广东省玻璃行业协会秘书长）
刘长雷（中国玻璃纤维工业协会秘书长）
韩玉杰（中国木材保护工业协会总工程师）

丛书编委会

主　　编：江　源（国家智能制造专家委员会委员/中国建筑材料工业规划研究院副院长/建筑材料工业信息中心常务副主任）

编　　委：王孝红（济南大学自动化研究所所长）
曾令可（华南理工大学材料科学与工程学院教授）
李如燕（上海第二工业大学资源与环境工程学院教授）
何　成（上海第二工业大学智能制造与控制工程学院教授）
钟　伟（中建西部建设股份有限公司企信部副总经理）
刘登贤（四川华西绿舍建材有限公司总工程师）
方立波（世邦工业科技集团股份有限公司总经理）
许武毅（中国南玻集团股份有限公司工程玻璃事业部原应用技术总监）
刘起英（中国玻璃控股有限公司总工程师）
陆思远（广东高力威机械科技有限公司总经理）
吴士慧（北京东方雨虹防水技术股份有限公司副总裁）
李　萍（新明珠集团股份有限公司智能制造与能源总监）
韩　文（景德镇陶瓷大学机械电子工程学院院长）
张进生（山东大学日照研究院院长）
张文进（中国建筑材料研究总院有限公司党委副书记、董事）
王　屹（南京玻璃纤维研究设计院有限公司党委书记、董事长）
于亚东（中国巨石股份有限公司信息技术中心主任）
欧荣贤（华南农业大学教授）

《中国混凝土行业智能制造研究与实践》编委会

顾　　　问：缪昌文（中国工程院院士）
主 任 委 员：孙建成　胡立志
副主任委员：刘华东
主　　　编：师海霞　钟　伟　刘登贤
副 主 编：韩冬阳　胡雅涵　申铁军
编　　　委：刘建云　朱敏涛　杨加敏　彭光裕　陈喜旺　徐　林
　　　　　　钟思凯　张湫昊　寇贞贞　胡迅诚　雷文锋　朱晓明
　　　　　　刘　离　马海平　张　鹏　董赛阳　易　于　高艳娜
　　　　　　王泽雨　陈　玉　章　博　徐　曦　颜小波　陶启权
　　　　　　谭东杰　袁英敏　严　军　江加标　马志华　欧阳东
　　　　　　宣世宏　石从黎　任会民　贾　嘉
指 导 单 位：中国混凝土与水泥制品协会
主 编 单 位：中国混凝土与水泥制品协会预拌混凝土智能制造产业化工作委员会
　　　　　　四川华西绿舍建材有限公司
参 编 单 位：金隅混凝土集团有限公司
　　　　　　上海建工建材科技集团股份有限公司
　　　　　　山东博硕自动化技术有限公司
　　　　　　三一重工搅拌设备公司
　　　　　　北京建工新型建材有限责任公司

上海思伟软件有限公司
广东恒利混凝土制品有限公司
上海法信投资控股有限公司
华东材料有限公司
重庆建工建材物流有限公司
砼联数字科技有限公司
中建西部建设股份有限公司
徐州中联混凝土有限公司
徐州利勃海尔混凝土机械有限公司

出版者的话

实现中国式现代化需要出版出力发力

如果你不是在工厂里工作，就会觉得制造业离我们很远，厂房里那些巨型的机器设备和复杂的工艺流程是我们普通人无法想象的。但其实制造业又离我们很近，我们居住的空间内，看得见的门窗、地板、吊顶、瓷砖、卫生洁具，等等；看不见的混凝土、水泥、砂石、保温材料、防水材料……这些无处不在、数不清的建筑材料正是由大量的生产加工企业经过各种不同工艺流程制造完成的，并被用于社会生活中的各类场景中，构成了可以给我们带来安全舒适体验的生活和工作空间。由此可见，社会生活与制造业的发展息息相关，而作为制造业重要组成部分的建材行业的高质量发展，也必将助力人民实现对美好生活的向往。

我国制造业的基础很好，是世界上唯一一个拥有联合国产业分类当中全部工业门类的国家，拥有41个工业大类、207个工业中类、666个工业小类，形成了比较独立完整的产业链体系。我国已成为世界第二大经济体、第一工业大国、第一制造大国，在国际分工的格局中，成为全球产业链中不可或缺的重要环节。

从制造大国向制造强国迈进离不开智能化。我国拥有支撑智能化的巨大互联网基本盘，截至2022年，我国网民人数已达10.67亿，成为全球规模最大的网络社会。从2012年到2021年，我国数字经济年复合增速达15.9%。移动物联网发展已经实现了"物超人"，物联网连接数量超过人联网数量，已建成全球规模最大、技术领先的光纤宽带和5G网络，形成全球规模最大、应用广泛、创新活跃、生机勃勃的网络社会。这些阶段性成果是我国推动网络应用从虚拟到实体、从生活向生产跨越的重要基础。

建材行业作为我国传统制造业的重要组成部分，进行智能制造数字化转型十分迫切。通过出版相关图书，实现建材行业最新成果转化，促进建材工业与信息化、智能化技术在更广范围、更深程度、更高水平上实现高质量融合发展，是我们策划《中国建材工业智能制造研究与实践丛书》的初衷。

"明者远见于未萌，知者避危于无形"。智能化的书最令人担心的就是"一旦出版就已落伍"，因此我们对这套丛书的前瞻性或超前性提出了特别要求，希望这套书可以帮您预见未来，可以带领您前行几步，可以告诉您一些您不知道的，达到"启发"的目的，所以我们在丛书名里加上了"研究"两个字，希望本书可以收录一些在实验室阶段的研究工作成果，这些成果虽然充满未知，但是有方向感。丛书名里的"实践"二字，则希望通过这套书充分展示行业成功的智能化案例，让这些"干货"可以再次用于指导实践，让更多企业照着做就可以，最终协助更多企业创造更多社会价值。

《中国建材工业智能制造研究与实践丛书》有幸入选"十四五"时期国家重点出版物出版规划项目和2023年度国家出版基金项目。在立项之初，我们提出了"坚持正确导向，代表国家水平，体现创新创造"的目标要求、坚持"一主线、两延伸、三融合"的编写原则。"一主线"指的是要以智能制造工艺过程中关键核心技术为主；"两延伸"指的是我们对于智能制造的理解要向前端和后端适度延伸，并且应该包括机器智能和平台智能两部分，既要牢牢把握住关键技术这个核心，也要向前端的需求分析、客户信息、订单处理、原材料采购和后端的营销、仓储、物流、服务等环节延伸，以体现机器智能和平台智能的完整性；"三融合"指的是工艺技术与新发展理念的融合、工艺技术和智能技术的融合、工艺技术与先进案例的融合。

如今，这套丛书在众多院士、专家、教授、专业技术人员和行业协会、建材企业的共同努力下陆续出版面世，作为服务建材行业的专业出版机构，我们深感欣慰。欣慰的是，丛书的出版适逢党的二十大胜利召开后的春天，也正是全国上下深入学习贯彻习近平新时代中国特色社会主义思想和党的二十大精神，并以中国式现代化全面推进中华民族伟大复兴的重要历史时期。出版的意义格外重大。

中国式现代化离不开建材产业的现代化，建材产业的现代化更离不开每一家企业的现代化，而智能化又是当下每一家企业实现现代化的重要路径之一。

实现中国式现代化需要出版出力发力。希望《中国建材工业智能制造研究与实践丛书》能够发挥好"十四五"时期国家重点出版物出版规划项目的优势，让专业图书更好发挥产业价值，真正惠泽行业企业，助力建材行业在实现中国式现代化的道路上行稳致远。

经济日报出版社社长、中国建设科技出版社社长

《中国建材工业智能制造研究与实践丛书》总策划

丛书序言

随着新一轮科技革命和产业变革深入发展，智能制造正引领全球制造业发展变革的方向，成为全球制造业科技创新制高点和全球经济发展新引擎。党的二十大报告提出，"推动制造业高端化、智能化、绿色化发展"，并将其作为建设现代化产业体系的一个重要着力点。作为制造强国建设主攻方向，智能制造是制造业实现质的有效提升和量的合理增长的有效途径，能够推动制造业产业模式和企业形态根本性转变，对于加快建设现代化产业体系、巩固壮大实体经济、促进我国产业迈向全球价值链中高端具有重要意义。

建材行业是支撑国民经济发展的重要基础原材料产业，发展智能制造是实现建材行业"宜业尚品，造福人类"发展战略的重要举措。近年来，我国建材行业智能制造取得了积极进展和明显成效，通过开展试点示范、培育系统解决方案供应商、探索建立标准体系等方式在智能制造领域取得了快速发展及明显成效，智能制造装备和先进工艺在建材行业不断普及，关键工艺流程数控化率大大提高。一是智能制造数字化转型政策不断完善，工业和信息化部发布了《建材工业智能制造数字转型行动计划（2021—2023年）》《原材料工业数字化转型工作方案（2024—2026年）》《建材行业数字化转型实施指南》等文件，对推动建材行业智能制造的发展起到了积极作用。二是智能制造标准成为建材行业推动智能制造的主要抓手，工业和信息化部发布了《建材行业智能制造标准体系建设指南》，成立了建材行业智能制造标准工作组，制定了一批建材行业智能制造标准。三是探索出一些具有代表性和示范效应的智能工厂，有多家建材企业入选智能制造试点示范项目。四是智能制造关键共性技术上取得了一定的创新突破，先进控制系统、工艺仿真优化等技术的应用逐步普及，工业互联网、人工智能、5G、云计算、大数据等新一代信息技术与建材制造技术的融合逐渐显露。

同声相应，同气相求。中国建设科技出版社联合众多院士、专家、教授、专业技术人员和行业协会、科研院所、建材企业，编写了《中国建材工业智能制造研究与实践丛书》，涵盖水泥、玻璃、建筑卫生陶瓷、混凝土、防水、机制砂石、玻璃纤维、石材、绝热节能材料等分册，对建材行业各细分领域智能制造发展现状、智能制造关键核心技术、生产工艺智能化应用、典型案例等展开系统地分析和阐释，针对建材工业各细分领域智能制造的发展路径提出许多前沿观点和建设性参考，并提出需要学界和业界进一步探索的问题，为建材行业智能制造发展贡献智慧力量。

独木不林，单弦不音。本丛书付梓面世凝聚了各方心血，是众多作者多年研究成果与工作经验的总结，充分展示了各领域关于智能制造研究与应用的最新成果和前沿进展，具有很高的学术前瞻性与工程实践性。丛书入选"十四五"时期国家重点出版物出版专项规划项目，并获得2023年度国家出版基金资助，不仅体现了国家对建材行业科技创新的高度重视，也彰显了建材行业有识之士的责任和担当。中国建设科技出版社为编辑出版精心谋划、鼎力投入，各位作者凝心聚力进行高水平创作，在此谨致谢忱。

期待《中国建材工业智能制造研究与实践丛书》的编撰、发布和应用，能够为从事建材工业智能制造的理论研究者、政策制定者和实践探索者提供良好的借鉴，促进行业管理部门、科研院所、广大企业之间的交流，助力智能制造人才培养，引领广大科技工作者协力推动智能制造重大科技创新和推广应用，为发展新质生产力，推进新型工业化，实施网络强国、数字中国、人才强国战略作出贡献。

国家智能制造专家委员会委员

序　言

随着新一轮科技革命和产业变革的到来，智能制造已成为全球制造业科技创新的制高点，发展智能制造也成为全球制造业变革的必然趋势。《"十四五"智能制造发展规划》《制造业数字化转型行动方案》《智能制造典型场景参考指引（2025年版）》《原材料工业数字化转型工作方案（2024—2026年)》等文件的陆续出台为我国的智能制造发展提供了指引。同时，智能制造也将成为新质生产力和新型工业化发展的重要引擎，正在深刻地改变着传统产业的面貌。

混凝土作为基础建筑材料之一，广泛服务于建筑、水利、交通、铁路等领域，为城市化建设以及各类基础设施建设提供重要的材料支撑。通过几十年的发展，行业具有了规模大、领域广、创新快的特点，可以说现代人的生活无时无刻都离不开混凝土所构建的设施和环境。近年来，行业在一批骨干企业的带动下创新能力不断提升，在材料科学和工程应用方面的许多创新成果达到了国际先进水平，并涌现出一批"专精特新"企业。行业正加快向绿色化、智能化方向转型，必将成为"中国建造"与"中国制造"的重要组成部分。

智能制造通过融合物联网、大数据、人工智能、机器人技术，正在深刻地改变混凝土行业的生态。它从"智能配合比优化"到"全流程自动化模式"，从"经验驱动"到"数字驱动"对生产模式进行着重大变革；从"质量监控"到"预测性质量分析"，从"事后检测"到"实时预防"为产品质量构筑一道牢固防线；从"智能物流调度"到"库存与采购优化"，从"粗放调度"到"智能协同"，是效率提升的利器；从"碳足迹追踪"到"废料循环利用"，从"模糊估算"到"精准减排"，是绿色低碳的精算师；从"智能混凝土服务"到"产业互联网平台"，从"卖产品"到"卖服务"，是行业商业模式的颠覆者。

在混凝土行业加速向智能化转型的关键时期，《中国混凝土行业智能制造研究与实践》一书的问世恰逢其时，其为行业发展提供了极具价值的指引与参考。一方面，混凝土行业虽已开启智能制造转型，但在技术应用、工厂建设和实践落地等环节缺乏系统性参考资料，本书通过整合行业优势企业的前沿成果与成功经验，帮助企业精准把握技术方向，解决实际转型难题；另一方面，本书通过系统梳理智能制造核心技术、智能工厂建设路径及关键环节解决方案，为行业构建统一的技术认知和实践标准，助力企业规避风险和降低成本。此外，书中丰富的典型案例，为企业提供可复制、可借鉴的转型范本，促进企业创新能力的建设，助力企业的转型升级。

我们有理由相信，《中国混凝土行业智能制造研究与实践》的出版将有力地推动混凝土行业的智能制造发展进程，势必将引导更多的企业积极投身于智能制造的变革浪潮中，通过技术创新、管理优化、场景赋能，实现混凝土行业的高质量、可持续发展，构筑更智能、更绿色、更具韧性的未来，为我国的新型工业化建设贡献重要力量。

中国混凝土与水泥制品协会 执行会长

2025 年 5 月

主编简介

师海霞，正高级工程师，中国混凝土与水泥制品协会副秘书长、预拌混凝土分会副理事长兼秘书长、预拌混凝土智能制造产业化工作委员会秘书长；曾从事混凝土及混凝土原材料研究、应用方面的技术工作，主编《预拌混凝土行业绿色工厂评价技术要求》等行业标准，参编《预拌混凝土单位产品能源消耗限额》等国家标准，主持编制《预拌混凝土智能工厂评价要求》等团体标准20项；发表《聚羧酸减水剂在高速铁路构件混凝土中的应用》《改善水泥混凝土本征特性的补偿收缩技术研究进展》《预拌混凝土行业智能制造与绿色发展方向思考》等论文18篇。

钟伟，中建西部建设股份有限公司企信部副总经理、预拌混凝土智能制造产业化工作委员会副秘书长、建材工业智能制造标准化工作组委员；获得"料仓管理系统""自动砂石测方仪"2项应用专利，"一种混凝土生产产业链动态智能优化方法及系统"等3项发明专利；发表《基于贝叶斯网络的预拌混凝土质量可靠度评价模型》等论文；主编的《预拌混凝土智能工厂评价要求》获2023年度中国混凝土与水泥制品协会"混凝土科学技术奖·标准创新类三等奖"，填补预拌混凝土行业数字化发展标准空白；主编《预拌混凝土行业发展智能化建议书》，首次系统剖析了混凝土行业智能化发展。

刘登贤，正高级工程师，四川华西绿舍建材有限公司总工程师；长期致力于预拌混凝土质量管理、技术研发及数智化建设，在高性能混凝土研发、绿色生产及智能制造领域做了大量工作；完成行业及地方标准编制10余部，在《混凝土》等期刊发表论文20余篇，主持或参与完成科研项目30余项，攻克多项行业难题；获2022年度中国混凝土与水泥制品协会"混凝土科学技术奖·科技进步类二等奖"，并获聘中国混凝土与水泥制品协会科技专家；多项科研成果在重庆陆海国际中心、成都天府国际机场、四川省肿瘤医院质子治疗中心等重大项目成功应用。

目 录

1 混凝土行业智能制造概述 /1

1.1 混凝土行业发展现状 /1
1.2 混凝土行业智能制造发展现状与趋势 /8

2 混凝土行业智能制造关键核心技术 /24

2.1 智能装备 /24
2.2 智能控制 /29
2.3 工业软件 /35
2.4 智能制造先进技术 /49

3 混凝土行业智能工厂建设 /54

3.1 混凝土智能工厂建设框架 /54
3.2 数字化基础设施建设 /60
3.3 混凝土智能工厂建设路径 /67

4 混凝土生产制造关键环节智能化解决方案 /79

4.1 原材料管理 /79
4.2 配料和搅拌 /88
4.3 智能取样 /93
4.4 检验和试验 /100
4.5 现场交付 /110
4.6 成品装车及品控 /118
4.7 安全能源环保管理 /120

5 混凝土企业智能制造典型案例　　　　　　　　　　　　　／127

5.1 华西绿舍产业协同智造应用案例	／127
5.2 华东材料智能工厂案例	／142
5.3 金隅混凝土集团有限公司试点（唐山任各庄站）数智化工场案例	／155
5.4 上海建工建材科技跃港预拌混凝土智慧厂站案例	／164
5.5 山东博硕智能化搅拌站建设案例	／179
5.6 常德市三一机械无人值守搅拌站案例	／193
5.7 北京建工新材数字化智慧管控平台案例	／211
5.8 上海思伟软件智能工厂解决方案案例	／225
5.9 广东恒利混凝土数智化经营管理模式案例	／239
5.10 上海法信控股混凝土搅拌站全流程数字化管理案例	／252
5.11 重庆建工公鱼砼数字工厂案例	／267
5.12 砼联科技混凝土智慧工厂案例	／278

1 混凝土行业智能制造概述

1.1 混凝土行业发展现状

1.1.1 我国混凝土行业发展历程

混凝土是应用最广、用量最大的工程结构材料，是支撑我国建设发展的关键性材料之一。我国是名副其实的混凝土生产和使用大国。经过多年的发展，尤其是改革开放以来，随着城市和基础设施的大规模开发和建设，我国混凝土技术取得了长足的进步，在制备技术和施工领域等很多方面已走在了世界前列，如三峡大坝混凝土工程总量超过2500 万 m^3，其工程量之大、混凝土要求之严、施工难度之高，堪称世界之最。又如广州西塔、杭州湾跨海大桥、上海中心、北京中国尊和奥运工程、天津 117 大厦和周大福大厦、青藏铁路桥隧工程、高速铁路、城市轨道交通等混凝土工程技术都已居世界领先水平。

我国混凝土行业的发展主要经历了以下三个阶段。

1. 第一发展阶段——预制混凝土兴起

第一个五年计划时期，我国在技术方面主要学习苏联，苏联的混凝土预制工业对于当时我国分散的手工的混凝土生产具有相当优势，一切都是新的，要掌握这一套技术在当时还是有一定的难度。

中华人民共和国成立后，我国最先进入了计划经济时代，整个国民经济都按计划、有步骤地进行，混凝土工业的生产和发展也完全是在统一的计划下完成的。为了掌握好这门新兴技术，国家派了相当数量的人员到国外进修、实习或留学。此外，还在几个著名高等院校，建立了全新的混凝土制品工艺专业。事实证明，我国培养的第一批混凝土专业人才对我国以后混凝土技术的发展起到了重要作用。

1955 年，北京在东郊百子湾动工兴建北京第一建筑构件厂。该厂的生产工艺参照苏联列宁格勒构件厂，采用机械化流水作业，从法国引进每小时产量 $50m^3$ 的混凝土搅拌站。1958 年，北京第一建筑构件厂正式投产，主要产品为混凝土屋面板和空心楼板。后来，又在旁边建造了一个新的车间。这个车间采用的是自动化程度更高的流水线法生产，模板底部有轮子，在隧道窑中按序向前推动，经过升温、恒温和降温三个区域按预定的养护制度养护。这种全机械化，自动化的连续生产工艺，即使在当时的苏联也算是先进的了。1958 年，位于北京西郊卢沟桥的北京第二建筑构件厂筹建，主要产品是混凝土空心楼板和桥梁构件。1958 年，位于北京东郊的十里堡构件厂成立，后改名为北京第三建筑构件厂，1980 年更名为北京住宅壁板厂，占地 500 亩（1 亩 $\approx 666.67 m^2$，下同），设计年生产能力 16 万 m^3，是北京装配式混凝土大板建筑的生产基地。该厂当时被誉为亚洲最大的预制构件厂或房屋工厂。后来，北京城建构件厂、中建一局构件厂、榆树庄构件厂陆续兴建。其间，上海、昆明、无锡、常州、沈阳、郑州、洛阳等地也先后建设了规模不等的预制构件厂，全国各大建筑公司和一些施工现场也建设了一批小型构件厂，基本形成了混凝土预制构件的一统天下。

在中华人民共和国成立初的 20 年里，我国混凝土工业的发展速度是惊人的。由于当时预制构件几乎是建造混凝土工程的唯一选择，因此只要有建筑工程的地方都建有预制厂，在预制构件发展的鼎盛时期，构件厂几乎到达了遍地开花的程度，小城镇，甚至农村都出现了小型预制厂。

就混凝土本身来说，预制构件生产采用的技术路线是干硬性（或半干硬性）混凝土加强振致密。在当时的技术条件下是减少水泥用量、提高强度、降低成本的唯一途径。从工艺上来说，也要求构件用混凝土坍落度越小越好，可以保证混凝土成型时不会坍陷（如空心板），并可尽量缩短构件加热养护前的静停时间。混凝土从分散小规模制造到预制构件工厂化生产，是很大进步，它满足了我国大规模基本建设的需要。这一个时期，成千上万的厂房、民用建筑、住宅都用预制构件作为主要承重构件建成，促使混凝土技术有了较大的发展，工厂全部实现了质量计量，混凝土再也不是水泥、砂、石和水简单混合，已基本形成了产业。随着研究的不断深入、完善，也形成了一个不断发展的技术领域，建立了一整套独具特色的生产和管理体系，培养了一大批技术和管理方面的专业人才队伍。

但是预制构件也有一定的缺点和局限性。首先，混凝土的发展很大程度上与计划经济的生产模式有着密切的联系，其产品型号、品种、规格相对固定和有限，一般称为标准构件。标准构件必须经设计、生产和使用各方共同认可，并经有关部门批准，因为只有这样设计单位在设计中采用的构件才能比较容易从构件厂得到供应。构件厂可以保持成批量生产，以随时满足市场的需求。如果采用非标准构件，就需要构件厂变更生产条件，或另外专门组织生产，成本上就要贵得多，因此一般的工程项目都按相关要求进行设计和生产。很多构件的型号甚至尺寸十多年不变。显然，预制构件不适用于大型的公共建筑和非标准化设计的建筑，从某些方面来说阻碍了技术的发展，并使建筑物体现不出各自的个性和特色。

此外就预制构件本身来说，也有一些缺点，尤其在民用建筑领域的使用方面。由于运输和起重能力的限制，构件的尺寸和质量都不能过大，这也是造成我国以前一些住宅建筑房间比较小，布局比较单调的原因之一。

因此，从20世纪70年代后期开始，我国出现了各种各样的以现浇混凝土为主体的建筑体系。例如北京前三门大街的住宅改造工程，整条大街的住宅建筑全部采用内浇外砌体系，从此打破了预制构件一统天下的局面。我国社会实行市场经济后，预制混凝土逐步衰减，最终被淘汰。预制混凝土的衰落大致有以下几个原因：一是预制构件结构体系受自身特点的限制，未能解决设计标准化与多样化的矛盾，难以适应人民生活水平日益提高和对建筑平面多样化及使用功能提升的要求；二是唐山大地震后，人们对建筑物的抗震安全性尤为关注，预制构件结构体系的整体性和抗震安全性不如现浇混凝土结构；三是机械化现浇混凝土施工技术迅速发展，施工速度加快，更适合于大规模的机械化施工；四是预制构件建厂投资大，产品价格高，加上运输、装配等费用，造成建筑造价增高，因此失去了市场竞争力，逐步退出了建筑市场，被混凝土现浇施工所代替。

2. 第二发展阶段——预拌混凝土异军突起

现浇混凝土结构在发展过程中逐渐显示体现出优越性，但如果以传统的技术和管理模式来组织施工，是无法满足工期和进度需求的，从某些方面来说也会是一种倒退。现浇混凝土生产厂家达不到预制构件厂的先进生产技术和管理水平，混凝土质量难以控制，且相关生产工具施工效率极低，这就要求混凝土的生产工艺必须作极大的改变。

预拌混凝土在我国的推广应用经历了一个既积极又稳妥的过程。20世纪80年代以后，经济建设的快速发展，对混凝土的需求量大大增加，混凝土技术亟须寻求新的突破。但是，预拌混凝土（包括泵送技术）在我国是否能够推广，通过什么途径来推广当时还存在着一些疑虑。首先，从混凝土本身来说，当时普遍掌握的是干硬性混凝土技术，而从预拌到泵送都需要大大增加混凝土的流动性，在技术层面上还有不少问题需要探讨和解决。其次，建造一个预拌混凝土厂（站）在当时还需相当大的投资，大部分设备需从国外进口。而当时外汇很紧缺，实施起来确实有很大的困难。此外，社会化供应以后新的供求关系如何确立、如何运作，成本上会有多少变化，预拌混凝土厂能不能取得利润，建设单位能不能接受等都是需要考虑的问题。总之，一系列的问题需要仔细考量。主管部门对这些问题相当重视，当时列了一系列的课题，逐条组织研究和解决。

在我国混凝土的发展历程中有两件事是起着比较大的推动作用的，一件是20世纪80年代初常州市建设局投资建立了我国第一个预拌混凝土厂，虽然当时的水平与现在不能相提并论（没有混凝土运输车，就用翻斗车改装运输混凝土），但是毕竟是运转了起来，有了市场，也有了利润。这无疑是为今后推广这一新事物提供了成功的经验，也树立了信心。正是这样，国家建设主管部门于1987年在常州召开了有12省市参加的"发展预拌混凝土座谈会"，充分肯定了这一新生事物和发展方向。另一件是上海在建设宝山钢铁股份有限公司时配套引进了预拌混凝土的成套设备和技术。他们不但在宝钢厂房建设中采用自己生产的混凝土，而且也在配套的房屋建筑，甚至市内的建筑工程中运用，使大家看到了全新的、从计算机控制的计量和搅拌系统、专用的运输车，到泵送入模的现代化施工技术。

有了典型经验，再加上科技人员在技术上也做了很多准备工作，以及我国第一部预拌混凝土标准颁布，推广预拌混凝土的各项准备工作均已就绪，发展时机逐渐成熟，我国进入了预拌混凝土发展时期。以后的发展速度出乎人们的意料，到1995年，我国80座城市已建成预拌混凝土厂（站）616座，预拌混凝土的年设计生产能力达6000万 m^3，实际年生产量2600万 m^3，占当年全国混凝土现浇量的7.6%。之后，预拌混凝土进入了发展高峰时期，到2005年全国预拌混凝土产量3.57亿 m^3，2017年达到18.68亿 m^3。20多年的时间，产量增加了近100倍。这样的发展速度在我国的其他行业是少有的。据不完全统计，到2016年，全国建有预拌混凝土生产厂11133家，从业人数超过500万人，成为支撑国民经济发展的一个重要产业。

我国预拌混凝土历年实际产量如图1-1所示（数据来源于中国混凝土与水泥制品协会）。

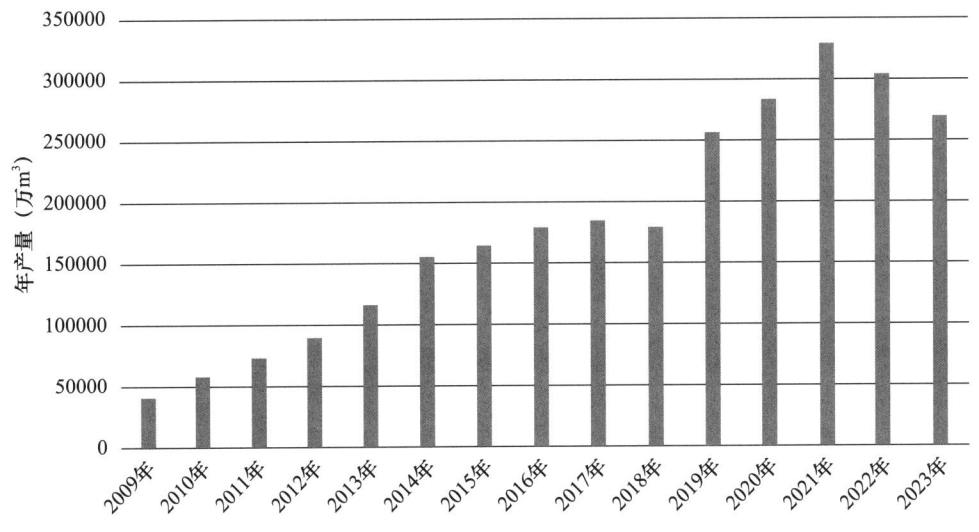

图1-1 我国预拌混凝土历年实际产量

回顾我国混凝土取得快速发展的主要原因有三点。

（1）市场的需求。首先，改革开放以后大规模经济建设需要巨大的混凝土数量；其次，混凝土（包括技术）适应了市场发展的特点，很快为市场所接受，后来又成为建筑市场所离不开的一个产品；再次，混凝土上马快，见效快，一般投资一个三四千万元的混凝土厂，五六年即可回收投资，原来担心的资金来源在发展过程中也得到了解决，促使混凝土快速发展。

（2）各级政府的大力支持。其中包括预拌混凝土作为重点推广的新技术之一，得到各方面力量的支持和推动。尤其是各大中城市从城市环保出发，明令禁止在市区分散进行混凝土生产作业，使得预拌混凝土在大中城市成为唯一符合当地法规的混凝土生产形式。

（3）预拌混凝土发展的基础和保障条件得到了充分发挥。其中包括预拌混凝土的生产、控制、运输和泵送设备我国已经完全可以自己生产，高效减水剂、掺和料的研发和供应以及一大批生产和管理人才队伍的形成，使混凝土的成本降低，质量提高，工艺、技术更加成熟，能够满足建筑施工的各种需求。

3. 第三发展阶段——预制和预拌混凝土协调发展

我国水泥工业和混凝土行业在快速发展的同时，也因能耗高、污染高、资源消耗高带来严重的负担，给国民经济可持续发展带来了严峻的挑战。在混凝土生产中实行节能、减排和增加环保措施就成为摆在人们面前的一项新的任务。混凝土行业也自然进入以减少自然资源和能源的消耗、保护环境、提高混凝土结构使用寿命，减少维护修补费用为目标，实现行业可持续发展的新阶段。在这种新形势下，国家适时提出了发展装配式建筑的规划和要求，并迅速推广，预拌、混凝土相得益彰、协调发展。这一时期混凝土主要特点有四个：第一，大量利用工业废料，减少资源消耗；第二，大幅度提高混凝土的强度和耐久性，推广应用高强和高性能混凝土；第三，全行业增强了环保意识，注重节能、减排和保护环境，实现混凝土绿色生产；第四，大力推广住宅产业化和装配式建筑，主要结构和装饰构、配件实行工厂化生产，使混凝土行业获得新的发展机会。

1.1.2 混凝土行业生产制造现状

1.1.2.1 混凝土产品分类

混凝土是当代最主要的土木工程材料之一，是由胶凝材料、颗粒状骨料（也称为集料）、水，以及必要时加入的外加剂和掺和料按一定比例配制，经均匀搅拌、密实成型、养护硬化而成的一种人工石材。目前，混凝土主要按胶凝材料、强度等级、表观密度、用途、生产和施工方法进行分类。

1. 按胶凝材料分类

根据混凝土所使用的胶凝材料可将混凝土分为无机胶凝材料系混凝土、有机胶凝材料系混凝土和无机与有机复合混凝土。其中，无机胶凝材料系混凝土包括硅酸盐水泥系混凝土、钙铝水泥系混凝土、石膏混凝土、镁质水泥混凝土、水玻璃氟硅酸钠混凝土等。有机胶凝材料混凝土包括沥青混凝土和聚合物水泥混凝土、树脂混凝土、聚合物浸渍混凝土等。无机与有机复合混凝土包括分聚合物水泥混凝土和聚合物改性水泥混凝土等。

2. 按强度等级分类

根据国家标准，混凝土的强度等级分为 C20、C25、C30、C35、C40、C45、C50、C55、C60、C65、C70、C75 和 C80 等。这些等级中的数字代表了混凝土的标准抗压强度（单位为 MPa），即混凝土在 28 d 龄期时所能承受的最大压力。强度等级越高，混凝土的抗压性能越好，适用于承载能力要求较高的场合。根据抗压强度等级，混凝土可分为普通混凝土、高强混凝土和超高强混凝土。其中，强度等级小于 C60 称为普通混凝土；强度等级 C60~C100 称为高强混凝土；强度等级大于 C100 的称为超高强混凝土。

3. 按表观密度分类

根据表观密度混凝土又可分为重混凝土、普通混凝土、轻质混凝土。其中，表观密度小于 1950 kg/m³ 的称为轻质混凝土，多采用轻质多孔的骨料或掺入加气剂、泡沫剂等形成多孔结构的混凝土，常用于轻质结构、保温隔热工程。表观密度为 1950～2500 kg/m³ 称为普通混凝土，主要以砂、石子为主要骨料配制而成，具有良好的可塑性和耐久性，广泛应用于各类建筑工程中。表观密度大于 2500 kg/m³ 的称为重混凝土，用特别密实和特别重的骨料制成的。如重晶石混凝土、钢屑混凝土等，具有不透 X 射线和 γ 射线的性能，常由重晶石和铁矿石配制而成。

4. 按用途分类

按用途可将混凝土分为结构混凝土、防水混凝土、高性能混凝土、大体积混凝土、水工混凝土、海工混凝土、道路混凝土、耐酸混凝土、耐热混凝土、透水混凝土、生态混凝土等。其中，结构混凝土是指在建筑工程中用于承担水平荷载和垂直荷载的一种混凝土，其主要特点是力学性能优异、施工工艺简便、使用寿命长久。在实际工程中，结构混凝土主要应用于墙体、柱子、梁、楼板等承重构件的制作。防水混凝土是指抗渗等级等于或大于 P6 级的混凝土，一般通过提高混凝土的密实度，改善孔隙结构，从而减少渗透通道，提高抗渗性。高性能混凝土是一种新型高技术混凝土，采用常规材料和工艺生产，具有混凝土结构所要求的各项力学性能，具有高耐久性、高工作性和高体积稳定性。大体积混凝土是指结构物实体最小几何尺寸不小于 1 m 的大体量混凝土，或预计会因混凝土中胶凝材料水化引起的温度变化和收缩而导致有害裂缝产生的混凝土。水工混凝土是指供经常性或周期性地受水作用的建筑物（或建筑物的一部分）所用的并能保证建筑物在上述条件下长期正常使用的混凝土。海工混凝土是专为海洋工程环境设计的一种特殊混凝土，它需要具备一定的特性和耐久性，以适应长期暴露在海水、波浪、潮汐等恶劣环境下的要求。道路混凝土是指专注于生产用于道路、桥梁、隧道等交通基础设施建设的混凝土。耐酸混凝土是一种特殊类型的混凝土，它被设计用来抵抗酸性物质的侵蚀，通常用于化学工业、废水处理设施、电池制造和其他可能接触到酸性环境的场合。耐热混凝土是指暴露于恒定或循环变化的高温中，因形成陶瓷类黏结产物而不会碎裂的混凝土。透水混凝土是由水泥、水、透水混凝土增强剂（胶结材料）掺配高质量的同粒径或间断级配骨料所组成，并具有一定空隙率的混合材料。将透水混凝土制成混凝土路面、护坡及其制品时，能取得排水、抗滑、吸音、降噪、渗水效果，可改善地表生态循环，利于行车交通安全，保护生活环境，解决由于大规模现代化城市建设带来的负面影响。生态混凝土也称植生混凝土，是由表面包覆一层水泥浆的粗骨料堆砌而成的具有多孔结构的特种功能性建筑材料，其内部存在大量连续孔隙并具有低碱特性。

5. 按生产和施工方法分类

按生产和施工方法可将混凝土分为预拌混凝土、现浇混凝土、喷射混凝土、碾压混凝土、离心混凝土等。其中，预拌混凝土是在搅拌站中按照一定比例混合好水泥、砂、石和水等原材料后，运送到施工现场进行浇筑，具有质量稳定、生产效率高等优点，是现代建筑工程中常用的混凝土类型。现浇混凝土是在施工现场将水泥、砂、石和水等原材料按一定比例混合搅拌后直接浇筑成型，适用于各种复杂形状和结构的建筑工程。喷射混凝土是利用压缩空气将混凝土喷射到需要修补或加固的部位上，形成一层致密的混凝土层，具有施工速度快、适应性强等特点，广泛应用于隧道边坡等工程领域。碾压混凝土是一种干硬性贫水泥的混凝土，使用硅酸盐水泥、火山灰质掺和料、水、外加剂、砂和分级控制的粗骨料拌制成无坍落度的干硬性混凝土，采用与土石坝施工相同的运输及铺筑设备，用振动碾分层压实。碾压混凝土坝既有混凝土体积小、强度高、防渗性能好、坝身可溢流等特点，又具有土石坝施工程序简单、快速、经济、可使用大型通用机械的优点。离心混凝土是一种通过离心工艺生产的混凝土，可以提高混凝土的密实度和强度。

1.1.2.2 混凝土生产制造工艺概述

混凝土作为现代建筑和基础设施建设中不可或缺的重要材料，其生产制造工艺涉及多个环节，从原材料的准备到最终的产品应用，每一步都至关重要，涵盖原材料的选择与准备、配合比设计、搅拌、运输及质量检测等多个方面（图1-2）。

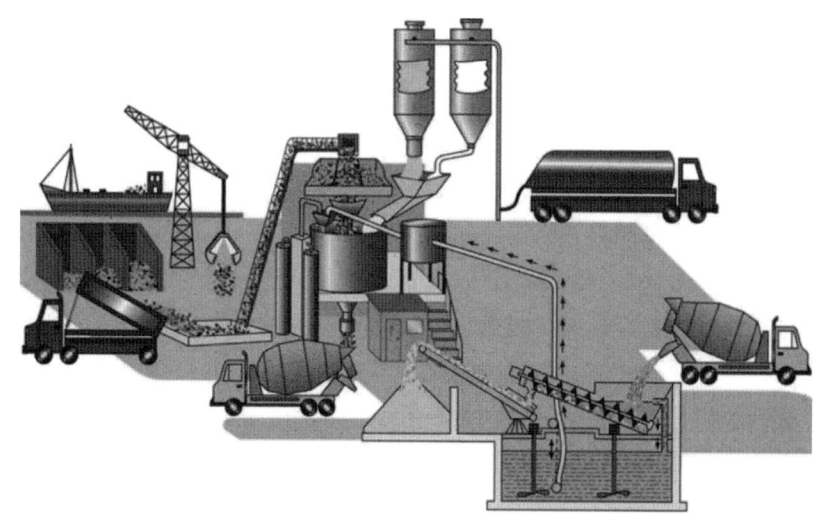

图1-2 混凝土生产制造工艺

1. 原材料的选择与准备

混凝土的主要原材料包括水泥、骨料（砂、石）、水以及根据需要添加的掺和料、外加剂等。这些原材料的选择和质量直接影响到混凝土的性能和品质。在混凝土生产前，需要对原材料进行严格的质量检验和控制。对于水泥，需要检测其强度等级、安定性、凝结时间等性能指标。对于骨料，需要检测其强度、硬度、粒径分布等性能指标；对于水，需要检测其清洁度和化学成分；对于掺和料和外加剂，需要检测其化学成分、物理性能等。这样才能确保原材料的质量和性能符合相关标准和工程要求。

2. 配合比设计

配合比设计是混凝土生产中的关键环节，决定了混凝土中各原材料的用量和比例。配合比设计需要根据混凝土的强度等级、工作性能、耐久性要求以及工程特点等因素进行综合考虑。在配合比设计中，需要采用科学的计算方法和试验手段，通过试配和试验确定最佳的配合比。此外，还需考虑原材料的波动性和施工条件的变化对混凝土性能的影响，以确保混凝土的性能满足工程要求。

3. 搅拌

搅拌是混凝土生产中的核心工艺之一。它将各原材料按照配合比进行混合，并使其形成均匀的混合物。搅拌过程需要严格控制搅拌时间、搅拌速度和搅拌方式等因素，以确保混凝土的质量和性能。一般而言，搅拌时间应根据混凝土的性能要求和搅拌机的类型进行确定；搅拌速度则应保证混凝土在搅拌机内得到充分搅拌；搅拌方式可采用强制式或自落式搅拌机进行搅拌。在搅拌过程中，还需注意原材料的顺序和投料方式，以确保混凝土搅拌均匀、质量稳定。

4. 运输

运输是将搅拌好的混凝土从生产地点运送到施工现场的过程。在运输过程中，需要采取必要的措施防止混凝土离析、分层和失水等现象的发生。常用的运输设备包括混凝土搅拌车、混凝土泵等。在运输过程中，应严格控制运输时间和运输距离，以减少混凝土的损失和性能变化。此外，还需注意施工现场的温度、湿度等环境因素对混凝土性能的影响，并采取相应的措施进行控制和调整。

5. 质量检测

质量检测是混凝土生产过程中的重要环节之一。它通过对混凝土原材料、配合比、搅拌、运输等各个环节进行检验和测试，确保混凝土的性能和质量符合工程要求。常用的检测方法包括混凝土强度试验、坍落度试验、抗渗性试验等。在质量检测过程中，需要采用科学的检测方法和设备，以确保检测结果的准确性和可靠性。同时，还需对检测结果进行统计和分析，以便及时找出问题所在并采取相应的措施进行改进和优化。

1.2 混凝土行业智能制造发展现状与趋势

1.2.1 混凝土行业智能制造的内涵

混凝土智能制造建设以客户服务为中心，将混凝土工厂以及上下游产业全要素、全过程与物联网、大数据、人工智能等现代信息技术深度融合，重塑混凝土的工艺流程、协作方式和商业服务模式，打造具备全面感知、柔性生产、便捷服务、科学决策、产业协同、绿色安全的新一代混凝土制造产业链。数字化与信息化技术应涵盖混凝土行业全产业链过程，实现混凝土原材料、生产、质量、供应、设备、安全和环保等的实时可控。

混凝土智能制造的特点主要包括以下几方面。

1. 管理数字化

主要是将原材料、生产过程、产品质量、交付过程、检测结果、能源消耗、设备状态、人员行为等物理状态信息利用互（物）联网技术进行实时、准确、自动的采集，实现对涵盖全要素、全过程的实时感知、高效管理能力。

2. 控制智能化

主要是将传统的主观经验、工艺异常、设备与质量波动等利用数据算法形成工业机理模型，能够对经营过程或生产过程的计划执行与实际执行进行差异化比较，并依据预案进行控制和调整，具备自我判断、自动报警、自我执行的能力。

3. 协同网络化

主要是打破固有的封闭式工厂，在下单、生产计划、调度、混凝土生产、结算、服务等多个维度与相关方（设计方、施工方、供应方、物流方、监控方）进行信息共享和交互，从而再造产业协同模式，提高协同效率。

1.2.2 混凝土行业智能化发展进程

自改革开放以来，特别是进入 21 世纪之后，我国混凝土行业得到了高速发展。面对国家供给侧结构性改革、环保安全新要求，混凝土行业传统高速、粗放式发展模式受到冲击，诸多问题不断出现，行业的高质量、可持续发展出现巨大挑战。数字化浪潮不断冲击、解构、重塑着各行各业，信息技术的应用也逐步对混凝土行业产生重要影响，行业内众多企业也进行了一系列、多维度的有益探索和实践。从发展历程来看，混凝土行业的智能制造发展从时间轴线上可划分为工业控制、信息化管理应用、系统集成、平台协同四个不同的发展阶段，总体呈现螺旋上升的发展态势。

1.2.2.1 工业控制阶段

在数字化、智能化快速发展之前，我国混凝土行业发展速度缓慢、技术落后，生产效率低下。例如，在混凝土搅拌过程中，曾经历手动搅拌和机械搅拌阶段。

手动搅拌阶段是指施工现场采用手工方式将水泥、砂、石子等按一定比例加水拌和，手动搅拌混凝土可以灵活地适应施工场地的不同需求，能够在很小的空间内进行搅拌。相比于机械搅拌设备，手动搅拌混凝土不需要大笔的投资，只需要购置一些简单的工具，成本较低。在手动搅拌混凝土的过程中，可以根据实际情况适当调整搅拌的强度和时间，但是手动搅拌混凝土需要工人们长时间地持续搅拌，劳动强度大，容易产生疲劳，且工人的搅拌强度、时间、频率等方面存在差异，难以保证混凝土的均匀性。

机械搅拌阶段是指施工现场，使用混凝土搅拌机把水泥、砂石骨料和水混合并拌制成混凝土混合料，机械搅拌混凝土的搅拌速度快，可以在短时间内完成搅拌，并且可以自动升降斗，提高效率。机械搅拌设备可以通过自动搅拌，保证混凝土的均匀性，可以通过计算机控制搅拌时间、搅拌速度等参数，精确控制混凝土的配合比。相比于手动搅拌混凝土，机械搅拌设备投入成本较高，且存在受场地限制、维修成本高等诸多问题。

工业控制阶段混凝土搅拌站逐步在企业应用，生产组织形式出现了较大变化，受工业控制技术出现的影响，混凝土生产控制逻辑实现了由人工搅拌向单片机、工控机控制搅拌的巨大飞跃。

1796年，英国人阿斯谱丁（J. Aspdin）发明了"波特兰水泥"和英国人派克（J. Parker）发明了"罗马水泥"之后，混凝土搅拌站随之诞生。早期，混凝土搅拌站搅拌形式采用单机搅拌，商品混凝土得到应用后才真正进入集中搅拌阶段。世界第一台商品混凝土搅拌站于1903年在施塔思贝尔建立，德国成为最早使用商品混凝土的国家。

混凝土搅拌站在我国起步较晚，到20世纪80年代中期，随着国民经济的迅速发展，混凝土搅拌站得到了快速发展。此时的搅拌站搅拌主机以单、双卧轴为主；称量以电子秤和机械电子秤为主；上料方式有胶带机上料、悬臂拉铲、提升斗上料等；控制系统有工控机、单片机等形式。至此，混凝土生产从人工搅拌走向工业逻辑控制。

1.2.2.2 信息化管理应用阶段

随着国家大力推进信息化建设，工业企业越来越关注自身组织运营、运行效率，与此同时，计算机技术得到普及，易学、易懂、易用的信息技术开发工具成为潮流，市场需求与信息技术出现了融合的趋势，各类应用级的信息系统如雨后春笋般出现。

2000年前后，混凝土企业开始应用信息系统，其主要为实现企业内部的生产组织、运营管理需要，受限于当时混凝土行业发展阶段，行业内的信息化应用主要以单站为主体，解决搅拌站自身运行管理需要。

随着"一企多站"的情况在混凝土企业中普遍出现，单一搅拌站的信息化应用难以解决多搅拌站协同、综合管理的问题，"孤岛"效应无法满足企业快速发展需要，由此出现了企业级信息化应用的产品。企业配置或部分配置并应用信息化管理系统、自动化生产工控系统、车载定位、可视化监控系统、OA无纸化办公流程管理系统，实现技术资料计算机出具、生产经营统计基本功能，办公流程无纸化审批功能，由此拉开了行业信息化分层设计、分层建设的序幕。混凝土企业在此阶段开展了大量的探索与实践，部署了符合企业发展阶段、符合公司管理需要的信息化应用系统，有效推动了企业治理能力、运营能力与服务能力的提升。但此时各系统模块之间未能实现连接（包括不能与财务系统连接），各系统的数据来源基本靠人工输入，人为干预多，数据的真实性不能得到保证。

1.2.2.3 系统集成阶段

随着行业集中度逐步提升，行业集团化企业不断出现，大跨域、多层级、管理链条长、信息传递效率低、管理约束信号衰减等企业痛点日渐凸显，多业务、多场景对"横纵集成"更加迫切。"问题导向"的业务驱动技术成为主流，集团化企业级的信息化应用随之诞生，通过构建多应用、多集成的信息化应用服务，较大程度地化解企业痛点问题，行业信息化整体水平得到大幅提升。

随着行业对智能制造的认知和探索不断深入，企业不再仅仅满足于点状化的系统建设，更对成套、成系统的解决方案提出了诉求。其间，混凝土行业诸多企业积极响应国家号召，从不同角度、不同维度、不同业务场景积极开展研究、论证与探索工作。行业企业普遍采用企业资源计划管理系统（Enterprise Resource Planning，ERP），与生产工控系统连接，实现数据自动读取采集；部分系统与财务管理系统、物资管理系统连接，可实现生产经营数据统计报表的自动导出，具备简单的历史数据统计分析功能，人为干预较少。

行业内的头部企业分别在工厂作业智能化、产品平台化、行业智能标准体系建设等方面积极作为，形成一系列面向具体场景、具体问题的数字化解决方案。同时，多家企业的建设成果列为工信部智能制造的试点示范项目。混凝土行业发展智能化已经不再是梦想，行业内企业正在行动，种种假设正在走入现实，取得的阶段性成果也正在改变着行业的发展模式、管理模式、组织模式。

1.2.2.4　平台协同阶段

"数字经济""平台经济"为行业智能制造发展提供了指引。在此阶段，混凝土行业智能制造围绕平台、智能、治理出现了多个分支的发展路径。这些分支演变正在更加饱满、细节地描绘出混凝土行业智能化的未来蓝图，不断支撑着混凝土行业智能制造在深水区的实践与发展。

以"平台经济"为指引，重点围绕产业链体系构建协同、共享的生态合作，通过运营为产业链上下游提供数字化服务，提升产业链效率，赋能产业链各方，实现产业链的便捷、高效。一是通过数据深度分析实现结果预测和判断，如通过大数据平台建立企业质量－成本关系曲线，实现成本数据化管理，在保持产品最优成本控制的同时减少质量管控风险；二是通过生产管理平台的应用和设备的升级，实现原材料预均化，提高产品质量稳定供应能力，实现混凝土运输过程实时监控调整，实现混凝土到达施工现场的状态保证满足要求；三是通过全市场层面协同，全面实现上下游信息贯通，达到个性化、自定义化服务要求，更好满足工程对混凝土技术要求。

面对日新月异的技术变革速度，结合混凝土行业发展的迫切需要，行业发展智能制造呈现百花齐放、多点突破的态势，从多个角度、多个维度进行推进，不仅着眼于眼前的具体问题，更应注意到新型工业化的深刻要求，从独立建设向协同发展的方向转变，有序有力地推动了产业升级。

1.2.3　混凝土行业智能制造发展现状

智能制造已成为混凝土行业等传统产业实现长久发展的必经之路，在政策、技术、市场"三轮驱动"下，混凝土行业迎来新的发展机遇。智能制造政策体系不断完善，为混凝土企业把握发展方向提供指引；数字技术迭代创新，为混凝土企业打造智能制造新型能力提供技术支撑；市场环境不断变化，为混凝土企业抢抓智能制造新赛道提供便利。

1.2.3.1　政策驱动把握混凝土智能制造新风向

为推进智能制造发展，我国政府出台了一系列政策，鼓励企业技术创新和转型升级，提高智能制造产业的综合实力和国际竞争力。目前，我国制造业智能制造政策体系日益完善，呈现"国家+行业+地方"系统推进、多维发力的政策格局，打造新型工业化"加速器"，加快构筑中国式现代化的强大物质技术基础。

国家层面，国家各有关部委牵头出台了一系列指导性政策，《"十四五"智能制造发展规划》《数字中国建设整体布局规划》《智能检测装备产业发展三年行动计划（2023—2025年）》《推动工业领域设备更新实施方案》等政策文件陆续印发，为我国制造业推进智能制造指明了方向。

行业层面，《"十四五"原材料工业发展规划》《建材行业智能制造标准体系建设指南（2021版）》《建材工业"十四五"发展实施意见》《建材工业鼓励推广应用的技术和产品目录（2023年本）》《建材行业稳增长工作方案》《原材料工业数字化转型工作方案（2024—2026年）》《建材行业数字化转型实施指南》等文件，指出建材行业智能化发展的方向和实施路径，有力推动混凝土行业智能制造迈上新台阶（表1-1）。

表1-1　我国国家及建材行业智能制造相关政策

	发布时间	政策名称	主要内容
国家	2021年12月	《"十四五"智能制造发展规划》	加快构建智能制造发展生态，持续推进制造业数字化转型、网络化协同、智能化变革
	2023年2月	《数字中国建设整体布局规划》	推动数字技术和实体经济深度融合，在农业、工业、金融、教育、医疗、交通、能源等重点领域，加快数字技术创新应用
	2023年2月	《智能检测装备产业发展三年行动计划（2023—2025年）》	突破发展一批前沿智能检测装备，升级换代一批通用智能检测装备，研制一批专用智能检测装备，改造升级一批在役检测装备
	2023年9月	《元宇宙产业创新发展三年行动计划（2023—2025）》	打造成熟的工业元宇宙，开拓虚实互促的制造业增长新模式
	2024年4月	《推动工业领域设备更新实施方案》	推动数控机床与基础制造装备、增材制造装备、工业机器人、工业控制装备、智能物流装备、传感与检测装备等通用智能制造装备更新
行业	2021年12月	《"十四五"原材料工业发展规划》	从"加快制造过程智能化""推动工业互联网赋能""夯实数字化支撑基础"促进原材料工业数字化转型，为建材工业的数字化发展提供了指引
	2021年12月	《建材行业智能制造标准体系建设指南（2021版）》	对建材行业智能制造标准体系结构、体系框架、基础共性标准、关键技术标准进行界定，指导成立标准工作组，完善智能化标准体系，推动智能制造标准有序发展
	2021年12月	《混凝土与水泥制品行业"十四五"发展指南》	加快向先进制造、服务型制造转型升级；加快生产、运输、施工过程数字化技术研发；全面采用信息技术重构企业生产管理体系；发展各类混凝土性能变化传感器技术

续表

	发布时间	政策名称	主要内容
行业	2022年9月	《建材工业"十四五"发展实施意见》	持续优化建材行业智能制造标准体系，加快混凝土等领域智能装备、智能矿山、智能工厂等关键技术标准与能力评价、参考模型等基础共性标准研制
	2023年4月	《建材工业鼓励推广应用的技术和产品目录（2023年本）》	包括"预拌混凝土工厂智能制造系统解决方案""加气混凝土工厂智能制造系统解决方案"等
	2023年8月	《建材行业稳增长工作方案》	加快研制一批重点细分领域智能装备、智能工厂、智能服务、智能赋能技术、集成互联等关键标准。推广建材行业鼓励推广应用的产品和技术目录，引导加快建材工业数字化转型、智能化升级
	2024年1月	《原材料工业数字化转型工作方案（2024—2026年）》《建材行业数字化转型实施指南》	混凝土及水泥制品行业。重点应用原料数字化管控、生产计划优化、混凝土搅拌车智能调度与配送、供应链数字化协同等系统解决方案

随着数字经济的快速发展，混凝土智能制造将成为扎实推进混凝土行业高质量发展的重中之重，各领域、各维度指导性、支持性政策文件将密集出台，形成推动混凝土行业智能制造的强大工作合力。一方面，国家级数字化、智能化行动方案的制定和发布，将构建具有前瞻性、系统性的政策体系，为混凝土企业开展转型实践提供指引；另一方面，"原材料工业－建材行业－混凝土行业"行业级智能制造政策体系逐渐成型，紧跟国家政策部署的步伐，完善相关工作方案及实施指南，全面促进混凝土行业数字技术与实体经济深度融合。

近年来，国内各省份持续推进区域内制造业数字化、智能化转型升级，加速打造智能制造数字化转型区域高地（表1-2）。江苏大力推进"智改数转三年行动计划"，聚焦16个重点先进制造业集群和50条重点产业链，完善并发布化工、钢铁、服装等12个细分领域"智改数转"实施指南。浙江布局"未来工厂＋产业大脑"建设，引导传统制造企业使用自主可控的技术装备和软件系统，采用系统工程理论方法，依托数字化车间、智慧工厂实现提质增效、转型升级。山东以"工赋山东"行动计划为抓手，把工业互联网作为"牵一发而动全身"的强力引擎，依托卡奥斯平台创新"1＋N＋X"赋能模式，不断做深垂直行业、做强特定领域，为制造业转型升级注入平台基因。江西积极面向制造业"把脉问诊"，通过开展产业数字化发展水平评价普查，摸清"基本面"、找准"关键点"，助力全省制造业数字化转型"对症施策"。各省市在混凝土等建材细分行业也出台了智能制造指导性政策，促进区域内混凝土行业智能化发展。

表 1-2　部分省市建材/混凝土行业相关政策

省市	政策名称	主要内容
江西省	《江西省建材工业智能制造数字化转型行动计划（2022—2024年）》	混凝土与水泥制品行业：重点推广应用原材料供应、制造执行管理、智能物流配送、在线质量监测的混凝土全产业链系统解决方案，以及集中搅拌分送、自动成型控制、智能码垛、制品智能养护的水泥制品系统解决方案
山东省	《山东省建材工业"十四五"发展规划》	促进行业生产方式智能化、无人化变革。推动智能感知、识别、定位、跟踪、管理
广西	《广西建材产业发展"十四五"规划》	鼓励企业开展智能工厂、数字矿山、工业机器人试点示范研究，推动工艺技术和装备向智能化转型，推进数字化车间、工业机器人、智能传感器、智能仪器仪表、在线检测设备、固体废弃物智能化分选装备、智能化除尘装备等应用
江苏省	《江苏省绿色建材产业高质量发展三年行动方案（2023—2025年）》	全面落实省政府智能化改造和数字化转型三年行动计划，加快推进建材企业智能化改造升级
安徽省铜陵市	《关于推进商品混凝土行业高质量发展的实施意见》	推广智能制造技术。鼓励应用预拌混凝土智能制造共性技术与装备，支持企业建设智能化的预拌混凝土搅拌站
湖北省	《关于推动预拌混凝土行业高质量发展的意见》	建设智能化预拌混凝土搅拌站，加快推动混凝土产业互联网平台建设，促进大数据、云计算、5G、物联网、人工智能等信息技术与行业深度融合，提升发展能级和智能制造水平
重庆市	《关于进一步促进预拌商品混凝土及预拌商品砂浆行业高质量发展的实施意见》	在原材料进场验收和产品出厂检验环节推广智能化检测技术，推动预拌商品混凝土（砂浆）生产、使用等过程的视频监控
广西南宁市	《南宁市预拌混凝土和预拌砂浆行业发展规划（2021—2025年）》	推广绿色智能制造技术，引进推广预拌混凝土和预拌砂浆智能制造技术和装备，建设智能化的预拌混凝土和预拌砂浆生产企业
贵州省	《贵州省"十四五"新型建材产业发展规划》	技术开发重点包括预拌混凝土制造执行管理、智能物流配送、在线质量监测等全产业链智能集成系统开发应用，混凝土制品及装配式建筑部品集中搅拌分送、自动成型控制、骨架焊接运送、成品养护等智能集成系统开发应用

1.2.3.2　技术驱动打造混凝土智能制造新能力

当前，新一轮科技革命和产业变革加速发展，大数据、人工智能、物联网等新一代信息技术与制造业融合程度持续加深，不断改变着制造业的生产方式、组织方式和发展模式。信息通信、先进制造、新材料和新能源等技术的创新加速和交叉融合爆发了新力量，数字化、网络化、智能化已经成为全球制造业发展的重要方向。智能制造加速融合创新，共性赋能技术体系逐步形成。智能制造赋能技术包括运营技术（OT）、信息与通信技术（ICT）和融合类技术。OT技术聚焦智能升级，通过数字传感器技术与数字控制等传统技术在 ICT 赋能下逐渐迈向智能化。工业互联网等 ICT 技术正成为智能工厂建设的重要技术设施，部分工厂已经开始探索构建 5G 网络等基建的落地应用。融合类技术重点围绕故障诊断、视觉识别等应用进行创新突破，聚焦典型制造场景的数据挖掘是当前智能制造示范工厂建设关注的重点技术领域。其中，大数据分析、视觉识别等人工智能技术已经成为智能制造赋能技术体系中探索最活跃、最核心的领域。

随着数字技术的持续迭代优化与应用场景拓展，人工智能、工业互联网、大数据等先进技术在混凝土等传统制造业的应用不断深化，也为企业带来转型升级新动力，使企业生产制造能力、创新发展能力、客户连接能力、管理决策能力、价值创造能力、产业链协同能力快速提升。

1. 数字技术提升混凝土企业智能制造能力

智能制造是制造企业高质量发展的必然途径。智能制造的核心在于实现制造过程的智能化，包括对制造数据的智能分析、对制造过程的智能控制以及对制造资源的智能优化。数字技术是智能制造的基础。"大智移云物区"等数字技术，通过数据要素使企业的运行体系加速变革，使资源配置和商业运营加快转变，推动了企业数字化转型。数字化转型改变了企业的生产行为，加快了信息化进程，实现了以销定产和个性化服务。数字化转型将数字技术融入生产经营中，降低了生产成本，提高了管理效率。数字技术突破了时空界限，改变了经营模式，同时提高了经营水平，衍生了包括平台化的新型企业组织。制造企业借助新兴技术手段和管理创新思想，提升智能化水平和有效决策能力，实现面向智能制造的转型升级。数字技术赋能生产制造，利用计算机图像及语音处理、工艺仿真、人机交互、智能决策等数字技术，基于生产全过程的智能化改造，实现制造企业价值链数字化和智能化重塑。智能工厂运营管理体系改进了传统数字化工厂模型，探索了基于工业大数据分析的自适应机制以及运维服务管理和自组织模式创新。智能工厂运用新一代信息技术，综合集成贯穿产品全生命周期的信息，实现工厂内外部、企业之间以及产业链上各环节之间制造和服务的协同化、网络化和智能化。

2. 数字技术强化混凝土企业创新发展能力

创新是推动制造企业高质量发展的核心动力。为了增强混凝土企业的发展动力，必须在混凝土生产制造各个环节创新，将数据资产融入现有的生产要素，进行全要素整合，提高全要素生产率，不断释放企业活力，创新企业文化，积累人力资源和文化价值内涵，提高经营管理效率。数字技术是企业创新能力的源泉。数字技术推动企业组织与"大智移云物区"等新一代数字技术融合，实现企业从"以技术为中心"向"以数据为中心"转变，实现全要素、全产业链和全价值链的连接，形成创新生态系统。数字技术有助于促进数据要素融通与共享，实现流程再造和优化，使流程运转更加智能，形成企业新的管理体系架构和管理能力。数字技术有助于构建混凝土智慧供应链，并深度融合工业互联网、物联网，使混凝土企业传统的供应链向智能和高效的生态系统演变，实现决策智能化、运营可视化、要素集成化和组织生态化管理。数字技术有助于搭建以"算力＋算法＋数据"为核心的要素体系，推进混凝土企业向平台化设计、智能化生产、网络化协同、个性化定制、服务化延伸和数字化管理等新模式新业态转型。

3. 数字技术催生混凝土企业客户连接能力

依托大数据和云计算等技术，混凝土企业可以搭建全渠道数字营销平台，实现用户数字化运营、营销费用优化、销售数据洞察等数字化营销服务，打通与客户之间信息渠道，实现全链路服务。通过智能化的大数据分析，企业可以深层次地了解市场发展趋势，能够精准地找到市场潜在的需求，由此提供新产品和新服务，将潜在的需求转化为现实需求。基于数据要素，企业由销售产品转向提供"产品＋数据＋延伸服务"。数字技术通过数据收集和分析、用户画像构建、模式识别与预测以及实时反馈与互动等方式，能够精准识别客户需求，并为企业提供更有效的市场策略和产品服务。数字技术在数据层、平台层和应用层赋能，进行大数据挖掘，分析消费者需求，获取消费者信息，利于企业巩固消费群体，提升品牌价值，形成数字品牌生态价值。

4. 数字技术提高混凝土企业管理决策能力

以商业智能（Business Intelligence，BI）为代表的信息系统是混凝土企业智能决策的关键能力系统，是制造企业高质量发展的价值中枢。大数据、物联网、移动互联网、云计算、区块链等新技术为管理变革和经营模式创新奠定了技术框架，管理决策由经验式的定性决策转变为数据优先的定量决策，提高了决策效率和质量。智能管理决策系统能够收集、整合、存储和分析各种商业数据，包括销售数据、客户数据、市场数据等。通过数据挖掘、深度学习及内置的智能算法和模型发现隐藏在数据中的商业机会，帮助企业提供各种决策支持，如市场预测、风险评估、优化建议等，实现企业的流程自动化、运营数字化和决策智能化，打造混凝土企业决策层面的数字识别能力、数字把控能力以及数字重构能力，相互作用促成企业数字化转型，推进企业的价值再创造。

5. 数字技术重塑混凝土企业价值创造能力

数字化变革触发企业价值创造的各环节发生改变，颠覆了传统的混凝土企业价值创造逻辑，成为重塑专精特新企业价值创造力的加速器，数字技术提供了新的管理赋能机制和管理范式，实现企业管理的数字化价值重构。数字化转型为企业提供了一种全新路径，使企业能够重新构建纵向和横向价值链，是高质量发展的推动力。其目的是增收、节支、高效、生态、共生、共存、共享和可持续发展。混凝土企业开展智能制造就是利用新兴数字技术和智能技术挖掘数据价值，实现企业价值决策和增长，其核心是技术赋能管理获取高效率的管理模式，建立基于数字技术的核心竞争能力。数字技术从广度和深度上优化了价值管理流程，提高了企业的运营效率和竞争力。

6. 数字技术增强混凝土企业产业链协同能力

数字技术通过自动化与智能化生产、定制化与个性化生产、数字化供应链管理以及产业协同与生态共建等方式，正在深刻改变制造企业的生产方式，进而提升整个产业生态的价值，不仅有助于提高企业自身的竞争力和盈利能力，还有助于整合供应链上的各个环节，提高供应链的透明度和协同效率，降低运营成本，推动整个产业的创新发展和转型升级。数字技术促进了制造企业之间的产业协同和生态共建。通过构建数字化平台和生态系统，混凝土企业可以与砂石料、水泥、外加剂等原材料供应商等上游企业和基础设施建设、房地产开发等领域的下游企业实现资源共享、技术合作和市场拓展等，形成互利共赢的产业生态。这不仅可以提高企业的创新能力和市场竞争力，还可以推动整个产业转型升级和可持续发展。在数字生态、产业生态和创新生态的共同作用下，依托数字技术的创新应用与产业生态圈的深度融合，构建产业链群生态体系，推动产业转型升级和高质量发展。

1.2.3.3　市场驱动抢抓混凝土智能制造新赛道

从产业实践看，大、中、小企业积极开展智能制造，将加速形成"万企竞发、同频共振"发展格局。我国坚持分类推进原则，面向大型企业、中小企业制定不同工作方案，协同推动大中小型制造业企业智能制造、数字化转型。持续面向大型制造业企业遴选"智能制造示范工厂""智能制造优秀场景""智能制造标准应用试点项目""智能制造系统解决方案揭榜挂帅项目""数字领航"企业等先进典型，形成了一批技术实力强、业务模式优、管理理念新、质量效益高的智能制造标杆。在工业和信息化部的指导及国家智能制造专家委员会的支撑下，"智能制造进园区"活动已在全国多个省市开展，为企业开展智能化、数字化转型升级排忧解难。随着智能制造数字化转型的深入实施，我国制造业大型企业和中小企业转型升级进程将同步加速，形成"万企竞发、同频共振"良好发展格局。一方面，随着新一代信息技术与制造业融合发展示范的深入实施，我国将涌现更多"数字领航"企业，并先行探索工业元宇宙、工业大模型等前沿技术的应用模式；另一方面，随着中小企业数字化赋能专项行动的持续推进，小型化、快速化、轻量化、精准化的数字化解决方案供给体系将不断完善，有效降低中小企业转型成本和难度，全面激发中小企业转型动力和发展活力。

从商业模式看，软件重新定义产品价值构成，深刻重构混凝土企业与用户之间的关系。众多制造业企业在开展智能制造的过程中，将场景可感知、功能可迭代的软件嵌入到传统产品中，以软硬件深度耦合的方式重新定义产品价值构成，并积极探索长期可持续的新型商业模式，出现了自诊断混凝土、温度自调节混凝土、仿生自愈合混凝土等产品。随着数字技术的发展，混凝土企业将逐步打破传统制造模式、生产方式和产品形式，更多企业将在传统产品中植入软件系统，基于使用场景、环境参数等关键信息自动优化产品功能，探索可持续、可升级的商业模式。同时，企业将应用各类软件系统对所采集的用户需求数据进行分析利用，以用户需求逆向驱动各类生产要素的组织，实现与用户之间由一次性交易关系向长期性交互关系转变。

1.2.4　混凝土行业智能制造面临的问题

混凝土行业在快速发展过程中，行业智能化发展虽然取得了阶段性的成效，但也暴露出了一些问题，如信息化程度不高、智能制造水平不足等，行业智能制造发展出现了一定程度的停滞和迷茫。

1.2.4.1　对智能制造认知不足

很多企业满足于自身发展现状，或担心智能制造投入太大影响当前效益，对智能化的具体目标缺少基本的定义和清晰的判断，推进智能制造的积极性不高。而且，很多企业管理者对智能制造本质的理解和认知存在误区。一是认为智能制造就是要实现制造自动化，进行"机器换人"，企业要实现智能制造就必须大批量选用高端智能装备来替换人工；二是认为智能制造就是要实现制造信息化，企业要实现智能制造就必须大批量应用新一代信息技术。很多企业管理层，甚至部分智能制造专业技术人员都把如何应用更多的先进智能制造技术与智能装备当作推行智能制造的重中之重。先进智能制造技术与智能装备是实现智能制造的必要手段，但必须清醒地认识到，手段是为目的服务的。

智能制造的本质是利用先进智能制造技术与智能装备进行生产模式再造，其目的是解决原有生产系统中存在的不确定性问题，包括质量问题、绿色问题、效率问题、效益问题等，以提升企业价值创造能力。企业不注重智能制造技术与智能装备的适用性和实用性，过于追求智能制造技术与装备的先进性，往往会陷入"智能制造水平看似很高，但制造能力水平却不高"的陷阱。

1.2.4.2 缺乏高端复合型人才

由于行业内的数字化、智能化领域专业人士较少，难以从价值创造的角度回答清楚行业企业开展智能化对自身的价值体现，导致投资与产出出现了认知差异，更将处于萌芽状态的行业智能化之路推到了尴尬之地，行业发展智能化深水区难以破冰，亟须整合内部资源，以解决"谁来做"的问题。同时，专业从事混凝土行业深度研究的机构呈现"少、散、小、低"的特点，混凝土企业在外部专业性资源的整合方面面临尴尬局面。

目前人才短缺是困扰整个制造业推动智能制造发展的关键问题，究其原因，主要包括以下三点。

1. 缺乏全面发展的综合素质

智能制造要求人才不仅需要具备技术专业能力，还需要具备良好的沟通能力、团队合作能力和创新思维能力。然而，目前很多培养方案过于注重专业知识的传授，忽视了综合素质的培养。这导致一部分毕业生在工作中缺乏灵活性和创新性，无法适应行业的快速变化和多元化的业务需求。

2. 缺乏与企业需求匹配的实践机会

智能制造的发展需要具备实践经验的人才，而目前的人才培养模式主要以理论教学为主，实践机会相对不足。学生在校期间很难接触到真实的工业环境和实际的生产流程，缺乏对行业的全面了解和深入的实践经验。

3. 缺乏跨学科的综合教育

智能制造是一个具有高度跨学科性质的领域，涉及工程、计算机科学、管理学等多个学科的知识。然而，目前的人才培养方案往往局限于各自的学科范畴，缺乏跨学科的融合教育。这导致毕业生对整个智能制造行业的全貌和内在联系的认识不足，难以进行跨学科的问题解决和创新工作。

1.2.4.3 行业典型引领作用较弱

混凝土行业离散度高，行业内中小企业居多，目前行业规模较大的企业都在探索智能制造，但是还没有完全形成对行业的支撑服务能力，一些企业的智能制造局限于对部分环节而非对整体生产运营系统进行智能化改造，且我国混凝土行业实现单点智能或深度智能化的企业数量还远远不够，具备产业集群服务能力的智能化平台明显不足，在数字化转型方面难以形成合力。很多混凝土企业的智能化转型仅限于车间、工厂和企业内部，亟待建立健全产业互联网智能化平台，实现研发、设计、生产、供应商、物流商、渠道商和客户的产业链协同。此外，中小企业智能化转型投入少，应用程度低，转型成果不突出。

混凝土行业整体产业智能化协同不足，缺少针对混凝土行业的软硬件基础，更无统一的硬件标准、数据标准和数据分析应用，不能有效承接宏观智能制造发展规划的措施要求。满足更深度行业应用需求的现代信息技术研究尚处于初级阶段，物联网技术、大数据技术、仿真技术、人工智能等先进信息技术未形成体系化成果。因此，尽快搭建混凝土行业智能制造技术创新平台，推动混凝土行业产学研用相结合，形成可复制的智能化解决方案，以及实现供应链整合和产业协同具有重要意义。

1.2.4.4　智能制造系统解决方案供应不足

从企业系统架构来看，智能制造解决方案应包括数据采集层、执行设备层、控制层、管理层、企业层、云服务层、网络层等，需实现横向集成、纵向集成以及端到端集成。我国已成为世界上最大的智能制造需求市场，但智能制造系统解决方案供给能力不足，缺少具有较强竞争力的系统集成商。智能制造系统解决方案供应商是智能制造关键技术、关键装备、系统集成方案等输出和赋能的重要力量，受核心技术薄弱、人才缺失、应用领域单一等因素影响，我国的智能制造系统集成商普遍规模不大，主要分布在北京市、上海市、广东省和江苏省。近年来，国家及地方政府组织开展了一系列智能制造系统解决方案供应商培育与遴选工作，大力推进制造业企业数字化转型和智能化改造升级，为打造国家重要先进制造业高地提供有力支撑，也为混凝土行业着手开展智能制造提供了指引。

此外，我国智能制造装备、工业软件等整体发展迅速，但关键核心技术与高端装备对外依存度高，自主创新能力较弱，严重制约我国智能制造的发展。数控系统、发动机和关键部件的自主创新能力薄弱，精密测量技术、智能控制技术、智能化嵌入式软件等先进技术自给率偏低。限于资金投入不足、技术研发周期较长以及技术壁垒等因素，单个系统解决方案商很难满足各个细分行业的智能制造发展需要，企业间需不断加强协同创新，以强化智能制造系统解决方案供应能力。

1.2.4.5　智能工厂顶层设计亟待完善

从理论体系来看，混凝土行业还未形成具备普遍共识的智能工厂理论体系，未能解决行业内更深层次的发展需求问题以及与之相匹配的混凝土智能工厂顶层设计。多数混凝土企业缺乏对智能工厂建设的深刻认识，缺乏数字化、智能化顶层设计，难以将新技术与智能制造应用场景深度融合，而只能根据生产的实际需求进行系统局部建设或改造，系统性规划呈现碎片化推进态势，难以发挥现代信息技术的集成优势，陷入了"重硬件轻软件、重局部轻整体、投资不小却见效甚微"的误区。当前行业发展智能化的基本逻辑是建设主体由企业自身扮演，从投资的角度此逻辑符合市场的基本规律，也符合行业企业的基本需要。

1.2.5 混凝土行业智能制造未来展望

混凝土行业推进智能制造的主要途径：一是通过智能化技术的应用，推进混凝土企业由传统制造企业向智能化、数字化现代企业优化升级；二是打通各业务环节的数据链，提高企业的数据集成和分析水平；三是通过互联网和云技术连接产业上下游，促进产业链协同和信息共享。

1.2.5.1 智能制造生态逐步建立

混凝土行业智能制造政策体系持续细化，行业政策指导性与针对性更加明确。随着政策体系的完善，行业智能制造的工作重点将由完善顶层设计逐步向政策的落地实施转变，政策支持形式将更加多样，相关配套措施从技术、资金、人才等方面解决企业智能制造要素保障难题，推进智能制造落到实处。

同时，政产学研用多方协作共筑混凝土行业智能制造生态，行业级工业互联网平台保障有力，成为建材企业资源共享、创新协同的重要桥梁。智能制造系统解决方案供应商服务能力显著提升，建材行业数字化综合解决方案不断创新与落地，数字化评估诊断、咨询服务常态化。

1.2.5.2 产品智能化成为新趋势

混凝土自诞生以来，经历了从普通的结构材料到复合材料，再到功能材料的发展过程，已逐步向高强、多功能、高性能和智能化发展。而最新的发展趋势是向结构——智能一体化发展，而智能混凝土则是这一趋势的综合体现。智能混凝土是指在混凝土原有组分基础上复合智能型组分，使混凝土材料成为具有自感知、记忆、自适应、自修复特性的多功能材料。目前针对智能混凝土的研究成果包括自感应混凝土、自调节混凝土、自修复混凝土。

1. 自感应混凝土

自感应混凝土是在混凝土基材中复合部分导电材料，使混凝土具备自感应的功能。常用导电组分可以为聚合物类、碳类和金属类，目前研究阶段使用的是碳类和金属类，包括石墨、碳纤维和炭黑，金属类可以为金属片、金属网、金属粉末、金属纤维等。水泥基复合材料的电阻变化与其内部结构变化是相对应的，可有效监测拉、压、弯等工况及静态和动态荷载作用下的材料内部情况，其灵敏度远高于目前的埋入式或表面式测试传感器。含有碳纤维的混凝土还具有热电效应，可实现对建筑内部和周围环境温度变化的实时监控，同时添加沸石粉还可实现混凝土对环境湿度的控制。

2. 自调节混凝土

自调节混凝土是在混凝土内部埋入形状记忆合金或复合电黏性流体（一种在外界电

场作用下可产生黏性、塑性和弹性等流变性能双向变化的悬胶液），在混凝土结构受到异常荷载干扰下，通过记忆合金形状的变化或人工通电干预的方式，使混凝土内部应力重分布并形成一定的预应力，从而提高混凝土的承载能力或在地震、台风袭击时及时改变结构的自振频率和阻尼特性以达到减震的目的。

3. 自修复混凝土

自修复混凝土是模仿动物骨组织结构和受伤后的再生恢复机理，采用黏结材料和基材相复合的方法，使材料损伤破坏具有自行愈合和再生能力。一是在混凝土内掺入注入黏结剂的胶囊或空心纤维，一旦混凝土在外力作用下发生破裂，可通过释放黏结剂的方式对裂缝进行修补。二是制备仿生混凝土材料，基本原理为采用磷酸钙水泥为基体材料，其中加入多孔的编织纤维网，在水泥硬化过程中形成大量有机质和无机质相互穿插黏结。发生损伤后有机物通过释放高聚物的方式进行愈合。

通过将以上一种或几种功能的混凝土进行组合，即可实现混凝土内部结构损伤自诊断、自修复和抗震减震的智能化。但是目前仍处于智能混凝土研究的初级阶段，即具有单一功能的混凝土研发。未来智能混凝土呈现以下发展趋势。

（1）混凝土智能组件的小型化和集成化，有利于将仅具有单一功能的混凝土最终复合成为具有多功能的智能混凝土。

（2）开发智能控制材料，在可改变混凝土性能的添加材料基础上，继续研发新的可添加的复合物或提高现有添加复合物的性能。

（3）实现混凝土材料结构智能一体化，研发多种功能混凝土的融合技术，实现混凝土的多重功能，最终实现智能混凝土。智能混凝土是智能时代的产物，在重大土木工程基础设施的应变实时测量、损伤识别及评估、修复以及减轻台风、地震等自然灾害的影响有很大潜力，对于确保建筑物长期安全及耐久性具有重要意义。通过智能混凝土的研发，可使传统混凝土工业获得新的突破性的飞跃。

1.2.5.3　服务化延伸引领新方向

在产品智能化的基础上，混凝土企业与用户连接更为紧密，为用户提供更好的服务体验将成为智能制造的重要组成和价值增量，越来越多的制造型企业正在从生产型制造向服务型制造转型，制造与服务的边界正在淡化。

制造业和服务业的融合是智能制造的发展趋势之一。在智能制造视角下，应用智能化、数字化技术，嵌入产品中，让产品具备感知能力，并通过与用户、环境的不断交互，向企业回传环境信息、产品状态信息。通过智能化分析技术，企业可实时掌握产品使用情况，进一步分析用户需求变化，为用户提供高附加值的服务体验，包括日常运行维护、预测性维护、故障预警、智能诊断和修复、远程升级等，满足用户的个性化、多样化需求。许多头部企业都在加大工业互联网的投入，建设工业互联网平台，平台汇聚共享升级、生产、物流等通用资源，有效整合产品研发、生产制造、运营管理和服务等数据资源。一方面将智能制造实践经验和能力禀赋开放给同领域的中小企业，面向垂直领域内的中小企业提供"低成本、快部署、易运维、强安全"的轻量化应用，降低中小企业智能制造成本；另一方面，通过平台实现产业链上下游相关主体之间的连接协同和数据共享，推动整个产业链智能制造数字化转型。

智能化服务企业应具有以下主要技术特点。

（1）信息数据化。利用物联网技术进行实时、准确、自动采集，包括原材料质量、生产过程、产品质量、交付过程、第三方检测结果、能源消耗、设备状态、人员行为等数据，实现对涵盖全要素、全过程的感知能力。

（2）管控智能化。将传统的主观经验、工艺异常、运输异常、设备与质量波动等，利用数据算法形成数据模型。根据数据模型进行自动推荐、自动控制。系统具备自我学习、自动报警、自动执行的能力。

（3）协同服务化。打破固有的封闭式工厂，在计划、生产、调度、结算、服务等多个维度与相关方（设计方、制造方、供应方、物流方、施工方、监管方）进行信息共享和交互，从而再造产业协同模式和效率。

混凝土行业企业实现智能化服务转型后，企业管理、社会形象、员工素质、新型服务和经济效益都会带来极大的变化。在企业管理方面，提高信息透明度、提升效率、降低成本、保证质量、提供个性化服务、减少人工技能依赖、缩短人才培训周期、各项工作都可追溯，有利于开展集团化运营。在社会形象方面，行为规范、公开透明、节省资源、整洁环保，加强混凝土生态链的管理水平，提高和政府合作的效率。在员工素质方面，智能化系统降低员工的劳动强度；高水平的企业管理培养高素质的员工，反过来进一步提升企业的整体形象。在新型服务方面，智能服务模式还可以延伸出混凝土供应商、混凝土运输车租赁商、原材料或混凝土物流公司、商品混凝土金融服务公司等新型的专业服务公司。在经济效益方面，从历史数据和现实数据挖掘混凝土的商机，针对不同客户提供不同的服务，扩大销售机会，减少混凝土企业垫支，控制信用风险；利用智能调度，减少运输车的压车等候时间，扩大覆盖范围，最大限度发挥搅拌楼的生产能力，提高产量。在原材料和混凝土质量方面，不断优化配方和生产工艺，在保证质量的前提下降低生产成本，减少废料；通过智能调度降低人工调度的技术要求，提高调度效率，最大限度减少变更、退货等损失，利用智能运维降低设备故障损失，采用智能识别原材料，减少不正常的损失。

1.2.5.4　数绿协同深度融合发展

《"十四五"国家信息化规划》指出，要"深入推进绿色智慧生态文明建设，推动数字化绿色化协同发展""以数字化引领绿色化，以绿色化带动数字化"。"双化协同"战略的提出，进一步说明数字化绿色化协同转型已成为国际国内大势所趋，我国更是高度重视数字化布局，大力推动产业绿色化发展。2023年，工业和信息化部、中央网络安全和信息化委员会办公室等五部门联合开展数字化绿色化协同转型发展综合试点工作，其中传统行业双化协同转型的工作方向，也为制造业企业协同推进数字化绿色化发展提供路径指引。"碳足迹""产品数字护照"等新型数字化应用进入市场试用探索阶段，支撑制造业企业深度融合制造技术、数字技术和绿色技术，以量化数据支撑能源管理方案、碳排放优化方案等改进升级，促进制造业数字化和绿色化协同发展。

在数绿协同相关政策的持续推进下，环境友好型已成为混凝土智能制造的重要发展方向。通过采用环保材料和工艺，可以减少混凝土生产过程中的污染排放和资源消耗。例如，使用工业废渣、建筑垃圾等作为原材料，可以降低对自然资源的依赖；采用低能耗、低排放的生产工艺，可以减少对环境的负面影响。智能制造技术可以帮助实现混凝土生产的绿色化和循环化。通过精确控制生产参数和过程，减少不必要的能源消耗和排放；通过回收和再利用废旧混凝土和建筑垃圾，实现资源的循环利用，降低环境污染。

随着环保意识的不断提高，我国将持续推动数字化绿色化协同发展、相互支撑、互相促进，加速大数据、云计算、人工智能等新一代信息技术在绿色低碳领域的深度应用。一方面，数字化将有力赋能绿色化，"碳足迹""碳标签""产品数字护照"等数字化应用将有效支撑节能优化、能效对标、碳配额交易等业务场景，全面提升产业绿色化发展速度；另一方面，绿色化将有效带动数字化，全球工业领域对绿色低碳要求日益严格，将倒逼制造业企业利用数字化实现绿色化升级，这会增强数字化浪潮的发展动力。在数字化、绿色化浪潮中，混凝土企业也将通过智能制造实现绿色制造。绿色生产是混凝土智能制造的重要目标之一，而智能制造也是实现绿色生产的必要手段与途径。将绿色化与智能化紧密结合，将成为混凝土行业智能制造的新课题、新挑战、新趋势。

2 混凝土行业智能制造关键核心技术

2.1 智能装备

2.1.1 智能生产装备

进入21世纪,以工业互联网、物联网为代表的信息技术快速发展,自动化、智能化技术在国内制造业企业中日渐普及,我国智能制造装备行业的规模日益增长。混凝土行业的技术创新和健康发展,在加快推进建筑业转型升级和提质增效中起着重要作用。近年来,混凝土企业及信息技术服务商积极采用信息化、智能化管理手段,推动使用相关信息技术和智能设备辅助生产管理,共同推进混凝土行业数字化、智能化升级。

2.1.1.1 后台智能上料

后台料场中配料斗装有物料感应传感器,能够感应物料量的大小,控制物料分配。当需要生产混凝土时,物料储存仓内的物料会经过配料斗落入到传送装置中,料场中的料经过配料斗落入皮带,然后送入两条过渡皮带机。自动上料时,根据地仓物料卸料斗秤内的物料情况控制相应门的转换,在上料期间按"自动停止"按钮,则系统停止工作;当该物料上料到高料位或者取消本次上料时,自动终止本次上料,然后自动进入下一循环。近年来,在部分企业应用的砂石骨料上料系统,配合智能仓储系统一起使用,通过隧道方式,智能控制仓库材料出库,全过程跟进生产过程原材料消耗速度进行调节,正常情况下无须人工参与,大大提高生产效率和设备利用率。

2.1.1.2 搅拌机器人

混凝土搅拌机器人通过其高效的搅拌系统,确保混凝土的各种成分充分混合,达到理想的均匀度和质量。该机器人具有精确的控制系统,能够根据实际施工需求调整搅拌速度和时间,以适应不同配比和用途的混凝土。首先,与传统搅拌方式相比,混凝土搅拌机器人优势显著,大大提高了搅拌效率,缩短了施工周期。其次,机器人搅拌的均匀性更好，避免了人工搅拌可能出现的搅拌不均或漏搅的问题，提高了混凝土的质量。此外，混凝土搅拌机器人还降低了工人的劳动强度，改善了施工环境，提高了施工安全性。

2.1.1.3 振捣机器人

用混凝土浇筑构件时，必须排除其中气泡，进行捣固，使混凝土密实结合，消除混凝土的蜂窝麻面等现象，以提高其强度，保证混凝土构件的质量，对混凝土消除气泡、进行捣固的过程为振捣。通过高频率的震动力，使混凝土内的气泡被有效振出，确保混凝土更加紧密。这一过程中，机器人能够精准控制震动力的大小和频率，以适应不同类型和厚度的混凝土施工需求。同时，其灵活的移动能力使得机器人能够在施工现场快速、准确地到达指定位置，完成振捣作业。与传统的人工振捣方式相比，混凝土振捣机器人大大提高了施工效率，减少了人工投入且耗时更少，还能有效避免人工振捣可能出现的漏振或过振问题。

2.1.1.4 智能混凝土精准布料机

智能混凝土精准布料机基于数字仿真技术、智能机器人、大数据、云计算、智能传感、智能识别、精准定位等前沿高新技术，实现布料量和产品质量的"双保险"，具备预制构件生产加工的尺寸标准要求。根据布料前工序准备好载有边模的模台，通过自动控制驶入布料工位，布料机识别模块完成整个模台的智能识别，根据布料机识别边模情况，后台计算、规划并选择最优的布料路径，从设定原点自动执行整个过程，智能识别预埋件、桁架筋、开窗缺角等构件外观情况，可以实现整个PC构件生产过程中布料工艺全过程无人工参与。

2.1.1.5 智能成型设备

混凝土成型涉及试模检查、涂刷隔离剂、拌和物入模、振捣、收面、覆膜、抹面、再次覆膜、标识、静停养护等多个环节，智能成型设备在混凝土行业智能制造过程中尤为重要。基于伺服振动与高静压有机结合原理开发的"压振一体，上压下振"的高压振捣挤融成型新工艺及生产装备，制坯顶部设置有垂直向下的高静压的压力，制坯底部设置有台式振动系统（垂直定向简谐振动），垂直向上的定向力可在瞬间产生系统激振加速度能量，实现了成品制坯过程中高效振捣与高静压力两种成坯制式的叠加。该设备生产线由物料配料搅拌、高效压振一体复合成型、程控子母窑车转运、全自动码垛机器人、缠绕打包、托板流转返回及在线制品表面二次编组磨削、远程诊断服务与全线智能控制系统等组成。

2.1.1.6 混凝土智能养护

混凝土在使用过程中会受到多种因素的影响，如气候、负载、化学物质等，容易出现龟裂、渗漏、酸蚀等问题，降低其使用寿命。为了延长混凝土的使用寿命，智能养护技术正逐步被应用于混凝土养护领域。混凝土智能养护一般采用传感器技术、数据采集与处理技术、通信技术和人工智能技术等实现混凝土在使用过程中的自动监测、分析、预警和控制，以达到延长混凝土使用寿命、提高混凝土性能、减小维护成本的目的。混凝土智能养护系统根据预先设置的温度曲线，自动调节温度和湿度，自动完成来料取样、试模喷油、试模装料、振捣抹平、外壳清洗、称重校核、吹气脱模、试块养护、空模回收、内部清洗等步骤，自动生成混凝土智慧蒸养养护数据、自动显示养护柜温湿度及使用状态、智能判定混凝土预制件养生时间等，实现"降成本、缩周期、提效率、保质量"四效合一。

2.1.1.7　搬运/码垛机器人

混凝土搬运/码垛机器人具备强大的搬运能力，其坚固耐用的机械结构能够承受混凝土材料的重力，并通过精确的控制系统确保搬运的准确性和稳定性。传感器技术则使得机器人能够准确感知混凝土的位置、形状和质量等信息，从而进行精确抓取和放置。搬运机器人还具备自动化导航和定位功能，能够自主规划路径，实现自动化搬运。在码垛方面，机器人能够按照预设的程序和参数，将混凝土材料自动码垛成指定的形状和尺寸。码垛过程精确而高效，不仅提高了码垛的准确性和一致性，还避免了人为因素导致的误差和损失。此外，混凝土搬运/码垛机器人集成各种智能算法和传感器技术，实现对生产过程的实时监控和优化。通过数据分析和机器学习，机器人可以不断优化自身的搬运和码垛策略，能够适应不同规格和形状的混凝土材料，提高生产效率和产品质量。

2.1.1.8　无人驾驶搅拌车

无人驾驶搅拌车能够根据预设的混凝土配方自动进行混合，确保混凝土质量的稳定性和一致性。车辆能够自主地在场地内部移动，从混凝土搅拌站到各个施工点或者待浇筑区域，实现高效的运输。无人驾驶系统能够通过传感器实时监测周围环境，避免与人员和设施发生碰撞；通过精确的位置控制和自动泵送系统，确保混凝土准确地投放到指定的位置，避免浪费和重复工作。无人化操作减少了对操作员的依赖，节省了人力资源成本，并且减小了操作误差的可能性。无人驾驶搅拌车配备有传感器和实时数据收集系统，能够提供关键的生产数据和监控信息，包括混凝土投放量、混合比例、运输路径和速度等数据，有助于管理人员实时监控和调整生产进程。通过数据分析，预测性维护可以及时识别潜在的故障，并且优化维护计划，降低停机时间和维修成本。

2.1.2　智能检测装备

混凝土水化动力学过程，混凝土干湿、温差、强度变化，混凝土裂缝扩展，预应力钢丝断裂，钢筋腐蚀，混凝土碳化和氯离子渗透等是影响混凝土耐久性和安全性的重要因素，开发面向混凝土行业的智能检测装备，有助于推动建立远程监控、量化分析、诊断预警的信息化智能化监控体系，提高对混凝土工程质量和运维安全的保障水平。

2.1.2.1　混凝土凝结时间测定仪

混凝土凝结时间分为初凝和终凝。当混凝土刚开始失去塑性称为初凝，当混凝土完全失去塑性称为做终凝。一般混凝土的凝结时间和水泥的凝结时间有关，对普通水泥而言，初凝不早于 45 min，终凝不迟于 10 h。混凝土凝结时间测定仪是基于混凝土和砂浆的贯入阻力随时间变化特性和规律，自动生成数据文件，用于混凝土凝结时间测定。数据处理软件具有数据分析处理、数据图表以及报告的生成、导出和打印等功能。混凝土凝结时间测定仪可以结合实测的贯入值，根据设定测试策略，智能分析最佳贯入时间间隔；可在试验完成前提前数小时预测初、终凝时间的初步结果。其中，最具代表性的是全自动智能多通道维卡仪，可以全自动测量水泥初终凝随时间的变化特性和规律，并自动生成数据文件。此外，软件还能自动完成数据分析处理、数据图表以及报告的生成、导出和打印等功能，大大提高工作效率和准确性。

2.1.2.2　混凝土气体渗透测试仪

混凝土渗透性是显示特定混凝土对气态或液态腐蚀性介质侵入的耐久性和抵抗能力的指标。测试试样在高气密性夹具中，给定不同气压，测得透过试样气体流量得到表征气体渗透率，再通过软件自动拟合回归，得到材料本征气体渗透率，主要适用于普通混凝土、高性能混凝土、特种混凝土、UHPC（超高性能混凝土）或者特种砂浆。

2.1.2.3　混凝土透水系数测定仪

混凝土透水系数测定仪基于马略特瓶原理，用于透水混凝土透水系数的测定。首先，该仪器具有全自动测定混凝土透水系数、自动分析处理数据图表、生成试验报告等功能，可实现全流程自动化试验和智能化测试，结合实测透水时间和设定的初始水量、水位高度、试块厚度，准确地得出结果，操作简便，测试效率高。其次，仪器具有高精度测量能力，能够准确反映混凝土的透水性能。同时，该仪器可以实时检测试验场所的环境温度，并同步保存到试验数据文件，以供后续分析研究所需。

2.1.2.4　混凝土智能抗渗仪

混凝土抗渗性是混凝土耐久性评定的一个重要指标。一直以来，混凝土企业都是使用传统的混凝土抗渗仪进行抗渗试验，试验设备占地面积大、试件密封及装脱模困难、试验操作烦琐。如何简化抗渗试验操作流程、提高试验效率是混凝土行业技术人员关注的焦点问题。混凝土智能抗渗仪是一种高效、智能化的设备。该设备试验过程全部由系统控制，只需要选择好抗渗等级，填好试验编号即可。一键操作，即可实现混凝土抗渗试件自动密封、自动装脱模、自动检测漏水、数据上传等功能，试验过程无须人工操作。使用混凝土智能抗渗仪进行抗渗试验，在提高试验效率的同时可以大幅减少企业管理成本和质量风险，还降低了环境污染，具备更高的精度和可追溯性。

2.1.2.5　混凝土单位用水量水灰比测定仪

混凝土破坏机理中，骨料界面破坏是最常见的一种形式，如何提高骨料界面的粘结强度是生产技术需要解决的问题。在混凝土拌和物生产过程中将粗骨料的表面先包裹一层水灰比小于设计水灰比的水泥浆界面层，并能持续保持后因不断搅拌而使外面的自由水逐渐渗入不会使水灰比增大的结果，从而达到粗骨料颗粒界面的低水灰比"壳"的要求，也被称为"造壳混凝土"搅拌工艺。这样的裹石搅拌工艺适用于低流动性塑性混凝土拌和物的生产，在一定的搅拌时间内，这种水灰比梯度都会小于设计水灰比，可以提高混凝土的力学性能指标。新拌混凝土单位用水量水灰比测定仪按测定混凝土含气量的方法，先将混凝土装入计量钵，然后通过称重和含气量得到重度，再根据骨料、水泥等原材料的密度和用量，由计算测定软件快速且精确测得单位用水量、水胶（灰）比、含气量、骨料密度、砂子含水率、骨料修正系数、骨料含水率等。

2.1.2.6　硬化混凝土气孔结构分析仪

为保证泵送混凝土的可泵性及耐久性，通常会加入适量的引气剂（引气剂可改善新拌混凝土拌和物的和易性、硬化混凝土的耐久性），混凝土中气泡的分布情况，即气孔的大小、气泡的数量以及气泡的分布等都对混凝土的和易性、强度和耐久性有明显影响。硬化混凝土气孔结构分析仪可用于探索混凝土引气剂对混凝土气泡特征参数的影响，评定气泡特征参数与材料配比的关系，研究气泡间距系数与抗冻耐久性指标的关系等。随着人工智能、机器视觉等先进技术的发展，硬化混凝土气孔结构分析仪逐步集成高速图像处理、智能算法等技术，能够迅速扫描混凝土表面，生成高清晰度的气孔图像。分析仪能够自动识别并分割出混凝土中的气孔，进而计算气孔的直径、面积、周长、形状因子等关键参数，不仅可以提高分析效率，还确保了结果的准确性。

2.1.2.7　智能混凝土试件尺寸测量仪

智能混凝土试件尺寸测量仪基于先进的图像识别技术和激光测距技术，能够自动捕捉试件图像，并准确测量试件的边长、相邻面夹角及承压面平整度等关键尺寸参数。通过内置的高精度传感器和算法，测量仪能够实时处理数据，自动判定测量结果，并自动保存测量数据，避免人为误差的干扰，增强测量的准确性和可靠性。智能混凝土试件尺寸测量仪的操作简单便捷，用户只需将试件放置在测量平台上，仪器即可自动完成测量任务，还具备智能化的数据管理功能，能够自动记录和分析测量数据，生成详细的测量报告，为工程人员提供全面、准确的尺寸信息。

2.1.2.8　混凝土氯离子含量快速测定仪

在混凝土工程中，氯离子含量是一个重要的质量指标。过高的氯离子含量可能导致混凝土的耐久性降低，从而引发一系列结构问题。混凝土氯离子含量快速测定仪通过指示电极和参比电极与被测溶液组成的工作电池，加入滴定剂后发生化学反应。随着被测氯离子浓度的持续变化，指示电极的电位也会发生相应变化。特别是在滴定终点附近，被测氯离子浓度的质变会引起电极电位的突跃。根据电极电位的突跃，仪器可以精确确定滴定终点。通过计算滴定溶液的体积和浓度，最终可以得出被测混凝土样品中的氯离子含量。使用该仪器时，用户需要准备好需要检测的混凝土样品，并将其浸泡在蒸馏水中。然后，使用磁力搅拌器将样品搅拌均匀。接下来，将电极连接到测试主机上，并通过软件对电极进行标定。标定完成后，将电极稳定液加入样品溶液中，用标定好的电极进行测量。整个测量过程通常只需要几分钟时间。

2.1.2.9　混凝土抗压强度智能化检测系统

混凝土抗压强度智能化检测系统主要由全自动压力试验机、试块尺寸测量系统、六轴机机械臂、高速扫码系统及软件控制系统等组成。系统主要基于人工智能技术，代替传统由人工完成的混凝土抗压试验项目，实现检测样品的自动运输、自动抓取、自动

3D测量、自动识别和标识、自动检测和判定结果、残渣自动清理、试验过程视频自动留存、检毕样品自动分拣等试验过程，可实现机械臂、试块尺寸测量系统、压力机、试件传输系统等设备整体联动。可配置AGV（Automated Guided Vehicle）自动物流运输车，AGV与系统实现无线联动，可实现收样区、试验区、留样区及废料区不在同一区域的自动化物流调度能力，真正实现24h无人化不间断运行，大大提高检测效率。

2.1.2.10　智能骨料监测系统

智能骨料监测系统能够充分利用智能化技术对破碎筛分产品质量进行监测，利用精准分割、人工智能为骨料生产企业实现骨料关键质量指标智能监测。包含在线粒径监测设备、粗骨料粒形级配分析仪以及在线自动取料和粒形级配监测一体化设备，能够准确及时发现因为破碎机腔型带来的骨料粒径变化；实现发料皮带在线自动取料监测，并在发现皮带线上骨料超规格后及时发出预警；对骨料级配和针、片状颗粒含量进行分析；入仓或发货前即可输出砂石骨料质量检测报告、级配曲线对应混合粒径骨料的孔隙率等，指导混凝土配比，对生产品质能够及时把握，也能够对销售端有准确品质保证，提升入料连续级配，实现骨料精品化，减少水泥使用率，指导企业改进生产工艺。

2.2　智能控制

自动化控制是混凝土企业信息化、智能化建设的基础，指的是在无人直接参与的情况下，利用外加的设备或装置，使机器、设备或生产过程的某个工作状态或参数自动地按照预定的规律运行。而智能控制则是利用基础工控系统结合专家控制、模糊逻辑、神经网络、遗传算法等技术实现设备和系统的智能控制，是智能制造的重要组成部分。

2.2.1　物联感知终端

以传感器为代表的物联感知终端被部署在混凝土生产线的各个环节，如原材料的仓储、搅拌、输送、成型和养护等，以实时监测和采集生产过程中的数据。这些传感器可能包括重力传感器、湿度传感器、温度传感器、压力传感器、热能传感器、流量传感器等，用于监控原材料的状态、设备的运行状况以及混凝土的质量。

1. 重力传感器

在混凝土生产过程中，重力传感器确保了原材料的配比准确性与混凝土的最终质量。重力传感器被集成在配料系统中，用于实时监测水泥、砂、石子等关键原料的重力。对进料过程中的重力数据进行精确测量，可为自动控制系统提供反馈，以调整物料流量，保证每种成分按照既定比例精确配比。

2. 湿度传感器

湿度传感器主要用于实时监测原材料，如砂、石子等的水分含量。传感器通过精确测量原料中的湿度水平，为混凝土配比提供关键数据支持。在混凝土制备过程中，水分含量的变化会直接影响混凝土的强度和耐久性。湿度传感器能够帮助自动调节系统的湿度参数，确保原料的含水量符合既定标准，从而保障混凝土的质量。此外，湿度传感器还能在原材料储存环节中监测环境湿度，避免因吸水过多导致的原材料性能变化，确保混凝土生产过程的稳定性和高效性。

3. 温度传感器

温度传感器发挥对于控制混凝土的温度变化、确保产品质量和施工安全具有显著影响，被广泛应用于监测混凝土拌和过程中的温度变化，以及混凝土浇筑后的养护温度。在拌和阶段，温度传感器能够实时监测水泥、砂、石子等原材料的温度，以及混合后的混凝土温度，确保在整个生产过程中温度控制在一个适宜范围内，避免因温度过高或过低影响水泥的水化反应，从而影响混凝土的强度发展。在养护阶段，温度传感器帮助监控混凝土的温度变化，以保证养护条件符合规范要求，这对于防止混凝土裂缝、提高其耐久性至关重要。通过这些精确的温度数据，温度传感器为自动化控制系统提供了可靠依据，实现了对混凝土生产全过程的精细化管理，显著提升了混凝土的质量和施工效率。

4. 压力传感器

压力传感器主要用于监测和控制在混凝土搅拌、输送和浇筑等关键环节中的压力状态。这些传感器被安装在搅拌机、泵送设备和混凝土输送管路上，能够实时测量液压系统的工作压力、混凝土的流速以及管道中的压力变化。在搅拌过程中，压力传感器确保了搅拌力度和均匀性，防止因压力不足导致的混合不均或过度搅拌；在泵送和输送过程中，压力传感器监测压力变化，以避免管道堵塞或破裂，保障了混凝土输送的安全性和效率。此外，压力传感器还能在自动化控制系统中提供关键数据，帮助操作人员调整设备参数，优化生产流程。通过精确的压力控制，压力传感器在提高混凝土产品质量、减少能源消耗和延长设备使用寿命方面发挥着重要作用。

5. 热能传感器

热能传感器主要用于跟踪和控制混凝土制备和养护阶段的热量变化。热能传感器通常被安装在混凝土搅拌设备、热交换系统以及养护区域，实时监测混凝土温度和热能输入。在搅拌阶段，热能传感器能够精确测量水泥与水反应放出的热量，以及外加热源（如有应用）的热量输入，确保混凝土的温度符合预定的配方要求。这对控制水泥的水化反应速率和混凝土的早期强度发展至关重要。在养护阶段，热能传感器监控环境温度和混凝土表面的热损失，以优化养护条件，保证混凝土结构的完整性和耐久性。热能传感器的数据反馈为自动化控制系统提供了实时热能管理信息，有助于操作人员调整热能供应，实现能源的最优化利用，同时确保了混凝土生产过程中的温度控制在一个适宜且高效的范围内，从而提升了产品质量和生产效率。

6. 流量传感器

流量传感器主要用于确保原材料配比的精确性和混凝土质量的稳定性。流量传感器一般安装在混凝土搅拌站的配料系统中，用于实时监测水泥、砂、石子等原料的流量。

通过对物料流量的精确测量，流量传感器能够为自动控制系统提供反馈，以调整给料速度，保证各种成分按照既定比例准确投放。在混凝土制备过程中，流量传感器的应用有助于实现物料配比的自动化控制，减少人为误差，提高生产效率和混凝土的均匀性。此外，流量传感器还能够监测搅拌过程中的水流速度，确保水胶比的控制精度，这对于混凝土的强度和耐久性至关重要。通过实时流量数据，操作人员可以及时调整设备参数，优化生产流程，从而提升混凝土的整体质量和生产的经济性。

7. 振动传感器

振动传感器主要用于监测搅拌、输送和浇筑等关键环节中的振动状态。振动传感器被安装在搅拌机、泵送设备和混凝土输送管路上，能够实时检测设备运行过程中的振动频率和幅度。在搅拌阶段，振动传感器确保搅拌过程的均匀性和稳定性，通过监测振动参数来预防过载和设备故障；在泵送和输送过程中，振动传感器能实时反馈振动数据，以判断混凝土流动性和管道阻塞情况，从而保障混凝土顺利输送。此外，振动传感器还能在自动化控制系统中提供关键数据，帮助操作人员调整振动参数，优化设备运行状态。通过精确的振动控制，振动传感器在提高混凝土产品质量、降低能耗和延长设备使用寿命方面发挥着重要作用。

8. 位移传感器

位移传感器主要用于监测搅拌设备、输送机械以及浇筑过程中的位置变化。高精度位移传感器被安装在搅拌臂、泵送装置和混凝土输送管路中，能够实时测量设备的运动位移，确保生产过程的精准控制。在搅拌阶段，位移传感器监控搅拌臂的运动轨迹和幅度，以保证搅拌的均匀性和效率；在泵送和浇筑过程中，位移传感器跟踪混凝土流动过程中的位移变化，从而判断管道是否堵塞或泄漏。此外，位移传感器在自动化控制系统中的作用不可小觑，提供的数据帮助操作人员精确调整设备位置和运动参数，优化生产流程。通过精确的位移监控，位移传感器有助于提升混凝土的质量，减少资源浪费，并延长设备的使用寿命。因此，位移传感器的集成应用显著提高了混凝土生产过程的自动化程度和智能化水平，为确保混凝土结构的施工质量和工程安全提供了坚实的技术支持。

9. 粉尘浓度传感器

粉尘浓度传感器作为重要的环境监测设备，主要用于监测生产环境中粉尘含量的变化，确保工作场所的空气质量和员工健康。这些传感器被安装在混凝土搅拌站、骨料加工区等易产生粉尘的部位，能够实时检测空气中的粉尘浓度。在混凝土制备和骨料加工过程中，粉尘浓度传感器通过激光散射或光散射原理，精确测量总粉尘浓度，为通风除尘系统和自动化控制系统提供关键数据，帮助操作人员及时调整防尘措施，如启动除尘设备或喷雾降尘，以降低粉尘对环境和员工健康的影响。此外，粉尘浓度传感器还能监测粉尘排放是否达到环保标准，有助于企业遵守相关法规。

10. 噪声传感器

噪声传感器主要应用于监测生产作业中的噪声水平，以评估工作场所的声环境状况并保障员工的听力健康。这些传感器通常被安装在混凝土搅拌站、骨料破碎机、泵送设备等噪声源附近，能够实时捕捉和记录噪声强度和频率。通过精确测量噪声分贝值，噪声传感器为工厂的噪声控制和管理提供科学依据，帮助操作人员及时调整作业模式，采取隔声、降噪等措施，以降低噪声对周边环境和员工的影响。

2.2.2 基础工控系统

工业控制系统是由各种自动化控制组件以及对实时数据进行采集、监测的过程控制组件共同构成的确保工业基础设施自动化运行、过程控制与监控的业务流程管控系统。其核心组件包括数据采集与监控系统（Supervisory Control and Data Acquisition，SCADA）、分布式控制系统（Distributed Control Systems，DCS）、可编程控制器（Programmable Logic Controller，PLC）、远程终端（Remote Terminal Unit，RTU）、人机交互界面设备（Human Machine Interface，HMI），以及确保各组件通信的接口技术。

2.2.2.1 数据采集与监视控制系统

SCADA系统是以计算机为基础的生产过程控制与调度自动化系统，可以对现场的运行设备进行监视和控制。系统自动提取、监控、处理、分发、记录和显示从远程现场设备（如传感器、设备设施、电机、泵、阀门）和其他终端设备收集的数据，如温度、原料配比、阀门及电机的运行状态等，并在上位机监控画面上显示，从而对整个系统的运行状态进行实时监控。系统通过应用程序对采集到的实时数据进行处理和加工，实现在线实时控制及生产管理。

2.2.2.2 分布式控制系统

DCS主要用于实现对复杂生产过程的分散控制，实现生产线整线自动控制、自动报警、自动保护及数据自动记录、统计的自动控制，实现生产线的安全、可靠的智能自动化控制，提高生产效率和安全性。DCS的核心是分散的控制器和网络通信系统，实现对各个控制单元的实时监控和调度。DCS由过程站、数据通信系统和人机接口组成，在原料、制浆、蒸养、水泵房、切割控制室等工段附近设现场I/O站，在中控室设置一个I/O站，DCS主控制器能对全生产线设备的状态、参数进行读取，经预设的程序进行逻辑运算，并根据运算结果对设备进行自动控制。操作人员可通过CRT实现对全生产线设备的实时监测、操作，并按管理要求打印各种生产报表。自动化维护技术人员可实现在中控室通过工程师站对主控器和外挂的成套移动设备PLC、变频器等进行参数下装、程序修改等工作。混凝土生产是连续、批量混合过程，涉及原料储存、计量配料、搅拌、输送及成品储存等多个环节，需对生产全过程进行精准控制保证产品质量及生产效率。

1. 原料管理与计量控制

混凝土生产过程中，水泥、骨料（砂石）等原料以及外加剂的管理对于混凝土质量至关重要。DCS通过连接传感器和执行单元，实时监控原料库存量，自动控制进料设备，确保各物料按精确比例配料。同时可以根据配方要求，动态调整配料比例，满足不同强度等级混凝土的生产需求，有效优化原料使用、降低生产成本、提升配料的精准性。

2. 混凝土搅拌控制

搅拌是混凝土生产的核心步骤，DCS通过精确控制搅拌时间和搅拌强度，保证混凝土均匀混合且达到所需的和易性。系统智能算法能根据实时监测到的物料状态（如湿度、温度）调整搅拌参数，确保产品品质。此外，DCS还能监控搅拌机的工作状态，预防过载或运转异常，延长设备寿命。

3. 生产线监控与调度

混凝土生产线通常包括配料站、搅拌楼、输送带和泵送系统等多个作业单元。DCS通过网络将这些单元紧密相连，形成统一的监控平台。系统实时数据采集与分析能力有助于快速响应市场需求变化，灵活调整生产计划，提升整体生产运营效率。操作员通过中央控制室可以全面掌握生产状况，调度资源，优化生产流程。

4. 质量控制与追溯

DCS支持混凝土的坍落度、含水量等关键指标的实时监测，通过与历史数据对比分析，确保每批次产品的质量稳定性。一旦发现偏离标准，系统能自动报警并采取纠正措施。此外，系统记录的详细生产数据还为产品质量追溯提供了依据，便于进行问题分析和持续改进。

5. 故障预警与维护管理

DCS可以实现故障诊断与预警功能。通过分析设备运行数据，在故障发生前发出警告信息，有效减少突发停机，保障生产过程稳定连续。同时，系统通过分析设备运行状态趋势，提前安排维护保养，延长设备使用寿命，降低维护成本。

2.2.2.3 可编程逻辑控制器

PLC是专门为在工业环境下应用而设计的数字运算操作电子系统，由CPU、指令及数据内存、输入/输出接口、电源、数字模拟转换等功能单元组成。系统具有灵活性和可扩展性，可以根据企业生产线需求进行个性化定制和调整，通过修改PLC程序或添加/更换I/O模块，可以快速适应不同的生产要求和工艺变化。在混凝土企业中，PLC主要应用于生产过程中的自动化控制，通过对原材料配料、搅拌、静停、切割等各个环节的参数控制，减少操作误差，提高生产效率；PLC通过传感器和仪器仪表的数据采集，对生产过程中的关键参数如温度、湿度、压力、流量以及设备运行状态等进行实时监测，起到生产监控与调节的作用；对于生产过程中的关键数据如生产量、设备能耗、运行时间、故障情况等，PLC也可进行记录，以辅助大数据驱动管理决策。

2.2.2.4 远程终端

RTU是针对通信距离较长和工业现场环境恶劣而设计的具有模块化结构的、特殊的计算机测控单元。它将末端检测仪表和执行机构与远程调控中心的主计算机连接起来，具有远程数据采集、控制和通信功能，能接收主计算机的操作指令，控制末端的执行机构动作。

2.2.2.5 人机交互界面设备

人机界面（又称用户界面或使用者界面）是系统和用户之间进行交互和信息交换

的媒介，通过连接可编程序控制器、变频器、仪表等工业控制设备，利用显示屏显示，通过输入单元（如触摸屏、键盘、鼠标等）写入工作参数或输入操作命令，实现人与机器信息交互。

2.2.2.6 嵌入式控制系统

基于嵌入式控制系统，控制核心可由工控机转变为嵌入式控制器，只运行指定程序，专注服务于生产操作控制。同时封装式结构，不受振动、冲击影响，系统更加稳定可靠。嵌入式控制系统强大的设备接入与系统集成能力能够助力混凝土企业实现设备智能预警与诊断、实时数据采集与传输、远程集中监控、设备智能管理与运维等。

2.2.3 智能控制系统

传统的自动控制是建立在确定的模型基础上的，但在混凝土企业的生产过程中，存在一定的不确定性，即模型未知或知之甚少者模型的结构和参数在很大的范围内变动，如原料配料的控制、质量控制等，这些问题对基于模型的传统自动控制来说很难解决，

扫一扫，了解更多

需要把自动控制和人工智能以及系统工程、系统学、运筹学、信息论等结合起来，建立一种适用于复杂系统的控制理论和技术。

智能控制具有交叉学科和定量与定性相结合的分析方法和特点，其中应用较多的有专家控制、模糊控制、遗传算法和神经网络等。

2.2.3.1 专家控制

专家控制基于专家系统的知识表示和推理机制，通过将专家的经验知识进行建模和储存，模拟人类专家的思维过程，实现了对复杂系统的控制和决策过程的自动化。专家系统可用于诊断、控制、解释、检测、预测、维修、设计、教学、规划、调度，在工业自动化领域，可以利用专家控制原理对生产过程进行实时控制和优化。专家控制主要包括以下几方面内容。

（1）知识获取：通过专家采访、观察、分析等方式，将专家的经验知识进行提取和整理，形成专家知识库。知识获取是专家系统的难点。

（2）知识表示：将获取到的专家知识进行适当的表示，通常采用规则、框架或者图形化的形式来表示专家知识。

（3）知识推理：基于专家知识库，运用正向推理、反向推理和正反向混合推理机制，对系统当前的状态进行推理和分析，得出相应的控制策略和决策结果。

（4）控制执行：根据推理得到的控制策略和决策结果，将其转化为实际的控制信号或者动作，对系统进行控制和调节。

（5）监控评估：对控制过程进行实时的监控和评估，根据反馈信息对控制策略进行修正和优化。

2.2.3.2 模糊控制

模糊控制利用模糊数学的基本思想和理论的控制方法，适用于任意复杂的对象控

制，既有系统化的理论，又有大量的实际应用背景。模糊控制的核心是模糊控制器，控制规律是由计算机程序来实现的。首先将所有监测出的各类参数的精确量转换成为适应模糊计算的模糊量，将得到的模糊量，通过模糊控制器进行计算，再将这些经模糊控制器计算得到的模糊量再次转换为精确量，这样就完成了一级模糊控制。其次等待下一次采样，再进行上述过程，如此循环，实现对被控对象的模糊控制。在混凝土生产中，可用于取料环节控制、温度控制、质量控制等。

2.2.3.3 遗传算法

遗传算法根据大自然中生物体进化规律而设计提出，是模拟达尔文生物进化论的自然选择和遗传学机理的生物进化过程的计算模型，通过模拟自然进化过程搜索最优解。遗传算法通过在群体中选择个体、交叉、变异，计算适应度函数，直到最优个体的适应度符合终止条件方可结束。算法具有很强的鲁棒性，广泛应用于多种科学，对于混凝土行业，遗传算法可用于配合比优化、生产调度、配送路径优化、强度预测等。

2.2.3.4 神经网络

神经网络是一种运算模型，从信息处理角度对人脑神经元网络进行抽象，建立某种简单模型，按不同的连接方式组成不同的网络。神经网络是由大量节点（神经元）互联组成的非线性、自适应信息处理系统，通过调整内部大量节点之间相互连接的关系，从而达到处理信息的目的，并具有自学习和自适应的能力。在混凝土企业中，神经网络可用于混凝土强度预测、混凝土构件寿命预测、抗渗性能研究等。

2.3 工业软件

在两化融合的大背景下，随着工业互联网等新技术的出现，企业边界不断模糊，在工业技术软件化理念的推动下，企业需要通过软件化方式积累沉淀工业技术知识以获得创新能力，共享共用需求持续凸显。工业软件是应用于工业领域的软件，主要用于控制和监控工业过程、设计和制造产品、管理生产数据和资源等方面，它可以帮助企业提高生产效率、降低成本、提高产品质量和安全性，促进创新和可持续发展。根据工业和信息化部的统计数据，全球工业软件市场自2012年以来一直保持增长态势，2023年工业软件产品实现收入2824亿元，同比增长12.3%。

混凝土行业作为基础设施建设的关键领域，其高效运作与质量控制对于推动社会经济发展至关重要。工业软件成为提升混凝土生产效率、优化资源配置、确保产品质量及促进企业可持续发展的关键工具。按照工业软件在混凝土行业业务环节中的应用，可以细分为研发设计类、生产制造类和经营管理类。

（1）经营管理类工业软件主要用于支持企业的经营管理及企业间的协作，旨在提高经营管理水平、产品质量和客户满意度，同时优化企业间信息和物流的协作效率，降低管理和流通成本，主要包括企业资源计划（ERP）、客户关系管理（CRM）、仓储管理（WMS）等软件，以及定制化的企业应用集成平台系统和协同办公系统等。

（2）研发设计类工业软件旨在支持产品的研发过程，其核心目标是提升开发效率、降低成本、缩短周期，并确保产品质量，主要包括建筑信息模型（BIM）、产品数据管理（PDM）系统、配合比设计软件等。

（3）生产制造类工业软件主要用于管理和控制产品制造过程，目标是提高制造设备利用率、降低制造成本、提升产品质量，优化制造周期和管理水平，涵盖制造执行系统（MES）、设备管理系统（EMS）、生产线数字孪生可视化管理系统等。

2.3.1 经营管理类

2.3.1.1 企业资源计划系统

企业资源计划（Enterprise Resource Planning，ERP）是一种集成化的管理软件套件，旨在优化企业内部资源与业务流程管理，覆盖财务会计、采购管理、生产计划、库存控制、销售分销、人力资源等多个核心模块，通过统一的数据库和业务流程，实现企业全局信息的实时共享与流程协同。混凝土的生产管理流程非常适合信息化的管理。首先，生产过程是按一定模式循环的生产过程，有规律可循；其次，各个生产环节，从生产计划、配合比发放、材料安排，到搅拌生产、销售发料等环节，结合十分紧密；最后，混凝土企业的数据统计工作相当繁重复杂。通过程序控制，使生产过程更加严谨，生产效率更高。各个环节结合更紧密，并能减少环节中人为失误，自动采集处理材料、生产、技术、销售数据，统计工作将变得更为容易准确。

1. 原材料管理与采购优化

ERP系统在原材料管理中，运用库存控制模型，对库存水平进行实时监控。通过与供应商管理系统集成，促进采购流程的透明化，实现价格比较、供应商评估与合同管理的自动化，有效降低采购成本。系统同时支持多维的原料成本与市场波动分析，优化采购决策。

2. 订单管理

当客户下达订单时，ERP系统即时捕获订单详情，包括混凝土等级、体积、交付时间及特殊要求，随后自动校验库存材料与生产能力，预防资源短缺。订单管理模块与财务模块无缝对接，实时生成发票、跟踪付款进度，有效管理应收账款。此外，通过对历史订单数据的分析，ERP帮助管理层识别销售趋势、优化库存策略，并为客户提供个性化服务方案，增强市场竞争力。

3. 流程管理

混凝土搅拌站部署ERP系统可大幅提高生产管理、调度管理、原材管理、销售管理、合同管理、配比管理、车辆管理、财务管理、试验室管理等环节的效率，有助于规范业务流程，提升管理水平，共享生产、销售、原材数据，随时掌握企业动态严格控制生产过程，提高产品质量，用合同控制生产，规避发货风险。

4. 财务与成本控制

ERP 系统融合会计核算、成本分析、预算编制等关键功能，使财务信息的自动化处理和实时分析得以实现。系统能够自动收集包括制造费用、物流开支、人力资源成本在内的多项成本数据，编制财务报告，协助发掘成本节约的可能性，增强综合盈利水平。

5. 人力资源与绩效管理

人力资源管理模块覆盖员工信息管理、出勤记录、薪酬发放和绩效评估等核心功能，助力企业对人力资源进行有效分配，简化人事管理流程，提升业务执行效率。

2.3.1.2 客户关系管理系统

客户关系管理（Customer Relationship Management，CRM）系统通过协调企业与顾客间在销售、营销和服务上的交互，提升企业市场竞争力、增强客户满意度、优化销售流程。CRM 系统通过集成客户信息管理、销售自动化、市场营销分析与线上化服务等功能，为混凝土企业提供了一套全面的客户服务解决方案。

1. 客户信息集中管理

在混凝土行业中，企业通常维持着与建筑商、承包商、房地产开发商等诸多客户之间长期而复杂的关系网。CRM 系统能够集中存储和管理维护客户的基本信息、交易历史、沟通记录、个性化偏好及反馈意见，确保所有相关部门对客户有统一且全面的了解，避免信息孤岛，提升内部协作效率，确保销售、市场营销及客户服务团队能够基于同一可靠的信息平台，迅速、精确地制定策略并采取行动。

2. 销售流程自动化

在整个销售周期中，CRM 系统可为企业提供全方位支持，涵盖从识别销售机会、商机跟踪至合同签订阶段的各个环节。系统能够自动监控销售机会的进展，并通过提醒设定、任务分派及销售趋势预测等功能，助力销售团队精准锁定目标客户。此外，系统内嵌的报价单与合同范本简化了文件编制步骤，确保对外服务的专业性和一致性。

3. 市场营销策略优化

利用 CRM 系统中集成的数据分析工具，混凝土企业能深化理解客户行为特征、消费模式及市场导向，为制定更加个性化和高效的市场营销策略奠定数据基础。系统支持客户群体细分化，使得营销活动的策划与执行更为精准，有效提升品牌的市场影响力。

4. 客户服务与支持升级

基于客户服务模块，实现从客户咨询响应、投诉处理到售后支持等各个环节的对接，打造一体化的客户服务体验。通过搭建知识库及自助服务平台，客户可自主查找常见问题解答，提升解决问题的效率。系统所收集的客户反馈将直接反馈至相关责任部门，为提升产品与服务质量提供参考。

2.3.1.3 仓储管理系统

仓储管理系统（Warehouse Management System，WMS）可对信息、资源、行为、存货和分销运作进行有效管理，提升物料管理效率，确保生产连续性，同时优化库存控制的关键环节。混凝土行业的生产活动涉及大量原材料（如水泥、骨料、化学添加剂等）

的存储与调配，WMS 的部署旨在实现供应链各节点的紧密衔接与高效运作，降低成本、提高订单响应速度，提高产品质量。

1. 材料库存精准管理

WMS 通过运用条形码、无线射频识别（RFID）等自动识别技术，对入库原材料进行批次追踪与质量验证，确保各批次原料来源可追溯且质量达标。系统可自动记录入库物资的详细信息，包括品名、规格、数量、供应商、入库时间等，确保库存数据的实时性和准确性。WMS 对库存水平进行动态监控，当库存水平低于设定阈值时，系统自动触发补货预警，防止关键原材料断供，同时避免过度库存造成的资金浪费。

2. 库存优化与配料计划

WMS 通过整合企业生产安排与市场需求数据预测，能够对原料配比流程进行高效优化，精确地计算出所需原材料的最佳比例，在降低浪费的同时提高配料效率。同时，该系统还能依据现有库存状况，自动推荐最合适的配料策略，保障生产效率。此外，通过 WMS 与 ERP 系统的集成，可达成生产调度信息的同步更新，支持按需生产模式，实现库存的精益化管理。

3. 出库作业自动化与精准调度

WMS 结合自动引导车、堆垛机等自动化装备，依据系统命令，可在原材料出库环节实现快速的物料搬运，有效降低人工失误率，优化搬运效率。出库操作完成后，系统即时生成出库凭证，详细记载出库数据，并自动同步更新库存记录，确保账面与实物库存的一致性。针对特定物料（如添加剂等），系统实施严格的出库审批流程，确保用量符合生产配方要求。

4. 货位管理与仓库布局优化

鉴于混凝土企业原材料库房中物料种类复杂、存储数量庞大，运用 WMS 系统的智能货位分配算法，可依据物料属性和其流转速度，自主调整货位配置，从而提升库房空间使用效率。此外，系统还能及时更新货位信息，辅助作业人员迅速准确找到所需物料，减少搜寻时间。对于高频率出入库的物料，系统则会优先放置于近库口位置，缩短搬运路线，提高作业效率。

5. 安全与合规管理

在保障生产安全方面，WMS 针对危化品（如某些化学添加剂）实施更为严密的控制措施，确保其在储存、搬运及使用的全过程中遵循安全规范。系统将自动检测环境状况，并对需要特定储存环境的物料采取相应预防措施，防止质变。此外，系统自动记录所有操作活动日志，便于后续的安全审计和合规性检查，保障操作过程的合规性。

6. 数据分析与决策支持

WMS 内置的数据分析工具能够深入分析仓储数据，计算出库存周转率、物料消耗及库房作业效率等关键绩效指标。此外，系统还能预测未来的库存需求和潜在的库存积压风险，为库存策略的优化提供辅助，从而全面提升运营效率。

2.3.1.4　供应链管理系统

供应链管理（Supply Chain Management，SCM）系统可将企业与外界供应商和制造商联系起来，以提升整体运营效率、优化资源配置、强化市场响应能力。系统通过整合从原材料采购到产品交付的全链条信息流、物流和资金流，确保供应链各环节实现高效协同，助力企业在激烈的市场竞争中保持领先地位。

混凝土生产流程高度依赖砂石、水泥、外加剂等原材料的高质量和供应稳定性。SCM 系统通过供应商管理模块，实现供应商评估、遴选、绩效评估的全流程数字化管理。系统可自动追踪供应商的历史交易记录，评估交货准时率、质量合格率等关键指标，建立动态的评估体系，促进与优质供应商建立长期合作关系。同时，SCM 可支持需求协同化预测，根据生产计划自动生成采购订单，并与供应商系统对接，实现即时下单和库存同步，减少库存积压与断供风险。

1. 供应商管理

在混凝土制造过程中，对于砂石、水泥及各种外加剂等关键原料的品质与供应稳定性有着极高的要求。SCM 系统通过供应商管理组件，对企业的供应商选择、评价及绩效监控等流程进行数字化管理，自动追踪并分析供应商的历史交易数据，对诸如交货及时性、产品质量合格率等形成动态评审机制，有助于企业与优秀供应商构建稳定的长期伙伴关系。

2. 库存与物料需求计划

针对混凝土行业原材料繁多、需求波动较大的特点，SCM 系统集成物料需求计划（MRP）模块，运用算法模型对原材料需求进行精准预估，旨在优化库存量与生产任务之间的匹配度。系统实时监测库存状态，依据智能算法提示补给阈值，自动触发补货流程，避免库存过度囤积造成的资金占用。

3. 物流与配送管理

混凝土作为半成品产品，在物流配送方面面临着即时生产和运输的双重挑战。通过与运输定位管理系统的集成融合，SCM 系统可实现从订单到生产再到配送的全链路一体化调度。根据交货地点、时间窗口及车辆载重限制等因素，系统自动规划出最优的运输路线，同时优化车队配置，降低空载与滞留时间。结合追踪与实时通信技术，供需双方能随时获取货物动态及预估抵达时间，提高客户满意度。

4. 质量控制与合规管理

SCM 系统可集成质量管理相关模块，对原料入库、加工制造、成品出库的全链条实行严密的质量监控与记录。系统自动收集检测相关数据，并与标准记录进行对比分析，一旦监测到异常立即触发警报，确保产品符合国家标准和行业规范。同时，系统具备追溯管理能力，若出现质量问题，能够迅速追踪到问题批次的源头，及时启动召回程序，保护品牌形象。

5. 供应链协同与风险管理

面对行业复杂的供应链环境，SCM 系统构建了一个多方主体参与的信息共享平台，促进供应商、制造商、物流服务商及消费者群体之间的无缝沟通。系统通过电子数据交换（EDI）接口、云端服务平台等技术的应用，可建成供应链上下游的信息共享机制，合力抵御市场需求变化、原料供应紧张及政策调整等外在威胁。系统内部可设置风险预警系统，通过数据分析，提前识别潜在风险环节，制定应急预案，强化供应链整体韧性。

2.3.1.5 能源管理系统

能源管理系统（Energy Management System，EMS）可助力混凝土生产企业合理计划、利用能源，降低单位产品能源消耗，提高经济效益，降低碳排放量，实现能源的高效利用、节能减排与可持续发展。混凝土生产作为高能耗工业过程，其能源消耗主要集中在原材料开采、运输、搅拌、浇筑等环节。通过部署能源管理系统，企业可实时监测并分析能源使用情况，优化能源结构，提升能源使用效率，进而降低生产成本，增强企业市场竞争力。

1. 能源数据实时监控与分析

通过应用物联网（IoT）技术，系统可自动采集分布在各生产环节的电、气等多种能源数据，包括搅拌机、输送泵、车辆能耗等。数据可实时传输并汇总至中央管理系统，以图表、仪表盘等可视化形式进行展示，实现能源消耗的实时动态显示，同时识别高能耗区域或能源异常消耗情况。

2. 能效优化与设备管理

系统可基于历史和实时能源数据进行深度挖掘，识别能耗模式，评估设备能效，为设备维护、更新改造提供依据。例如，通过对比不同时间段生产线的能耗效率，发现低效运行的设备或工序，及时调整设备运行参数或实施预防性维护，减少能源浪费。

3. 生产调度与能源平衡

针对混凝土生产流程，EMS可与生产调度系统协同，根据订单需求、库存状况及设备能效，智能规划生产任务和能源分配。通过精细化能源调度，避免高峰时段过载用电，合理安排低谷用电时段的生产活动，有效平抑能源需求峰值，降低能源成本。同时，系统可持续对能源供需进行监控，确保生产活动在满足能源约束条件下平稳运行，避免因能源短缺造成生产中断。

4. 节能减排目标跟踪与报告

EMS可基于企业建立的节能减排目标进行持续追踪进展，确保满足国家相关环保法规要求。同时，系统可自动生成能源消耗、碳排放等相关报告，便于企业争取政府补贴或进行碳交易。

2.3.1.6 商业智能系统

商业智能（Business Intelligence，BI）系统是利用数据仓库、数据分析和挖掘技术，以抽取、转换、查询、分析和预测为主，帮助企业完成决策分析的一套解决方案，有助于实现数据驱动决策、优化运营效率、提升市场竞争力。通过集成企业内部及外部数据源，BI为管理层提供全面、实时的业务洞察，支持战略规划与日常运营管理。

1. 数据整合与管理

在混凝土生产企业的运营中普遍涉及大量异构数据源，包括生产数据、库存管理、销售订单、供应链信息、财务报表及市场动态等多种来源。BI可运用数据仓库或数湖技术，将离散的数据资源统一汇集，实现数据清洗与标准化，以保证数据的准确性与可靠性。利用提取、转运、加载（Extract，Transform，Load，ETL）实现数据从提取到转化至加载的全过程自动化，确保数据实时同步，为后续分析奠定基础。

2. 生产绩效监控

BI 实时监测生产活动中的关键绩效指标（KPI），涵盖生产效率、能耗、设备利用率、不合格品率等，并通过仪表盘、图表等形式进行可视化的展示，实现生产制约因素的快速定位和生产规划的动态调整，减少停机时间，提升生产效率。同时，通过对历史数据的分析，系统根据生产情况预测设备维护需求，实现预防性维护，有效延长设备使用寿命。

3. 成本控制与预算管理

在混凝土行业，成本控制受诸多变量制约，包括原材料市场价格的波动、物流成本的增加以及能源价格的变化等。企业利用 BI 中的成本模块分析和边际贡献分析等工具，对成本结构进行动态监控。此外，BI 与预算管理模块相结合，能自动比较实际支出与预算计划，对潜在的超支风险提前发出预警，并支持预算分配的动态调整，以保障成本效益的最大化。

4. 销售与市场分析

BI 基于销售数据对产品销量、客户偏好、区域市场表现信息等深入分析，为销售团队精确聚焦目标市场及调整销售方针提供数据支撑。系统利用预测模型分析季节性和项目周期性对需求的潜在影响，提前调整生产计划，以减少库存积压。同时，系统与客户关系管理系统的集成，使得 BI 能够深化对客户行为的分析，增强客户满意度与忠诚度。

5. 数据深层钻取

数据深层钻取可对 KPI 指标进行分解还原，从源头找到指标异变的主要影响因素，便于管理者直观的掌握企业运营过程中存在的问题，规避经营风险。

6. 报表报告

基于企业的数据分析平台，搭建主要 KPI 指标数据分析报表，及数据下钻报表。通过拖拽数据创建的业务语义层实现一次建模重复使用，为业务人员提供高效简便的数据报表工具，主要展示形式包括 Excel 电子表格、分析报表报告等。

7. 管理驾驶舱

根据企业的管理需求，搭建多层次、立体化驾驶舱，满足管理者对运营指标的管控、查询、分析等多样化场景，为管理层提供的"一站式"决策支持。面向高层管理人员建立战略型驾驶舱，通过可视化图表直观展示企业运行关键指标，监测企业运营情况，帮助管理者快速掌握企业运营情况，辅助经营决策。面向中层管理人员建立分析型驾驶舱，实现异常关键指标预警，帮助管理者显性化业务问题，通过钻取、联动、过滤等操作实现业务指标精细化管理，高效定位业务问题。

2.3.2 研发设计类

2.3.2.1 建筑信息模型

建筑信息模型是一种先进的建筑信息化工具，允许用户创建和管理建筑项目，包含丰富的结构、设计、施工及运维信息。核心软件如 Autodesk Revit，广泛应用于建筑设计、结构工程、MEP（机械、电气、给排水）等领域，支持参数化建模，实现变更一处、处处更新，推进了从设计到施工乃至建筑全生命周期的协同工作与信息管理。BIM 软件在混凝土行业中的应用旨在为混凝土结构的设计、施工及管理提供专业解决方案，高效、精确地创建混凝土结构的三维模型，实现从概念设计到施工详图的高效推进。

1. 参数化配筋

BIM 软件支持混凝土结构的参数化设计，通过输入结构参数，软件自动完成钢筋的布置设计，并生成详细的钢筋布置图和混凝土施工图，提升了设计效率，减少了传统设计中烦琐的手工绘图工作，同时减少人为错误。

2. 模型更新

BIM 模型具有强大的联动更新能力，当三维模型中的任何元素发生变化时，相关的二维图纸和文档能够实时自动更新，降低了设计过程中的错误和遗漏，确保设计的一致性和准确性。

3. 材料报表

BIM 软件能够根据模型自动生成详细的材料报表，包括各种型号的钢筋和混凝土的用量，为工程师进行材料统计和成本控制提供极大的便利，有助于优化资源分配和提高项目管理的效率。

4. 自定义库

BIM 软件允许用户创建和管理自定义的截面库和节点库，使得设计更加灵活多样，能够满足复杂混凝土结构的设计需求。设计师可以根据项目特点，快速调用预制的构件，提高设计的个性化和创新性。

5. 数据交换与协同

BIM 软件支持与其他 BIM 工具的数据交换和协同工作，团队成员可以在不同的地点、使用不同的工具实时访问和编辑同一模型，确保信息的流通和一致性，从而提升整个项目的工作效率和决策质量。

采用混凝土行业定制的 BIM 软件，不仅能够优化混凝土结构的设计品质，缩减项目周期，减少建设开支，同时也为混凝土行业的技术创新与产业升级注入强大动力。

2.3.2.2 产品数据管理系统

产品数据管理（Product Data Management，PDM）系统旨在帮助混凝土企业有效地管理产品数据和相关过程，提高生产效率、优化资源配置并增强市场竞争力。PDM 系统通过集成企业的各种数据资源，实现产品数据的集中存储、管理、共享和交换。在混凝土行业中，PDM系统主要面向产品设计、生产流程、物料管理、质量控制等关键环节，提供全面的数据支持和管理服务。

1. 产品结构与物料需求定额管理

PDM系统通过定义和管理产品的层次结构（BOM），帮助混凝土企业清晰地了解产品的组成和结构。在混凝土行业中，BOM包括原材料、配合比、添加剂等多种元素。通过PDM系统，管理人员可以查看、修改和更新BOM信息，确保产品数据的准确性和一致性。基于产品BOM信息和零件类型，PDM系统可以确定原材料和添加剂的用量信息，为采购和库存管理提供数据支持，有助于混凝土企业实现精确的物料管理和成本控制。

2. 数据存储与版本控制

PDM系统支持多角色协同设计与审批模式，提供工作流管理机制。企业可以通过PDM系统定义和管理工作流程，确保产品数据在整个生命周期内按照既定的流程和规则进行流转。PDM系统提供强大的数据存储功能，可以集中存储和管理混凝土产品设计、生产过程中的各类数据。系统还提供版本控制功能，确保用户始终访问到最新版本的文档和数据。

3. 文档管理与数据检索

PDM系统可以管理设计文档、生产指导书、检验报告等文件，便于文档的存储、检索和共享，提高工作效率和数据安全性。PDM系统支持高效的数据检索和查询功能，企业根据不同的条件快速定位所需的数据，如产品配方、生产记录等。在混凝土行业中，产品数据会随着市场需求、技术进步等因素发生变化，PDM系统支持数据的变更管理，记录数据的修改历史，确保数据的可追溯性。同时，系统提供灵活的权限管理功能，可以根据用户的角色和职责设置不同的数据访问和操作权限，保障数据安全。

2.3.2.3 配合比设计软件

混凝土配合比设计软件具备自密实混凝土配比设计及混凝土强度标准差计算等多项功能。软件基于材料科学理论，融合丰富的工程实践和先进的计算技术，为工程师及生产管理人员打造精准、高效的工作平台，成为提高混凝土质量、实现成本优化和生产效率提升的关键技术手段。

1. 精准配合比设计

软件融合了庞大的材料信息库，涵盖水泥、骨料、掺和料、外加剂等多种原材料的基本物理和化学特性数据。用户在输入必要的性能指标，如设计强度、耐久性指标等参数后，软件即可运用智能算法，综合分析水灰比、砂率、浆体比等核心因素，快速生成多种配合比方案，通过模拟计算与优化迭代，保证最终生成的配合比方案符合预定的性能标准。

2. 成本效益分析

软件内置的成本估算功能能够实时计算不同配合比的材料成本，在保证混凝土性能的前提下，选择成本最低的配料方案。此外，通过对废料回收利用、替代材料的经济性分析，进一步降低生产成本，提升经济效益与市场竞争力。

3. 环保与可持续性

软件支持低碳混凝土设计，通过优化材料配比，减少水泥用量，增加工业废渣等环保型掺和料的应用，降低生产过程中的二氧化碳排放。软件还考虑了混凝土全生命周期的环境影响，指导企业实现绿色生产，顺应可持续发展趋势。

2.3.2.4 混凝土试件检测系统

混凝土试件检测系统围绕混凝土立方体、棱柱体试块开展抗压、抗折强度测试及无损检测等，针对混凝土产品的物理、力学性能进行量化评估，确保产品质量符合相应国家标准。

1. 立方体抗压强度试验

混凝土试块在规定养护条件下达到特定龄期后，可使用液压万能试验机进行抗压强度测试。通过测量试块破坏时的最大压力，计算出混凝土的抗压强度，以此评估混凝土基本力学性能。

2. 超声波检测

利用超声波在混凝土中的传播速度和衰减特性，无损评估混凝土的均匀性、裂缝深度、空洞等内部缺陷。超声波检测技术以非侵入性、高效快速的优势，在现场质量控制和既有结构健康监测中得到广泛应用。

3. 回弹法

通过回弹仪测量混凝土表面硬度，间接推算混凝土的抗压强度。此方法简便快捷，适用于大量结构现场的快速普查和评估，但受混凝土表面状况影响较大。

4. 电磁感应法

针对含筋混凝土结构，通过发射电磁波并分析由内部钢筋产生的二次电磁场变化定位钢筋位置、估测钢筋保护层厚度及检测钢筋腐蚀情况，对评估钢筋混凝土结构的耐久性和安全性至关重要。

5. X 射线/CT 扫描

X 射线/CT 扫描能够提供混凝土内部结构的三维图像，精确识别内部缺陷，如空洞、裂缝、钢筋布置等，尤其适用于复杂结构和特殊要求的工程质量检验。

6. 拉拔试验

拉拔试验用于测定混凝土与钢筋之间的黏结强度，通过专用设备对预埋钢筋进行拉拔，获取粘结滑移曲线，评估混凝土结构中钢筋的锚固可靠性。

先进检测技术的综合运用，不仅能够确保新建项目的质量符合设计要求，也是对既有结构进行维护、修复决策的重要依据，对提升整个混凝土行业的技术水平和安全保障具有重要意义。随着传感器技术、大数据分析和人工智能的发展，混凝土试件检测系统正朝着更加自动化、智能化的方向演进，以实现更高效、精准的质量控制。

2.3.3　生产制造类

2.3.3.1　制造执行系统

制造执行系统（Manufacturing Execution System，MES）通过连接生产现场的各个环节，优化生产流程，实现生产过程实时监控与决策支持，对于提升生产效率、保证产品质量和促进企业精细化管理具有重要意义。MES 在混凝土企业的应用范围涉及从订单接收、原材料管理、生产调度、质量控制到成品交付的全过程。

1. 订单管理与生产计划

MES 与 ERP 系统集成，同步销售订单信息，基于订单需求、库存状况和生产能力，自动生成并不断优化生产计划，确保生产任务的合理分配与高效执行。系统支持多维度计划排程，考虑交货期、物料可用性、设备能力等因素，有效平衡产能与市场需求，减少生产任务等待时间，提高订单响应速度。

2. 原材料追踪与库存控制

MES 通过条形码、RFID 等技术对砂石、水泥、添加剂等原材料进行批次跟踪，实现原材料来源可追溯，同时系统实时监控库存水平，自动触发采购或补充指令，避免库存积压或短缺，优化仓储成本。

3. 生产过程监控与控制

通过 MES 与 DCS 深度集成，实时监控生产线上各关键设备的运行状态，如配料精度、搅拌时间、输送效率等，确保生产过程稳定可靠。同时，系统自动调节生产参数，应对原料性质变化，维持产品质量一致性。通过实时数据分析，快速识别生产瓶颈，指导生产计划调整，提升整体生产效率。

4. 质量管理与控制

MES 集成在线检测设备，对混凝土的多项关键性能指标，如坍落度和强度，进行实时的、不间断的监测，通过与预设的标准值进行比对，快速识别不符合要求的混凝土批次，并自动触发不合格品处理流程，确保产品质量得到严格把控。MES 详细记录混凝土质量检验报告，便于质量问题的快速定位与纠正，从而保障生产的连续性和稳定性。

5. 成品管理

在完成生产流程后，MES 自动为每批成品分配独特的批次号，并生成详尽的成品报告，包含产品关键信息，如成分比例、各项测试结果等，为后续的销售和客户服务提供全面且准确的数据支持。

6. 绩效分析与持续改进

MES 整合生产过程中的庞大数据，运用高级分析工具深入挖掘，为管理层提供多维度绩效报告，涵盖生产效率、成本消耗、设备绩效等，助力企业精准识别改进点，制定优化策略，推动持续改进。同时，系统支持灵活的报表定制，满足不同层级管理者的决策需求，实现精准决策。

2.3.3.2 设备管理系统

设备管理系统（Equipment Management System，EMS）旨在高效管控企业内部的各类设备资产，从采购、安装、使用、维护到报废的全生命周期进行跟踪与优化。系统通过物联网、大数据和云计算技术，实现设备资产高效管理、维护保养自动化、故障预警及快速响应，优化生产效率，系统提供设备全生命周期的智能化管理方案，显著增强设备运行可靠性和经济性，广泛应用于多个核心领域，推动企业高效运营。

1. 设备实时监控与远程控制

系统运用传感器和通信模块于混凝土搅拌站、泵车等关键设备，实时收集运行数据，如工作时长、负载、油压、温度等，实现远程监控。管理者通过可视化界面，快速了解设备状态与位置，减少巡检频次，提升管理效率。系统还支持远程控制，可在紧急情况下干预设备操作，有效预防事故扩大，确保设备安全稳定运行。

2. 预防性维护与故障预测

系统运用大数据和机器学习算法，分析历史维护记录和实时监测数据，预测设备磨损和潜在故障，提前规划维护保养。通过智能化维护提醒和工单管理，系统自动向维护团队分配任务，明确保养内容、物料和工时，确保高效执行，延长设备寿命，降低维修成本，提升设备管理的智能化水平。

3. 资产管理与成本控制

系统全面管理企业资产，记录设备全生命周期信息，最大化资产价值，自动追踪折旧、保险等费用，生成财务报告，精确把握投资回报率，优化资本配置。通过精细化管理，减少设备闲置，提升利用率，有效控制运营成本，助力企业实现资产管理的智能化和高效化。

4. 备件库存与供应链管理

系统集成备件管理，智能预测备件需求，自动调整库存，避免浪费与缺货。通过与供应商系统对接，实现备件采购自动化，快速响应维修需求，减少停机时间。系统通过追踪备件使用情况，分析消耗模式，为采购策略提供精准数据支持，优化备件管理效率。

2.3.3.3 生产线数字孪生可视化管理系统

数字孪生技术以其多学科、多物理量、多尺度和多概率的集成特性，为工业领域带来了革命性的仿真方法。生产线数字孪生可视化管理系统通过构建与实体生产线相对应的数字化模型，实时反映生产流程、设备状态、物料流动等核心信息，实现了对生产过程的全方位可视化监控。该系统深刻改变着混凝土行业的生产模式和管理理念，推动了混凝土生产的智能化和现代化。

1. 全流程可视化监控

在混凝土搅拌站中，数字孪生可视化管理系统精准模拟生产现场，包括原料储存、配料、搅拌、成品储存及输送等各环节，构建了三维虚拟工厂。系统运用物联网技术实时汇集数据，涵盖原材料库存、配料配比、搅拌时长、能耗等关键指标，通过高精度动态呈现三维模型，管理者能全面掌控生产流程，迅速识别并解决潜在问题，优化生产运营。

2. 实时数据分析与决策支持

系统内置高级数据分析引擎，能迅速处理数据，识别生产趋势、预测设备故障、优化能耗配比。基于大数据技术提供生产过程优化建议，如调整配料方案提升混凝土质量、优化物流路径、减少能耗、提高效率。

3. 资源优化与调度

系统精准追踪原材料使用和成品库存，结合订单需求和生产进度，自动优化调度计划，减少浪费和积压。通过端到端供应链可视化，企业能高效协调供应商与客户，提升响应速度和服务质量。

4. 培训与模拟

系统为员工培训提供无风险虚拟环境，员工可通过模拟生产情境学习操作流程和应急处理，提升整体技能水平和应急处理能力，降低实际操作错误率，加速新工艺新技术的推广。

2.3.3.4　混凝土抗压强度智能检测系统

混凝土抗压强度智能检测系统融合了自动化控制、机器视觉、精密传感技术和前沿算法，致力于实现混凝土强度检测的全自动化与智能化。系统可提高检测效率，确保结果的精准性，有效降低人为因素的影响。

1. 自动化供样、检测

系统集成自动化机器人、智能电控柜、控制软件、伺服控制压力试验机系统以及配套的压机台面清扫机构，从试样的供应到测试的完成，均可在系统上进行详细设定和实时监控，实现从供样到检测全过程的自动化操作。

2. 数据深度分析

利用大数据分析技术，系统能够对数据进行深度挖掘和分析，从中提取出关键信息，基于捕获的最大荷载值和精确的试样尺寸数据，自动、高效地计算出混凝土的抗压强度。此外，还要对测试数据进行深度分析，并生成详尽、全面的检测报告，缩短检测周期，为工程质量控制提供快速、准确的决策依据。

2.3.3.5　粗骨料级配粒形在线监测系统

粗骨料级配粒形在线监测系统依托传感技术、图像处理、大数据分析和自动化控制等技术，实现对粗骨料（如碎石、砾石）粒度分布、形状特性及其在混凝土搅拌中均匀性的实时、连续监控。

1. 骨料级配评估

系统部署在进料口、筛分设备前后、储存仓和输送带等骨料生产线的关键环节，利用高分辨率相机、激光扫描仪或超声波传感器等设备，实时捕捉骨料的图像和物理数据，经过图像处理算法的细致分析，精确识别骨料的尺寸、形状特征（如圆形度、扁平度）和空隙率等关键参数，评估骨料的级配是否符合预设的混凝土配方标准。

2. 骨料级配动态调整

不适当的级配可能导致混凝土拌和物包裹性差、孔隙率增加、强度降低或耐久性减弱等问题，一旦发现骨料级配偏离预设范围，系统会立即发出警报，并通过自动化控制系统调整上游的破碎、筛分工艺，迅速恢复理想的级配比例。

3. 异物污染控制

通过图像识别技术及时发现并剔除泥土、木屑等杂质，确保混凝土原材料的纯净度。通过对历史数据的深入分析，系统可为混凝土生产商提供骨料质量趋势分析，辅助优化采购策略、改进生产工艺，并预测潜在的质量风险，从源头上提升混凝土产品的整体性能。

2.3.3.6 危化品智能监管平台

在混凝土企业中，危险化学品如氨水、硝酸钙等，可能会因为储存、使用不当易引发安全事故。应用危化品智能监管平台可以有效提升混凝土企业安全管理能力，预防事故发生。平台集成物联网、大数据、云计算及人工智能技术，实现对危化品全生命周期的精细化、智能化管理，确保合规经营，保障人员安全。

1. 实时监控与智能预警

平台通过部署在储存区域的智能监控设备（如温湿度传感器、气体泄漏探测器、视频监控等）实时监测危化品的状态，包括存储环境条件、库存量变动及潜在泄漏风险。一旦监测数据偏离安全阈值，系统立即触发预警信号，并通过短信或 App 推送通知相关人员，实现危机事件的快速响应。

2. 电子台账与许可管理

平台建立完善的危化品电子台账系统，自动记录危化品入库、出库、使用、废弃物处置等全过程信息，以此替代传统手工记录。同时，系统集成危化品生产许可管理功能，实现许可申请、审批、续期的线上操作，确保所有危化品均合法合规使用。

3. 风险评估与应急预案

基于历史数据与实时监测信息，平台对危化品的风险等级进行动态评估，及时识别潜在安全隐患。依据评估结果，企业可制定相应应急预案，平台包含应急资源调度、模拟演练等功能，确保紧急情况下能够迅速、有序地启动应对措施，降低事故影响。

4. 培训与合规性管理

平台包含在线培训模块，可针对不同岗位员工提供定制化安全教育课程，通过考核确保员工掌握必要的危化品安全知识与操作规程。此外，平台追踪法规更新，对比企业现行管理措施，提醒管理者及时调整策略，保持企业运营的合规性。

5. 追溯与事故调查

一旦发生安全事故，平台的追溯功能能够迅速锁定事故前后的关键信息，包括危化品流向、操作记录、环境参数变化等，为事故原因分析与责任追究提供详实证据，有助于快速恢复生产秩序，促进企业改进安全管理。

6. 智能化物流与运输监管

对于需要运输的危化品，平台集成定位追踪、智能锁控等技术，实时监控运输车辆的位置、行驶路线及驾驶员行为，预防超速、偏航等违规行为。同时，结合沿途风险地图，规划最优且最安全的运输路线，减少运输风险，确保危化品安全抵达目的地。

7. 一体化管理与决策支持

危化品智能监管平台通过集成上述功能，形成一体化的管理框架，为混凝土企业的管理层提供全局视角下的危化品安全管理视图。基于实时数据与分析报告，管理层可做出精准决策，优化资源配置，推动企业安全生产与可持续发展。

2.3.3.7 车辆运输管理系统

车辆运输管理系统（Transportation Management System，TMS）利用定位系统和其他相关定位技术，实时跟踪和监控混凝土企业运输车辆的准确位置，并提供车辆管理功能，如车辆调度、路线规划等。

1. 车辆实时定位

通过定位技术，实时追踪和监控车辆当前位置的功能。通过视觉识别图像处理系统识别司机在驾驶过程中的不安全行为并报警提示，利用4G通信网络实现数据的实时传输和交换，确保车辆管理者能够随时掌握车辆的确切位置，有效监控车辆行驶轨迹，提高车辆管理效率。

2. 订单分配

在订单处理过程中，基于订单类型、紧急程度等因素，为订单设置不同的处理级别，企业根据需求自定义订单分配规则，如按地理位置、订单大小等分配。系统根据预设规则自动将订单分配给最匹配的处理人员或部门，实时监控订单处理进度，确保订单得到及时处理。系统对运输车辆的状态和数据进行实时监测和分析，为调度管理提供实时数据，优化车辆派车任务。

3. 调度管理

系统通过对运输数据的分析和预测，优化车辆调度方案，基于大数据技术寻找最优的路线，减少行驶里程，提高运输效率和服务质量。

2.4 智能制造先进技术

2.4.1 人工智能

在当前人工智能浪潮一波更胜一波的发展趋势中，"人工智能＋制造业"行动是推动新型工业化的重要举措。人工智能技术的引入不仅能够深化制造业的数字化和网络化层次，更能够带来预测维护、个性化定制、智能调度和自主决策等新的功能和模式，极大提升制造业的数字化水平。数字化转型已成为未来制造业发展的方向，是生产方式根本性改变的基石，是工业生产未来趋势的体现。2022年年底，OpenAI推出ChatGPT大模型引起了社会广泛热议，人工智能对于各行各业都产生了革命性影响。随着人工智能技术的不断融入，工业领域正在经历一场深度的数字化转型变革。

人工智能的核心技术包括机器学习/深度学习、计算机视觉、自然语言处理、知识图谱和语音技术等。这些技术正在被广泛应用于工业领域，为工业应用提供系统化的解决方案。目前，人工智能技术还处于研究和探索阶段，在混凝土行业应用主要体现在以下方面。

（1）通过对混凝土生产工艺的研究降低生产成本。目前混凝土行业的人工成本仍然较高，而且人工成本呈上升趋势，因此通过对传统工艺的改造和优化可以降低企业的人工成本。

（2）通过对混凝土生产过程中的各种变量进行分析，提高企业的生产效率。例如，通过对搅拌时间、水胶比等参数进行分析，可以提高混凝土搅拌质量和生产效率。

（3）通过对混凝土生产过程的数据分析，可以减少生产中出现的各种问题，从而提高企业的生产效率。

（4）通过对混凝土生产过程的数据分析，可以实现对混凝土生产设备的远程控制和预测性维护。目前，混凝土企业仍处于传统管理模式下，管理水平较低；而人工智能技术可以对生产过程中出现的各种数据进行分析，提高企业的管理水平，实现生产过程的智能化管理。

2.4.2　工业互联网

工业互联网是实现制造业数字化、网络化、智能化的关键技术，是以物联网、大数据、云计算、人工智能技术为基础，通过构建数字化生产、数字化产品、数字化服务、数字化供应链和数字化运营五大体系，实现工厂智能化和全产业链集成化。工业互联网是第四次工业革命的重要基石，是数字经济与实体经济深度融合的关键底座，是新型工业化的战略性基础设施。在混凝土行业中，工业互联网可以优化生产流程、提高混凝土产品质量、减少生产成本、提高安全性等方面发挥作用，让混凝土行业更加智能化、高效化。在工业互联网技术的定义下，智慧化的工业控制系统主要包括三个层次：设备层（device layer）、控制层（control layer）、信息层（information layer）。

（1）设备层的功能是将现场设备以网络节点的形式挂接在现场总线网络上，依照现场总线的协议标准，设备采用功能模块的结构，通过组态设计，实现数据撷取、A/D转换、数字滤波、温度压力补偿、流程化控制等各种功能，这也是我国当前绝大多数蒸压加气混凝土制造企业对其生产线使用的控制方式。

（2）控制层是自动化的基础，具有从现场设备中获取数据，实现各种控制、监测运行参数、警报和趋势分析等功能。控制层的功能一般由工业计算机或 PLC 等控制器完成，这些控制器不仅可以通过网络通信能力来协调网络节点之间的数据通信，也可以实现生产线现场总线网段与以太网段的连接，是近两年来我国蒸压加气混凝土制造企业能达到对生产线自动化控制的最高水平。然而，即便如此现有技术也无法实现生产线上设备与管理操作人员的主动交流，往往是设备已经处于"亚健康"状态或已经发生故障后，管理人员才对情况有所了解。

（3）信息层是提供实现远程控制的平台，它可以连接到企业自动化系统，并从控制层提取有关生产数据用于制定综合管理决策。基于移动通信、泛在技术的计算模式，将具有系统感知能力的各类终端融入工业生产的各个环节，可大幅提高制造效率，改善产品质量，降低产品成本和能源消耗，将传统制造提升到新阶段的智能化制造。

混凝土生产制造环节繁多机械装备实时数据的采集和分析，对于混凝土智能工厂的建设与运行至关重要。工业互联网平台可通过状态监测、故障诊断、预知性维护、远程运维等方面，全面提升企业设备管理能力，基于完善的维保计划和工单流转流程，丰富的维修知识库，提高设备维修效率。结合应用场景和分析需求，封装工业技术知识形成工业App，在工业互联网平台上发布运行，为客户提供能源优化、故障预测、远程诊断、维保服务、备件物流等增值服务。

2.4.3 数字孪生

随着科技的飞速发展，数字孪生技术逐渐崭露头角，成为引领未来生产力发展的重要引擎。数字孪生是针对物理世界中的物体，通过数字化的手段构建一个在数字世界中一模一样的实体，借此来实现对物理实体的了解、分析和优化。从技术角度来看，数字孪生集成了建模与仿真、虚拟现实、物联网、云边协同以及人工智能等技术，通过实测、仿真和数据分析来实时感知、诊断、预测物理实体对象的状态，通过指令来调控物理实体对象的行为，通过相关数字模型间的相互学习来进化自身，合理有效地调度资源或对相关设备进行维护。数字孪生的应用潜力巨大。在工业领域，通过数字孪生技术，企业可以在虚拟环境中模拟生产线的运行过程，从而提前发现潜在的问题和瓶颈，优化生产流程，提高生产效率。数字孪生的技术原理是一个复杂而庞大的体系，它涉及多个学科和技术的深度融合。通过数据采集、传输、处理和应用四个基本环节以及多个关键技术的融合应用，数字孪生能够构建与实体世界相对应的虚拟模型。

2.4.3.1 数据采集是数字孪生的基础

在实体世界中，各种传感器如同感知器官，不断捕捉着环境中的信息，包括温度传感器、湿度传感器、压力传感器、位移传感器等，它们被部署在需要监测的对象上，实时收集各种物理量数据。随着物联网技术的发展，越来越多的设备被连接到网络中，形成了一个庞大的数据源头，通过内置的传感器和通信模块，将自身状态和运行数据实时上传到云端或边缘计算平台。

2.4.3.2 数据传输是数字孪生的关键环节

采集的数据需要通过可靠的网络传输到处理中心。在这个过程中，数据传输的实时性、稳定性和安全性至关重要。为了保证数据的实时传输，可以采用有线或无线通信技术，如以太网、Wi-Fi、5G网络等。为了应对网络不稳定和数据丢失等问题，还需要采用重传机制、数据校验和加密等技术手段，确保数据的完整性和安全性。

2.4.3.3 数据处理是数字孪生的核心环节

利用大数据技术和人工智能实现数据清洗和整合，剔除重复、错误和无效的数据，提高数据质量；利用数据挖掘和机器学习算法，对数据进行深入分析，发现隐藏在数据中的规律和趋势，为后续的决策和优化提供支持。

2.4.3.4 数据应用是数字孪生的最终目标

经过处理的数据被用于构建实体世界的虚拟模型，实时反映实体世界的状态，通过数据分析和模拟预测未来发展趋势。在虚拟模型中，可以进行各种模拟试验和优化操作，如调整生产参数、优化车辆调度、预测能源消耗等，可以提高决策的科学性和准确性。

数字孪生在混凝土行业的应用之一体现为智慧混凝土搅拌站的三维可视化建设。通过构建搅拌站的数字孪生模型，管理人员可以实时监测搅拌站的运行状态，包括设备的工作情况、物料的消耗情况等，管理人员能够迅速发现问题，避免生产事故，确保搅拌站的稳定运行。另一应用则体现在混凝土结构仿真优化方面，通过数字孪生模型，模拟混凝土结构在外部荷载作用下的变形和破坏过程。

2.4.4 区块链

区块链技术能够实现数据一致存储、难以篡改、防止抵赖的记账技术，可为工业互联网中数据要素的配置管理提供新的解决方案。数据一旦出现就再无法改变，这种属性对于混凝土质量管理意义重大，可以极大地提高质量管理平台的公信力，加速工业企业内部的生产流程管理、设备安全互联、打通数据孤岛，助推在工业企业之间实现产业链协同，也有助于在工业企业和金融机构之间构筑可信互联的新型产融协同生态。区块链技术在混凝土工业场景中的价值和应用主要体现在以下两个方面。

2.4.4.1 区块链在交易结算方面的应用

在混凝土供应链中，有很多环节需要协调和交换信息，包括供应商、运输公司、施工方等。利用区块链技术，这些参与方可以实时共享信息，并且数据得到加密和保护，确保信息的安全性。此外，区块链技术还可以自动化合同和支付过程，通过建立混凝土电子化扫码签收系统，应用区块链和数据中台技术，实现混凝土供应数据的实时统计汇总，可以为企业提供实时、精准的数据来源，提高业务结算的及时性和准确性，减少人力和时间成本，提高整个供应链的效率，为收集生产、客户等信息和数据分析奠定基础。

2.4.4.2 区块链在质量追溯方面的应用

传统纸质文件溯源实际应用中存在很多问题，如缺乏公信力，信任度低；防伪困难，溯源信息被造假；容易污损，造成信息失真。在工业区块链加持下，企业通过设备入链、身份管理、访问可控、流程控制和设备状态监管，使工业生产全流程更加安全透明。通过在混凝土试件中植入芯片，实时追踪混凝土试件的流转情况，有效防止混凝试件造假现象，实现混凝土质量实时监管。混凝土供应商可以将混凝土的生产、运输、检验报告等信息录入区块链中，这些信息一旦被记录，就不能被篡改或删除。施工方可以通过扫描混凝土区块链上的二维码或者 RFID 识别标签，查询混凝土的运输路线、生产日期、批次、质量报告等信息，确保混凝土的来源和质量。

2.4.5　5G

5G 技术相比于 4G 和 LTE 技术，拥有为生产、处理和传输大型数据集提供高带宽、低延迟通信的优势。5G 全连接工厂是充分利用以 5G 技术为代表的新一代信息通信技术集成，打造新型工业互联网基础设施，新建或改造产线级、车间级、工厂级等生产现场，形成生产单元广泛连接、信息（IT）运营（OT）深度融合、数据要素充分利用、创新应用高效赋能的先进工厂。

混凝土行业有着上下游产业链长、影响因素多、周期长的特性。通过建设 5G 全连接工厂，可以将各个相关方即时融合，通过 5G 技术将数据、系统等互相连接，实现各相关方的即时数据共享和实时分析决策。重点针对行业提高生产效率、实现无人化作业、提升安全管理水平、节能减碳、数字化转型等需求，促进生产单元模拟、生产现场监测、机器视觉质检、设备预测维护、生产能效管控等典型场景普及应用。

"5G + 工业互联网"是加速我国新型工业化进程的重要支撑。

（1）5G 工厂的建设可以对混凝土生产全流程进行网络覆盖，进一步完善工厂网络基础，为各环节多种智能应用提供可靠的网络支撑。混凝土生产包括众多工业环节、涉及多种设备，5G 网络相对于 4G 来说稳定性、安全性更高，可以更好地为智能装备、工业控制系统的正常运行提供网络支撑。

（2）依靠 5G 网络的高可靠、低时延、大带宽等能力，工厂可连接更多智能装备，优化各类工业数据和指令的传输，进一步实现对原料配料的精准计量、生产设备的远程精准操控等，提高产品的生产效率，降低成本。

（3）5G 网络的建设可支撑厂内物流运输的无人化、自动化，物流装备可摆脱网线的限制，采用无线的方式更灵活地运输货物。此外，在"联网"方面充分激活沉淀在工厂各环节、各设备的工业数据，结合摄像头等采集设备，实现设备、产线、管理等链条数据的实时采集和共享，进而实现生产全流程实时监控，打通企业数据流、业务流、管理流，助力企业实现节能降耗、效率提升、规模生产、柔性生产、智能仓储等多项智能制造场景。

综合来看，5G 工厂的建设进一步促进了混凝土行业生产模式的变革，推动企业由传统生产管理模式向智能生产管理模式转变。5G 网络的建设促进了智能生产模式的创新，结合新一代信息技术，混凝土企业建设了无人智能巡检、生产实时监测、机器视觉质检等创新应用，这些应用为企业生产、运营、质量检测等流程带来了便利，帮助企业优化了生产运营方式，降低了人工成本，逐步实现精益生产，与传统工厂相比提质增效效果十分明显。

3 混凝土行业智能工厂建设

3.1 混凝土智能工厂建设框架

对于企业来说，智能工厂的设计和实施是企业战略规划的重要组成部分，在建设过程中，要综合考虑精益管理、工艺流程再造、智能物流仓储、自动化提升、工厂物联网、信息系统应用、土建公用基础配套设施、建模仿真和新技术应用等建设内容，要保证各业务环节之间实现信息全面融合、贯通，要充分考虑业务之间内在联系和逻辑关联，将各业务通过标准控制、流程控制、数据控制实现无缝融合，对重要节点进行有效控制，打造一体化管理的智能工厂，将业务链乃至产业链全线贯通。

3.1.1 混凝土智能工厂建设目标

智能工厂基于云计算、物联网、大数据等先进技术，通过数字化、网络化和智能化的方式，实现生产过程的全面优化和智能化管理，提高生产效率、质量和安全性，降低成本和资源消耗。对于企业来说，具体体现在以下几个方面。

3.1.1.1 管理现代化

企业通过智能工厂的建设，进行业务流程优化与重塑，用新的知识、新的方法、新的策略构建全新的企业发展理念，主动、积极引入新技术、新工具，建立涵盖企业组织内部、行业治理、产业链治理等多个方面的现代化治理体系，用新的模式、新的机制、新的体系重塑企业与行业。

3.1.1.2 生产智能化

利用智能传感设备等实现自我感知、安全传输、指令作业、协同控制，强调物理世界向数字世界及人为判断的能力；结合大数据、人工智能等新一代信息技术实现自学习、自适应、自控制，强调人的知识与经验由物理世界向数字世界转化的能力，从而达到提质增效的目的。

3.1.1.3 发展绿色化

利用新装备、新设备提升精益生产能力，减少过程中的跑冒滴漏；利用人机互联、机机互联，减少重复作业，增强人与环境友好性，实现产品绿色化、工艺绿色化、环境友好化。

3.1.1.4 模式生态化

通过智能工厂的建设、工业互联网平台的搭建，打造行业智能制造生态体系，将传统产业链关系在一个共同的数字平台中联系、协作，改善原有过程中信息不对称、信息不透明、协作附加值低等诸多问题，从原来的供需关系转变为服务与协同，提升产业链协同效率和协同质量，促进产业链上下游企业实现协同发展。

3.1.2 智能工厂总体架构

智能工厂作为行业技术成果的落地应用，呈现最新技术与研究实践，涵盖基础设施建设、工艺流程再造、自动化升级改造、信息化系统应用、平台建设、新技术新装备应用等多项建设内容，可从总体架构、业务架构、技术架构和综合集成方案几方面展开智能工厂架构设计。

3.1.2.1 总体架构图

企业基于软硬件自主可控原则，依照智能工厂参考架构，纵向完成系统层级各模块数据交互，横向完成生命周期各环节系统集成，通过"数据采集建模-过程优化分析-决策实时反馈"的集成管控模式，实现混凝土工厂的设备数字化、生产智能化、管理精益化、服务敏捷化。

架构纵向分为五个层次，分别是设备设施层，包括智能装备，以及厂内配套信息基础设施；感知控制层，包括如DCS、SCADA在内的基础控制系统，以及先进控制系统；智能生产层，包括以生产制造执行系统为核心的生产、能源、设备、质量、安环、物流、仓储等工厂智能化建设的关键场景；精益管理层，包括采购、销售、客户、碳资产管理等，并结合经营分析工具，助力工厂决策；敏捷服务层，包括供应链协同、柔性定制等，加速工厂将制造优势向行业服务辐射输出。

架构横向分为四部分，除物理工厂五级架构外，新一代信息技术还包括贯穿智能工厂建设中所需的5G技术、人工智能、边缘计算等；数字孪生虚拟工厂，包含了工厂模型、仿真分析、参数调优等，旨在通过孪生建模将物理工厂转换为虚拟工厂；工业安全防护，旨在积极部署工业安全防御措施，构建数据安全防护体系，有效保障工控系统与生产数据安全（图3-1）。

3.1.2.2 业务蓝图

混凝土作为一种极其特殊的工业品，其生产过程不仅局限于传统物理围墙内的加工过程，在途、施工现场都处于持续作业的状态，因此基于混凝土行业的商品独特性，提出行业智能制造"四位一体一产业"模式的业务高阶蓝图（图3-2）。

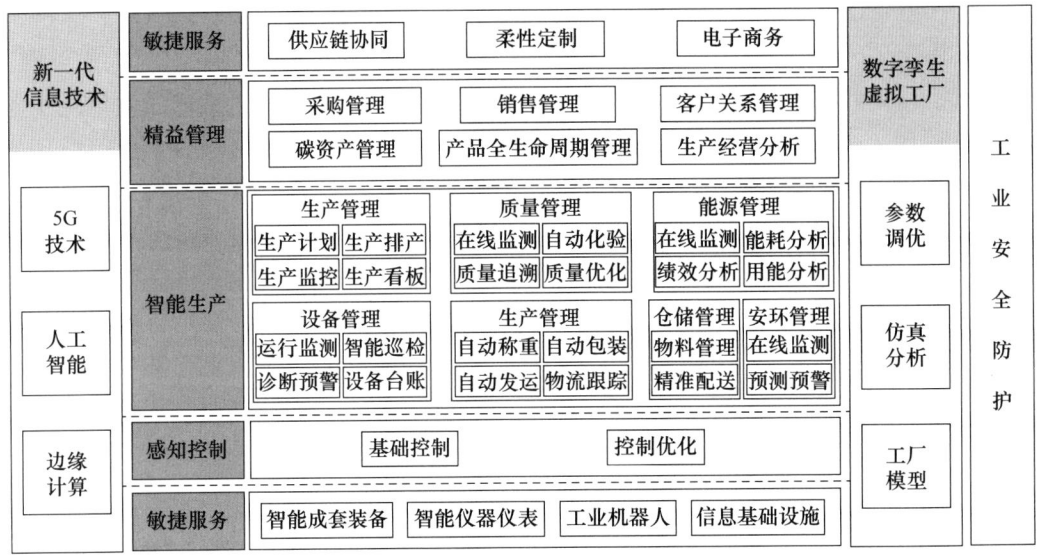

图 3-1 混凝土智能工厂总体架构

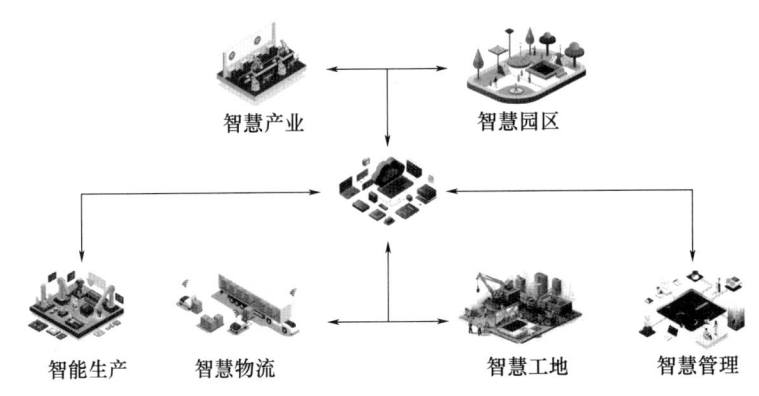

图 3-2 混凝土智能工厂业务蓝图

1. "四位"主要内容

"四位"是围绕混凝土业务发生周期的维度进行构建，将生产、业务、管理等各项作业过程为主要对象，剥离主观因素，按照基本规律进行解构，用新的技术进行重新定义、重新设计、重新组装，构建一套新型的运行模式。

"四位"主要分为：智能生产，主要围绕混凝土物流围墙内的作业和场景，构建面向装备设备、仪器仪表、作业工艺等工具、系统；智慧物流，主要围绕混凝土在途过程的运输全过程，构建可视、可控、可靠的交付运输体系；智慧工地，主要围绕混凝土进入工地以及在工地进行各项混凝土作业的场景进行分析、研判，构建更加高效、更加便捷的客户服务体验和交付保障；智慧管理，主要围绕前三者组织所需要的运营管理、决策体系提供解决方案，构建基于数据的决策体系，提升管理效率和决策质量。

2. "一体"主要内容

混凝土生产物理围墙内，除生产及必要的作业条件外，能源、安全、环境、弱电环境等在新的发展要求下，问题也较为突出。传统的粗放式工厂园区建设模式，难以满足发展智慧园区的需要。随着行业发展及地方治理的需要，混凝土工厂出现了不同类型的变化，有的是多业态一体化的综合性园区，有的是简约化的生产单元。无论工厂如何变化，基于混凝土的基本属性，工厂内的基本结构、工艺过程具有非常强的复制性。因此，"一体"的主要对象是围绕混凝土工厂物理围墙内进行深化设计、深度建设，用新的理念、新的方法，打造人、机、料与环境和谐自然的智慧园区。

在能源方面，通过数字电表、数字水表、数字油表等多种不同设备设施的导入，解构工厂的能源流转节点，刻画出工厂能源消耗分布，针对能源消耗异常，消耗大的不同环节进行优化，有的放矢地推进工厂能源结构优化。

在安全方面，通过电子围栏、视频行为分析、轨迹监控预警等手段，针对工厂的安全高危环节、高危作业面，特别是密闭空间与物流盲区，进行实时监控、实时预警、自动控制，将安全管理前置到安全预防，确保工厂的生产作业安全。

在环境方面，通过对粉尘、噪声、废水、废渣等各类环境污染源、污染物进行数字化的实时感知，利用不同的装备设施，对感知到环境进行预判，并与对应的处理装置进行联动，真正将混凝土工厂打造成为绿色的花园式工厂。

在弱电方面，通过导入5G、工业网络、独立电路等新的通信技术，将分布在不同工况条件、不同作业环节的IoT装置、仪器等提供必要的电力、信号基础，避免工业设备与弱电设备因电脉冲、电磁干扰等对电子器件的精度和寿命产生不利影响。

3. "一产业"主要目标

混凝土行业的自然属性、地域属性与服务属性都极其具有特点和特征，从当前行业发展的趋势而言，整个行业生态还处于初级阶段，产业生态效率存在过度离散、协同效率低下等一系列问题。这些传统模式下存在的问题严重制约、束缚了行业的高质量发展。为解决这些问题，需要在政策层面、产业层面、技术层面，通过行业、产业的聚人、聚力、聚智、聚财、聚业，共同培育和发展平台经济，建设智能工厂，以开放的理念，更大的模式创新力度，推进行业、产业的协调与共享，成为混凝土行业未来发展多种路径中的最佳选择。

3.1.2.3 技术架构

企业建设的平台功能架构符合工业云平台的基本构成，基于建设需求，搭建对工业数据采集、存储、分析和应用的模块体系，其核心由基础设施层（IaaS）、平台层（PaaS）、应用层（SaaS）构成，再加上边缘层，共同构成综合性数字平台。

1. 边缘层

边缘层主要实现工业数据采集，并对不同来源的工业数据进行边缘计算。本项目边缘层兼容OPC UA、S7、Profinet等各类工业通信协议，将采集的数据进行格式转换和统一，再通过网络链路，将有关数据以有线或无线方式（4G、5G、NB-IoT等）进行传输。此外，边缘层基于边缘计算技术（智能应用、算法及模型等），实现数据的预处理，提升系统反应速度和数据传输速度，解决数据传输和通信的时延问题。

2. IaaS 层

IaaS 层主要提供云技术设施，如计算资源、网络资源、存储资源等，支撑整个平台架构的运行。同时，利用分布式存储等新技术，实现资源服务设施的动态管理，提升资源服务的有效利用，也确保资源服务的安全。IaaS 层作为设备和平台应用的连接层，为 PaaS 层的功能运行和 SaaS 层的应用服务提供了完整的底层基础设施服务。

3. PaaS 层

PaaS 层是整个平台架构的核心，其根本是在 IaaS 平台上构建了一个扩展性强的支持系统，也为工业应用和软件的开发提供了良好的基础平台。这一层协同集成平台、技术平台、数据平台、开放平台等功能，实现数据进一步处理与计算，PaaS 层支持根据业务进行资源调度，保障数据接入、平台运营、接口访问的安全机制，保障业务正常开展。

4. SaaS 层

SaaS 层是整个平台架构的关键，是工业数据应用价值的最终体现，也是提供应用服务的关口。SaaS 层基于 PaaS 层上丰富的工业微服务功能模块，以高效、便捷、多端适配等方式实现传统信息系统的改造，为企业提供智慧运营、智慧供应链、智慧生产等数字化解决方案，实现现有资源集中化、数字化服务精准化、工业知识复用化。

3.1.2.4 数据架构

在传统混凝土企业，生产效率为第一目标，很多企业往往只进行自动化建设，缺少数字化布局，因此当前我国混凝土企业的设备联网和数据采集基础较差，而智能工厂则需要依赖多样、实时、海量的数据驱动并产生价值，因此需要设计合理的数据架构，筑牢数据底座。

1. 数据底层

主要解决数据全生命周期流转的基础条件，包括数据规范、识别。数据规范通过数据标准化、统一化定义，解决异构、多元的技术及设备的数据定义差异化的问题；数据识别通过不同的感知技术实现数据采集，对数据来源、数据结构、数据表达进行辨识，促进数据在不同环境中流动。

2. 数据中层

主要解决数据的加工处理过程的技术条件，包括数据治理中心、数据资源中心、数据规则中心、数据处理中心。数据治理中心是对不同来源的数据信息进行治理，确保数据质量；数据资源中心是按照主题域（生产域、物流域等）的方式对垂直业务的数据进行存储与管理；数据规则中心是维护和规范数据的血缘关系，管理不同数据间的规则，用函数形式定义数据逻辑，特别是用于制定满足综合复杂性结果所需要的数据模型等；数据处理中心是围绕数据清洗、数据加工、数据处理等执行过程，为数据输出提供作业环境。

3. 数据顶层

主要解决数据应用场景需要，包括数据共享、数据资产、数据图谱。数据共享主要利用输出技术制定数据调用的定义、接口，确保数据的输出；数据资产是对形成的数据进行价值性管理；数据图谱是以数据运营的角度观察、跟踪、管理、维护整个数据流转过程。

3.1.2.5 综合集成方案

智能工厂整体集成将生产线上的各种设备、工具和工序，通过信息技术和通信技术互联互通，实现工业生产的智能化与自动化，保证数据的贯通。智能工厂建设过程中集成建设将从界面与用户集成方案、应用集成方案、接口集成方案、数据集成方案、安全集成方案几方面展开。

1. 界面与用户集成

通过界面集成组件解决访问层集成问题。主要支持统一信息发布、统一访问入口、统一数据查询展示入口、统一业务功能入口、统一用户、权限及单点登录管理等。

2. 应用集成

应用集成主要实现将不同的业务应用系统进行整合，实现应用之间的业务功能交互，同一应用系统的上下级之间应用交互及数据交换，以实现业务流程的自动化和协同工作。通过应用系统集成，企业可以提高工作效率，减少重复劳动，并提升业务处理的整体效能。

3. 接口集成

接口集成是实现系统间互操作性的关键。它涉及定义和开发标准接口，以便不同系统之间能够交换数据、共享信息和执行功能。通过接口集成，开发 MES 与 ERP、SCADA/DCS、PLM、WMS 等系统或设备的数据通信接口，确保各个系统之间的顺畅通信，实现无缝集成。

4. 数据集成

数据集成从建立主数据管理体系开始。在此基础上，建设数据交换平台、建设数据中心及决策支持环境，将来自不同业务系统、数据库或数据源的数据进行整合，实现数据共享，通过数据集成，企业可以消除数据孤岛，获得更全面、准确的数据视图，为决策提供有力支持。

5. 安全集成

安全集成是确保整个集成过程和数据安全的关键环节，涉及身份认证、访问控制、数据加密等措施，以保护系统的机密性、完整性和可用性。通过安全集成，企业可以构建一个安全可靠的集成环境，抵御各种安全威胁和风险。

集成的实施包括统筹应用需求、明确系统关联、统一集成设计。项目建设过程中，将从应用系统需求、基础应用平台需求和基础支撑环境需求三个角度展开项目总集成工作的全面调研。对系统之间的关联关系和应用系统与应用支撑平台的关联进行明晰，并按照应用支撑平台架构来完成总体设计，再基于组件技术对应用系统进行切分、分别开发建设，最终集成在基础应用平台上。

3.2 数字化基础设施建设

数字化基础设施建设是智能工厂建设的最底层设施,数字基础设施伴随新一代信息技术发展不断演进扩展,包括具有不同功能、处于不同发展阶段的多种设施。混凝土企业通过构建泛在智能的网络连接设施、物联数通的新型感知基础设施,云网融合的数据及算力设施,为智能工厂建设夯实基础。

3.2.1 通信网络基础设施

混凝土智能工厂网络基础设施是软件应用、网络服务和硬件设备的组合。通过部署前端有线网络和无线网络以及生产专用网络,建设独立虚拟局域网(VLAN)用于不同网络场景,实现自动发布生产指令和自动收集设备和生产线信息,形成集成的工厂网络环境。混凝土工厂应对工厂基础设施进行迭代更新,包括计算机网络、工业通信网络系统、备份与存储系统、服务器系统、信息安全系统等。

3.2.1.1 基础网络架构

混凝土企业网络架构通常采用三层网络架构,包括核心层、汇聚层和接入层,涵盖底层设备、DCS、智能视频系统、智能物流一卡通、能源管理系统、办公网络等的连接,实现网络互连、数据互通、业务互通。

1. 核心层

核心层作为网络核心,关注整网的路由分发及报文转发,为多个汇聚层提供连接性。核心层在设计时需具有可靠性、高效性、冗余性、容错性、可管理性、适应性、低延时性等特点。在核心层中,应该采用高带宽的千兆以上交换机。核心网位于中心机房,其主要功能是对外连接办公网络、集团网络及外网,为各类客户端对服务器的访问提供支持。

2. 汇聚层

汇聚层是企业生产制造、运营管理信息的汇聚点,是连接接入层和核心层的中介,为接入层提供数据的汇聚、传输、管理分发处理。汇聚层具有实施策略、安全、工作组接入、虚拟局域网之间的路由、源地址或目的地址过滤等多种功能。汇聚层设计为连接本地的逻辑中心,提供全面的控制与服务功能;通过网段划分(如 VLAN)与网络隔离,保证核心层的安全和稳定。此外,所有核心层和汇聚节点的网络设备都支持网络第二层和第三层功能。

3. 接入层

接入层通常指网络中直接面向用户终端连接或访问的部分,完成各信息节点的接入。接入层除了完成对信息节点的覆盖之外,必须充分考虑网络的可管理及可控制,网络对用户管理及网络的智能主要是在网络边缘提供的。接入层的作用是允许终端用户终端连接到网络,是最终用户与网络的接口,能够提供即插即用的特性,同时应该非常易于使用和维护。在核心层和汇聚层的设计中主要考虑的是网络性能和功能性要求,在接入层设计上主要考虑使用性能价格比高的设备。

在混凝土智能工厂网络建设过程中,应重点考虑网络在工厂内的全覆盖,构建安全的工业局域网络。根据各个车间的生产功能不同进行区分,在物理链路上就近连接汇聚点,在逻辑上进行 VLAN 虚拟局域网的划分,通过千兆交换机进行通信。通过 VLAN 虚拟局域网的划分,保证各车间之间的通信是独立的,构建各车间之间的核心骨干千兆光纤环网,保证各车间的数据能够通过千兆环网进行与中心机房服务器的通信。车间内部构建百兆光纤环网,当车间内部出现线路及设备故障时,不影响百兆环网的数据正常传输,各车间站点的数据仍然能够及时上传至服务器。在工业专网与办公网之间设置防火墙,达到病毒隔离和访问控制的功能。

3.2.1.2 网络安全建设

在智能工厂建设中,网络安全是企业发展的重要保障。企业应持续做好网络安全保障,提高数据安全防护水平,规范外包管理,加强运维与应急保障。加快产品、技术和服务的安全可控能力提升,做到信息安全运维及应急工作的标准化、流程化,积极防御、综合防范,从而整体提升网络安全。

一是提高网络安全技术应用,提高公司网络安全攻击监测和威胁发现能力,在现有软硬件环境基础上,推进网络分区分域建设;加快推进管理信息系统、工业控制系统网络安全态势感知能力和相关建设,持续开展云计算、大数据安全防护体系建设;充分发挥态势感知、病毒防治、准入控制、终端管控、漏洞扫查、日志审计等技术防护功效,实现网络安全技术层面的全局管理。

二是提升数据安全防护能力,建立全生命周期的数据安全防护,涵盖数据的创建、存储、使用、共享、归档到销毁等多个阶段,在数据分类分级工作的基础上,统筹规划相应的数据加密、脱敏、审计等数据保护策略,确保数据安全全程可控,并充分利用工业互联网安全监测与态势感知平台,提升工业互联网安全监测预警能力。提高运营管理水平。

3.2.1.3 边缘网关

边缘网关位于物联网架构的边缘,连接着物理世界和数字世界。边缘网关指连接终端和回传网络的设备,可以实现对终端的自动发现、身份认证、数据转换、加密传输等功能,并支持边缘计算和本地控制。边缘网关的主要功能包括数据收集、处理、分析和传输,负责收集来自各种传感器和设备的数据,对其进行初步处理和分析,然后将有用信息传输到云端或其他数据中心。此外,边缘网关还可以实现设备之间的通信和协同,支持本地决策和执行操作,减少对云端的依赖,提高响应速度。

边缘网关具有多种接口和协议支持,能够连接各种类型的传感器和设备,包括温度、湿度、压力、流量、振动等传感器。它还支持多种通信协议,如 MQTT、HTTP、

CoAP 等，以便与云端或其他设备进行有效通信。此外，边缘网关通常具备一定的计算能力和存储能力，能够进行简单的数据分析和处理，实现实时决策和响应。

在混凝土工业中，边缘网关的应用对于提高生产效率、保证产品质量和增强工作环境安全性至关重要。边缘网关连接着各种传感器和设备，可以实时监测混凝土生产过程中的关键参数，如温度、湿度、压力、流量等，并将这些数据传输到云端或其他数据中心进行分析和处理。在混凝土生产过程中，边缘网关可以实时监测混凝土的配比、搅拌时间和温度等重要参数，确保混凝土的质量和强度。它还可以监测设备的运行状态和振动情况，预防设备故障和过载，保障生产线的稳定运行。此外，边缘网关还可以实现设备之间的通信和协同，支持本地决策和执行操作，减少对云端的依赖，提高响应速度。

3.2.2 计算及数据设施

数据作为新型生产要素，是数字化、网络化、智能化的基础。对于混凝土企业来说，推动数据中心建设，开展数据治理，建设大数据分析及可视化平台，建立良好的数据基础是建设智能工厂的一项必要举措。在数字化时代，数据中心基础设施建设也成为大势所趋。

3.2.2.1 数据管理规划

围绕企业业务战略规划和信息化战略规划，通过对企业数据管理现状进行分析，与优秀企业对标进行差距分析，明确数据管理战略目标，制定企业数据治理纲领性战略规划。

1. 设计数据治理体系

当前，数据已经是新的生产要素，有效的数据治理可以帮助企业获得准确的商业决策洞察力，因此，推动企业数据治理，以数据赋能业务变革，是建设"数字企业"的必由之路。在数据治理过程中，首先需组建数据治理组织，建立数据治理制度规范，再通过权责分明的数据治理认责与有效沟通，健全数据治理体系，完成企业数据治理。

2. 建立数据资源目录

通过系统的业务梳理和数据盘点，可以建立数据资源目录，全面了解企业数据资产和数据质量现状。通过数据域-数据主题-数据实体-数据模型的逐层分解，最终形成数据主题域、数据实体清单和数据实体附属关系，使管理人员能够清晰地掌握数据的来龙去脉，把握各类数据的源头，确保信息的有效性、完整性和一致性，可以有效消除信息孤岛。

3. 管理数据标准

管理数据标准从业务属性、技术属性、管理属性三个维度对业务术语、数据元、主数据、参考数据、指标数据的数据标准进行定义和规范，按照统一的方法论及标准定义规范，对各数据域进行整理，通过现有标准梳理及新标准制定，形成标准体系。数据标准实施过程包括数据标准规划、数据标准现状调研、标准设计、标准的实施映射、标准执行以及在使用过程中维护增强等过程。

4. 搭建数据架构

搭建数据架构通过建立数据模型、厘清数据分布、实现数据集成与共享和元数据管理四部分内容展开。立足企业现状及数据需求，根据业务领域，划分主题域模型；在各主题域下，通过从行业模型、相关业务流程、信息系统的数据模型中提取、识别关键业务实体，并对关键实体进行分类，识别关键实体之间的关联关系，形成各主题域下的概念模型；从数据标准、业务流程、信息系统数据模型中提取、识别关键实体的关键通用属性，并对部分概念实体进一步细化、拆分，形成通用逻辑模型。针对数据模型中数据的定义，明确数据在系统、组织、流程方面的分布关系，定义数据类型，明确权威数据源，为数据相关工作提供参考和规范。

5. 建立数据质量评估体系

建立数据质量评估体系对数据从计划、获取、存储、共享、维护、应用、消亡全生命周期的各个阶段可能引发的数据质量问题进行识别、度量、监控和预警，避免企业因数据质量较差带来的经济损失和运营风险。提升数据质量，建立数据质量评估体系、分析数据质量问题、制定数据质量提升策略。

6. 建立数据安全管理体系

建立数据安全管理体系主要通过计划、制定、执行安全访问，分类分级等相关安全策略、技术和活动，确保业务、技术、管理等方面的数据和信息资产在使用过程中有恰当的认证、授权、访问和审计等措施，保证数据的可用性、完整性和保密性。企业数据安全管理以风险和策略为基础，以运维为纽带，以技术为手段，落实数据分类分级管理，将三者与数据资产基础设施进行有机结合的整体，贯穿于数据的整个生命周期。

7. 实施数据生命周期管理

为实现数据管理愿景和目标，在数据全生命周期中嵌入、落实各项数据管理工作，确保从宏观规划、概念设计到物理实现，从获取、处理到应用、运维、退役的全过程中，数据能够得到有效管理，并满足多样化数据应用需求。

3.2.2.2 数据中心基础设施

数据中心基础设施一般由供配电系统、不间断电源系统、终端配电系统、电源辅助系统和空调系统等组成。供配电系统提供数据中心最基础的动力来源、能源配送和可靠性保障，主要包括市电引入（10 kV、220 kV、110 kV 或者 35 kV）、变电站、高压配电设备、备用发电机组、变压器和低压配电等。数据中心不间断电源包括 HVDC、UPS 和少量开关电源等系统，为服务器或者交换机提供 240 V 直流、380 V/220 V 交流、48 V 直流等不同制式的不间断电源，确保服务器和传输设备的可靠运行。终端配电系统是指直接服务于服务器的末端配电设施，主要包括电源总柜、头柜、机柜内部的 PDU 等。电源辅助系统包括接地与防雷系统、消防系统、动环监控系统等系统，为机房及设备的运行安全、沟通连接及维护支撑提供基本的保障。空调系统为服务器提供所需要的冷量，确保服务器正常工作，常用的有风冷机房空调、水冷冷冻水系统、风冷冷冻水系统、水冷机房空调系统和自然冷却系统等，其中大型数据中心采用最多的是水冷冷冻水空调系统，主要由水冷冷水机组、板换、末端设备、冷冻水泵、冷却塔、冷却水泵、蓄水池、水处理设备、定压补水设备及管路阀门等组成。

此外，为应对自然灾害、机房损毁等突发情况导致的数据丢失，获得永久稳定可靠的数据服务，企业应考虑建立数据异地灾备中心，异地机房灾备是保障企业数据安全和业务连续性的重要手段。

3.2.2.3 大数据分析及可视化平台建设

数据基础建设在混凝土企业中的直接体现是数据治理、大数据分析和可视化平台建设，主要实现数据采集、数据处理、数据分析、数据应用、可视化报表等主要功能，进行数据探索性分析、数据挖掘或数据建模等，实现企业常规报表开发、数据多维分析、深层钻取、动态预警，对企业管控、经营效益、生产统计、供应链管理各项经营管理活动提供支撑，促进数据驱动型决策和业务价值的实现。

1. 分析主题规划

结合混凝土企业数字化力量薄弱、生产数据零散等发展困境，主要围绕公司管控、经营效益、生产统计等企业关注的环节，确定企业重点关注的数据领域和分析主题。大数据分析平台主要围绕公司管控、经营效益、生产统计、供应链管理四部分数据分析展开，首先要了解企业的历史经营表现，建设企业级数据仓库，打通"财务、生产、采购、库存、销售、资金"等全业务链条之间的数据，包括企业的收入情况、成本情况、利润情况以及各项收支的变化情况，通过对指标数据的逐级钻取，找出生产经营过程中存在的问题（图3-3）。

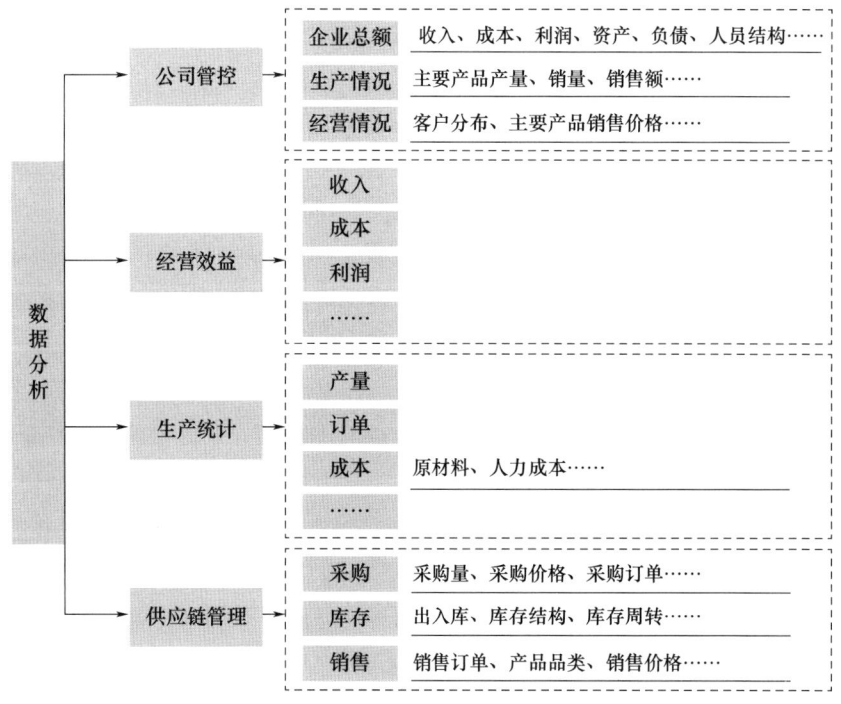

图3-3 数据分析架构

1）公司管控

从企业总览、生产情况、经营管理三个角度详细分析企业的收入、成本、利润、资产、负债、人员结构、产品产销情况、客户分布情况等，为企业领导掌握企业整体情况提供全方位管理支撑。

（1）关键分析指标。分析指标包括营业收入、营业成本、利润总额、资产总计、负债合计、人员结构、主要产品产量、主要产品销量、主要产品销售额、主要产品销售价格、客户分布等。

（2）分析视角。从时期、资产结构、负债结构等视角进行综合分析。

（3）分析方法。此分析主题可使用网络关系图、堆积柱状图、条形图、雷达图、多层环形图等分析方法。

（4）分析内容。针对主要指标的展示、历史趋势、构成比例等，全面直观地呈现分析内容。

2）经营效益

经营效益主题主要关注企业在经营生产活动中产生的经营效益的经济往来情况和经营过程中的风险监控。企业在经营过程中往往伴随诸多风险，对风险进行事前监控与预防，能及时防止风险转化为事故。

（1）关键分析指标。分析指标包括营业收入、成本费用、利润总额、净利润、毛利率、应收应付等。

（2）分析视角。从时期、增长趋势、变动趋势、预警监控等视角进行综合分析。

（3）分析方法。此分析主题可使用对比分析、分类分析、结构分析、趋势分析等分析方法。

（4）分析内容。针对收入、成本、利润、应收应付等KPI指标进行分析，实现逐级钻取下级关联数据，快速分析影响企业经营效益原因，并得出分析结论。

3）生产统计

生产统计主题主要关注企业的主要产品产量、产品的成本、生产订单、排产情况、产品毛利率等情况。

（1）关键分析指标。分析指标包括产品价格、产量、销量、毛利率、排产计划等。

（2）分析视角。从时期、产品类别、产销对比等视角进行综合分析。

（3）分析方法。此分析主题可使用对比分析、分类分析、趋势分析、排名分析等分析方法。

（4）分析内容。围绕车间生产产量、排产计划、生产订单、生产情况、生产成本等角度进行分析，随时掌握企业生产情况。

4）供应链管理

供应链管理主要是围绕采购、库存、销售等情况进行分析，使供应链运作达到最优。

（1）关键分析指标。分析指标包括采购量、采购价格、采购订单、出入库、库存结构、库存周转、销售订单、销售价格等。

（2）分析视角。从时期、增长趋势、变动趋势、预警监控等视角进行综合分析。

（3）分析方法。此分析主题可使用对比分析、分类分析、结构分析、趋势分析等分析方法。

（4）分析内容。包括采购、库存、销售三部分。

采购分析是指围绕采购量、采购价格、采购订单等角度进行分析，便于管理者了解上游产业链的情况，及时调整企业经营策略。

库存分析围绕出入库、库存结构、库存周转等角度进行分析，通过库存相关看板实现库存占用资金量分析、库存周转等方面的分析，使管理者及时准确地了解库存情况，更好地指导生产计划的制订。

销售分析则围绕销售订单、产品品类、销售价格等角度进行分析，便于管理者规避可能存在的风险及探索新业务。

2. 功能清单

在充分调研的基础上，从数据准备、数据分析与展现、报表报告、管理驾驶舱、大屏可视化、移动端应用等方面确定平台的主要功能。

1）数据准备

由于混凝土生产过程连续并反复进行，数据包含设备运行状况、环境参数、人员操作记录、运维管理、仓储物流等，数据量巨大且来源不同，数据格式也存在差异。因此，混凝土企业对数据处理要求较高，要求支持多种数据库类型和数据类型的连接和传输，并且具备数据清洗、数据建模的功能。

（1）数据连接。跨库联合数据源支持将不同的数据源关联，如关联 Oracle、SQL Server 两种数据源，来应对不同接口数据统一访问问题，数据无须落地，即刻可用。

大数据平台需要支持多样化的数据接入方式，包括关系型数据库数据、文件数据、图片数据、日志数据、音视频、实时数据（传感器、信号等）等。面对多种数据接入需求，大数据平台需要提供多种针对性的接入方式和工具。

支持对多源异构数据的采集，数据源存储格式包括但不限于 Oracle、MySQL、DB2、SQLServer、PostgreSQL、Hadoop、HANA 等；支持对结构化、半结构化和非结构化数据的采集和抽取，可采集的数据类型包括但不限于网络流数据、数据库、日志、文件、邮件、视频、图像、文本、机器数据、传感器数据等；支持对网站数据的采集，可从不同的 Web 上抽取数据，包括 HTML、文件、图片、文本、PDF 等；支持对流动的网络数据的采集，可在极少或无代码的情况下及时将流量数据还原到内容级别。

（2）数据清洗。支持过滤与映射、空值处理、JOIN、去除重复值、分列、派生列等多种预处理方法，解决企业数据分散、凌乱、标准不统一等问题，从而得到具备完整性、一致性的数据模型。

（3）数据建模。面对分析需求，对多个表中的数据进行关联和定义。针对特定分析场景提供业务模型，将数据库中的字段与表关系按照业务逻辑进行定义，形成相应业务模型。

2）数据分析与展现

（1）报表展示：基于企业大数据分析平台，搭建主要 KPI 指标数据分析报表，及数据下钻报表。

（2）透视分析：提供类 Excel 数据透视表的设计，支持对数据进行切片、钻取、汇总、预警等，还可根据业务属性设置时间计算及二次计算和多角度分析，并将分析结果以图表的形式展现。

（3）多维数据分析：基于多维数据源对数据进行多角度展示和灵活动态分析，根据多维模型实现任意维度切片、旋转、钻取，并在此基础上进行自定义指标、统计分析等操作，实现不同信息和数据维度的结合，提升业务决策的准确性和可靠性。

3）报表报告

基于企业的数据分析平台，搭建主要 KPI 指标数据分析报表，以及数据下钻报表。通过拖拽数据创建的业务语义层实现一次建模重复使用，为业务人员提供高效简便的数据报表工具。主要展示形式包括 Excel 电子表格、分析报表报告等。

4）管理驾驶舱

根据企业的管理需求，搭建多层次、立体化驾驶舱，满足管理者对运营指标的管控、查询、分析等多样化场景，为管理层提供"一站式"决策支持。面向高层管理人员建立战略型驾驶舱，通过可视化图表直观展示企业运行关键指标，监测企业运营情况，帮助管理者快速掌握企业运营情况，辅助经营决策。数据下钻展示。面向中层管理人员建立分析型驾驶舱，实现异常关键指标预警，帮助管理者显性化业务问题，通过钻取、联动、过滤等操作实现业务指标精细化管理，高效定位业务问题。

5）大屏可视化

将企业的大数据分析平台连接至企业大屏进行可视化展示，改变现有单页式的展示形式。根据企业的企业需求，通过内置可视化组件的灵活组合，自由按需挑选可公开的业务数据，直观展示企业形象，展示企业实力。

6）移动端应用

支持移动端数据展现，让管理者可以在 iOS/Android 等移动设备上展示业务报表、KPI 和仪表盘等，通过简单的触摸，即可随意查看和分析业务数据。

3.3 混凝土智能工厂建设路径

混凝土智能工厂建设涉及基础设施建设的规划与实施、装备装置的选型与技术规程及各类数字化产品的配置与应用，包括工厂运行、工艺过程、运营管理等一系列事项内容。不同企业在建设智能工厂时要结合企业发展阶段、投资能力、技术成熟度等各方面因素，可以采用分步策略开展智能工厂建设，避免重复建设。

3.3.1 智能工厂建设路径方法

当前,混凝土行业的行业生态、行业结构具有较为特殊的阶段特征,结合行业发展特征以及行业智能化的高阶蓝图,混凝土智能工厂提出如下发展策略和原则。

1. 分类分级和差异化原则

主要基于企业不同的发展阶段、企业规模存在较大差异的状况,针对不同企业所在地区及需求,以一企一策的方式制定建设方案。总体来讲,龙头企业扮演科研角色,中小型企业扮演成果转化和应用角色。

2. 分项分段和渐进性原则

智能化深水区将不再是简单的应用型的产品研究、研制、研发,而是需要基于大数据、大模型、AI、工业机器人等进行高端化的数字化技术研究。此时必将存在大量技术壁垒,需要整合更多的专业资源、更强的专业力量,用一定的时间进行创新和突破,以确保技术的可靠性、可复制性。因此根据顶层设计,分步实施智能工厂改造建设工作,持续针对主要智能装备、控制系统进行迭代升级,保持生产与经营的活力,通过分工协作、成果共享的方式,将极大改善单一企业串行科技创新的弊端,大幅缩短创新周期,更快、更多地为行业输出科研成果。

3. 共享共用和示范性原则

研究成果需要通过行业标准的引领和促进,利用市场化机制加快转化,逐步从适配单一企业、单一场景到打造具有可复制、通用性能力,兼顾行业共性与企业特性,点、线、面、体地推进,积极打造集大成者的标杆示范工厂,更加直观、更高体验地促进行业智能工厂建设。

4. 共商共建原则

基于行业生态的共生共荣,智能工厂不仅要解决企业内部问题,更要建立行业新生态。通过智慧产业的维度,打破传统的行业企业之间的壁垒,行业企业同频共振,用共商共建的方式,共同构建一个全新的、共同维护的秩序,促进行业可持续、高质量发展。

行业智能工厂的发展可分为八个步骤。从涉及面来看,涵盖企业内部、企业与相关方;从模式变革来看,涉及生产工艺、管理模式、商业模式等。此八个步骤不是非此即彼的选择,而是企业根据自身情况的自我选择。

(1)单体应用阶段,主要解决企业发展、业务场景或经营管理中的某个问题,以问题为导向,有针对性地开展具体项目建设,并以解决此问题的有效性作为阶段成果。这种方式通常应用于企业信息化建设的起步阶段,属于最普遍的方式。该阶段也是专业管理体验较为充分的阶段。此阶段最大的优势是业务参与感最强,属于定向性服务,且工作聚焦,围绕一个特定问题和场景,更容易形成解决方法。在此阶段中将出现两个较为突出问题。一是上下文缺少。该阶段聚焦的是问题,为解决问题可能增加与之相关联的工作量,容易出现"按下葫芦浮起瓢"的现象。二是效果较为封闭。该阶段聚焦的是具体对象，输出的成果具有确定性，难以满足其他业务、管理的需要，从而导致成果难以复用，出现"众说纷纭"的情况。

（2）多体应用阶段，随着业务感知和企业发展需要，在单体应用效果得到认可后，各个业务板块都会结合自身业务管理，提出建设主张，推动本系统的数字化建设，解决本业务的问题和痛点，如企业内部的财务核算系统、供应链管理系统等。该阶段代表混凝土企业的数字化建设进入高峰期，基本形成全员参与的局面，数字化氛围基本形成。在此阶段要特别关注两个问题。一是资源统筹。多个项目同步建设，需要合理地分配好资源结构，包括不同技术服务商、技术框架、资金投入，乃至企业业务人员的参与方式等，科学地安排计划任务。二是矛盾协调。不同业务从自身角度提出建设需要，跨系统间的不同需要容易出现不协调，甚至出现矛盾和冲突，如业务表达、数据规范等。

（3）集成应用阶段，主要解决企业出现多个业务应用，且多个业务应用拥有独立的单体应用，通过集成方式解决信息孤岛问题。

（4）数据应用阶段，主要通过构建覆盖企业全域环境的数据体系，实现基于数据的企业运营与管理，提升管理质量和效率。

（5）延伸应用阶段，通过将企业内部的数字化应用向上下游延伸，构建内外相通的应用场景，打通断点节点，不断提升对供应链和客户的在线服务能力。

（6）标准应用阶段，主要通过推进行业标准体系建设，逐步规范行业智能化，使之具备跨组织、跨企业的一体化能力。

（7）开放应用阶段，主要解决行业企业的科研成果难以复制、兼容性低的问题，通过构建公共开放平台和服务，促进不同企业的科研成果在行业内快速复制与推广。

（8）生态应用阶段，主要解决行业内企业之间的协同问题，通过共同构建服务于行业的统一平台，维护行业新生态，推进行业治理的数字水平。

综上，从数字化转型路径的角度来看，（1）至（3）属于企业内部解决企业内部循环的数字化转型需要；（4）至（6）属于以互联网解决方案为着力点解决企业与相关方的数字化转型需要；（7）至（8）属于以平台经济（或数字经济）为主体解决企业外部循环的数字化转型需要。从模式变革的角度来看，（1）至（2）属于生产模式变革，（3）至（5）属于管理变革，（6）至（8）属于模式变革。

智能工厂设计文件根据需要应包括可行性研究、初步设计、施工图设计、专项设计四部分内容。智能工厂为改建、扩建或技术改造项目时，设计文件应说明已有设备设施建设情况。同时，信息基础设施、安全防护体系需根据智能化改造项目的需求进行迭代更新。智能工厂为新建项目时，设计文件应根据实际需求的紧迫程度、基础条件和资金承受能力等因素制定实施方案。

基于智能工厂设计文件，明确阶段任务目标、预期效果及详细的实施计划，分步开展建设。基于行业发展智能化的基本原则，出于行业发展智能化的整体需要，通过拆分行业发展智能化高阶蓝图，在面向行业企业推进智能化的不同阶段，根据其自身能力和条件推进智能工厂建设。

3.3.2 经营管理

随着数字化转型日渐深入人心，特别是具有互联网基因，对数字化产品有着深度应用的年轻一代步入企业管理核心，运用数字技术改造传统经营管理方式，正在成为新的趋势。

企业经营管理的数字化建设主要分为以下几种方式。一是问题导向式，针对本企业经营管理痛点问题，聚焦建设重心，以解决核心诉求为着力点；二是垂直系统式，围绕一个垂直业务系统（如运营管理、市场营销等），构建专属的业务系统，以推进垂直业务专业管理为着力点；三是平面式，按照某种横向管理的层级，以实现本横面多业务系统式管理需要为着力点，实现多业务综合管理目标。不同类型的建设方式都具有各自优缺点，数字化建设应主要结合企业发展阶段、企业管理者的思维方式等具体因素和情况决定。

问题导向式建设路径优点较为鲜明，其聚焦企业当下在经营管理的某个具体问题，推进数字化建设，以是否有效解决该问题为评判标准。由于此问题较为具体，因此作为问题提出的诉求方，在此种建设路径中体验度、满意度最高。此外，此路径在实践中也面临不少挑战，主要原因是此路径是为了问题诉求方提供体验，较少关注问题信息要素提供方的诉求，多数采用由问题关联方填报的相关数据信息，通过数字化产品的技术能力为问题提出方提供结果输出；而作为问题信息提供方的手工作业量加大，降低了体验感，且为填报效率和质量，需要配套的管理制度和考核方法约束问题信息提供方，也增加了管理强度。

垂直系统式建设路径围绕某个单一业务线条，能够实现企业在单一业务系统的穿透性管理能力，实现此业务线条在经营活动中上下级高效协同与联动，推进业务线条经营管理中各种刚性约束的有效执行，维护本业务线条管理权威。也正因为此优点，许多企业经营管理的数字化建设容易出现的方法，在初期此方法更容易发挥业务驱动力，快速、有效地实现多垂直业务的数字化建设。随着企业多个垂直系统建设，各个垂直系统之间的数据壁垒、业务壁垒等成为较为严重问题，"信息烟囱"现象凸显。

综合平面式建设路径在实施中采取了综合性的考虑与设计，兼顾了前两者的优点，又一定程度上化解了各自的劣势，具有较为明显优势。但在实践中需要高度关注平衡，一是专业与综合的平衡，既能保留垂直业务的专业细节，又能确保跨垂直系统时出现重心差异；二是上层管理与基层执行的平衡，既确保基层操作便捷性，又能满足上层不同维度、不同焦点的管理需要，避免"两张皮"。

推进企业经营管理的数字化建设，需要结合企业发展阶段、企业规模、管理链条复杂性、管理层次多寡等综合因素进行系统性设计和思考。根据企业智能制造建设的重点场景，打造业财一体化、采销存财协同管控等新型数字化能力。

3.3.3 研发设计（配合比设计）

混凝土是一种从微观到宏观都高度非匀质的多相复杂体系。配合比设计是混凝土工程应用的基础，是混凝土研发领域涉及的核心问题，是关系原材料选择、混凝土质量控制、混凝土经济性的重要环节，与混凝土的技术先进性、经济性和发展可持续性等问题直接相关。为此，世界各国的工程师和学者都对混凝土配合比设计进行了深入的研究。

配合比智能设计技术在保证产品性能质量的前提下能快速、准确、科学地设计出最经济的混凝土配合比，既能极大地降低主材成本，也能降低对配合比设计、管理者经验技术的要求，降低企业、行业对有经验的技术人才的依赖程度，降低人力成本，产生巨大的经济效益。

混凝土配合比直接决定了混凝土性能质量，配合比智能设计技术的配合比设计、强度预测完整演化了混凝土设计生命周期，大幅缩短传统配合比设计、论证的时间，降低了原材料质量波动和频繁更换导致的质量风险，提升了混凝土产品和建筑工程结构的安全性，能产生巨大的社会效益。

混凝土配合比直接决定了混凝土产品的碳排放，配合比智能设计技术的使用，能让企业根据原材料和项目需求变化而动态调整配合比，不再为了保证产品合格率而盲目提升强度富余系数和设计等级，减少水泥用量和报废率，能有效降低混凝土的碳排放，产生巨大的环境效益。

3.3.4 生产控制

生产控制是混凝土智能工厂的核心，指令收集是生产开始的第一个工序环节，相较于传统工厂，混凝土智能工厂将其解构为三个基础动作，并通过数字化方式进行改造。第一个基础动作是指令到达，即精准获取客户对混凝土的具体要求，包括交付时间、商品规格等具体信息，此基础动作可通过业务应用的终端化服务（如订单系统、客户服务系统等）获取，特别提醒的是，该动作过程中一定要确保指令的结构化表达，为后续工序过程中的信息转发和信息应用提供基础保障。第二个基础动作为指令排序，即对接受的若干生产指令进行生产排序，此过程受客户重要等级、生产资源准备情况等需要综合考虑，因此需要建立高级计划与排程（Advanced Planning and Scheduling，APS）系统解决生产排程和生产调度问题。混凝土行业实施 APS 系统需要结合客户重要度、材料库存情况、物流资源情况、生产装备情况、货款情况等因素形成数据分析模型，并根据模型对诸多生产指令形成生产指令队列，指导下一工序执行。第三个基础动作为指令下发，即对生产任务提供指令，此环节主要涉及多工序协同联动，分别为下发到生产作业终端、下发到物料终端，启动物料上料动作，下发物流工序等。指令收集工序从行业现状来看，第一个基础动作相当比例的企业已经实现，第三个基础动作也具有一定范围的应用，第二个基础动作还未能实现数字化改造，在智能工厂建设过程需要予以关注，并实现技术突破。

上料是为生产执行准备物料的环节。此环节在当前主要有三类方式：自动化上料，主要由机械装置根据指令要求实现上料，如水泥、粉煤灰、外加剂等；手工上料，主要是针对特种混凝土生产作业的特殊情况，如纤维类原材料等；机械化上料，主要针对非高位料仓情况下的骨料类材料，需要通过司机驾驶装载机完成上料动作。混凝土智能工厂主要对于后两类上料方式进行技术性改造。

对于手工上料需要结合物料情况，进行特殊装置研发研制，并将相应的装备装置与生产控制系统、生产作业装置进行集成，确保协同作业；对于机械化上料，需要针对环境工况、作业动作等进行分析，通过导入无人驾驶技术，创新作业方式，此改造可从远程控制装载机上料到自动无人的智能上料的路径进行迭代突破。

指令执行主要根据指令收集所输出的具体任务、物料准备情况，控制生产作业设备装置。主要包括四个基础动作：投料、生产搅拌、质量微调、产品卸料（装车）。投料动作过程要结合设备装置，对计量、投料有效性等进行实时感知，确保物料按照既定配合比完成投料。此过程主要由物联网装置提供有效支撑。生产搅拌主要由设备装置自主完成，此过程中需要突破多要素条件的质量判断，确保质量可靠性。要突破多要素条件，需要通过影像技术、电流数据、设备性能状态等要素信息形成模型突破，形成生产质量控制模型。质量微调依据质量管控的基本程序，对生产成品进行执行。产品卸料动作由校位、阀门控制、余料处理三个协同完成。校位主要确保下料口与混凝土搅拌车进料口的精准对位，避免漏撒，通过定位装置辅助司机精准就位；阀门控制根据卸料需要通过电器装置控制开口大小，实现精准卸料；余料处理主要通过余料收集装置，对卸料口完成卸料后的剩余浆水进行自动收集，解决卸料完成后零散余料的漏撒。

生产控制作为混凝土企业生产制造的核心环节，多个工序环节和动作基本实现了应用性改造，并取得了一定成效。但从工艺优化和改造的角度来看，还有许多工序环节需要从底层的基础性改造加大力度。单厂企业按照行业要求普遍应用，加大应用力度，区域企业可在完成普遍应用的基础上，开展对点的技术攻关突破，以促进本身降本增效，集团企业则可在生产质量控制模型、关键生产装备的数字化研制等方面发挥引领作用，同时在车辆配对（待命）等方面探索业态模式创新，一方面促进自身的管理改革，另一方面为行业应用输出范本和方案产品。

3.3.5 物流仓储

物流仓储是保障生产制造的重要基础，对于混凝土企业，通常分为原材料物流管理和成品物流管理。

1. 原材料物流

物流数字化实现主要依靠智能过磅（无人值守计量）、智能入库、智能仓储、智能出库四大部分作用。无论单厂企业、区域企业、集团企业都应该将此作为整体实施过程中的重要一环，在第一时间完成传统工厂的改造。

（1）智能过磅主要针对物资材料进入工厂的作业场景，主要包括物料到厂识别、物料数量计量、物流验收等多动作。通过自建或公共供应链平台，可直接获取基础信息要素，采用红外对射技术，杜绝车辆不完全上秤或者多台车辆同时上秤等情况，通过安装在秤台周围的摄像头实时监控过磅现场，采集质量时抓拍保存车辆图像，二次计量时进行照片对比，发现异常立刻发出警报，防止中途更换车辆、增加和减少货物的作弊行为。通过信息采集设备，采集车辆基本信息，核对车辆业务是否合法，自动采集计算质量信息，实现计量单据的自动打印，系统自动采集并输出磅单，形成数据的闭环流动，杜绝人为因素的干扰，实现车、货、厂信息的精准校对，结合相应的物料取样装置、不同仓位库存情况进行协同，可直接完成进厂识别和指令分配。

（2）智能入库针对不同物料情况处置有所差异。混凝土智能工厂应结合不同物料情况在工厂内设计材料物流的动线，规范不同物料的轨迹与路线。粉料类、外加剂等物资车辆进厂按照规范动线进入到仓储位置后，结合进厂识别和指令，利用电子阀实现货、仓精准匹配，实时监控库存变化情况，并根据具体情况向现场人员提供必要的预警；骨料类结合工厂仓储方式，进行具体化设计，常规骨料堆仓应在不同的仓位安装有相应的提醒、物料指示牌，指引物料车辆精准到位，具备条件的可部署必要的识别装置，确保车、货、仓的有效匹配；对于高位仓储形式，在卸料口必须安装必要的车牌识别装置，并与进厂识别和指令相协同，按照物料情况进行仓位分配，控制物料仓位储存。

（3）智能仓储作为工厂成本的重要组成部分之一，精准管理库存将对工厂生产的物资保障和供应链协同发挥指挥棒的作用。针对罐体储存的粉料类，利用多种不同技术实现库存盘点；针对筒体存储的液体类，利用压力传感等技术实现准确计量；针对骨料的非高位料仓，利用三维成像技术进行测量，高位料仓式则可利用物联网技术实现准确测量，从而对仓库情况进行实时数字化。

（4）智能出库分为生产性出库与非生产性出库。生产性出库指用于生产作业所需要的物料出库，该出库与生产控制联动，按照生产任务实现物料从仓位到生产设备的转移。非生产性出库指用于生产配合比试验、路面填补等不用于混凝土生产的物料出库，与传统工厂物料自取不同，在智能工厂体系下，物料需求人员向物料仓储管理人员提出申请，由仓储管理人员完成物料出库，并由物料需求人员完成物料确认，确保业务过程校验与相互约束。

2. 成品物流

物料运输是混凝土从工厂到客户的关键环节。该环节由排队、任务分配、装料、出厂、在途、返程等多个作业构成。传统混凝土工厂的物流排队，通常按时序进行，依次执行运输任务。与之相比，智能工厂物流排队会打破传统，具体而言，智能工厂内的物流资源是可执行运输车辆处于待命状态，或无法执行任务（如车辆维修、加油或司机休息等原因）的非待命状态，而不是直接形成执行队列，此模式的变化将更加灵活地实现物流资源调度。任务分配主要是结合 APS 输出的具体任务情况、特殊要求情况（如通行证）、运输方量、车况情况、司机情况、公允性等多因素形成智能调度助手，通过智能调度助手对待命状态车辆进行运输资源调度,该模式的突破将重塑物流资源调度逻辑,提高调度效率和质量。装料环节与生产控制的产品卸料环节协同联动,实现出料口与车载口位的自动定位与校准、车内装载自动预警,确保货物精准高效装载。出厂主要与环境管理的冲洗环节相结合,对应出厂称重、运单等动作。出厂称重主要是靠工厂的无人称重设备确保混凝土商品密度,运单可借助平台化产品和技术实现电子运单,减少单据日常管理的烦琐。在途主要结合装备管理对在途物流情况进行感知、控制,指导运行执行,其中涉及物流出厂的路线设计,相较于传统混凝土物流的固化路线模式,智能工厂的物流路线将采用优化算法进行系统规划,在经济性、灵活性、可靠性等多个方面,提升物流路线的动态调整能力。

物流运输在智能工厂视角下,除装料、冲洗、称重等环节外,还会出现多项变化,特别是在排队与任务分配上对现行工厂物流管理模式提出巨大挑战。此外,电子运单将对工厂与物流企业、司机等各方的信息协同实现突破。受行业发展环境影响,原有规模化驻站模式的物流资源,将逐步在解决工厂内物流资源高效调度基础上,出现区域性物流资源调度和流动,出现物流新的业态和模式。从近一段时期来看,突破物流智能调度助手(智能物流调度)成为焦点,行业部分企业已开展相关研究,并取得一定成效,具体为根据订单智能调配物流配送,实现物流智能化管理,当订单产生,系统根据算法就近调车,车辆调配成功后,进厂过磅进行装配,并根据卫星导航进行配送。到达配送目的地后,扫描标识确认产品信息后,进行卸料,完成物流配送。

货物交付主要面对客户端的交付,主要涉及签收、车泵匹配等多个动作。签收环节基于智能过磅系统对于混凝土车辆进出量差对交付数量进行确认,与客户服务场景集约,完成单据的电子签收。车泵匹配主要是针对交付现场存在多个部位多泵情况,利用微距定位技术实现混凝土与泵车搅拌车的精准匹配,确保货物的交付质量。从现状来看,实施电子签收在客户端的接受还需要一定时间,需要行业企业共同引导,推动施工单位的接受度。

3.3.6 质量管控

质量管控主要是指原材料及出厂产品的检测全过程具备数字化能力,实现数据准确、实时采集。通过与检测设备对接,采集各环节检测数据,具备数据统计分析能力;与分布式控制系统对接,将优化配方传输至工控系统,指导生产线配料优化,建立质量追溯系统。

原材料质量控制。通过配置自动取样器,根据不同物料特点配置不同类型取样器;配置自动制样设备,包括但不限于机械臂等;配置自动化验子系统,包括样品投入口、工控机、样品数据显示仪、通信接口、自动化验机等,实时将物料检测结果数字化,并结合研发设计输出的设计配合比进行质量优化,输出生产配合比,指导生产任务指令。

生产过程质量在线检测。通过配置专业设备,如视觉识别设备等,快速检测并及时反馈生产设备,基于图像处理算法等人工智能技术,运用摄像头模块、工控机模块等,对原材料和成品的规格、温度、状态进行检测，对配料、温度、电流等影响因素进行调整，结合生产控制确保产品质量。

成品质量在线监测。通过自动化机械装置，按照指令要求实施坍落度等技术规程检测，并结合成型、养护等业务动作要求，完成混凝土成品的质量快速检测，检测结果基于数字化能力输出生产调整、客户对产品的质量信息需要。

质量溯源能力建设。通过对单个订单产品赋予 ID，记录产品生产过程中人、机、料、法、环、测等信息，实现从原材料上线到混凝土出厂的整个生产过程实时的数据采集、跟踪、防错，基于连续性作业数据搭建还原生产环境，挖掘产品质量模型分析能力。

大数据质量管控优化。根据积累的质量数据，建立数据挖掘分析功能，一方面依据质量分析结果，可自动生成质量报告单；另一方面根据质量分析结果及历史质量变化数据进行质量预测，并及时调整参数进行质量优化。

集团企业应发挥行业头部企业引领作用，开展相关技术攻关，利用自身丰富性场景不断验证技术方案的适用性，验证技术产品普适性，为行业输出可复制的模式和方案，同时协同行业协会制定符合技术产品的行业标准，确保新技术、新工具的认可度，创造市场环境。区域企业发挥区域的引导作用，协同地区行业企业，形成规模化应用，联合集团属地公司形成技术产品市场规模效应，压降技术产品在行业大规模应用成本。单厂企业根据企业自身情况协同集团企业、区域企业持续加大技术产品市场宽度，进一步促进技术产品应用，促进混凝土行业质量管控水平。

3.3.7 设备管理

设备管理主要包含搅拌机、皮带上料系统、计量系统和其他辅助系统，从进厂到报废的各个阶段运营维护，建立设备管理系统的在线诊断平台，加强对设备机组的在线监测与诊断，时刻掌握设备的运行状况和变化趋势，准确记录设备运行信息，有效结合预测性维护、检修，形成分析统计信息，避免设备重大事故的发生，提高设备现代化管理水平。

设备装置数字化，通过各类物联网装置，完成不同设备装置的数字化改造，对设备装置的物理状态、性能状态、作业状态等进行全面监控，形成设备装置的数字孪生体。

设备运行监测，建立全厂设备集中控制平台，实现集中/分散控制系统的监控控制，集中监控生产设备状态，了解生产设备情况，及时进行设备异常调度处理，快速完成任务作业转移，实现对生产设备的集中调度、优化配置。

设备诊断预警，通过配置具备数据采集、通信和远程控制等功能的智能设备，将实时采集各类状态数据，与设定的阈值进行对比，当发生异常状况时，发出警报提醒，必要情况下可自动控制，也支持管理员远程控制。

设备智能巡检，以现代技术预设巡检路线，自动传输设备检测数值，出现异常实时上报。采用网络通信、射频识别等技术确保巡检人员真实到位，同时实现巡检全过程可视化。建立设备维护维修作业指导书、专家库，规范维修操作。将设备配件更换、使用寿命等信息与维修人员进行关联，根据维修、维护等变化情况实时更新卡片资料，确保资产信息的精准性，促进作业的标准化。

建立设备台账、设备资产电子卡片，对生产过程中设备的运行状态进行全方位数据采集录入，包括振动、温度、电流、转速等信号；工艺参数（坍落度、流动性等参数）、运行时间等工艺控制信息。采集对象包括生产设备以及辅助设备。同时，支持用户实时查询各设备历史资料、现有资料、运行数据等；支持用户在基于Web平台开展的各种应用，以及无线移动应用。

3.3.8 供应链管理

随着环保政策要求的不断深入，混凝土作为自然属性较强的行业之一，供应链管理受到行业内非资源型企业的高度关注。构建供应链管理体系，涉及供应资源及信息、采购交易、履约交付等环节。

供应资源及信息的获取，企业可以利用产业资源地图实现大地域空间解决这一问题，产业资源地图是由行业头部企业牵头，由行业企业共同维护建立的一个社会化平台，全国范围内行业的不同资源分布、价格情况等信息可以一手掌握，有效解决跨地域空间下行业信息不对称。

物资的采购管理对于不同规模的企业有不同的要求，为此本书针对混凝土大宗交易、长周期采购场景，进行采、购分离。"采"主要是指通过招标或议价形成合作意向，以商务合约签订为标志物，不代表实际商务活动发生，本书定义为招采；"购"主要是指按照当期实际价格完成货物转移，以订单与结算确权为标志物，本书定义为购置。

招采活动在行业内的实质确定了混凝土企业的供应商名录。为保障供应安全，混凝土企业通常采取供应商冗余、或份额分割的方式实现供应保障，且从物资供应安全的角度，利用大库存来防护风险，无形之中增加了企业的运营成本。

购置是在招采基础上完成当期交易活动。由于大宗交易在长周期内存在市场波动，购置活动需要兼顾两个连续动作，一是对当期价格确认，二是对当期货物供应确认。随着行业市场下行，相较于传统在招采直接执行购置的方式不同。企业供应链管理需要按照市场机制进行，保持对市场高度敏感性。

履约与交付依据购置活动所确定。为确保履约质量，保障混凝土企业与供应链企业安全，需要从履约承诺、履约过程监控、交付争议进行全周期考虑。履约承诺方面，公共服务平台提供了保证金机制，即双方达成一致后按照约定，各自提供必要的履约保证金，确保各自的履约承诺，如无法完成承诺，用保证金为对方提供补偿，从而不仅从法律、情理提供履约保障，更从经济上对双方提供保障。履约过程监控方面，由于商业活动发生于公共服务平台，业务执行、货物物流状态等信息可以实时获取，提高了各方对信息的诉求。物流方可以根据生产企业当前卸货情况，合理分配到生产时间，更加便捷地安排事务；混凝土生产企业掌握货物当前运输状态，便于安排仓储资源。交付争议方面，由于公共服务可与混凝土工厂的智能物流管理系统实现集成，对货物交割情况能够实时感知，供应方可以及时掌握现场发生情况，大幅提升供应链协同效率。

混凝土集团企业的供应链建设除了采用公共服务平台之外，还可以根据企业规模建设私有化的供应链管理系统，集团企业通过对供应链中各个环节的管理和协调，可以降低成本、提高效率、提升产品质量，其实施过程促使供应商、制造商、分销商和客户建立紧密合作关系，以实现供应链企业之间信息的共享和协同决策。

集团企业实施供应链建设过程中需要关注几个问题：一是聚焦供应链问题，通过多种方式精准定位供应链痛点问题，坚持问题导向；二是利益共享，从供应链各方的利益出发，针对问题提出供应链解决方案需要符合各方需要，确保各方在同一平面上共同推进；三是数字化操作，生成业务数据，减少人工作业行为，有利于减少分歧与差异，更利于应用效果出现；四是设定好阶段里程碑，通过不同结果目标的实现，增强信心，争取认同，保障整体推进节奏。

3.3.9　客户服务

随着信息技术的发展，混凝土行业下游施工企业对业务体验感要求越来越高，客户服务将直接影响客户满意度，客户服务体系主要包括客户订单在线、生产服务在线、运输状态感知、客户评价在线等内容。

客户订单在线主要由客户（或现场服务的客服人员）通过数字化工具实现自助下单，改变传统电话、微信的信息传递方式，客户自助下单直接进入商品混凝土企业的内部 APS 排产，避免信息遗漏、多次确认等烦琐过程，提升信息传递效率和质量。

生产服务在线主要以电子订单为基础，如同开放厨房一样，混凝土生产企业将任务执行状态、生产质量状态等向客户开放，客户可以通过生产服务在线更加直观地了解任务情况。

运输状态感知主要是客户可以在线实时查看混凝土在途状态、到达项目时间预估等信息内容，从而更好地组织项目施工安排。

客户评价在线的主要流程是客户方对单任务或整体任务的服务意见和投诉在线发布，混凝土企业结合企业自身规则对投诉进行分级管理，针对具体情况及时反馈，将争议、投诉化解在第一时间。

客户服务数字化建设属于混凝土企业市场营销体系数字化转型的组成部分。作为一个独立分支，客户服务数字化建设的理念是以客户为中心而非企业内部管理，在混凝土智能工厂的体系框架中作为智慧工地的核心内容发挥着举足轻重的作用。

客户服务的建设方法通常采取两种方式，一是自建，常见是混凝土生产企业将内部的业务系统能力进行一定程度外溢，形成面向客户的服务能力；二是租用服务，通过租用公共服务平台，快速实现能力。两者相比各有优劣，相比较而言，租用服务更利于快速应用。

3.3.10 低碳环保

混凝土行业的低碳环保聚焦绿色产品设计、绿色采购、绿色运输、绿色生产、绿色回收五个要素构建商品混凝土碳足迹，推进智能工厂建设，结合新的装备、技术，推动混凝土行业低碳环保走深走实。

一是在绿色智能工厂建设之初，完善基础设施建设，严控扬尘，生产线粉状物料、粉煤灰、矿粉、水泥成品采用封闭式管道输送，石子、砂子采用全封闭式输送皮带输送，配料上料仓安装集尘罩并配置脉冲布袋式除尘器，库顶等泄压口均配备袋式除尘器，原料大棚顶部全部铺设喷淋，商品混凝土站房采用彩钢瓦全部密封，有效控制生产扬尘。

二是加强数字化管理，加强或主动接入能耗和碳排放监测管理平台建设。

三是根据混凝土工厂检测点（涵盖厂区、仓区等）分布情况，加大环境检测装置安装力度，利用实时感知与算法模型，提升精准控制环境治理水平；运用自助冲淋等装置，加强进出厂车辆清洁度；提高废水、废渣循环利用，减少外排体量，力争零排放；实现精益生产、精准交付，减少漏撒与废弃物产生。

3.3.11 安全生产

安全是生产的首要前提，是混凝土企业正常生产运行的重中之重。混凝土生产工序纷繁复杂，材料、交通、电力、机械、粉尘等各个环节都存在着不同的安全风险，运用数字手段，建设正常有序的安全生产环境是生产质量最为可靠的保障。安全生产主要针对进货、卸货、生产环节的安全，混凝土生产所用骨料占混凝土原材料的75%左右，占混凝土生产的较大比例，骨料的进货运输过程、验收、卸货、堆放、进仓生产过程中的各个步骤均需严格按照流程进行，企业应建设相关智能化系统以确保全过程的安全。同时，对运输的车辆进行智能检查并形成管理台账，以数字监控现场的安全。

4 混凝土生产制造关键环节智能化解决方案

4.1 原材料管理

混凝土原材料管理主要包括原材料购买、材料验收、材料存储、材料检验等流程。为实现混凝土企业从传统制造向智能制造的转变，在原材料管理环节应用自动化设备及智能化系统，实现原料自动取样、在线质量检测、智能物流配送、制品智能养护，形成原材料管理集成解决方案（图4-1）。

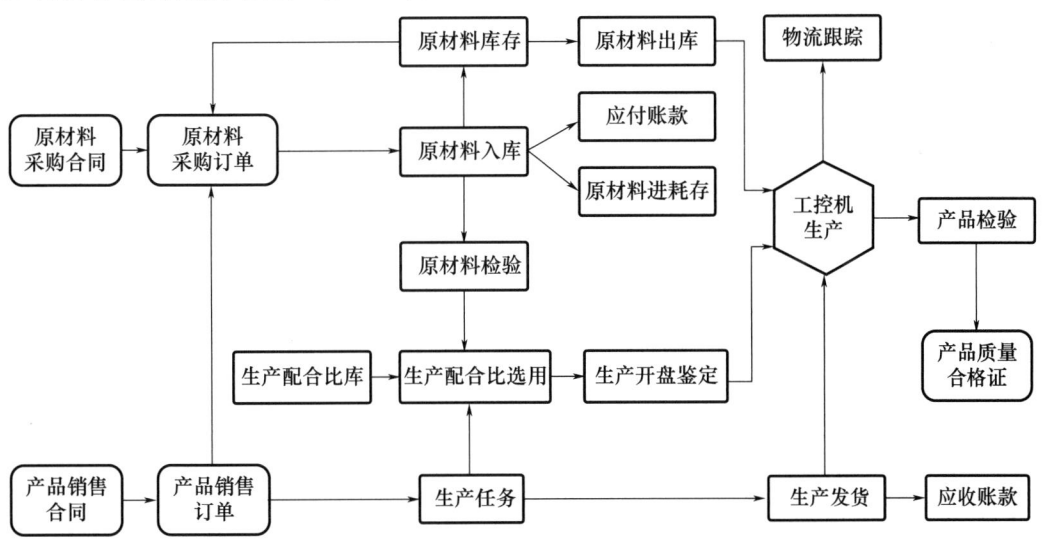

图4-1 原材料管理集成解决方案

4.1.1 原料自动取样

混凝土作为一种半成品材料和大件运输产品，质量受到原材料品质、生产方式、温度等众多因素影响，原材料取样是质量控制的关键环节。传统的取样方式通常由人工完成，存在操作烦琐、效率低下、误差较大等问题。

原材料自动取样无人化解决方案聚焦混凝土预拌厂内原材料过磅、取样、检测、配料、存储等场景，致力于从原材料管理环节提升混凝土生产质量，主要包括无人自助过磅系统、骨料自助取样系统、机制砂 MB 值智能测定、原材料检测系统、粉料入仓控制系统、粉料取样、智慧电子料仓系统等部分（图 4-2）。通过各系统的应用，实现生产流程自动化、智能化运行。同时，能够降低成本、提高企业竞争力，为企业可持续发展提供有力支持。

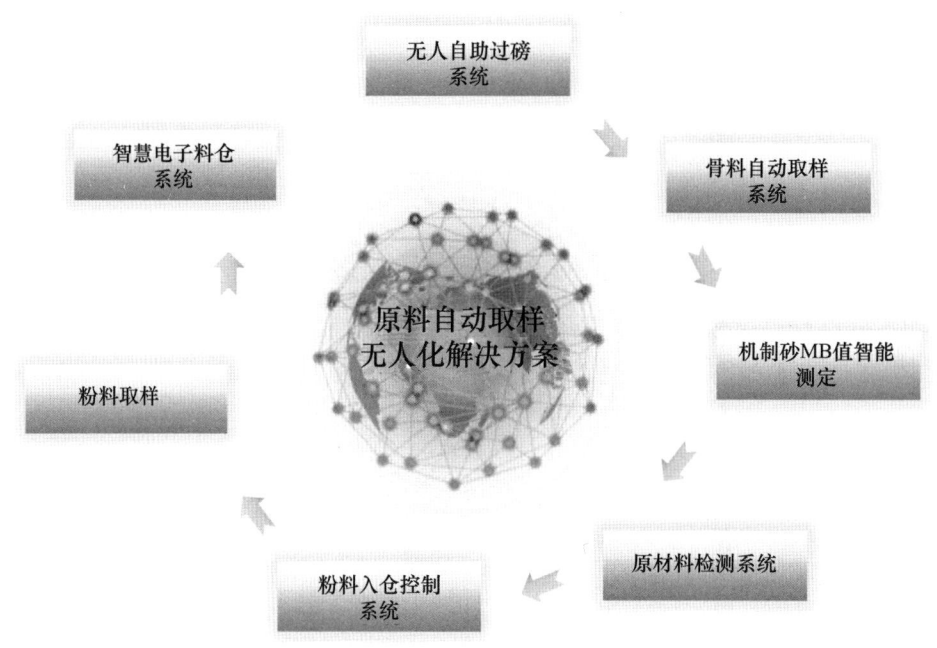

图 4-2 原料自动取样无人化解决方案

4.1.1.1 骨料自动取样

原料入场通过无人自助过磅系统实现司机自助过磅，实现原料过磅数据统计分析；经过磅系统后，进入骨料自动取样系统，系统随机选择取样点，根据智能雷达扫描结果选择取样深度，完成样品取样。取样完成后自动进行样品烘干、筛分与计量，完成细度模数、含水率及颗粒级配指标分析。此外，可对 MB 值试验进行样品的计量与添加、搅拌、混合液沾取、试纸拍照与废品回收，完成快速判定结果分析与储存，有效提高地材取样验收效率，增强样品代表性，降低取样风险，减少人为干预，降低人工成本，实现地材入场取样检测的自动化、智能化、高效化。目前，骨料进场快检技术和装备的开发，均已在若干混凝土预拌厂实施应用。

4.1.1.2 粉料自动取样

通过智能化控制系统，实现自动分配料仓、扫码开锁（智能气动锁）、自动开停除尘风机、粉料入仓过程中根据系统设定的取样规则，自动进行粉料取样；智慧电子料仓系统可自动采集过磅入仓数据和生产消耗数据，实现粉料仓库存数据的动态展示。系统降低了传统粉料入仓、取样存在的安全、质量隐患，提高粉料取样效率，增强样品代表性。粉料自动取样检测系统如图 4-3 所示。

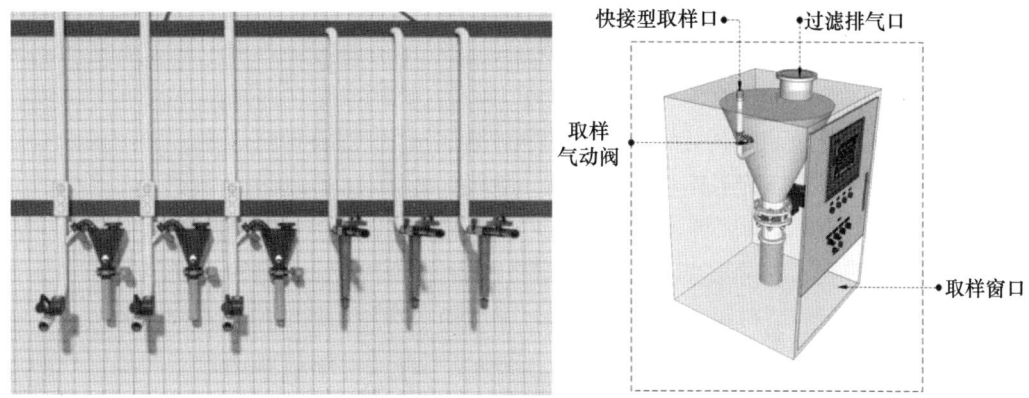

图 4-3　粉料自动取样检测系统

4.1.2　原料在线质量监测

混凝土原材料来源广泛，组分复杂，对质量监测提出较高要求。除了各种原材料自身的差别外，在各种原材料的匹配性方面也会存在一定的差异，因此在线质量监测尤为重要。

4.1.2.1　细骨料智能筛分

细骨料质量的稳定性，主要是通过细度、颗粒级配、含泥量和泥块含量等技术指标表征，粗骨料的颗粒级配、含泥量、泥块含量、最大粒径、针片状含量等对混凝土质量也有重要影响。在传统的筛分过程中，人工操作或简单的机械筛分设备往往存在着筛分精度不高、效率低下、劳动强度大等问题。而细骨料由于其粒度小、易团聚等特点，使筛分难度进一步加大。因此，开发一种高效、精准的细骨料筛分设备成为生产领域的迫切需求。

细骨料智能筛分机可解决传统检测方式中存在的依赖人工手动操作，劳动强度大，检测效率低下等问题。设备可对取样样品进行自动烘干、筛分和计量，并据此计算分析样品的含水率和颗粒级配指标，并将检测结果进行反馈和存储，实现了细骨料含水率和颗粒级配检测的自动化、高效化。细骨料智能筛分机的工作过程主要包括以下几个阶段。

1. 前期准备阶段

（1）设备检查：在操作细骨料智能筛分机之前进行详细的设备检查，包括检查筛分机的运行状态，确保设备完好无损；检查筛网是否安装牢固，避免筛分过程中因筛网松动而影响筛分效果；以及检查电源接头是否可靠连接，电源线是否损坏，确保设备能够安全稳定地运行。

（2）参数设定：根据待筛物料的特性和筛分要求，设定合适的筛分参数，包括振动力、振动频率、筛网孔径等关键参数。

2. 启动与预热阶段

（1）启动设备：在确保设备检查无误后，启动细骨料智能筛分机。设备进行自检和初始化，确保各个部件处于正常工作状态。

（2）预热过程：启动后，细骨料智能筛分机进行短暂的预热过程，确保设备在运行过程中能够达到最佳的工作状态。

3. 进料与筛分阶段

（1）均匀进料：预热完成后，将待筛物料均匀地放入筛分机的进料口，采用先进的给料装置，如震动给料器或螺旋给料器，确保物料均匀、连续地进入筛分机。

（2）筛分作业：物料进入筛分机后，受到机械振动、旋转或搅拌等作用，在筛网上产生相对运动。较小的颗粒会通过筛孔，较大的颗粒则无法通过，从而实现粒度的分离。在此过程中，细骨料智能筛分机会根据设定的参数自动调整振动力和频率，以获得最佳的筛分效果。

（3）实时监测：在筛分过程中，细骨料智能筛分机通过高精度传感器实时监测物料流量、粒度分布等关键参数，数据传输到智能控制系统进行分析和处理，以便及时发现问题并进行调整。

4. 出料与清理阶段

（1）分类出料：经过筛分后，不同粒度的物料通过不同的出料口被分别排出。细骨料智能筛分机采用先进的出料装置，如气动阀门或电动闸门等，确保物料能够顺畅、准确地排出。

（2）设备清理：筛分完成后，对细骨料智能筛分机进行清理，包括清理筛网上的物料残留和检查设备的磨损情况。定期清理和维护可以确保设备保持良好的工作状态和延长使用寿命。

4.1.2.2 机制砂 MB 值智能测定

机制砂 MB 值智能测定仪取代传统手工为主的质量控制方式，自动完成样品计量、搅拌、混合液沾取、试纸拍照和废品回收等检测，并据此进行视觉识别分析、质量判定、结果反馈和存储。实现机制砂 MB 值检测的自动化和高效化，提高地材检测验收效率。

机制砂 MB 值智能测定仪的工作原理主要是基于亚甲基蓝溶液与机制砂中细颗粒的吸附作用。当亚甲基蓝溶液与机制砂中的细颗粒混合时，亚甲基蓝会被细颗粒中的泥粉所吸附。通过精确控制亚甲蓝溶液的加入量和观察悬浊液在滤纸上的色晕变化，确定亚甲基蓝被吸附的终点，并据此计算 MB 值。

该智能测定仪集成了先进的传感器、控制器和数据处理系统，能够实现自动加液、自动搅拌、自动检测和自动计算等功能。在测试过程中，仪器会根据预设的测试参数和程序，自动完成所有操作步骤，并实时记录测试数据，确保测试结果的准确性和可靠性。

4.1.2.3 粗骨料粒度粒形旁路在线监控

粗骨料粒度粒形旁路在线监控分析采用计算机视觉的三维图像分析方法，结合深度学习手段，完成目标颗粒非堆叠状态下的在线粒度、粒形精确分析。系统由在线自动分流取料、自动布料、自动识别、自动回料及远程后台构成，实现全天候、全自动化进行。数据后台运行核心算法，主要包括空间形态学处理、降噪、平滑、目标分割、图形立体空间旋转、空间几何特征提取及参数测量等。

粗骨料粒度粒形旁路在线监控系统是一种先进的工业视觉检测系统，具有实时性、准确性、连续性、易用性和扩展性等优点。通过该系统的应用，企业能够实现对粗骨料粒度粒形的精准控制和优化管理，提高产品质量和生产效率。系统主要由以下几个部分组成。

（1）三维图像采集模块：负责实时采集粗骨料颗粒的点云图像信息，为后续的图像处理和分析提供数据基础。

（2）图像处理与分析模块：对采集到的图像数据进行预处理和分析，提取出粗骨料颗粒的粒度、粒形等关键参数。

（3）深度学习算法模块：利用深度学习算法对图像数据进行训练和学习，提高系统的识别精度和准确性。

（4）数据存储与管理模块：对处理后的数据进行存储和管理，方便用户随时查询和分析。

（5）人机交互界面：提供友好的用户操作界面，方便用户设置参数、查看结果及进行其他操作。

4.1.3 基于标识的材料存储与流转

混凝土生产是连续不断的过程，加之原材料供应单位繁杂，运输、储存和使用时均为散装状态，不仅容易造成混凝土生产的粉料和骨料计量不够准确，也为其精确标识与流转跟踪带来了困难。材料管理中，要按照各项材料的自然属性，按规定进行材料的质量检验状态标识，标识包括材料名称、产地、规格、数量、进料时间、检验状态、试验报告号、检验批次等信息，可以避免存在质量问题的原材料使用到混凝土的生产过程中。

混凝土企业应在明显位置标出仓号、存放材料名称、品种、规格等内容。入场原材料按型号、品种分批堆放，并分别编号、标识。进厂的原材料过磅后，由材料员领车入位，各种材料分仓存放，不得混仓。各料仓应有明显的标识，砂、石上料口也需挂标识牌。对于水泥、粉煤灰、超细粉等粉状料，搅拌站库管员应对原材料筒仓统一编号，每个筒仓应有标识，标明其存放的原材料的名称、产地、品种、规格；每只筒仓的进料口的标志应与筒仓一致，标明品种、规格、产地、进货日期、存货量等。入场原材料应按型号、品种分批堆放，如水泥按照等级不同分别仓储，砂石按照碎石和卵石分别堆放。从理论上分析，原材料应该封闭式堆放储存，考虑到企业成本因素以及铲车操作方便等因素，砂石采用室外场地堆放，粉料采用筒仓封闭储藏。粉体袋装外加剂在仓库要码放整齐，用标志牌标明其名称、品种、规格、产地、进货日期；液体外加剂应按不同厂家、不同品种分别储存，并明确标识。混凝土搅拌站砂石有专门的料仓，不同规格的砂石应分仓堆放，并有标识，标明原料的名称、品种、规格、产地、进货日期。库管员对砂石料仓统一编号，绘制整个料场的区域分布图后，分别通知试验室、主控室、铲车上料员，并配合以上人员共同确定配料秤上的仓号，记录存储情况。

混凝土原材料标识系统可用于解决混凝土原材料存储、流转跟踪困难等问题，系统主要由标识码生成、信息录入、数据存储与管理、数据查询与追溯四个部分构成。系统为每个原材料单元生成一个唯一的标识码，通常通过 RFID 标签或二维码实现。通过扫描标识码，将原材料的基本信息（如种类、规格、生产日期、供应商等）录入系统，存储在数据库中，以便后续的管理和查询。通过数据查询与追溯功能，用户可以快速获取原材料的所有信息，包括其来源、存储位置、使用情况等。

在仓库内，每个存储区域都安装有传感器和读写器，能够实时感知原材料的存储状态，如温度、湿度、质量等，并将这些数据传输到中央控制系统。中央控制系统根据预设的规则和算法，对原材料进行智能分类、分区存储，并实时更新库存信息。当库存量低于安全阈值时，系统会自动发出补货提醒，确保原材料的持续供应。

在生产线上，每个生产设备都配备有读写器，能够读取原材料标识码中的信息，并根据生产需求自动调度原材料。系统会根据原材料的特性和生产要求，选择合适的运输方式（如叉车、输送带等），将原材料从存储区域运送到生产区域。

在流转过程中，智能流转系统会实时跟踪原材料的位置和状态，确保原材料能够按时、按量、按质地到达生产现场。同时，系统还会根据生产进度和原材料使用情况，自动调整调度计划，确保生产线的连续性和稳定性。

4.1.4　原料无人值守运输

为保证原材料收取的货品准确、质量可靠、供应及时、验收快捷，原材料运输管理包括以下内容：收料人员应准确及时掌握原材料供应商基本信息，包括但不限于供应商企业资信、库存情况、货品种类、规格型号、产地来源等；收料人员应准确、及时掌握物流基本信息，包括但不限于物流商基本信息、车辆基本信息、货物出库情况、车辆在途情况等；搅拌站应力争实现与供应商、物流商实现数据互联互通，收料人员应能掌握车辆行驶路线、具体位置、预测到站时间，应急情况下可直接联系驾驶员；运输车辆到站后收料人员查验收取材料质量证明文件；组织安排材料质量预检、抽检；组织或协助车辆称重、卸料、打印票据、离场；搅拌站建设地磅无人值守系统并与 ERP、吹灰口门禁系统、集中供气系统、料位仪、电子标牌等软硬件智能互联。

4.1.4.1　无人值守地磅

在原料进出厂时主要依赖于无人值守地磅系统，车辆入场进入地磅过磅时，司机自己通过一卡通在自助过磅终端处进行打印票据完成过磅。过磅过程中由红外对射系统监测车辆车身位置是否位于地磅正上方，车牌识别系统识别并记录车牌号信息，货物识别摄像机将对货物进行高清拍照留存。同时根据管理员的要求，遇到需要取样的车辆将根据系统提示配合取样，司机取样完成即可卸货。为了防止供应商司机偷换车牌等入场过磅，地磅前后装有监控装置进行拍照留存。自助过磅终端处留有过磅质量显示，解决司机拍照留存问题。同时开出的磅单票有一一对应的编号，结算时可根据系统归档信息进行核对结算。

无人值守地磅系统主要包括以下功能。

1. 红外对射系统

在线监测车辆是否位于地磅正上方。如有异常将提示无法过磅。

2. 车牌号识别系统

车辆过磅自动识别录入车牌号信息，含车辆前后车牌号。

3. 货物监控摄像头

进场与出厂时车辆货箱货物等外貌高清监控。

4. 自助过磅终端

司机通过一卡通自助过磅、自助打票。通过扫描二维码完成过磅打票。票据内容双方互相确认。

5. 车辆前后监控

再次监控车身前后车牌号，确保过磅车辆的唯一性。

6. 随机取样

根据技术管理要求设置取样车次与频率，并提示司机取样信息。

混凝土企业通过应用无人值守地磅系统实现原材料入场无人值守，自动化记录过磅，可节省专职司磅员的人员投入，系统与企业 ERP 对接，实现原材料整个链条数据的采集及管理，缩短了管理层决策时间，同时在一定程度上杜绝人为作弊、车辆不规则上磅、贴牌换牌等造假现象，提高过磅效率和计量数据的准确性、一致性。

4.1.4.2 粉料入仓控制

粉料入仓控制系统主要由无人自助过磅系统、防打错系统、粉料自动取样装置和智慧电子料仓组成四大板块组成。系统可实现自动分配料仓、扫码开锁（智能气动锁）、自动开停除尘风机、粉料入仓过程中根据系统设定的取样规则，自动进行粉料取样等功能。司机在过磅的时候只需花费15s时间即可完成称重，称重完成后系统自动分配料仓，并生成粉料开罐二维码。

粉料指示灯在未作业状态显示为红灯，车辆到达卸料区后，司机在控制终端扫描过磅时生成的开罐二维码，系统自动打开对应仓位的气动锁，对应仓位的指示灯由红灯变为绿灯。此时，司机可连接低压吹灰系统进行作业。粉料入仓过程中，根据系统设定的取样规则，自动进行粉料取样，取样开始则黄灯亮，取样完成后黄灯熄灭，粉料入仓完成，司机扫码关锁，绿灯变回红灯。

粉料自动取样装置可根据实际需求设置取样开始时间、取样时间、取样次数。智慧电子料仓系统将自动采集过磅、入仓数据和生产消耗数据，并据此计算出仓位库存，实现粉料仓库存数据的动态展示，确保数据的实时性、真实性和可追溯。

4.1.5 筒仓质量料位检测

在商品混凝土原材料管理工作中,水泥、粉煤灰、矿粉等粉体物料的备料存储是通过粉体罐车(散装水泥运输车)的出料管接入商品混凝土搅拌站粉体罐的进料管中进行送料的,一般是利用车辆的柴油机驱动车载摆动式空压机,产生的压缩空气进入气室内,使罐内粉状物料产生流态化现象。当压力达到目标值时,打开出料蝶阀,实现向粉体罐输送水泥、粉煤灰、矿粉等粉体料的过程。

粉体罐一般由筒仓罐体、罐顶收尘器、压力安全阀(防爆阀)、阻旋式料位指示器、检修爬梯、进料管、助流气垫、手动蝶阀和支腿构成。为了探测粉料罐内粉料的储存量,常在筒仓罐体内设置料位计及声光指示器。常采用阻旋式料位指示器,设高低两个料位指示。高位声光报警,表示粉料罐中的物料已快装满,物料到达高料位,应停止向罐内输送物料。低位声光报警,表示粉体罐内的物料已经快用完,物料降到低料位,应及时向罐内输送物料。送料、止料均需粉体罐车司机人工操作,很大程度上受混凝土搅拌站的实际管理水平、机电技术人员力量以及粉体罐车(散装水泥运输车)司机的责任心等各种因素影响,粉体罐安全阀被打爆、严重冒灰的事屡见不鲜;有的甚至将筒仓仓顶或仓顶除尘器打爆,造成设备设施损毁及危及人员生命安全的事故。

针对目前仓库管理中存在的问题,引入料位监测装置,自动监测原材料仓是否有料。水泥等粉料采用雷达测料仪实时监测料仓库存量,当仓内粉料达到高料位时,自动发送满仓报警提醒;砂石料通过皮带机卸至指定料仓,在卸料过程中,采用电子皮带秤和激光测距仪实时监测入库质量和仓号;外加剂则通过电容式液位计实时监测料仓库存量(图4-4)。

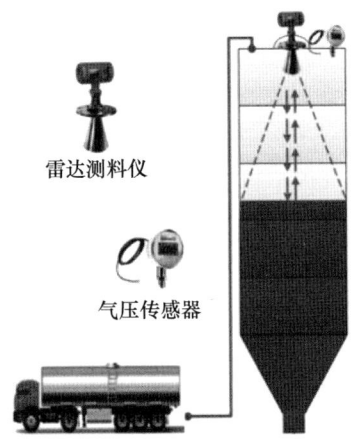

图 4-4　雷达测料仪

原材料入库前,通过动态仓储和来料指引,引导原材料运输车船到指定地点、卸料至指定料仓,非指定料仓无法卸料,避免出现误入仓的情况。其中,粉料仓通过自动控制电磁阀开闭实现指定料仓入库,砂石料仓则通过自动控制分料小车运行实现指定料仓入库。原材料入库后，粉料、外加剂可直接得到实时库存量，砂石料则通过入库质量和消耗质量自动计算得到实时库存量。同时，试验员及时对原材料进行检验，并将检验结果与原材料批次进行关联，自动更新原材料的检验状态，保证原材料检验合格后才能使用，避免出现未检先用情况。

鉴于传统的粉料打灰系统可能出现种种的环境问题和安全隐患，新型智能料位检测系统替代阻旋式料位指示器可以很好地解决粉体罐被打冒、打爆的问题，为商品混凝土搅拌站创造更安全、环保的工作环境。该系统由贴片式料位计、安全上料显示终端、粉料电子门禁锁、智能电子物料显示牌、粉料余量监控（箱）系统（触摸屏终端）、进料管电磁阀、手机 App、PC 端采集软件以及智能电视终端显示系统组成，能够实时显示粉仓物料质量等数据，并能保证粉仓进料正确，避免注料过程中发生打满爆仓爆罐的现象，还能减少粉尘污染。

贴片式称重传感器的工作原理是测量容器支撑件的应力变化，进而产生与物料质量成正比的电压变化，亦即测量物料变化给容器支撑结构的形变，因此不受挂料、堆积角、结拱等影响。标准化轴向应变灵敏度可在广泛的温度范围提供主动温度补偿，是新一代带主动温度补偿的贴片式称重传感器，广泛应用于料仓称重，源自常见的螺栓固定应变式技术经验，设计独特、灵敏度高、热稳定性好，可在容器使用期间进行快速简单的安装，可直接固定于容器的支撑结构上。无论对需要称重或需要指示料位的容器，也无论罐体使用 H 形支脚、剪切梁交叉支架还是支撑裙筒，贴片式称重传感器都有良好的通用性。贴片式称重传感器克服了传统料位传感器安装维护困难（登高作业）、测量数据不准确、测量结果易受干扰（如雷达超声波料位计容易受挂壁、架桥、扬尘干扰，重锤式料位计虽然一般不会受温度、粉尘、震动等干扰，但也有机械系统维护量较大、绳断、乱绳、容易被料埋锤等）等缺点，具有安装维护简便、测量准确、使用安全性高、安装过程中不需要停产等优点，是目前测量粉料仓料位的首选传感器解决方案。

新型智能料位检测系统采用无线通信技术，将料位情况通过采集终端——触摸屏实时显示，画面形象具体，可直观地利用柱状图显示当前料位。系统利用以太网通信，料位信息还可以通过生产监控电脑实时显示，方便操作员在混凝土生产过程中实时查看料仓料位情况。系统可通过生产监控电脑实时了解料位信息，也可设计高低料位报警提示及联锁关闭进料管电磁安全阀功能，防止粉料断料或粉体罐冒顶爆仓情况。系统具有开放的接口协议，料位信息可与 ERP 联网，即支持搅拌站 ERP 系统访问，进行料位实时监控、磅房管理，通过互联网技术实现料位信息共享，减少磅房人员人为出错的可能，也允许管理人员在 ERP 系统内，任何位置查看料位数据，对采购人员提供决策依据，也可通过 ERP 系统对比每个仓的原料消耗曲线数据、进料数据、实时库存，系统可监控混凝土生产原料是否使用错误，及时提醒预警信息，防止质量事故发。系统采用以太网通信，可将每个仓的质量信号传送到搅拌站控制系统监控软件上，便于操作人员查看，也可以通过手机 App 查看实时料位信息，方便快捷。

4.2 配料和搅拌

混凝土配料和搅拌是制备高质量混凝土的关键环节。首先需要根据工程需求和设计要求，精确计算并称量各种原材料，如水泥、骨料（砂子、石子）、水和可能的外加剂（如减水剂、缓凝剂等）。原材料在搅拌设备中经过均匀混合，直至形成质地均匀、色泽一致的混凝土。配料及搅拌过程的精确控制不仅保证了混凝土的性能稳定，还能有效提高施工效率，是确保建筑工程质量的重要基础。

4.2.1 智慧配合比管理

混凝土作为建筑工程中最重要的建筑材料之一，其质量直接关系到建筑结构的稳固性和耐久性，而混凝土的配料则是制备高质量混凝土的第一步，因此智慧配合比管理在混凝土企业生产制造中尤为重要。

4.2.1.1 基于大数据的配合比设计平台

混凝土配合比设计是一个综合考虑多种因素的过程，需要根据实际情况灵活调整。混凝土的配料主要包括水泥、骨料（砂子、石子）、水和外加剂。水泥是混凝土中的胶凝材料，它通过与水反应形成水化产物，将骨料紧密地黏结在一起，因此，水泥的质量对混凝土的性能有着至关重要的影响。在选择水泥时，需要考虑其强度等级、安定性、凝结时间等因素。骨料是混凝土中的骨架材料，它占据了混凝土体积的大部分，骨料的选择和配比不仅影响到混凝土的强度，还影响到混凝土的耐久性、工作性等其他性能，在选择骨料时，需要考虑其粒径、级配、含泥量等因素。水是混凝土中的溶剂，它参与了水泥的水化反应，在混凝土配料中，水的用量需要严格控制，过多或过少都会对混凝土的性能产生不良影响。外加剂是为了改善混凝土性能而添加的一些化学物质，例如减水剂可以降低混凝土的水灰比，提高混凝土的强度和耐久性；缓凝剂可以延长混凝土的凝结时间，方便施工操作；引气剂可以在混凝土中引入微小的气泡，提高混凝土的抗冻性和耐久性。在实际工程中，还需要考虑到施工工艺、环境条件、材料变异性等因素，以确保混凝土的质量。通常遵循以下步骤。

1. 确定设计要求

根据结构设计图纸和规范要求，明确混凝土的强度等级、工作性、耐久性等性能指标。

2. 选择原材料

根据当地资源情况，选择合适的水泥、骨料、水和外加剂。水泥的选择要考虑其强度等级和性能；骨料要选择合适粒径和级配的天然或人工骨料；水应符合混凝土用水标准；外加剂的选择要根据需要改善的性能来确定。

3. 确定水胶比

水胶比是影响混凝土强度和耐久性的重要因素。通常情况下，水胶比越低，混凝土的强度越高，但工作性会变差。因此，需要根据设计要求和实际情况确定合适的水胶比。

4. 计算单位用水量

根据确定的水胶比和水泥用量，计算出单位用水量。

5. 确定骨料级配和用量

根据骨料的最大粒径、级配和密度，计算出骨料的用量，以满足混凝土的工作性和强度要求。

6. 计算外加剂用量

如果使用外加剂，需要根据外加剂的类型和使用说明，计算出合适的用量。

7. 试配和调整

根据上述计算结果进行试配，然后对混凝土的工作性、强度等性能进行测试。如果不符合设计要求，需要对配合比进行调整，直至满足所有性能指标。

8. 编制配合比报告

将最终确定的配合比编制成报告，供施工现场参考使用。

配合比管理对于混凝土行业尤为重要，应大力推进配合比信息库的建立和完善，针对不同类型的混凝土选定各种配合比参数，如水胶比、浆体体积、体积砂率、胶凝材料比例、水粉比、浆体富余系数、砂浆富余系数等，作为配合比信息库的底层数据。根据具体混凝土工程需求，从一级配合比中选定对应配合比，根据企业原材料情况、生产条件、运输条件、工程情况、绿色生产要求、碳资产管理要求等情况，调整相应的配合比参数，换算成每立方米混凝土各类原材料具体用量。据此形成相应的可视化文件，并提供给客户，即为二级配合比，通常一级配合比可以对应多个二级配合比。三级配合比是与施工任务单相连的配合比，即生产投料配合比，具体考虑原材料波动情况、天气变化、生产设备异常、施工过程异常等情况，包括投料配合比信息、配合比调整信息、生产方式（投料工艺、搅拌工艺）、拌和物性能检测信息、运输方式（混凝土搅拌罐车、翻斗车等）、交货验收情况、输送方式（泵送、自卸）、浇筑方式、振捣情况、实体养护情况、实体结构情况（结构回弹强度、钻芯取样情况、外观质量等）等。

在配合比信息库的基础上，利用大数据技术打造配合比设计平台，通过对试验数据、生产数据、用户反馈、原材料质量等大量沉淀数据的智能分析，针对成本、质量等维度对现有配合比进行持续优化，在保证产品质量的前提下不断优化配合比方案，降低单方成本。在内部数据和行业数据量到达一定规模后实现配合比机器学习，通过原材料常规参数进行自动化配合比设计与验证，持续探寻标准强度下的理论成本最低方案，提升试验生产效率的同时，大幅降低产品成本。

在混凝土配合比智能设计辅助方面，目前大多数的研究工作仍停留在理论研究或试验阶段，具有较大的局限性，探索研究并逐步建立完善原材料、配合比、混凝土产品性能三大数据库,并结合大数据、人工智能等新型信息技术形成混凝土配合比智能设计专家辅助系统,辅助一线混凝土质量管理人员迅速设计或动态调整出满足产品质量控制、工程项目施工要求的高性价比混凝土配合比。这将对混凝土企业乃至全行业的降本增效、降碳提质无疑具有重大意义。

4.2.1.2 料斗秤便捷校准系统

混凝土生产线上有大量的计量设备,而粉料和骨料的料斗秤是混凝土生产线的计量核心装备,料斗秤的准确性将直接影响实际配合比,决定了产品质量和主材成本(表4-1)。

表4-1 料斗秤便捷校准系统先进性对比

对比项目	传统测试方法	本系统
工人数量	6	1
校准量度(kg)	1000	3000
搬运抬起重物总量(kg)	1000(50块砝码)	25
校秤时长(min)	约20	约4

传统的校秤作业都是依靠人力搬运,抬起、悬挂砝码完成,费时费力,效率低下,工作量巨大。同时校秤的作业环境一般比较恶劣,狭小、闷热、粉尘严重,大量工人长时间在这种环境下作业,存在很大的安全和职业健康风险。而且,校秤时整条生产线必须停产,低下的校秤作业严重影响生产效率,耗费时间就是损失效益。

针对以上痛点,预拌厂料斗秤便捷校准系统应用荷载智能分布加载专利技术,通过新型加载器来代替砝码对秤施加荷载(图4-5)。全套装备十分轻便,能快速、精准地向料斗秤施加几吨重的荷载。设备各个部件之间都是通过快拆接头进行连接,不论是组装还是操作都是极简化设计,使用简单,极大地降低了校秤作业的工作量,提升了校秤效率。另外,通过加载器上配备的高精度荷载传感器,结合加载控制器及秤的机台示数,三项数据相互核准,进一步提升了校秤精度(图4-6)。

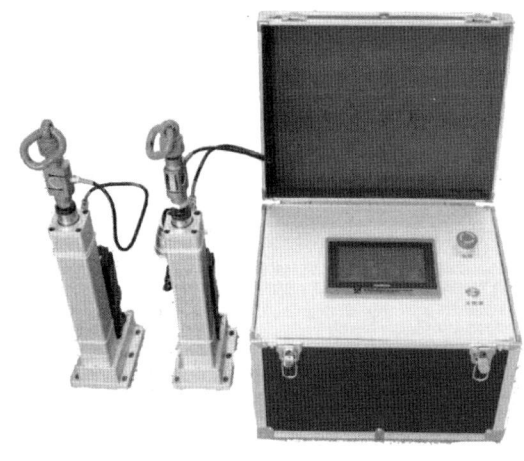

图4-5 料斗秤便捷校准系统

图4-6 利用料斗秤便捷校准系统进行校秤作业

4.2.1.3 混凝土出机状态智能监测系统

混凝土搅拌均匀性对混凝土的工作性影响较大，混凝土工作性也是混凝土生产时的必测指标。生产系统需智能感知混凝土的拌和均匀程度，联动放料控制，保证混凝土充分拌和均匀的同时提升生产效率。

混凝土出机状态智能监测系统可通过自动收集混凝土出机时的状态视频，利用机器识别技术，实时对混凝土出厂时坍落度、扩展度等工作性指标进行自动检测和读取，放料时就可取样观测，不影响生产效率；取样观测后的混凝土可以倒入下料口进入混凝土搅拌车继续使用，不会产生固废（图4-7）。

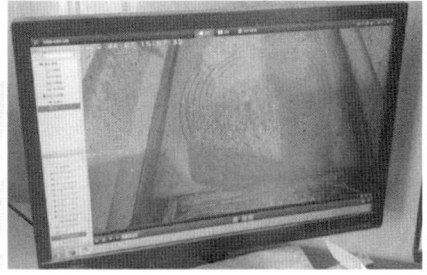

图4-7 混凝土出机状态智能监测系统在预拌厂的运行状态

4.2.2 智能调度

目前，大多数混凝土搅拌站与工地间未建立起一系列科学合理的混凝土配送施工体系，混凝土作业车辆的调度多由调度员人工操作完成。由于工地需求、交通状况实时变动与调度员经验差异，现有调度模式存在混凝土供应不及时、等待车辆冗余、通信方式落后等缺陷。

智能调度系统通过优化配送路线和运输计划，可以减少运输成本和时间，提高混凝土的及时送达率，满足客户的需求；可以加强搅拌站的安全管理，通过实时监控车辆和设备的运行状态，及时发现异常情况并采取相应措施，有效预防事故的发生，保障工作人员的安全；可以提高搅拌站的管理水平，通过对各项工作进行科学规划和合理分配，提高资源利用效率，减少浪费，降低成本，提升企业的竞争力；可以实现信息的共享和传递，搅拌站的各个部门可以通过系统实时共享信息，提高工作效率和协同能力，实现信息的快速传递和反馈。

系统除提升运输效率、实现可视化运输的基本功能外，还可实现根据需求创建供货、配送项目，大数据分析智能派单，根据历史行驶路线分析，提供智能导航、实时智能语音提醒、车辆实时监控、交货验证、实时结算、在线支付、交易互评、数据保全等服务，助力混凝土物流数字化、智能化转型升级。

4.2.2.1 车辆调度管理

智能调度系统主要分为预测和调度部分，通过历史施工数据可以对卸料速度、路况等信息进行预测，作为智能调度模块的输入，再结合多种调度策略包括保供优先策略、车辆利用率最大策略、运输车次最少策略等，可同时支持日前预排和实时调度。智能调度系统首先通过物流系统获取搅拌车、泵车数据，通过运筹优化模型、强化学习等模型对各搅拌站进行智能排产、对搅拌车及泵车进行智能调度，最后可将排产及调度结果回传至搅拌站生产系统。

根据车辆和物料的实时动态信息管理，系统可以结合任务的紧急情况，对车辆进行科学合理的自动调度。通过实时监测车辆的位置、状态和运输需求，系统能够根据当前的任务进度和优先级，自动计算出最优的调度方案。在生成最优调度方案时，系统会考虑多个因素，如车辆的数量、容量、速度和行驶路线等。通过综合考虑这些因素，系统能够确保车辆的合理分配和高效利用，以满足搅拌站的需求。

后续应探索基于强化学习的混凝土搅拌车调度系统，应用业务规则构建智能调度模型，采用强化学习模型对混凝土搅拌车调度任务进行不断学习与迭代，形成出最优的车辆调度策略，代替传统人工调度，重构搅拌车运输调度体系，弥补因经验判断失误造成等待车辆冗余、运输不及时等缺陷。

4.2.2.2 远程视频监控

当前各大城市越来越重视交通安全、施工安全，同时对安全事故的处罚也异常严厉，施工企业或运输企业除了面临巨额罚款，还有被取消参与当地市场经营资格的风险。因此，对设备操作人员的实际操作需要更智能化的监管手段，借此降低安全事故发生概率，对已发生事故快速定责，从而减少不必要的损失。

通过远程视频监控和危险操作行为识别为客户的安全管理保驾护航，整车采用全景 AI 监控，可通过车内图像传感器对司乘人员状态进行识别，杜绝疲劳驾驶，纠正司乘人员不良驾驶习惯。配置的高级驾驶辅助系统（ADAS），可实现碰撞预警、智能减速、自动紧急刹车等功能。行驶雷达系统可实现道路状况识别、车道偏离预警等功能为车辆安全行驶保驾护航。远程视频监控通过在混凝土搅拌运输车的不同位置安装摄像头，可以对路况、行驶情况与浇筑过程进行监控，实现定位系统与各类混凝土信息化管理系统集成；危险操作行为识别针对行驶过程中的各类危险操作行为进行识别监控，包括酒后驾驶、疲劳驾驶、开车看手机或通话等，再结合实时报警系统，检测到危险操作行为后，通过声光告警、联动告警、远程告警进行实时报警推送，降低安全事故发生概率。

4.2.2.3 智能派单

混凝土产品配送存在及时、准确、连续等特点，多个混凝土站点运输车辆数量多、配送目的地分散、运输路线复杂，通过建立混凝土销售与订单分配管理平台，实时统计各混凝土搅拌站客户订单量、搅拌站产能等信息，协调各站点生产任务分配，并实现小额客户订单通过在线订单系统完成订单下发和生产，实现混凝土销售与生产的数字化管理，提高资源配置效率。

建立混凝土搅拌车数字化管理系统，实现搅拌车在多个站点间的智能调度，搅拌车在搅拌站的自动排队接料、电子小票在线流转，提高了站内搅拌车调度生产和车辆派发效率。主要功能包括以下几项。

（1）一键派单：整合单、车、人，一键派单。

（2）快速接单：泵车司机通过短信、微信或 App 消息多渠道接收任务，可用 App 导航至工地。

（3）实时监控：通过定位系统、视频设备，实时了解车辆位置和状态及施工现场情况，实现对车辆和任务的监控。

（4）高效调度：工地位置、车型要求、到场时间等需求，调度员一览现有泵车车辆型号和任务排期情况，系统自动推荐最佳车辆资源。

（5）对账统计：实现车辆作业和财务复核，提高了核准效率。

4.3 智能取样

混凝土拌和物取样检验是混凝土质量控制关键环节之一，通过取样、拌和物性能检测、试块成型、拆模、养护、硬化混凝土检测等过程全面掌握混凝土质量情况，为混凝土质量控制、配合比设计与调整、生产运营等提供重要参考。

4.3.1 取样成型

当前混凝土行业绿色生产、安全生产成为普遍共识，传统混凝土取样三大件——手推车、铁锹、手套已不符合时代发展的要求，生产中控室与生产线分离，生产区与试验区分离已是混凝土搅拌站布局常态，这导致混凝土拌和物取样劳动强度进一步增大，混凝土拌和物取样频次不足，取样缺乏足够的代表性。

新型混凝土取样设备应具备无人化、智能化的特点，类似于微小型混凝土搅拌运输车，并具有自清洗功能。该设备能根据混凝土拌和物取样的要求，自主到达取样处（罐车尾部或混凝土搅拌机下方），返回至拌和物性能检测位置，进行必要拌和物性能检测，如坍落度、扩展度、倒置坍落度筒排空时间、表观密度、凝结时间、出机温度、水溶性氯离子含量等。此外，该设备也可作为存样装置，模拟混凝土运输过程中罐体转动速度和运输时长，检测不同时长下混凝土拌和物工作性能经时损失情况，为混凝土生产控制和配合比调整提供参考，保证出厂检验取样试块的成型时间与交货验收取样试块的时间保持一致。

混凝土取样试块成型是取样检验环节中劳动强度最大的环节，涉及试模检查、涂刷隔离剂、拌和物入模、振捣、收面、覆膜、抹面、再次覆膜、标识、静停养护等环节。采用人工成型的方式评价高度信息化、自动化生产的混凝土质量，评价的代表性存在不足，试块成型人员的技术素养成为影响混凝土质量的关键因素之一。对于试模检查、覆膜、抹面、标识等轻劳动强度环节可以采用人工方式，在装模、插入式振捣、搬运至静停养护处等环节可采用智能化、自动化设备处理，也更符合混凝土实际施工情况。智能取样设备与智能成型设备在入模环节配合十分重要，需要控制拌和物入模的体积，避免洒漏过多，造成试模和成型设备清理困难。拌和物性能检测过程中和试块成型过程中产生的废料应送至指定位置处理。

4.3.1.1 智能取样

通过先进的传感器和定位技术，智能取样系统可以精准地确定取样位置，避免人为因素导致的取样位置偏差。同时，系统还可以根据预设的取样标准，自动调整取样深度和取样量，确保取样量的均匀性和代表性。传统的混凝土取样过程需要大量的人力和时间，而智能取样系统可以实现自动化操作，减少人工干预和等待时间。通过预设的取样计划和流程，系统可以自动完成取样、记录和分析等任务，大大提高取样效率。智能取样系统可以预设取样操作规范和流程，确保取样过程中的每一步都符合标准。系统还可以实时监测取样操作的过程和结果，发现操作不当或异常情况时及时发出警报或提示，从而避免操作失误。智能取样系统可以自动记录取样过程中的各项数据，如取样位置、取样量、时间等。这些数据可以用于后续的混凝土质量评估和数据分析，为质量控制和工艺优化提供科学依据。

混凝土智能取样的实现主要依赖于以下技术。

1. 传感器技术

通过安装各种传感器，如位置传感器、深度传感器、压力传感器等，实时监测取样过程中的各种参数和状态。

2. 自动化控制技术

利用自动化控制系统，根据预设的取样计划和流程，自动调整取样设备的运行参数和动作。

3. 图像处理技术

通过摄像头和图像处理算法，实时识别混凝土表面的特征，如颜色、纹理等，从而确定最佳的取样位置和深度。

4. 数据处理与分析技术

对传感器采集的数据进行实时处理和分析，评估混凝土的质量和性能，并为后续的质量控制提供决策支持。

4.3.1.2 智能成型

混凝土智能成型技术将智能化设备、传感器、自动化控制系统和数据处理与分析系统进行集成，根据混凝土的性能参数和成型要求，设定合理的工艺参数和成型标准。在混凝土成型过程中，通过自动化控制系统和传感器网络实时监测混凝土的状态和性能参数，并根据需要调整设备的运行参数，利用数据处理与分析系统对传感器采集的数据进行实时处理和分析，以评估混凝土的性能和质量，并为后续的质量控制提供科学依据。相比传统成型方式具有以下优势。

1. 提高成型质量

通过智能化设备和自动化控制系统，可以实现对混凝土成型过程的精准控制，确保混凝土成型的准确性和一致性，从而提高混凝土的质量。

2. 提高成型效率

自动化控制系统可以根据混凝土的性能参数和成型要求，自动调整设备的运行参数，减少人工干预和等待时间，提高成型效率。

3. 降低能耗和排放

智能化设备可以根据实际需求调整功率和能耗，降低能源消耗。此外，通过优化成型工艺和减少废弃物排放，降低对环境的影响。

4. 实时监测与预警

传感器网络可以实时监测混凝土的状态和性能参数，及时发现潜在问题并进行预警，确保混凝土成型过程的安全性和稳定性。

5. 数据记录与分析

数据处理与分析系统可以自动记录和分析混凝土成型过程中的数据，为质量控制和工艺优化提供科学依据。

4.3.2 静停养护

混凝土静停养护的原理主要基于水泥水化反应与混凝土强度发展的关系。水泥水化反应是混凝土硬化的关键过程，它涉及水泥与水反应生成水化产物，这些水化产物逐渐填充在骨料之间，形成坚固的骨架结构，从而使混凝土获得强度。混凝土试块是用于测定混凝土抗压强度的立方体试块，混凝土试块的抗压强度是反映施工质量的关键指标，因此混凝土试块的制作及养护就显得格外重要。

静停养护通过控制混凝土在浇筑后的初期阶段不进行任何形式的扰动或加载，为水泥水化反应提供相对稳定的环境，使其得以充分进行，水化产物得以充分生长和连接，从而加速混凝土强度的发展。静停养护还有助于减少混凝土内部的应力集中和裂缝的产生。在浇筑初期，混凝土内部存在较大的温度梯度和湿度梯度，这些梯度会导致混凝土内部产生应力集中。通过静停养护，可以有效降低这些梯度，减少应力集中的程度，从而降低裂缝产生的风险。此外，静停养护还有助于提高混凝土的耐久性和工作性。在静停养护过程中，混凝土内部的孔隙结构得到优化，密实度得到提高，从而提高了混凝土的抗渗性、抗冻性和耐久性，同时静停养护还可以使混凝土在浇筑后保持较好的工作性，方便后续施工操作。

4.3.2.1 温度监测与控制

在静停养护阶段，温度是影响混凝土硬化速度和强度发展的关键因素之一。过高或过低的温度都会对混凝土的性能产生不利影响。因此，对混凝土进行温度监测与控制，是确保混凝土静停养护效果的关键。

1. 温度传感器的选择与布置

在混凝土静停养护中，温度传感器的选择与布置是温度监测与控制的基础。根据混凝土的使用环境和需要监测的参数，可以选择不同类型的温度传感器，如热电偶、热电阻、半导体温度传感器等。在布置传感器时，应考虑混凝土的内部和表面状况，以及对混凝土性能的影响。一般来说，可以在混凝土内部和表面布置多个传感器，以获取更全面的温度数据。

2. 数据采集与处理

传感器采集到的温度数据需要进行处理和分析，以便对混凝土的状态进行判断和预测。数据采集与处理系统通常包括数据采集模块、数据传输模块和数据处理模块。数据采集模块负责从传感器中读取温度数据，并将其转换为数字信号；数据传输模块负责将数字信号传输到数据处理中心；数据处理模块则负责对接收到的数据进行处理和分析，提取出有用的信息。在数据处理过程中，可以采用数据挖掘、机器学习、人工智能等技术，对温度数据进行深入分析和预测。例如，可以建立温度与混凝土强度、耐久性之间的数学模型，通过实时监测温度数据，预测混凝土的强度发展趋势和可能出现的问题。

3. 温度控制策略

根据温度监测数据，可以制定相应的温度控制策略。当混凝土温度过高时，可以启动降温设备，如喷淋系统、冷却风扇等，降低混凝土的温度；当混凝土温度过低时，可以启动加热设备，如电热毯、暖风机等，提高混凝土的温度。此外，还可以通过调整养护环境的湿度、风速等参数，来辅助控制混凝土的温度。

4. 智能化控制系统

智能化控制系统是数字化智能化方法在温度监测与控制中的核心，根据实时监测到的温度数据，自动调整养护环境的温度，实现对混凝土温度的精确控制。智能化控制系统通常包括控制器、执行机构和反馈机构三个部分。控制器负责接收温度数据，并根据预设的控制策略计算出控制信号；执行机构负责根据控制信号执行相应的操作，如启动或关闭降温设备、加热设备等；反馈机构则负责将执行机构的状态信息反馈给控制器，以便进行下一步的控制操作。

4.3.2.2 湿度监测与控制

湿度的变化会直接影响混凝土的硬化过程，进而影响其强度和耐久性。随着科技的进步，数字化和智能化技术逐渐应用于混凝土静停养护的湿度监测与控制中，提高了养护的效率和准确性。通过传感器技术、物联网技术、自动化控制系统和人工智能技术等手段的应用，可以实现对混凝土湿度的精确监测和智能控制，提高养护的效率和准确性。

1. 自动化控制系统

自动化控制系统是实现湿度控制智能化的关键。该系统可以根据实时监测的湿度数据，自动调节养护室内的湿度。当湿度低于设定值时，系统会自动启动加湿设备；当湿度高于设定值时，系统会自动启动除湿设备。通过自动化控制系统，可以实现对混凝土湿度的精确控制，避免了人工操作的不确定性和误差。

2. 模糊控制算法

模糊控制算法是一种基于模糊集合理论的智能控制方法，在混凝土静停养护的湿度控制中，模糊控制算法可以根据实时监测到的湿度数据和养护室的温度、风速等环境因素，计算出最佳的加湿或除湿策略。该算法具有鲁棒性强、适应性好和易于实现的特点，可以在复杂的养护环境中实现精确的湿度控制。

3. 人工智能技术

人工智能技术是实现湿度控制智能化的重要手段之一。通过机器学习、深度学习等技术，可以对历史养护数据进行挖掘和分析，提取出影响混凝土湿度的关键因素和规律。然后，基于这些规律和因素，构建出智能预测模型和优化控制模型。这些模型可以根据实时监测到的数据和环境因素，预测未来的湿度变化趋势，并自动调整控制策略，实现对混凝土湿度的智能控制。

4.3.2.3 应力监测与预警

在混凝土结构中，应力的分布和变化对于结构的稳定性和安全性具有重要影响。特别是在混凝土静停养护阶段，应力的监测与预警更是至关重要。通过传感器技术、物联网技术、数据采集与处理系统以及机器学习算法等技术的应用，可以实现对混凝土应力的全面监测和智能预警。

1. 应力监测

（1）在混凝土静停养护中，选择合适的传感器技术是进行应力监测的基础。目前，常用的传感器技术包括电阻应变片、光纤光栅应变传感器等。这些传感器能够实时感知混凝土内部的微小变形，并将变形量转化为电信号输出。为了实现对混凝土应力的全面监测，应根据混凝土的尺寸、形状和使用环境等因素，合理选择传感器的类型、数量和布置方式。

（2）数据采集与处理系统是应力监测智能化的关键。该系统负责实时接收传感器输出的电信号，并将其转化为数字信号进行存储和传输。同时，系统还具备数据处理和分析功能，能够对采集到的数据进行预处理、滤波、特征提取等操作，以提取出有用的应力信息。此外，数据采集与处理系统还应具备数据可视化功能，能够将应力数据以图表、曲线等形式直观地展示出来，便于施工人员进行实时监测和分析。

（3）物联网技术的应用使得应力监测更加智能化和便捷化。通过将传感器与物联网设备相连,可以实现远程监测和数据共享。施工人员可以通过手机、计算机等终端设备随时查看混凝土的应力情况,并根据需要进行调整。同时,物联网技术还可以实现多个养护室的集中监测和管理,提高了养护的效率和准确性。

2. 应力预警

(1) 阈值预警法是一种简单而有效的应力预警方法。首先,根据混凝土的特性和工程要求,设定合理的应力阈值。然后,通过数据采集与处理系统实时监测混凝土的应力数据,并将数据与设定的阈值进行比较。

(2) 趋势分析预警法是一种基于数据分析的应力预警方法。通过对历史应力数据进行分析和挖掘,提取出应力变化的规律和趋势。然后,利用这些规律和趋势来预测未来可能出现的应力异常情况。具体来说,通过建立数学模型、使用机器学习算法等方法来预测应力的变化趋势。当预测到未来应力可能超过安全范围时,系统自动发出预警信息。

(3) 智能学习预警法是一种基于机器学习和人工智能技术的应力预警方法。通过收集大量的历史养护数据和应力监测数据,利用机器学习算法对数据进行训练和学习,构建出能够预测应力异常的模型。在混凝土静停养护过程中,系统根据实时监测到的数据和环境因素,利用训练好的模型进行预测和分析。

4.3.3 拆模

拆模是混凝土施工中的最后一道工序,也是影响混凝土表面质量的关键因素之一。在混凝土试块成型、静停养护后,拆模过程的劳动强度大,还涉及试块码垛养护、试模清洁、卫生清理等。通常情况下,混凝土达到一定的强度后才能进行拆模。如果拆模过早或用力过猛,混凝土表面很容易受到损伤,形成麻面,因此,拆模时机的选择至关重要。此外,拆模时还应采用适当的工具和方法,避免用力过猛导致混凝土表面平整度被破坏。混凝土拆模智能化设备是实现混凝土拆模智能化的关键。根据设备的不同功能和用途,可以将混凝土拆模智能化设备分为以下几类。

4.3.3.1 振动式混凝土脱模机器

振动式混凝土脱模机器主要利用振动来实现混凝土与模具的脱离。这种设备通过产生高频振动,使混凝土与模具之间的黏结力降低,从而实现快速脱模。在设备上布置各类传感器,如温度传感器、湿度传感器、应力传感器等,实时监测混凝土制品的状态和硬化程度,传感器将监测到的数据传输到控制系统进行分析和处理。控制系统是智能化脱模机器的核心部分,接收传感器传输的数据,并根据预设的参数和算法自动调整振动频率和振幅,控制系统还具备数据分析和预测功能,能够根据历史数据预测混凝土制品的硬化趋势,为脱模决策提供参考。智能化的振动式混凝土脱模机器还具备远程通信功能,可以通过无线网络与监控中心或移动设备进行通信。施工人员可以远程监控设备的运行状态和脱模进度,及时发现并解决问题。振动式混凝土脱模机器具有操作简单、效率高等优点,适用于各种形状和尺寸的混凝土制品。

4.3.3.2 压力式混凝土脱模机器

压力式混凝土脱模机器通过施加压力使混凝土与模具分离。这种设备采用液压或气压系统产生压力，将压力作用于模具上，使混凝土脱模。通过在设备上布置压力传感器、位移传感器等，实时监测混凝土制品的状态和脱模过程。控制系统是智能化脱模机器的核心部分，接收传感器传输的数据，并根据预设的参数和算法自动调整脱模压力和速度。控制系统还具备数据分析和预测功能，能够根据历史数据预测混凝土制品的硬度变化，为脱模决策提供参考。

压力式混凝土脱模机器的特点包括以下几个方面。

1. 高效性

智能化的压力式混凝土脱模机器能够根据混凝土制品的实际情况，自动调整脱模压力和速度，实现快速、高效的脱模过程，大大提高生产效率，降低生产成本。

2. 精确性

通过内置传感器和控制系统，智能化的压力式混凝土脱模机器能够实时监测混凝土制品的状态和硬度，确保脱模过程的精确性，有助于减少脱模过程中的损坏和次品率，提高产品质量。

3. 安全性

智能化的压力式混凝土脱模机器具备多重安全保护功能，如过载保护、压力异常报警等，能够在设备异常或操作失误时自动停机，避免设备损坏和人员伤害，保障施工安全。

4. 易操作性

智能化的压力式混凝土脱模机器采用人性化的操作界面和简单的操作流程，使操作人员能够轻松掌握设备的操作技巧，降低操作难度。

4.3.3.3 智能控制拆模系统

智能控制拆模系统是一套基于计算机技术和自动化技术的智能化控制系统，主要用于混凝土制品的拆模过程。该系统通过集成传感器、执行器、控制器和通信设备等硬件组件，以及控制算法、人机界面等软件组件，实现对拆模过程的实时监测、自动控制和数据分析。

1. 智能控制拆模系统组成

（1）传感器模块。负责实时监测混凝土制品的状态和硬度。常用的传感器包括压力传感器、位移传感器等。传感器将采集到的数据传输到控制器进行处理和分析。

（2）执行器模块。根据控制器的指令执行拆模动作。常用的执行器包括电机、气缸等。执行器与传感器之间通过信号和电气或机械连接。

（3）控制器模块。接收传感器采集的数据，并根据预设的算法和逻辑进行处理，生成相应的控制信号驱动执行器。控制器是智能控制拆模系统的核心部件，常用的控制器有 PLC（可编程逻辑控制器）和单片机等。

（4）通信模块。负责智能控制拆模系统与其他系统或设备之间进行数据交互和信息传输。常见的通信方式有以太网、串口、Modbus 等。

（5）人机界面模块。提供了一个直观和易于操作的图形界面，使操作人员可以通过触摸屏或键盘等方式对系统进行监控和控制。

2. 智能控制拆模系统的工作原理

（1）数据采集。通过传感器模块对混凝土制品的状态和硬度进行实时采集和获取。传感器将采集到的数据转换为电信号，并通过通信模块传送给控制器模块。

（2）数据处理。控制器模块接收到传感器采集的数据后，利用预设的算法和模型对数据进行处理和分析。根据处理结果，控制器生成相应的控制信号驱动执行器模块执行拆模动作。

（3）实时监控。人机界面模块实时显示拆模过程的状态和参数，如拆模压力、拆模速度等。操作人员可以通过人机界面模块对拆模过程进行实时监控和调整。

（4）智能化决策。智能控制拆模系统还具备智能化决策功能。通过对历史数据的分析和学习，系统能够预测混凝土制品的硬度变化和拆模效果，为拆模决策提供参考依据。

4.4　检验和试验

4.4.1　检测场景

检测和监测是混凝土生产和质量控制的重要工作。从工作场景来分，可分为试验室内部检测和生产现场质量监测两类。试验室是混凝土生产企业的重要组成部分，其根本任务是及时准确地获取有效试验数据，用以控制生产质量。生产现场质量监测是试验室检测工作的重要补充和外延。传统混凝土生产模式中，骨料堆场的含水率、颗粒级配变化，生产皮带的校准，搅拌机的校准，施工现场主体结构混凝土强度回弹等均属于生产现场质量检测或监测内容。随着混凝土生产模式由传统制造向智能制造模式的迭代和进化，生产过程的质量控制和监测变得至关重要。

4.4.2　试验室建设

随着社会经济和信息技术快速发展，传统试验室的弊端日益显现。从管理职能来看，试验室主要负责对原材料、生产过程和成品混凝土进行检测和分析，涉及质量控制、工艺改进、产品研发和质量认证等环节，基本沿用传统粗放的操作和管理方法。从业务协同来看，试验室包括水泥室、外加剂室、力学室、试配室、骨料室、耐久性室、标准养护室、样品室及资料室等功能区，很少使用办公自动化系统（OA）或实验室信息管理系统（LIMS）协调工作。从检测参数来看，主要包括水泥、矿物掺和料、外加剂、骨料、水等各种原材料性能，以及混凝土拌和物性能、力学性能和耐久性能等。各种检测频率较大，人工作业费时费力，占用较多的人才资源和成本。从检测设备来看，多数试验室配备满足国家和行业有关标准规范和规章制度要求的常规检测设备，但是部分试验仪器设备或试验方法过于传统和陈旧，不同的通信协议、数据形式和存储方式导致只能采用低效的人工收集数据方式。从人员配备来看，试验员、资料员、样品管理员、设备管理员、试验室主任和报告审核人均要满足岗位要求，并达到一定数量，但实际上人员素质可能参差不齐，检测数据质量受人员专业技能和职业素质影响较大。从信息化来看，大多数试验室在检测结果、环境参数和设备使用等方面的数据采集、处理和分析仍然主要依靠人工完成，试验室数据存在"信息孤岛"问题，不能与生产数据进行实时交换。从数据质量和管理来看，目前试验室数据的可靠性、时效性和可追溯性难以保障。相当部分企业对劣质检测数据的隐患认识不足，没有意识到检测数据的核心生产要素地位及其对行业发展的根本性推动作用。

近年来，随着数字经济、智慧城市和智能建筑深度融合发展，智慧检测应运而生。智慧检测是指依托5G网络、物联网、互联网、人工智能、大数据等新一代数字基础设施，利用智能检测仪器设备、试验室信息管理系统、办公自动化系统以及可视化管理，实现检测过程的人员、设备、材料、环境、安全的数字化管理和运维，具备规范化、可溯化、数字化、融合化和智能化特征的新型检测模式。

混凝土智慧检测试验室是一种服务数字经济发展、混凝土企业数字化转型和智能工厂建设的新型试验室，是混凝土生产企业数字化转型的重要工作内容之一。与传统混凝土试验室相比，具有数字化运营、自动化检测、多维化数据、安全风险管控、全过程环保节能等特点，实现检测周期"人员+设备+材料+环境+数据+报告"的整体融合和全面可追溯，提高了检测工作效率和行业监督管理的数字化水平。混凝土智慧试验室是混凝土检测信息化、数字化发展的新产物，是"互联网+质检"的新成果，是建筑工业化、智能制造的质量基础条件，也是传统混凝土试验室的未来发展方向。尤为重要的是，数字化转型和智慧检测试验室建设具有长期性、复杂性和系统性特点，随着新质生产力的提升和新型信息技术成果的出现，智慧检测试验室的概念和内涵将不断得到丰富和发展。

总体来说，混凝土智慧检测试验室具有检测过程规范化、检测链条可溯化、业务流程数字化、产业融合化和服务智能化"五化"特征。规范化指检测过程的人员、设备、操作、数据处理、过程监督、报告撰写和检测用标准等均符合标准规范和客户要求；可溯化指与检测相关的人员、设备、材料、信息和数据均可追溯，满足自身质量控制和外部监管等要求；数字化指混凝土企业利用新一代数字信息处理技术，实现检测工作在线化和数据驱动企业运行；融合化指检测产生的各类信息数据流，能便捷、安全地在机构内部或机构之间流动和整合，相互验证并创造新价值。智能化指挖掘数据价值，为社会提供增值服务。

4.4.2.1 智慧试验室方案设计

智慧试验系统的设计将信息通信和物联网技术运用作为重点，通过完善控制系统方案，进行项目设计整合及分析，在控制系统设计技术运用中，应遵循以下原则。

（1）确定基础数据代码，完善企业总线或建设数据中心。企业往往在多家厂家购买生产设备，因此，厂家提供的设备系统，必须按企业要求，完善统一基础代码，与预拌厂企业服务总线（ESB）实现数据交换，减少各系统之间的接口，避免预拌厂出现新的信息孤岛。

（2）统一控制器或编码规则。在设计预拌厂生产控制层的过程中，通过采集模块、使用现场仪表、二维码等技术，实现物资来料入库、生产投料、成品出库的现场感应，实现智能防差错、智能预警、智能追溯、智能分析和数据智能交互，保证系统数据交互的及时性和有效性。

（3）在总线系统设计中，通过调整系统，可以保证试验室纵向传输速度，保证信息数据有效传输，提高智慧试验室系统的使用效率，节约资源。

（4）控制系统可以将多层结构转变为单层结构，将控制器直接接入网络中，及时解决数据传输中的限制问题，满足智慧试验室系统设计的基本需求，同时提高预拌厂信息系统的传输效率。

（5）增加现场总线，总线设计采用分散采集的方式，通过整合多数据通道，实现对控制器背板设计，保证智慧试验室系统运用的有效性。

（6）结合智慧试验室系统的运行状况，增加控制器的数量，保证预拌厂总线接入数量的有效性。

（7）在预拌厂系统结构设计中，需要结合生产、优化试验全系统的结构，提高预拌厂系统的运行效果。

4.4.2.2 智慧试验室架构设计

智慧试验室系统将系统架构精简为物理感知层、网络通信层、数据层和应用层三层结构（图4-8）。网络通信层则将物理感知层打包的数据通过GPRS网络发送到互联网上，应用层的服务器则负责接收与处理。应用层将接收到的数据进行校验、拆包、解析、处理以及存储，数据中心负责把存储在服务器数据库中的数据处理后将结果进行展现。物理感知层宜依靠分布于试验室内的感知设备采集试验室的环境变量、物品状态量、警报的信息数据信息并通过网络层传输。网络通信层应高效、便捷、安全地传输感知层采集的数据信息，网络通信层技术包括互联网、局域网、物联网、移动通信网络和近距离无线传输等。数据及服务支撑层应快速、有效、专业地收集、存储、分析和重构传输数据和信息，数据及服务技术支撑可包括检测数据计算与存储服务中心、检测数据资源库、检测云服务平台和系统接口等。应用层应呈现面向不同服务对象的信息化、数字化和智慧化的试验室数据信息服务，包括试验室信息管理系统、办公自动化系统和行业监督管理信息系统。用户层应通过试验室管理系统，为不同用户提供便捷、及时和准确的检测信息服务。

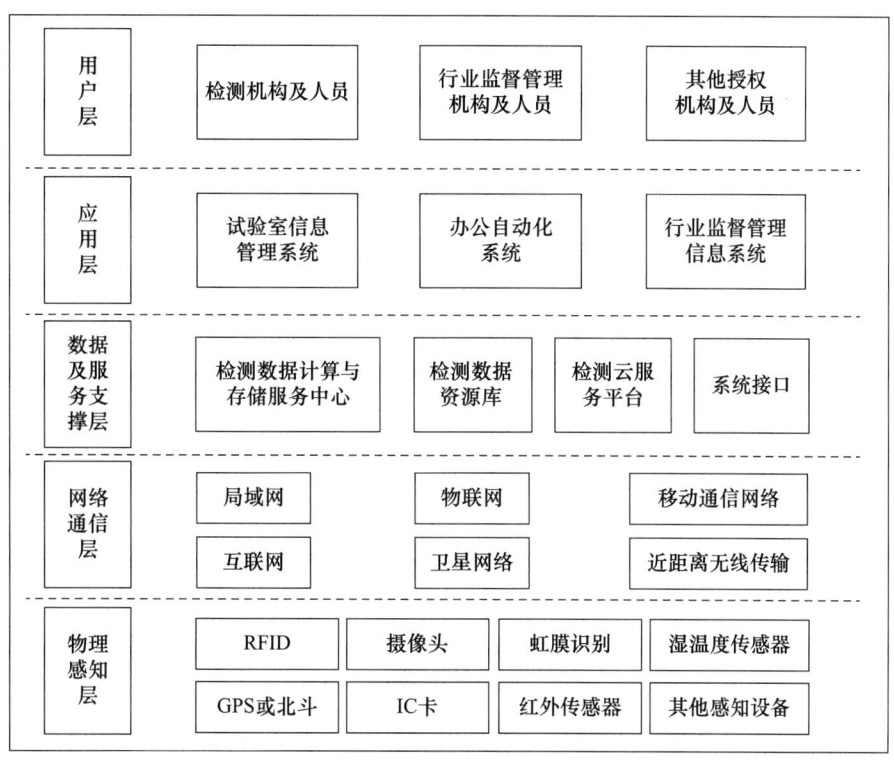

图 4-8　智慧试验室系统架构图

4.4.2.3　智慧试验室功能设计

混凝土智慧试验室主要功能包括数据管理与记录、试验设备智能化、数据分析与挖掘、远程监控与管理、技术创新与应用以及数字化转型推动。通过数字化、智能化和自动化手段提升试验室的管理效率、技术水平和服务水平，为混凝土生产的质量管理和技术进步提供了强有力的支持。该混凝土智慧试验室的核心功能模型如图 4-9 所示。

利用该智慧试验室系统，至少实现了以下功能。

（1）实现原材料进场取样及混凝土留置试块的流转智能化，取样任务自动生成、提醒，自动分配、处置。

（2）原材料及混凝土样品"一码溯源"，即对原材料、混凝土样品赋予唯一标识。

（3）通过 App，实现混凝土抗压试验过程线上操作指引和数据线上记录。

（4）混凝土试件抗压强度数据实现自动采集。

（5）试验室仪器设备管理的数字化。

（6）试验室数据的自动统计、分析和可视化展示。

（7）现场技术服务的数字化记录及数据存储。

4.4.2.4　混凝土智慧试验室管理系统

根据上述理论与原则，混凝土智慧试验室管理系统主要包括任务生成及流转模块、样品自动编码模块、试验室材料检测模块、数据统计分析模块、试验室设备管理模块、

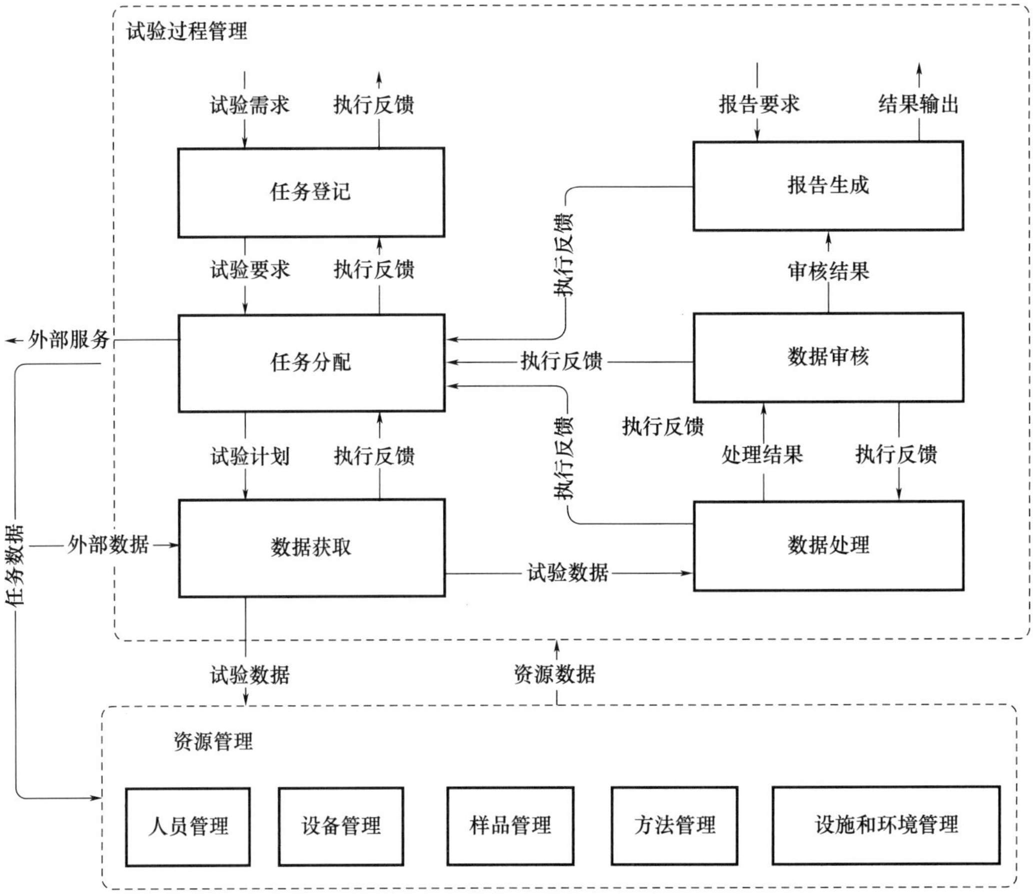

图 4-9 智慧试验室系统核心功能模型

浇筑现场技术服务管理模块、纸质记录智能识别系统 7 个基本模块，每个功能板块自成体系，又彼此相联，共同形成试验室管理、数据挖掘与分析、成果展示与应用的有机体（图 4-10）。

混凝土智慧试验室管理系统功能具体如下。

1. 任务生成及流转模块

该模块通过自动获取预拌厂原材料进场数据和混凝土实时生产数据，根据内置的取样频次规则，自动随机生成取样任务并以电子信息的形式通知对应的业务人员，在无人干预的情况下实现严格频次限制下的随机取样。该模块由原材料随机取样任务模块、混凝土随机取样任务模块及任务自动流转模块组成。

原材料随机取样任务模块：通过实时获取各种混凝土原材料进厂（厂家、批次、运输车牌、司机、数量、日期等）数据，根据内置的原材料取样频次规则随机生成取样任务，在系统中显示该任务的同时，将任务以电子信息的形式发送至对应业务员进行取样业务。

混凝土随机取样任务模块：实时获取混凝土搅拌机实时生产（项目、结构部位、混凝土强度等级、累计生产数量、日期等）数据，根据内置的混凝土取样频次规则随机生

4 混凝土生产制造关键环节智能化解决方案

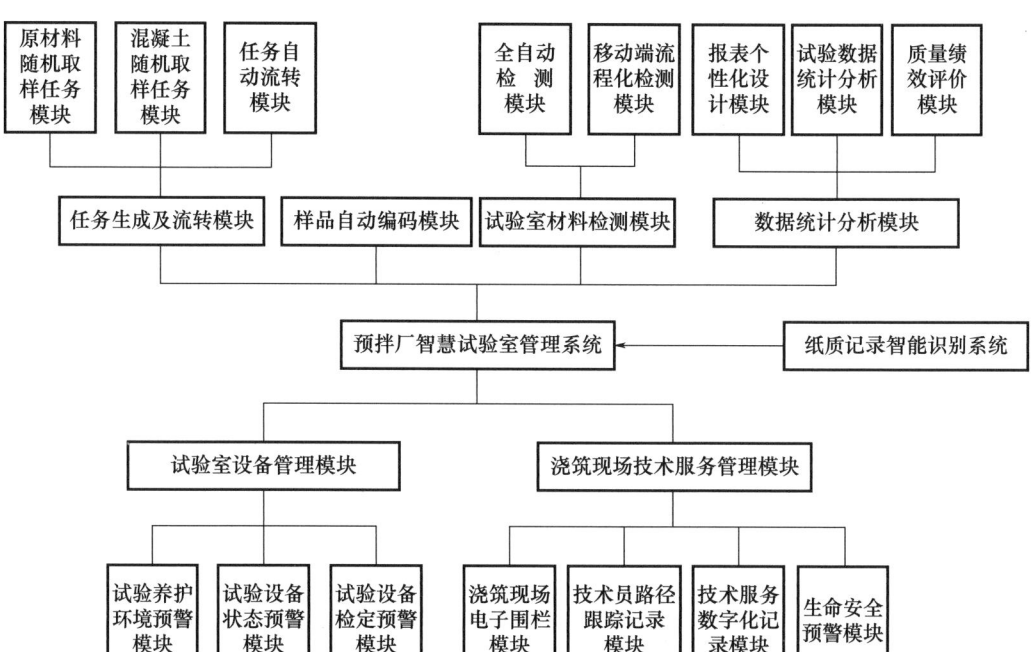

图 4-10　智慧试验室系统功能模块分布图

成取样任务,在系统中显示该任务的同时,将任务以电子信息的形式发送至对应业务员进行取样业务。

任务自动流转模块:通过内置的业务流程,在上一节点业务完成时自动推送下一节点任务至对应业务人员,直至该任务流程结束。

2. 样品自动编码模块

该模块通过内置的编码规则对任务生成及流转模块产生的每一条任务进行样品编码,通过编码查询可以追溯编码对应样品的所有信息(取样原始信息、检测指标信息)。

3. 试验材料检测模块

该模块由全自动检测模块、移动端流程化检测模块组成。全自动检测模块与全自动检测设备通过开发的接口连接,全自动检测模块直接获取全自动检测设备在获取混凝土原材料或混凝土的检测数据,并存入智慧试验室管理系统平台中,实现原材料的自动化检测和数据存储。移动端流程化检测模块针对有人工操作的试验业务,内置所有试验的流程化设计模型,在移动端通过流程化的步骤指引操作人员进行试验,并录入每一步过程数据,试验操作的流程结束时,该模块通过试验的数据处理算法自动计算出试验结果,同时判定指标是否合格,并将过程和结果数据存入智慧试验室管理系统平台,实现试验过程的流程化指引、过程记录及结果的自动生成。

4. 数据统计分析模块

该模块由报表个性化设计模块、试验数据统计分析模块和质量绩效评价模块组成。报表个性化设计模块以试验室材料检测模块获得的试验数据为基础,供用户设计符合自身需求的报表,引用数据对报表填充即可自动化生成个性化试验数据报表。试验数据统计分析模块通过内置的统计分析模型对获取的数据进行分类、统计、分析，输出各种统计分析参数（均值、方差、极值、强度、合格率等）。质量绩效评价模块，以业务员、部门或厂站为前置条件，对获取数据（均值、方差、极值、强度、合格率等）进行统计分析以获得参数，对业务员、部门或厂站进行质量绩效评价。

5. 试验室设备管理模块

该模块由试验养护环境预警模块、试验设备状态预警模块和试验设备检定预警模块组成。试验养护环境预警模块内置试验环境和养护环境参数规则，实时检测试验环境和养护环境的各项参数（温度、湿度），超过试验和养护环境参数阈值的发送预警信号至对应的业务员，实现试验环境和养护环境的稳定。试验设备状态预警模块该模块在业务员进行试验前执行设备状态检查指引操作，业务员确认设备状态（正常、损坏、待检）后，才可选择是否继续进行试验操作，业务员确认设备正常后系统自动生成设备使用台账并关联相关信息（人员、时间、设备、状态）。试验设备检定预警模块通过检定时间及内置的检定周期规则判断试验仪器检定日期，并提前一定时间电子信息提醒检定人员进行检定，消除仪器设备未检定使用的风险。

6. 浇筑现场技术服务管理模块

该模块由浇筑现场电子围栏模块、技术员路径跟踪记录模块、技术服务数字化记录模块和生命安全预警模块组成。

浇筑现场电子围栏模块：通过内置的施工现场地图设置电子围栏，自动记录技术服务人员进入浇筑现场相关信息（项目、人员、时间等）为智慧试验室管理系统平台决策提供实时数据支撑。

技术员路径跟踪记录模块：实时绘制现场技术服务员路径，为优化调度方案提供数据支撑。

技术服务数字化记录模块：技术服务人员进入上述模块设置的电子围栏后自动记录被服务项目的信息（项目名称、建设单位、当日浇筑部位、混凝土强度等级等），技术服务员在系统中以文字、录音、图片或视频形式记录现场技术服务情况，该信息将自动存储于智慧试验室管理信息平台的数据库，随时下载、查看。

生命安全预警模块：设置一键呼叫厂站调度室功能和一键报警功能（报警连接预拌厂调度室），保障现场技术人员生命安全。

7. 纸质记录智能识别系统模块

试验员利用自己的手机进行简单拍照操作后，即可实现对预拌厂纸质记录表单上各类信息、数据的快速识别、抓取、整合、存储、展示和追溯，能根据需要接入各类信息管理系统。

4.4.3　试验室检测

4.4.3.1　混凝土抗压强度检测

混凝土抗压强度检测是混凝土预拌厂试验室开展的频次最高，也是工作强度最大的工作。传统检测方法普遍存在测试工作量大，效率低下，数据时效性差等问题，对于自动化、智能化的检测方法及装备需求迫切。

混凝土抗压强度智能检测系统是一种利用先进的数字化、智能化技术，对混凝土抗压强度进行快速、准确、自动化检测和分析的系统。该系统通常包括智能检测管理单元、检测设备单元、检测机器人单元、试件信息扫描单元、自动清扫装置、音视频采集设备、异常情况告警单元、样品留置箱等。根据检测机器人单元的差异，可以分为桁架式机器人单元和悬臂式机器人单元等类别。

利用混凝土抗压强度智能检测系统可以建立全新的检测流水线。混凝土抗压强度智能检测系统（图4-11）高度集成了混凝土拌和物取样、装模、振捣、抹面、静置养护、试件转运、试件标养、自动脱模、试件试压及数据存储等复杂工序，实现过程的高度自动化、智能化和可追溯。系统可实时存储、查询混凝土抗压强度数据和试件存储养护台账，有效减轻劳动强度，降低因质量检测人员技能水平参差不齐带来的检测误差和质量管控风险。

图 4-11 混凝土抗压强度智能检测系统

4.4.3.2 骨料性能检测

在混凝土生产过程中，需要通过检测骨料的含水率、级配、细度模数来调整生产配合比数据（表4-2）。骨料是试验室内检测频率最高的原材料，骨料性能检测设备的自动化、智能化对于提高试验室工作效率至关重要。

表4-2 砂含水率、级配、细度模数一体化智能采集终端先进性对比

对比项	传统测试方法	该技术（产品）
测试时长（min）	>40	10
涉及设备类型数量	3	1
人工介入操作次数	21次	2次
过程数据记录	人工填写	自动记录
测试结果采集	人工逐项录入、上传	自动采集、推送

现有骨料检测智能设备，采用多功能、一体化设计理念，可以实现砂含水率、级配、细度模数的全自动测试，并能够将试验室检测结果与生产过程质量控制同步（图4-12）。其操作流程如下：采集一定数量的干湿砂样（干砂、湿砂均可）将其投入到智能检测设备内，点击自动测试即可完成含水率、级配、细度模数的全自动测试，设备清理样品，自动生成测试结果，根据需要将检测数据推送到手机、电脑或上位信息管理系统。与传统人工作业检测相比，智能检测设备具有明显优势。

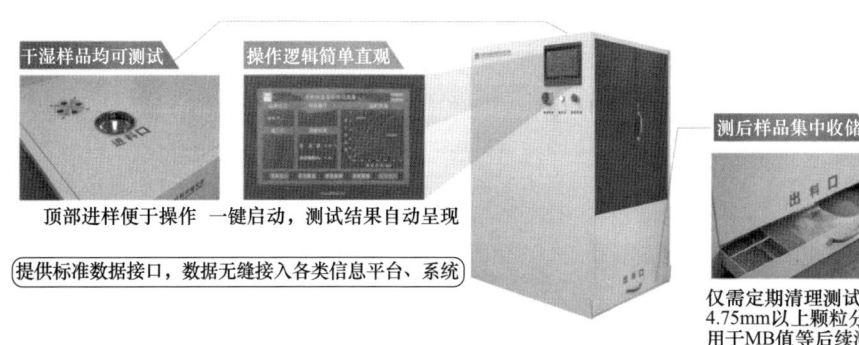

图4-12　砂含水率、级配、细度模数一体化智能采集终端

4.4.3.3　粉煤灰性能测试

粉煤灰是燃煤电厂排放的工业副产品，其主要化学矿物成分为 SiO_2、Al_2O_3、Fe_2O_3、CaO。粉煤灰是晶态物质和玻璃态物质的混合物，它作为一种具有胶凝活性和火山灰活性的材料大量用于生产混凝土，而且其粒形、颗粒尺寸、尺寸分布和密度对新拌混凝土的工作性、硬化混凝土的强度增长和其他性质都有影响。目前，市场上销售的粉煤灰质量参差不齐，对混凝土预拌厂的质量控制提出了巨大考验，提高粉煤灰关键物理性能的检测效率成为了混凝土预拌厂的迫切需求。

（1）铵离子含量快速测试。近年来，由于国内燃煤电厂逐渐采用氨法脱硫脱硝工艺，粉煤灰中残留了大量的氨氮产物。粉煤灰中的残留氨会对混凝土拌和物性能和硬化混凝土力学强度产生一定负面影响，并影响后期室内环境空气质量。因此，对粉煤灰铵离子含量进行检测并控制其含量是十分必要的。粉煤灰氨含量快速定量检测仪能在15 min 内完成粉煤灰样品的残留氨含量定量测试，测试精度高，无须复杂溶液的配制，无须精密仪器设备，操作方法简单，普通人员简单培训即可熟练使用。

（2）粉煤灰关键物理性能快速测试。粉煤灰关键物理性能指标一体化智能采集终端，在加入粉煤灰样品后，可一键完成细度检测、酸碱检测、微观颗粒形貌检测和球形颗粒占比等关键性能指标的检测，自动生成测试结果，自行上传数据和影音资料至上位信息管理系统。

4.4.3.4　无人化养护室

目前，混凝土养护室普遍存在人工作业成本高、管理烦琐、环境参数控制不稳定、监测手段简单等痛点，需要借助先进的自动化、智能化技术来解决。混凝土无人化养护室是能够自动实现试样入库、养护、出库、库位管理、龄期管理和环境管理的智能化系统。该系统通常包括自动化运输设备、货架和托盘、环境监测与调控系统、软件管理平台等组成部分。自动化运输设备可选用巷道码垛机、AGV 机器人（自动引导车辆）。环境监测与调控系统能够对养护期间的温度、湿度、通风等环境参数进行实时监测、调控或预警，确保环境条件满足标准要求。软件管理平台可实现对养护室的远程监控和管理，包括实时监测试样出入库状态、试样养护龄期、养护室内外环境、设备运行状态等，并对数据进行分析和处理，生成相应的趋势曲线和报表，方便用户对养护过程进行分析和优化。混凝土无人化养护室系统能够有效提高养护效率和养护质量，减少人工操作的烦琐程度，降低养护成本，从而确保试验结果的准确性和可靠性。

4.4.3.5 试验室内环境控制

混凝土试验室包括多个功能区，环境温度、湿度控制要求各不相同。现行环境控制方式存在着控制方式落后、控制范围受限、数据处理烦琐、实时性和稳定性不足等痛点。此外，从试验室空气质量与环境安全角度来看，通过及时监测和控制温度、湿度、TVOC（总挥发性有机化合物）、氧气等，能够及时发现试验室内异常情况，实现分级预警，最大限度地降低异常情况带来的损失。

试验室内环境智能监测和控制系统是利用先进的传感器技术和智能化管理软件，对试验室内的温度、湿度、TVOC 等环境参数进行实时监测、控制和管理的系统。其功能包括自动数据采集、实时数据显示、异常报警、远程监控等。通过实时监测环境参数的变化情况，及时发现异常情况并进行报警和处理，提高了试验室环境监测的准确性和可靠性，有助于保障试验室内部环境的稳定性，提升试验数据的可信度和科学性，同时也提高了试验室的运行效率和管理水平。

4.4.4 生产现场质量监测

4.4.4.1 骨料含水率在线监测

在传统混凝土生产过程中，试验室检测的骨料含水率与生产时骨料实际含水率之间存在时间滞后性，极易导致混凝土生产配合比与开盘配合比差异较大。因此，骨料含水率的波动极易导致混凝土工作性不稳定，进而导致施工堵管等质量事故。过去十余年间，混凝土企业先后使用了红外、高周波、微波等多种传感器技术及设备对骨料含水率进行在线监测，但普遍存在标定和维护困难、砂品类普适性差、测试精度低、使用寿命短等问题。

新型的接触式含水率微波测试传感器对骨料含水率在线监测时，由于采用了新型微波测试传感器，配备了强大的算力系统，并扩展了更多的数据功能，最终实现含水率测试精度超过 99%。与其他方法相比，这种传感器主要有以下特点。

（1）在线测试速度快，可以实时向电脑或者手机推送含水率数据。

(2) 传感器采用了特殊材质制备，耐磨性强，正常使用寿命长达5年。

(3) 配备强大的算力系统，基于多种砂的特征数据库和算法模型，能够智能适配各种类型的骨料，并且数据库和算法还在持续迭代升级。

(4) 实现了检测数据与生产数据的交互，还能根据含水率自动调整生产用水量。

(5) 适用场景广，该系统既可以部署在下料口，也可以部署在皮带上，不论是传统料仓平面还是立体料仓都可以很好地应用。

4.4.4.2 混凝土出机状态监测

当混凝土拌和物从搅拌主机放料时，观察混凝土出机状态是否异常，并据此采取相应技术措施是生产控制室的主要工作内容。观察出机状态需要操作人员具有丰富的工作经验，更需要保持精力持续地长期工作。这是由于混凝土搅拌均匀性对混凝土的工作性影响较大，混凝土工作性检测也是混凝土生产时的必测指标。对于混凝土智能工厂来说，其生产系统需要减少人为因素的干扰，智能感知混凝土的拌和均匀程度，联动放料控制，从而在保证混凝土充分拌和均匀的同时，提升生产效率。

目前，若干预拌厂试点应用了混凝土出机状态智能监测系统来实现上述目标。该系统通过自动收集混凝土拌和物出机时的视频，利用机器识别技术，实时对混凝土出厂时坍落度、扩展度等工作性指标进行自动检测和读取。混凝土出机状态智能监测系统安装后，混凝土放料时即可取样观测，不影响生产效率；取样观测后的混凝土可以倒入下料口进入混凝土搅拌车继续使用，检测过程不会产生固废。

4.4.4.3 混凝土运输状态监测

当混凝土从生产企业运输到施工现场时，确保抵达现场的混凝土拌和物质量满足施工要求至关重要。利用先进传感器技术对运输过程的混凝土拌和物状态进行监测、测量和管理，提供了更高水平的混凝土质量控制，有助于提高各运输批次产品的一致性，减少不合格品率，提高工地施工效率，并最大限度地降低项目延误成本。

4.5 现场交付

4.5.1 智能结算

混凝土的主流结算方式目前有图纸结算和小票结算两种。图纸结算为按照施工图纸计算工地的混凝土使用量，按照图纸尺寸结构计价。该结算方式存在较多弊端，因图纸仅体现理论方量，在实际交付的过程中现场的损耗以及浇筑部位的不同导致浇筑量大于理论值，使用的混凝土量与计算结果存在差距，给混凝土生产单位带来一定的经济损失；同时对预算人员要求较高，提前计算量需考虑多方因素，并需专门派遣结算人员前往工地进行测量与监督追踪，造成资源浪费。小票结算为施工现场人员根据混凝土随车运输小票对混凝土进行签认，运输小票注明混凝土具体浇筑的部位、强度等级、数量和搅拌站出站时间、到场时间、开始浇筑时间、浇筑完毕时间，有关人员收集生产运输小票及生产台账，在合同要求的结算节点与施工单位的相关人员对方量进行核对、确认。小票结算方式手续简单，交接货结算计算方便，供应方承担风险较小，混凝土生产单位容易进行成本的动态控制和阶段结算。但纸质小票存在规范性不足和保存不当以及签收人员签字效力的纠纷问题，同时也需要处理剩退灰问题，否则会给结算带来重大损失。两种结算方式都存在一定的局限性，需要施工方、统计人员、工地负责人员、包括司机多方人员的配合工作，较复杂。综上，通过数字化手段减少混凝土量差是一个重要课题。

4.5.1.1 结算流程线上管控

按照工程进度对各阶段进行线上管控。

1. 合同评审阶段

在合同评审阶段发出风险提示。将风控纳入企业运营管理系统，予以专项条款的结构化、量化，通过线上录入结算节点、结算单样式、工程属性，自动提示风险。企业风控系统应建立结算风险控制等级标准，通过系统分析识别评价风险等级，对于突破红线等级的应予以警示。

2. 签订合同后

在系统中建立客户联系方式和结算档案，结算人员根据各工地合同中结算条款约定，将结算节点、时限要求等信息录入生产系统结算计划模块，根据施工部位节点、浇筑时间，实时形成结算计划。同时将每一笔确权后的有效结算上传并录入运营管理系统，系统自动计算并更新结算计划中的各项数据。

3. 企业进场前

与工程项目合作方进行项目交底，可结合施工方提供的电子版图纸（对于重大特殊项目有必要借助 BIM 技术模型核算），将数据纳入系统提前预估各部位混凝土工程方量，提供一定数据依据，并进行过程控制。对于图纸结算工场应对重点部位，建立现场勘察机制，对于隐蔽部位或图纸变更后，应将相应的信息纳入系统，并与工程项目人员进行沟通确认。

4.5.1.2 电子签收及线上评价

改变现有纸质小票的签收模式，混凝土送达后，电子签收工程在卸灰完毕后由施工方现场人员通过移动终端进行确认签收，并签署本人电子签名。实现混凝土运输小票、原材磅单电子签收、线上对账，自动核算数据，最终形成电子结算确认单，方便查询和追踪（图4-13）。此外，工地负责人可授权他人签收，线上留痕授权动作，解决签收人纠纷问题。

在签收完成后，客户可实时线上评价，由原来的电话或人工回访的客户服务评价模式，改为 C2B 模式，客户对此次订单的运输速度、产品质量、服务态度进行评价，建立客户和企业的交流平台，提高服务质量。此外，系统还会自动汇总分析生产单位服务情况，建立评价模型自动生成站点的客户服务评价报告，促进生产单位改善提升服务水平。

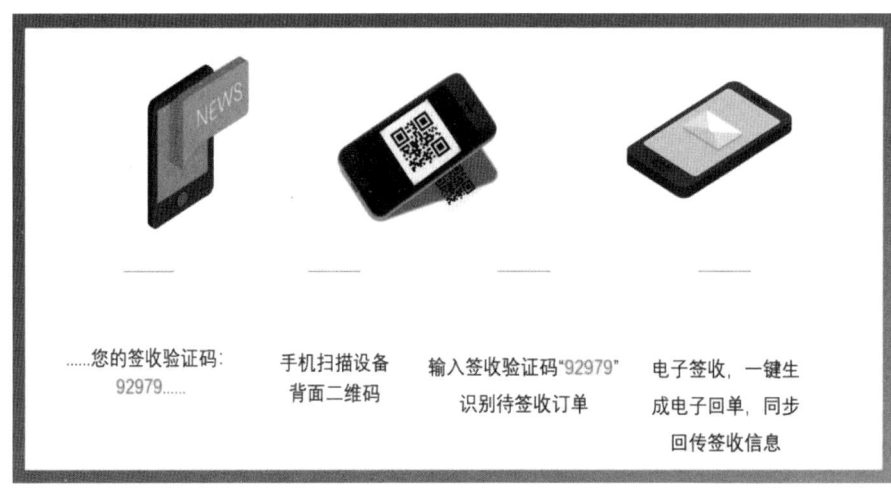

图 4-13　电子签收系统流程

4.5.1.3　BIM 实现工程可视化

施工方 BIM 可代替电子图纸实现混凝土供应的预算、结算、追溯环节，更精确地预测工程需求，优化供货管理，保障企业生产前瞻性。在预算环节可通过施工方 BIM，更精确地预测工程的施工需求，优化供货管理，保障企业生产前瞻性；供应阶段 BIM 同步跟进施工进度，帮助企业实现柔性备料、适时排产、精准保供，提高交货准时率、产能利用率、库存周转率；结算环节可根据 BIM 对结构浇筑量进行实时统计，精准计算，为混凝土结算提供数据依据，减少亏方量，节约生产资料；混凝土浇筑完毕后建筑质量，可精准定位问题浇筑构件，并联动查询混凝土的生产批次、原材料、检验单等，避免质量纠纷，实现混凝土交付的智能化。

4.5.1.4　企业资产证券化

企业资产证券化（ABS），是指将缺乏即期流动性，但具有可预期的、稳定的未来现金收入流的资产进行组合和信用增级，并依托该资产（或资产组合）的未来现金流在金融市场上发行可以流通的有价证券的结构性融资活动。考虑混凝土行业特性，一般赊销合同均会存在相应的应收账款占用期，如果开展应收账款 ABS 业务，在获得储价规模批复后，可以考虑部分业务在签订销售合同条款后纳入 ABS 模式进行，实现营销业务的产融结合，形成新的产融结合，助力加速企业资金流转。

ABS 业务开展的前提是确认债权权益，对混凝土应收而言为取得结算单确权，结算确认单应明确最终结算量、结算金额。合同、结算单、回款记录及到期款计算构成债权权益确认入池资产的基础。企业开展 ABS 业务，应在结算环节做实以下工作。

1. 企业如开展应收账款 ABS 业务，应对受限债权资产予以标识。

1）基本要求：已结算债权，可根据其条款向债务人主张权利。

2）负面限制主要有：

（1）不得入池失信被执行人；

（2）不涉及诉讼、仲裁、执行或破产程序；

（3）谨慎入池资质相对较弱的自然人股东公司；

（4）民营房企，以及不应为地方政府或者地方政府投融资平台，不涉及国防、军工或其他国家机密，基础资产不涉及新增地方政府隐性债务；

（5）合同项目下结算应收无回款记录超过20%。

2. 企业拟入池的应收账款 ABS，结算资料必须完整

结算资料包括电子信息、纸质凭据等，佐证权益资产的真实性。企业可通过区块链技术对确权凭据进行电子化保全，可对券商等中介机构快速确权，提高证券化融资效率；建立拟入池资产计划管理，确保首期足额发行，以及后续循环购买；按照客户或工程项目对于符合基本要求的资产，应对结算确权进行清单化标识计划管理，确保入池资产均为确权资产。

3. 将 ABS 业务纳入企业权益条款，盘活应收账款

借助应收账款 ABS 业务实现产融结合，应倡导建筑工程企业签订合同条款，将 ABS 业务纳入企业权益条款，包括但不限于结算的及时性，到期款节点可追溯性，以确保入池基础资产的质量。

4.5.2 质量追溯

混凝土企业很多质量问题或事故均与混凝土质量大幅度波动有关。质量追溯体系的建设是稳定混凝土质量控制的重要一环，对每一过程的控制都应以可追溯为原则，最大限度地还原质量控制过程，并据此分析过程的合理性与实用性，使质量控制过程实现螺旋式上升，逐步提高质量控制水平。可追溯性在一定程度上可以对原材料行业以及企业内部的质量行为起到威慑作用，降低人为因素影响；可追溯性是质量问题或事故原因分析的重要依据，通过完整的资料留痕减少不必要的质量纠纷。随着信息化技术的普及，基于线上平台的智能化的混凝土质量追溯体系逐渐出现，混凝土生产、物流、交付逐步实现全流程可视化，这对于保障混凝土交付质量、提升企业服务能力具有较大影响。

混凝土拌和物不同于传统实体产品，运输过程中为半成品，最终成为工程项目的一部分，难以溯源其本身实体。在质量追溯方案建设的过程中需要重点考虑三点因素：一是混凝土质量追溯的流程依据，因混凝土无最终独立实物产品，以单一生产、运输流程作为追溯依据，目前主要根据混凝土任务单、运输单进行单一流程的质量追溯；二是追溯能力的赋码方式，通常质量追溯系统会在产品上附二维码，便于人员扫码查询，但因混凝土的产品能点，目前主要在运输小票上附二维码，交付时提供扫码能力；三是混凝土质量追溯边界问题，如配合比、开盘鉴定、原材料检测报告、原材料厂家的资质、出厂检验报告、混凝土强度报告、合格证等内容，需求甄选数据是否公开。

混凝土质量追溯平台遵循"技术先进、应用稳定、信息安全、操作方便"的设计思路，进行混凝土采购、生产、运输、交付的全流程、全生命周期管理，构建混凝土质量数字化监管全过程追溯体系，形成生产过程全链条监管机制。系统总体结构主要包括

三部分,即前台业务场景应用、中台数据共享、后台基础设施云。追溯平台主要实现两大功能,一是通过物联网传感器通信技术实现混凝土全生命周期的真实数据采集、上传;二是通过对数据的分析、判断、处理、追踪等,完成对混凝土的质量追溯,实现生产源头上的质量监督管理。

在基础管理方面,一是实现对各厂站及其资质、人员、车辆、设备等信息进行在线维护,实现数据动态更新,同时保证数据一次录入多方共享;二是通过统一权限控制、开放接口等方式实现平台数据与客户、其他监管单位或者行业管理部门数据实时交互,以满足混凝土质量信息管理要求。系统根据使用者身份或者角色的不同严格划分不同权限,在确保数据安全、可靠的前提下实现信息资源共享。

在数据管理方面,实现数据自动采集、汇总、预警、分析。一是接入厂站原材料信息、试验室数据信息、配合比信息、生产数据信息、车辆和设备信息,实现对原材料进厂、生产、产品出厂、运输所产生的数据自动采集和联网实时上传;二是实现对各类预拌企业的业务数据在线上报,实现本级监管部门向上一级监管部门的业务数据在线上报;三是通过采集相关数据进行自动分析及预警功能,实现对质量波动实时监控并及时分析原因。

在信息溯源方面,一是平台能在监控地图上展示各类预拌企业的位置、工地的位置、设备车辆的位置;二是通过接入企业现场视频、检测设备、生产控制设备、环境监测设备、车辆定位监测设备,实现对企业现场实时视频;三是实现对试验室信息、生产信息、扬尘信息、车辆运行状态和运行轨迹等信息的实时监测,杜绝各种违规情况发生,提高监管效果和效率。从混凝土的工程项目部位追溯到混凝土的交货检验、车辆运输、出厂检验、养护、蒸养、模具尺寸、生产过程中的配合比、开盘鉴定、生产实际投料的情况、原材料的检验和供货情况才能实现溯源。

质量追溯的难题之一在于数据资料的可信度和防篡改性,生产单位运维和提供质量追溯服务,需要一定的信用背板,保障系统数据的真实性,且不可被篡改;之二是进一步进行原材料递归追溯需打通与原材料供应方信息系统数据对接工作,但由于原材料供应商较多,系统编码规则不一致,难以达成原材料追溯,发生质量问题时难以进一步追踪责任。

4.5.2.1 基于标识解析的质量追溯

标识解析体系是国家工业互联网建设的重要基础设施,主要职能是为生产对象(人、机、物、工序、设计等)赋予唯一性的"身份证"——标识编码,建立统一的标识体系将生产要素进行数字连接,实现跨企业、跨行业、跨地区、跨国家的工业标识数据管理和数据共享。标识解析体系对每一个设备、物品或系统都赋予一个唯一的标识符,确保不会发生重复,可以追踪到每个设备、物品或系统的历史记录、位置信息等;可以实现不同设备、不同系统之间的互联互通,实现信息交互和数据共享。数据信息与国家顶级节点对接,完全公示,具备较高信用能力。采用国家/地区统一编码,制定标准化的编码规则,所有供应商均按一个编码规则对接质量追溯系统,便于跨系统传输数据,从而实现原材料的递归追溯。

4.5.2.2 基于区块链的质量追溯

区块链技术是一种去中心化的分布式账本技术,它通过多节点的共识机制和加密算法，实现数据的安全存储和传输。区块链的核心特性包括去中心化、透明度、不可篡改性和匿名性，使得数据交换和价值传输更加安全可靠。区块链技术可以记录混凝土产品的每个环节信息，将其以不可篡改的方式存储在区块链上，实现信息的透明和可追溯性。同时与标识解析技术相结合，实现公开透明、不可篡改、标准化的质量追溯能力。

混凝土质量追溯的环节应该包括以下几个环节。

1. 原材料

原材料厂家（产地）、品种、规格、数量、进场检验结果、存储记录、运输轨迹与称量验收过程影像记录等。

2. 生产

原材料使用记录、生产任务记录（工程情况、技术要求、产量要求、浇筑方式、运输路线等）、生产记录（原材料与料仓记录、配合比选择、计量记录、搅拌记录、出厂检验记录、生产与出场时间等）、试验记录与报告、关键过程的影像记录等。

3. 交付

到场时间、等待时间、浇筑时间、完成时间、返回时间、交货检验记录及试验报告、交付过程的影像记录等。

4. 工地试块制作、养护、送检过程记录

5. 监管

监督检查记录、检查结果通报记录、处罚记录、执法记录仪相关记录等。

6. 施工、养护过程记录

在传统的施工过程中，混凝土供应商和混凝土使用方之间混凝土质量全生命周期管理的数据来源的流程并不透明，很难跟踪材料的来源和质量，并且存在欺诈和假货等问题。工程质量问题是混凝土本身的质量问题还是施工养护过程的操作不当引发的，也是工程各方争论的热点，特别是搅拌站和施工方作为工程的直接参与方，责任划分界定一直争议不断。及时准确溯源从而找到问题的主要源头、避免以后再次发生此类问题尤为重要。混凝土行业必须要建立来源可追、去向可查、责任可究的全过程追溯体系。通过将区块链技术应用于混凝土质量管理，可以实现混凝土端到端全程监控，解决商混质量溯源、安全监管等问题，根除质量数据被篡改的可能，让数据有了真正的信用和价值，让其具备作为"数据资产"的可能（表4-3）。

表4-3 混凝土质量管理生命周期数据来源

分类	系统类型	典型系统	数据特点	实时性
生产系统	工业控制系统（下位机）	PLC	需要实时监控，实时反馈控制	实时采集
	生产监控系统（上位机）	SCADA	包含实时数据和历史数据	实时采集/批量导入
	传感器	称重传感器、限位开关	单条数据量小，并发度大	实时采集
	其他外部装置	视频摄像头	数据量大、低时延	实时采集

续表

分类	系统类型	典型系统	数据特点	实时性
管理系统	设计资料	生产任务单、施工配比通知单	类型各异，是企业核心数据	批量导入
	价值链管理	供应链、SCM、CRM	定期同步	批量导入
	资源管理	ERP系统、能源管理系统	定期同步	批量导入
外部系统	外部数据	混凝土车联网数据	包含实时数据和静态数据	实时采集/批量导入

4.5.3 智慧运输（产品端）

物流配送服务作为连接混凝土上下游的重要环节，不但关系到企业的营运成本，而且会直接影响混凝土的质量。由于混凝土的"半成品"特性，浇筑必须保持连续性，但目前大部分混凝土企业还采用较传统的物流配送管理方式，浇筑容易出现中断，可能引发后续开裂等质量问题。为了保证最佳质量，每车次混凝土运送至工地后，必须在 90 min 内完成浇筑，在工地等待卸料时间过长也容易引发质量问题。这就对混凝土配送的物流调度有很高的要求，既要保证不能断料，也不能在工地积压等待卸料的车辆。而目前大部分混凝土企业主要依靠调度员根据经验主观决定车辆的调配，由于调度员无法快速掌握工地施工进度，工地施工人员无法及时了解混凝土的配送情况，双方的信息交流、浇筑节奏切换时常出现错位，既大大增加混凝土浇筑质量风险，又占用大量的人力和运输资源，在增加企业营运成本的同时也对企业的信誉造成影响。另外，混凝土物流调度的不合理也会引发许多内部管理问题，因此，科学、高效的物流调度，已成为混凝土企业管理的难点问题之一。

混凝土行业物流活动包括与上游对接的原材料运输计划、运输配送、货物验收（材料检验）、交付入库，以及与下游对接的混凝土生产装车检验、运输配送、工地卸货（现场浇筑）服务等多个环节，需要物流信息系统把供应链上的各个环节联结成一个整体，需要在编码、文件格式、数据接口等相关代码方面实现标准化，以消除不同系统之间的信息沟通障碍。目前缺乏信息的基础标准，不同信息系统的接口成为制约信息化发展的瓶颈，如物流系统与生产系统、仓储系统的对接，与外租车企业的系统对接等。

随着北斗卫星导航系统（BDS）国家标准在货运行业的应用，混凝土物流车辆也配备上 BDS 设备，并开始应用上各类道路运输车辆全球定位系统（GPS）。但除了 BDS 技术外，一些涉及日常管理的，如车辆运行数据采集、驾驶行为识别、盲区识别、搅拌车卸料识别等技术也在混凝土企业逐步应用。其中，智能调度系统的应用为混凝土企业提高运输效率与交付能力提供了有效支撑。

智能调度系统采集客户订单需求并进行分析，计算各时段产线、材料、车辆需求，从而合理安排生产配送计划。系统根据车辆需求进一步细化物流计划，如司机自动排班、车辆出车计划、维保计划等，从源头上最大化提高人车利用率。

智能调度系统的功能体现在以下几方面。

（1）解决生产计划与原材料采购对接的问题。充分利用积累的配比数据，根据次日的生产计划可以计算出生产需要的原材料需求数量，减去现有库存，形成需要采购的原材料缺口提供给区域供应部门，实现生产计划与原材料采购的无缝对接。

（2）改善生产序列，保证客户供给。利用算法平衡每个搅拌站的生产计划，充分考虑用户的需求时间、在途时间、所在区域的交通管控时间、原材料到达时间、客户优先级、车辆位置等各种因素，形成一张可操作的、相对公平的生产序列清单。同时组态感知算法根据不同站点设置的个性化参数再实时爬取，为序列算法持续提供数据保障。序列算法根据环境因素的变化对生产序列做出动态调整。组态感知算法在爬取所有运转参数的时候还可以对站内设备、物资等必需资源做出提前预警，降低沟通成本和人为出错的概率，提升生产效率。

（3）利用一体机设备解决站内问题。序列算法和组态感知算法在确认一条任务可以生产后，通过网络直接给工控设备下达生产指令，同时给一体机发送数据呼叫罐车及打印运输单。罐车在返站后通过一体机实现自助回执，闭环完整的自动化的计划、采购、排序、生产链条，人工只需要完成重返确认及运输单定期收集两项工作。一体机还实现了司机自助注册、自助排队、身份认证等必须的功能。

（4）完善移动端客商系统，满足客户监管与评价需求（图4-14）。客户订单进入生产序列后，可以从移动端实时查询该订单每车的状态变化：排产→生产→装车→出站→在途→到达（→压车）→卸载→签收→返途→入站→完成。

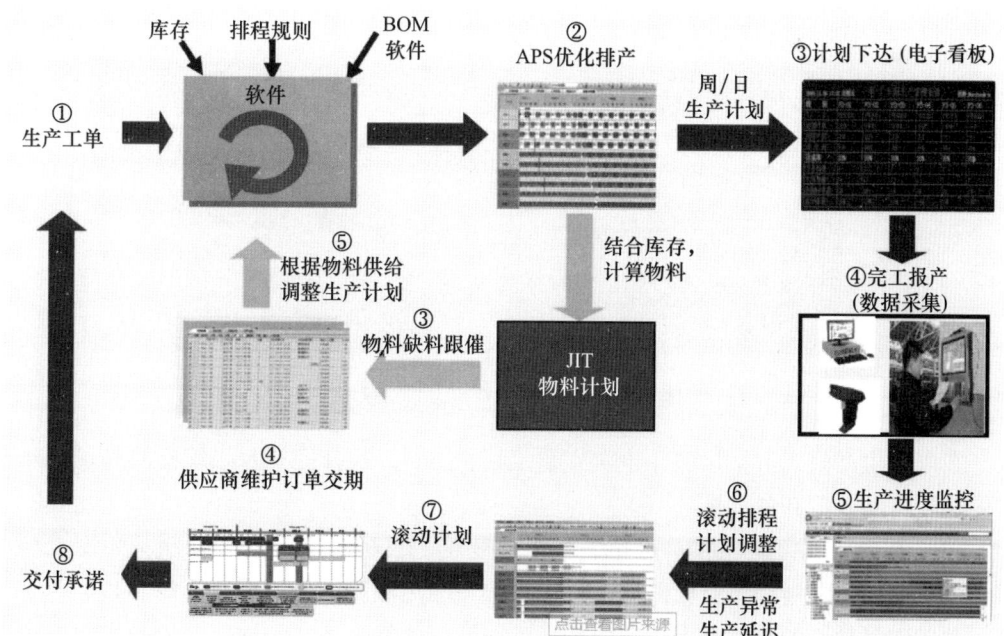

图4-14 智能调度系统流程

4.6 成品装车及品控

成品混凝土卸料装车是生产控制的一个关键环节，车辆进出及卸料速度的快慢直接关系到整个生产线的效率。在传统操作中，人为疏忽可能导致溢料或撒料，这不仅造成原材料的浪费，还造成环境污染。此外，搅拌站操作手（配料员）需要密切监控混凝土出厂时的坍落度，以防止批量质量异常。传统品控方法也无法数字化记录出厂坍落度，也不能进行质量追溯，成品质量控制存在一定风险。

4.6.1 卸料装车 AI 智能控制系统

随着人工智能等新一代信息技术的快速发展，AI 智能卸料技术已经在搅拌站卸料装车场景中实现了批量落地应用。该技术以深度学习计算机视觉算法为核心，通过智能控制技术的应用，不仅显著提高了卸料与生产效率，还有效避免了溢料撒料与环境污染，并大幅度降低人工成本。技术的成熟度和可靠性已经得到了市场的广泛认可。

（1）倒车对齐智能检测：基于深度学习目标识别技术与关键点检测技术，系统实时检测搅拌车接料斗及料斗边缘关键点，实时计算接料斗圆心。智能判断接料对齐状态，通过可编程信号灯与现场投屏实时提醒司机，当车辆倒车未对齐时，信号灯实时箭头指示司机修正方向（图4-15）。

图 4-15　可编程信号灯及现场大屏

在自动生产模式下，接料斗未对齐系统禁止出料；搅拌完毕且系统检测到搅拌车对齐停稳后自动开门卸料（图4-16）。

（2）卸料防溢智能控制：该功能基于深度学习目标识别、语义分割、关键点检测多任务集成模型，智能实时检测卸料过程中接料斗内混凝土料位高度（图4-17）。

基于实时检测的料位高度，智能切换不同开度的卸料挡位。卸料开始时卸料门根据订单混凝土强度匹配不同的初始开度大小（正常卸料开度），并且可根据当盘实际坍落度自动修正（可适配任意状态的混凝土），确保在卸料过程中不会产生喷涌式溢料。当系统检测到料位达到溢料预警阈值时则会自动关小卸料门开度至1/3大小，减小料流，促使料位回落。如果料位继续上涨，达到溢料告警阈值时则会自动关闭卸料门，待料位回落至正常水平时重新开启卸料（图4-18）。一般来说，在卸料过程中卸料门开度会在正常和预警状态多次切换，实现最大卸料效率。

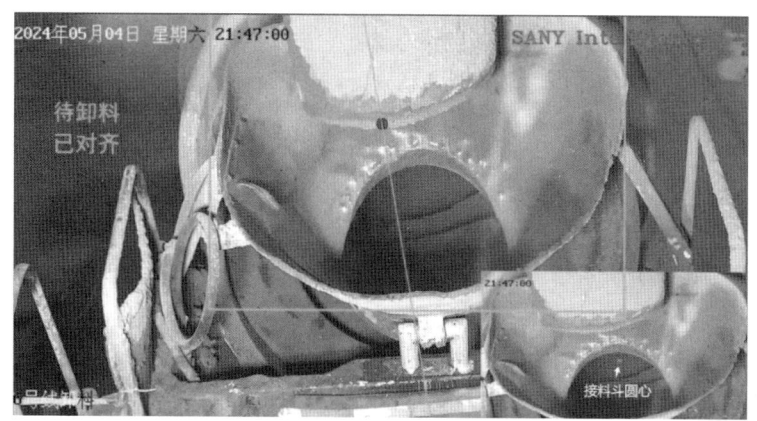

图4-16 倒车对齐智能检测显示界面

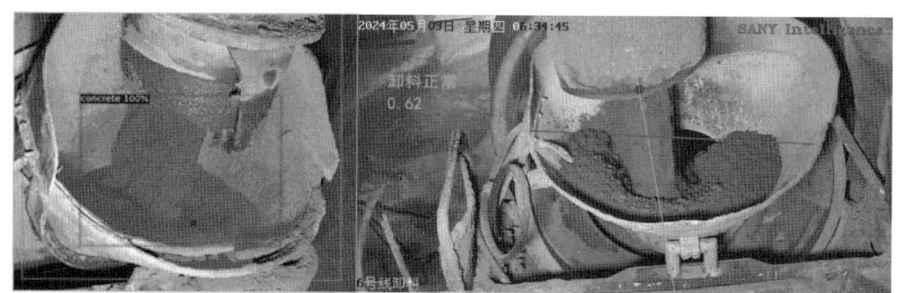

图4-17 接料斗区域语义分割及料位高度实时检测界面

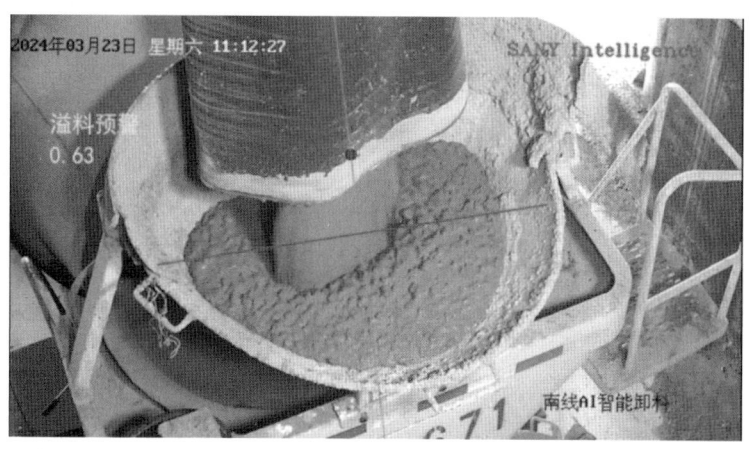

图4-18 防溢智能控制显示界面

整个卸料过程由 AI 系统智能控制，无须人工干预，将操作手从低效反复的卸料控制中解放出来，大幅提高操作手工作效率，突破一人多控的操作限制。AI 智能卸料系统已在数十家搅拌站的实际生产中成功应用，防溢控制成功率超过 98%。

4.6.2 坍落度智能在线监测系统

混凝土出厂坍落度在线全检是困扰行业十数年的技术难题。随着多模态模型在人工智能领域的广泛应用，以多模态 AI 算法模型为代表的智能在线检测系统，通过结合配比、视觉、电流等多模态多维度数据建模已实现该技术领域的应用落地。

（1）搅拌坍落度异常智能预判。在搅拌倒计时结束前，系统基于搅拌主机电流特征无量纲化模型，预估当盘坍落度，实现卸料前混凝土过干（过稀）预判报警。以往电流高时操作手会先开门小批放料观察混凝土状态，若判断过干时重新加水搅拌。而智能检测系统可以根据预设订单出厂坍落度，在搅拌完毕前进行预判，若预判坍落度存在严重偏离则会提前告警提示操作手调整干预。

（2）卸料坍落度智能在线检测。基于多模态 AI 算法模型与大数据建模，提取卸料过程中混凝土流动性等多维度数据特征，实时预测每盘混凝土出厂坍落度，系统预测精度为 ±20 mm 坍落度区间，准确率大于 90%，达到并超过专业质检员根据卸料视频和搅拌电流人工判断水平。同时预测值同步记录在订单报表中以便事后回溯。通过数字化质量监管手段，实现生产过程可追溯，有效避免批量质量异常，强化企业质量风险管控水平（图 4-19）。

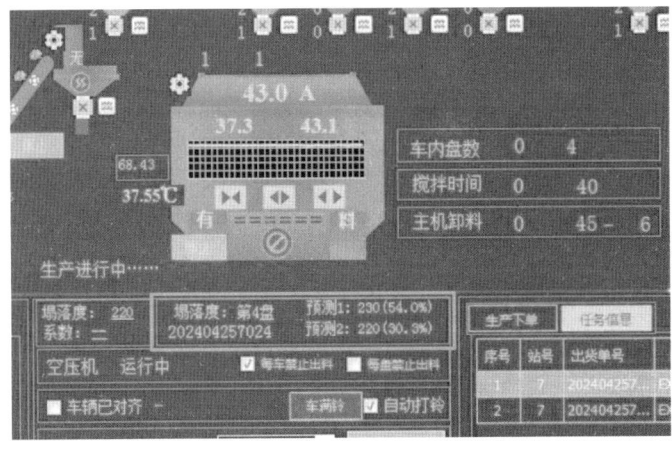

图 4-19　坍落度检测系统界面

4.7 安全能源环保管理

国内的商品混凝土行业经过 30 余年的快速发展，相关的质量管理、生产管理、财务管理等日趋完善。但是与许多传统行业一样，混凝土行业的安全环保管理起步较晚。

很多建站比较早的混凝土搅拌站，由于设备标准低且设备老化严重，距离相关标准要求差距较大，设备安全隐患较多，整改难度较大。近几年各地新建的环保型混凝土搅拌站，一定程度上改变了混凝土搅拌站在公众中的形象。但是，随着混凝土企业面临的生存压力日益加大，企业对自身的安全环保管理投入不足，"重效益、轻安全"现象依然比较普遍。

随着"工业4.0"时代的到来，企业的安全环保管理也向着数字化、智能化发展。通过与互联网、物联网、人工智能、云计算、大数据等领域的深度合作，构建智慧安全生产信息化管理平台，以信息化促进企业安全管理数字化、智能化转型升级，强化企业快速感知、实时监测、超前预警等能力，实现提质增效、消患固本的最终目标。一般而言，智能化安全环保管理主要由通行管理系统、人员行为和设备监控系统、环境监测系统、感知反馈系统等一系列子系统组成，通过应用机器视觉、体态识别、异常行为分析预警等人工智能技术，监控安全风险，监测环境质量，发现安全环保隐患，进行实时分析、预警和简单快速的自动处理。

4.7.1 通行管理系统

混凝土企业的生产现场分为操作区、储料区和作业区等。这些区域包括混凝土企业生产现场主要的危险源如装载机作业、搅拌车通行、皮带传输、外来送货车辆通行等，是企业安全管理的重点。在生产作业时需要严禁非作业人员进入各生产区域。因此，在混凝土企业的通行管理系统中，首当其冲的就是要解决人员及车辆等误入危险作业区的问题。

传统作业区管理，企业普遍采用的方法有人员入场前签署工作区安全告知书以及悬挂警示牌等。随着红外技术的普及应用，许多企业开始引入红外报警系统。例如周边的警戒检测系统，可以在复杂的天气环境中精确探测识别单个及多个物体的情况，如运行轨迹、运动特征等。周界警戒检测系统工作原理是利用周界红外对射报警器，通过红外发射端和红外接收端形成一个无形的监管区域，有物体遮挡红外线后，就会产生报警，一般这种红外报警器适合对射的距离分为 30 m、50 m、100 m、150 m、200 m。

另外，还有许多企业引入智能影像监测系统的相关设备，应用"PTZ 自动跟踪识别""人脸识别"及"车辆识别"等技术对厂区内的人员及车辆进行通行管理。系统可自动识别、统计穿过监控区域的人或车辆的具体身份信息和数量等。

4.7.2 人员行为监测系统

智能化安全管理系统中的人员行为监测系统，普遍使用现代化设备，对作业区现场进行实时监控。集成各类监控摄像设备与硬件监测系统，包括"人脸识别""安全帽识别""智能行为分析""智能视频分析"等。应用智慧 AI 技术，进行人体行为分析，在检测分类基础上，利用人体的各种行为特征来分析并描述各种行为，自动提取其中的危险行为，如未佩戴安全帽，未佩戴口罩、人员聚集、在施工现场抽烟、现场明火等。通过现场的音响设备、传感设备、响应设备等对危险行为加以实时提示，帮助涉险人员尽快避让，助力现场快速整改纠偏，通过这种方式能够有效避免人为管理的失误失责行为，预防安全生产事故。

随着5G技术的全面覆盖，数字信息的传输速率大为提升，进一步推动了物联网技术的发展。现阶段的人员行为监测系统，也已经从单向影像监控，转变为双向的实时互动。例如，现在许多企业以工人实名制为基础，在安全帽内装载智能芯片，使得安全帽具备定位、感知、预警和音视频通信等功能。通过物联网+智能硬件应用，进行数据采集和传输，帮助中央处理器获得更加精准的个体行为信息，实现数据自动收集、上传和语音安全提示等功能。通过移动端实时整理、分析数据，可以实现无感考勤、安全预警，大幅提高安全管理的工作效率，节约管理成本，具有时效性、全面性、针对性等特点。

4.7.3 设备安全监控管理系统

设备安全既关乎产品质量安全又关乎人员人身安全，在企业安全管理中占有重要地位，主要包括电力设备、车辆设备、原材料计量及存储设备、搅拌设备、回收设备、环保除尘设备、消防设备、监控设备等。

在设备运行层面，需要通过构建设备数字孪生模型，将参数、工艺、材料、流程等数据进行模型化，做好分析指标、从属关系、往来数据源等属性的配置，打通系统端口与现有设备进行有效数据对话，依靠数据分析实现对生产设备运行的智能化预警保障和警示性安全处置。在现场管理层面，需要通过对现有环境参数、软硬件参数、人员体征等数据进行定义和实时收集，提高智能化安全管理效率。智能化系统根据关键指标特征，通过模型计算出相应的监控指标，设定监控策略和范围，并对异常行为进行预警。在安全风险管控决策和应急指挥方面，则需要基于大数据全面感知安全风险态势，对前期历史事故发生频率等数据进行统计分析，预测可能发生的安全突发事件，并触发相应的应急防控响应工作预案。

4.7.3.1 粉料进料及存储设备安全智能化管理

混凝土搅拌站粉料存储普遍使用钢结构粉料筒仓。为使钢结构粉料筒仓安全稳定地存储粉料物料，在设计时针对粉料物料补充主要采用罐车+气力输送的方式，为了能让充入筒仓内的压缩空气尽快排出，保持筒仓内外气压值一致，会在筒仓顶部设置安装除尘器。另外，为防止由于仓内物料充注过多、除尘器故障，避免粉料筒仓因仓内压力过大而引发安全事故，在筒仓顶部设置安全阀，在筒仓内压力过高时，安全阀动作，水泥、粉煤灰和压缩空气通过安全阀溢出，达到降压的目的。

对混凝土企业而言，根据每天的订单量确定需要采购的物料量是采购部门的例行管理工作。在搅拌站生产过程中，需要不断地补充粉料筒仓中的物料，在物料充注前需要准确了解粉料筒仓内的物料余量，来决定新进物料具体的充注数量。目前多数混凝土企业在粉料物料管理方面，普遍采用的是 ERP 管理系统结合筒仓料位设备显示数值的方法来确定粉料筒仓内的物料余量。但现实工作中 ERP 系统的计算余量不容易准确，传统的筒仓料位探测产品容易受到湿度、粉尘和介电常数等仓内环境因素影响，准确性也经常达不到要求。而采取人工敲锤检测方法则既不方便又存在安全隐患，且不能多频度敲锤。所以企业生产中的缺料现象时有存在。除了影响正常生产，很多时候由于仓内物料存量了解不准确，频繁发生由于粉料罐车进料时充注过多，造成粉料仓"爆仓""冒仓""掀顶"等事故，威胁人身安全也造成严重的环境粉尘污染。

综上所述，精确、及时地获取仓内粉料物料存量，用于指导是否送料、充注的物料量以及充料过程中，仓内压力值能否被实时监测，物料充注达最高限位时能否及时输出安全报警信号等成为许多传统混凝土企业亟须解决的问题。针对混凝土行业材料管理的这一痛点。许多设备厂家与科技公司研发推出了相应的智能管控系统，可实时监控粉料仓库存量，系统配有电子门禁锁，通过无介质权限管理，达到防止打错仓等事故发生。

在防止粉料仓"爆仓""冒仓"方面。系统首先利用双保险上料位保护，在筒仓顶安装微波式料位计和阻旋式开关各一台，通过有线+无线方式实现与磅房管理上位机连接，料位数据会实时回传至上位机管理系统；其次，在仓顶安装压差变送器、仓压计、带有状态反馈的仓顶安全阀等，实现对仓内压力的实时诊断，结合阻旋式开关反馈信号，可以及时对仓内异常进行报警；最后，在仓底安装安全上料终端箱、安全上料管囊阀、智能电子物料牌。上料控制终端箱及智能电子物料牌安装在仓底上料口附近，用以实时显示阻旋动作状态、仓内料位上空值、除尘器工作状态及料位报警信息等报警信息，以及仓内原材料名称、品种、规格、厂家、产地、进场日期、试验编号、检验状态、仓内存量、仓满率等物料信息。安全上料管囊阀安装在各粉料仓充料管底部，与顶部阻旋开关及各压力感应器等实现智能联动，收到仓顶阻旋开关报警及仓内压力报警等信号反馈后，安全上料管囊阀就立即关闭，避免物料继续向仓内输送。在各料仓材料管理"防打错"方面，使用动态密码进行充料口门禁管理。原材料运输车从进场时在磅房登记领取一个动态密码，到达粉料仓充料位置后，在电子物料牌处输入动态密码打开对应的粉料仓安全上料管囊阀，方可开始上料，可以有效避免上错料事故。在准确测算显示粉料仓内存料余量方面，系统采用智能自校验技术，将仓顶微波料位测量信息与 ERP 数据通过系统动态盘点，修正系统累计误差，实现过程管控。在粉料温度控制方面，可以安装测温传感器。通过仪表或者信息采集模块，将测温传感器信号反馈至电子物料牌及搅拌站生产控制系统。在实现物料信息管理共享方面，可以通过云平台终端管理功能，实现手机端、电脑端实时数据显示，管理人员可清晰、便捷查看库存情况。

4.7.3.2 装载机、挖掘机等工程设备安全智能化管理

安全作业是对装载机、挖掘机等工程设备的第一要求，许多安全事故往往是因为装载机、挖掘机等工程设备体型庞大，车身过高，导致车身右侧及后方都难在驾驶员可视范围内，再加上前方铲斗巨大，在行进中遮挡了视线，容易产生视觉盲区。尤其在光线差、噪声大的恶劣环境下，后视镜很难发挥应有的作用。而在混凝土生产公司中，装载机等多为露天作业，厂区粉尘多、噪声大，工况环境复杂，人员和搅拌车数量也比较

多，人车交互密集，使得装载机等设备盲区更加复杂，很容易发生事故。所以想要让装载机、挖掘机等保证安全作业，就亟须解决视觉盲区问题。

（1）看得见。通过车顶摄像头，为操作员提供开阔的视野。以360°环视系统在车身周围安装多个185°超广角摄像头，能对车辆后方的环境全部了解，不会因为车型而遮挡驾驶员视线，右侧盲区也在这一系统的监视范围内，加之高速拼接算法，把不同位置的摄像机进行屏幕拼接，再加上车型模拟显示在高清监视器内，车身周围的盲区被消灭。针对铲斗前方盲区问题，可在铲斗前方安装摄像头。驾驶舱和铲斗有一定的视线距离，加之铲斗过大，正常高度的人站在铲斗前无法被看到，而在铲斗上方安装了摄像头之后，就等于给驾驶员铲斗前安装了一双眼睛，因为是185°超广角，能直接看到铲斗下沿，让铲斗前方在驾驶员监视之下。

（2）看得清。因为装载机的工作属性问题，工作现场往往会有很大扬尘，会严重阻碍驾驶员视线。此外还有很多夜间工作的情况等，都是视线极为模糊的环境，极容易出现事故。为解决这一问题，许多企业开始在装载机等设备上安装高级驾驶辅助系统（ADAS），通过透雾摄像机等硬件设备调整至夜视、透雾等模式下进行工作，保持在扬尘、夜间等环境下工作时，也能够看清作业现场情况，保障作业安全。另外，系统还可以结合AI智能算法来进行成像，对一些模糊的成像进行清晰处理，以解决成像模糊不清的问题，而且这种特殊的AI算法，能透过实墙进行计算，让实体遮挡物后面的东西也清晰显示。

（3）能报警会制动。通过摄像设备看清周边环境从而做出反应，其安全核心主要还是依靠驾驶员的单向主动观察及刹车避让。在现实生产中，驾驶员工作任务多、工作时间长，很难做到长时间保持警惕。而危险往往就发生在松懈的一瞬间。因此，更好地实现人机交互，让设备自主发现周边人员并自动报警及降速刹车，在安全管理上更具意义。实现装载车辆智能识别、自动报警及降速刹车等功能，主要依靠盲区监测系统（BSD）以及高级驾驶辅助系统。

1. 盲区监测系统

系统通过毫米波雷达传感器来监测本车侧后方盲区区域，并获取目标位置、相对速度、行驶方向等信息。一旦监测到有人员及障碍物处于视角盲区位置或以很快的速度从后面接近本车，就会通过车辆报警信号、声音等声光等来提醒司机注意。盲区监测系统从技术上主要分为影像和雷达两种，两种技术路线各有优劣。

（1）影像。影像顾名思义就是通过在车辆上加装摄像头的方式，对车辆盲区进行监测，摄像头主要加装在两侧后视镜和车尾，以影像方式监控车辆后方情况。但采用影像的技术方式，在恶劣天气（大雨、大雾等）下表现不佳，容易产生误判。

（2）雷达。盲点监测系统使用的雷达主要为24 GHz和77 GHz的短波雷达，将雷达安装于车侧或车后，通过发出微波侦测车辆两侧及车尾障碍物情况。在车辆行驶中，实时向左右3 m、后方8 m范围，发出探测微波信号，系统对反射回的微波信号进行分析处理，即可知障碍物距离、速度和运动方向等信息。通过系统算法，分辨障碍物特性和运动轨迹。防止行车过程中因驾驶员疏忽，后视镜盲区等潜在危险而造成安全事故。相较于采用影像的技术方式,雷达的方案不受天气的影响,且微波不依赖于空气传送,因此微波的侦测能力和车辆的行驶速度没有关联。

毫米波雷达感知是一种无线感知技术,与其他传感器相比,雷达感知具有许多独特的优势:受雾雨雪等恶劣气候条件影响小,不受光线明暗的影响,具有穿透遮挡物的能力;与超声技术相比,雷达感知的距离更远。

2. 高级驾驶辅助系统

系统利用安装于车上的各式各样的传感器(可侦测光、热、压力等变数),在第一时间收集车内外的环境数据,进行静、动态物体的辨识、侦测与追踪等技术上的处理,从而能够让驾驶者在最快的时间察觉可能发生的危险,以引起注意和提高安全性。

驾驶辅助系统主要由 GPS 和 CCD 相机探测模块、通信模块和控制模块等组成。其中,GPS 和 CCD 相机探测模块通过 GPS 接收机接收 GPS 卫星信号,求出该车的经纬度坐标、速度、时间等信息,利用安装在车辆前部和后部的 CCD 相机,实时观察道路状况;通信模块可以发送检测到的相关信息并实时地传输行驶信息;控制模块可以在即将出现事故的时候做出主动控制,从而避免事故的发生。

ADAS 采用的传感器主要有摄像头、雷达、激光和超声波等,可以探测光、热、压力或其他用于监测汽车状态的变量,通常位于车辆的前后保险杠、侧视镜、驾驶杆内部或者挡风玻璃上。早期的 ADAS 技术主要以被动式报警为主,当车辆检测到潜在危险时,会发出警报提醒驾车者注意异常的车辆或道路情况。

对于最新的 ADAS 技术来说,主动式干预也很常见。通过智能视频监控装置,结合深度学习算法以完成机器视觉的识别工作。主动人员检测技术,要求对体型不同的各类人员进行识别,并能实时算出行人的位置和速度,当靠近障碍物和机器后面的人时,该技术会向操作员发出警报,然后自动降低速度,使装载机停止。该系统还可以发出视觉和声音警告,并区分人和物体。

在装载机安全系统解决方案中,许多企业还应用了 RFID 技术,环境内的工作人员佩戴特殊的电子标签,当装载机靠近达到一定的距离时,标签会通过震动发出警报提醒处于危险区域,同时驾驶员也会收到小心操作的提醒。而且还能通过系统对减速距离及制动距离进行设置,更大程度上保证了作业安全。

4.7.3.3 搅拌站设备安全智能化管理

混凝土搅拌站属于大型设备,结构复杂仪器众多,如果操作不当就会对设备甚至人员造成危险,所以搅拌站的安全管理是头等大事。随着混凝土行业的发展,越来越多高品质混凝土的生产需求不断增大,对混凝土搅拌设备的性能要求也越来越高,混凝土搅拌设备自诊断系统的建立受到越来越多设备生产厂家的重视。

目前混凝土企业应用的控制系统除了具备传统意义上的空开跳闸、皮带跑偏、拉绳开关等故障信息提示以外,还可以监测并发出各类警示,包括皮带运行的失速报警、提升电机的相序保护、搅拌机减速机运行的齿轮油低油压报警、搅拌机卸料门的液压系统开关过程中的高油压报警、搅拌机中央润滑系统 14 个润滑油注油点的闭环监测,以及搅拌机、提升斗及斜皮带等大电机,除了装有三相动力电的过流保护器以外,额外增加低压热继电器保护等,多重防护重要电机故障。方便生产企业时刻了解设备运行情况,及时处理影响设备正常运行的小问题,保持设备的低故障率,为企业节省维修成本带来更多收益。

4.7.4 能源环保管理

混凝土企业环保工作是企业管理的重中之重,能源和环保数字化管理可提高环境保护的效率和准确性,降本增效,促进资源循环。目前,按照相关环保要求,混凝土企业已基本建立环保在线监测系统,智慧能源管理和碳排放全生命周期管理是混凝土绿色治理的下一步重点工作。

4.7.4.1 能耗和碳排放管理平台

能耗和碳排放管理平台集数据采集、处理、分析及决策支持于一体,利用物联网、大数据、云计算、人工智能等先进技术,对企业范围内的碳排放源进行实时监测,依据国家标准开展碳排放量测算,建立从原材料获取、生产、运输、使用直至废弃物处置/再生利用的全生命周期的碳排放评价方法,并通过数据分析揭示碳排放规律,为制定科学的减排策略提供数据支撑。同时,该平台还具备预警、报告、审计等功能,帮助企业实现碳排放的透明化、精细化管理。

4.7.4.2 搅拌站砂石分离污水零排放系统

混凝土搅拌站砂石分离污水零排放系统应用红外线传感技术、信号传输转换技术、智能化自动控制技术、动力系统与流动力学等相关技术,利用砂石分离机进行砂子和石子的清洗、分离重新再利用,产生的含有一部分细砂的灰浆水经过旋流沉降罐将细砂回收,再将不含细砂的灰浆水排入到污水搅拌系统中,污水搅拌系统中的搅拌器自动间歇性搅拌,避免灰浆沉淀凝固,在污水搅拌箱中放有污水泵将灰浆水输送到污水调节系统中,其中调节箱内安装有浓度测试仪与液位计,调节箱中的浓度测试仪可以根据设定值启动清水补水装置,以调节污水浓度,达到要求后的污水通过回收污水泵将污水输送至搅拌站污水计量系统中,实现污水的回收再利用。系统分离湿混凝土能力高,速度快,砂石分离效果好,清洗洁净度高,细砂回收效果好,实现污水浓度在线实时监测,智能自动调节污水浓度,地上搅拌罐定期自动排污,杜绝淤积等诸多功能。

5 混凝土企业智能制造典型案例

5.1 华西绿舍产业协同智造应用案例

5.1.1 项目概况

四川华西绿舍建材有限公司（简称华西绿舍）始终坚持"绿色发展、科技强企"的发展理念，大力投入技术创新。在公司预拌混凝土业务数智化转型方面，始终坚持"效率、安全、质量、服务"八字思想，以"五个坚持"为基本原则。坚持需求牵引，创新驱动；坚持统一规划，分步实施；坚持跨界融合，协同集成；坚持节能环保，绿色发展；坚持自主研发，开放合作。全面提升公司预拌混凝土业务综合竞争力，达到降本增效的战略目标，实现公司智能化转型升级。

2019 年以来，公司组建了一支由 20 余人组成的数智化方面软硬件专业团队，自主研发华西绿舍混凝土智造系统，并与公司 ERP 系统、工控系统、地磅系统以及供应商系统集成，实现业务全生命周期数字化管理。同时，系统接入公司自主研发的砂石含水率快检仪、无人值守地磅、全自动试块强度检测等智能装备的实时生产数据，实现厂站业务过程数字化，全方面提升厂站智能化生产水平。公司先后取得专利及软件著作权 60 余项，并获得"预拌混凝土行业智慧工厂""2023 年工程建设行业互联网发展实践案例"等荣誉称号。

按照公司预拌混凝土业务信息化、数字化、智能化总体建设规划，以数智工厂为核心，紧密围绕产业链全业务场景，并始终坚持以用户优先、强内聚松耦合为中心进行系统设计。最终形成公司预拌混凝土业务数智系统"五大应用"，即绿舍云销、绿舍数采、绿舍智造、绿舍优服和绿舍慧算，以此实现业务全生命周期数字化、在线化、云端化，助力业务数智转型（图 5-1）。

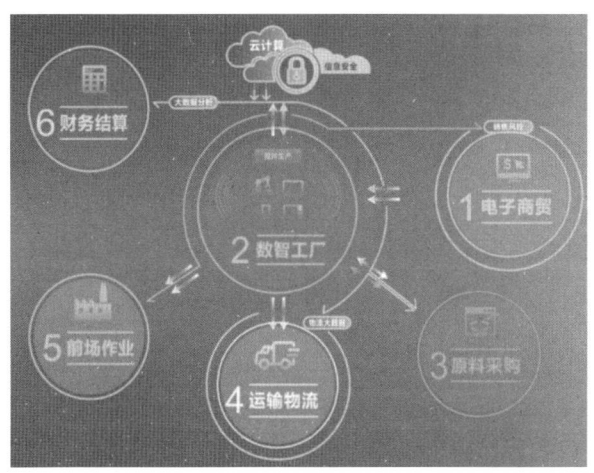

图 5-1　业务架构图　　　　　　　　　　　扫一扫，了解更多

基于总体业务设计及具体信息技术选型，考虑到实际业务情况及统一化要求（统一硬件、统一后台、统一业务、统一前台），为提高业务系统的复用性和使用效率，公司整体技术架构分为六个层级，实现各业务场景的在线化、集成化和去中心化设计（图5-2）。

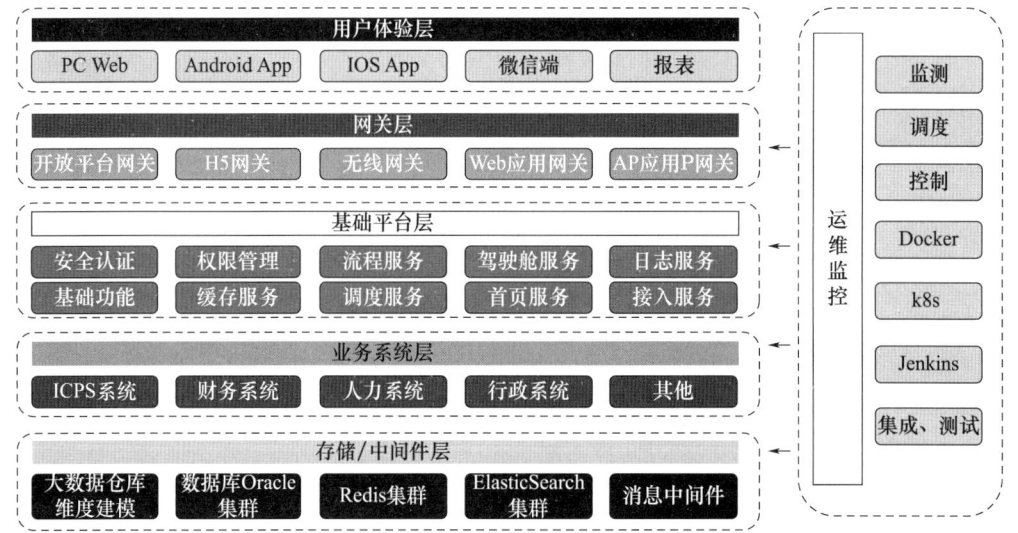

图 5-2　数智化建设总体架构图

1. 用户体验层

为人机交互提供数据接口。完成对信息的采集和各种数据信息、统计分析信息的展示。运用图形化用户接口（GUI）进一步提升用户界面使用的友好程度，改善用户的体验。

2. 网关层

提供接入负载均衡、内部路由、内外网隔离等服务。

3. 基础平台层

提供统一系统鉴权认证、基础功能、权限服务、流程服务、消息服务、日志服务、缓存服务、调度服务、首页服务、接入服务。

4. 业务系统层

负责实现系统逻辑的处理过程，用于用户录入数据的展现，然后根据生产经营相关业务逻辑对数据进行加工处理，随后将加工过的数据传送给数据层，或者从数据层获取业务数据按照指定的业务逻辑加工成用户需要的数据，传输到展现层以供用户查看使用。

5. 存储/中间件层

主要包含系统硬件、数据系统、缓存系统、文件服务系统、消息中间件服务。

6. 运维监控层

对整个系统平台中硬件资源、软件资源、接口资源进行定时监控告警服务。

5.1.2 建设内容

5.1.2.1 数智建设业务场景

公司紧密围绕预拌混凝土业务全生命周期作业场景，深度挖掘业务痛点，充分利用大数据分析、物联网等信息化技术，推动公司生产模式和行业公司信息交互方式变革，实现智能供给、智能生产、智能物流、智能交付和智能结算，形成行业全业务场景数字化的智能制造整体解决方案，从而提升工厂智能化水平，达到工厂及行业上下游合作伙伴高效协同，增强公司业务竞争力（图5-3）。

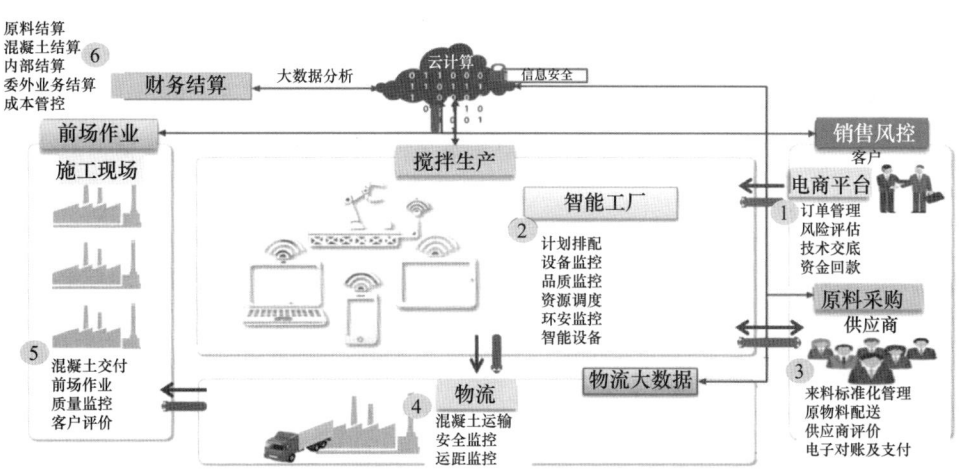

图5-3 数智建设业务场景图

1. 管理方面

公司自主研发并应用业务全生命周期业务管理信息系统（ICPS系统），实现业务全面电子化、信息化、在线化、透明化、高效化管理。ICPS系统通过五大应用（绿舍云销、绿舍数采、绿舍智造、绿舍优服和绿舍慧算）的打造，形成业务数据自动实时采集、存储、分析、展示和应用，形成日常业务闭环管理（图5-4）。

图 5-4 ICPS 系统主页面

2. 生产方面

公司自主研发或集成应用无人值守地磅系统、吹灰口智能门禁系统、料位仪系统、含水率快检仪、自动取样、智能检测、智能试压、智能回弹系统等智能装备,实现生产过程无人高效,进一步提升厂站生产效率,降低生产成本。

3. 安全方面

公司搭建全域轻量化视频监控平台,利用视频监控技术实现跨地域多场站多区域的全面视频 24 h 实时监控,同时,结合安全帽佩戴、工作服、超速等 AI 智能视频监控算法,及时预警并提醒人员的不安全行为,实现厂站安全智能管控,提升安全管理效力,避免安全事故发生,实现公司安全"透明化管理"和"穿透式管理"。

建设要点包括以下几个。

(1) 充分利用信息系统技术、自动化技术、视频监控技术实现混凝土业务场景的标准化、在线化、系统化、自动化和无人化,提升生产作业效率,降低管理和生产成本。

(2) 充分利用物联网技术实时采集并分析设备的运行状态和能耗数据,确保设备稳定安全正常运行,降低设备无效能耗,保证产品生产质量,实现混凝土绿色高质量生产。

(3) 充分挖掘各业务场景的痛点、难点,特别是产业链企业间的信息数据交互,利用信息化手段彻底改变传统"口说手记"的信息交互方式,实现数据的标准化、格式化,确保信息传递真实有效,提升数据交互的时效性。

(4) 根据客户、供应商、协作单位、物流单位等合作伙伴信息化水平情况,提供系统标准对接服务和 SaaS 系统应用服务,实现产业链数据共享。

(5) 以财务结算为目标,打造业财一体化数字管理平台,全面实现采购、销售、运输等业务的智能结算,从而快速自动生成各类业务数据报表,确保结算的准确率和高效性。

(6) 预留系统功能模块扩展对外数据 API 接口,满足业务变革和延伸带来的过程业务系统管理和数据采集,整合业务全流程,实现采购、销售、生产、质量、运输等业流程的闭环管理和可追溯性。

5.1.2.2 产业协同智造建设

1. 客户管理系统

ICPS 系统中的客户管理系统是一个综合性、功能强大的工具，旨在全面满足混凝土行业客户管理的多样化需求。该系统通过集成客户信息管理、合同管理、订单管理、履约过程管理等功能，实现了对客户关系的全周期管理，提升了业务处理效率和客户满意度。

（1）客户信息管理。客户管理系统首先建立了详尽的客户信息数据库，包括客户的基本信息（如公司名称、联系方式、地址等）、资质信息、信用评级等（图 5-5）。这些信息不仅有助于公司更好地了解客户，还为后续的业务决策提供有力支持。通过客户分类和标签管理，公司可以更加精准地识别目标客户，制定个性化的营销策略。

图 5-5　客户管理

（2）合同管理。合同管理模块负责处理与客户之间的各类合同，包括合同起草、审批、签署、存档等流程。系统支持在线编辑和审批合同，确保合同内容的准确性和合规性。同时，合同管理系统还提供结算支付管理功能，帮助公司及时跟进合同结算和支付状态，避免合同风险。

（3）订单管理。订单管理模块是客户管理系统的核心功能之一。它支持客户在线提交订单，系统会自动处理并生成订单信息，包括订单数量、规格、价格等。订单管理系统还支持订单状态的实时更新和查询，确保公司与客户之间的信息同步。此外，系统还具备订单异常处理功能，能够及时发现并解决订单执行过程中的问题。

（4）履约过程管理。履约过程管理模块关注订单从签订到完成的整个过程。系统通过实时跟踪订单进度，确保公司按照合同约定履行义务（图 5-6）。同时，系统还提供履约风险提示和预警功能，帮助公司及时发现并应对潜在风险。此外，履约过程管理还包括对客户满意度的调查和反馈收集，以便公司不断改进服务质量。

（5）系统对接与客户端功能。ICPS 系统支持与客户自有系统的对接，实现订单数据的实时交互和共享。这有助于简化业务流程，提高数据处理效率。对于没有系统的客户，ICPS 系统提供了客户端功能，包括混凝土下单、订单查询、混凝土签收、订单结

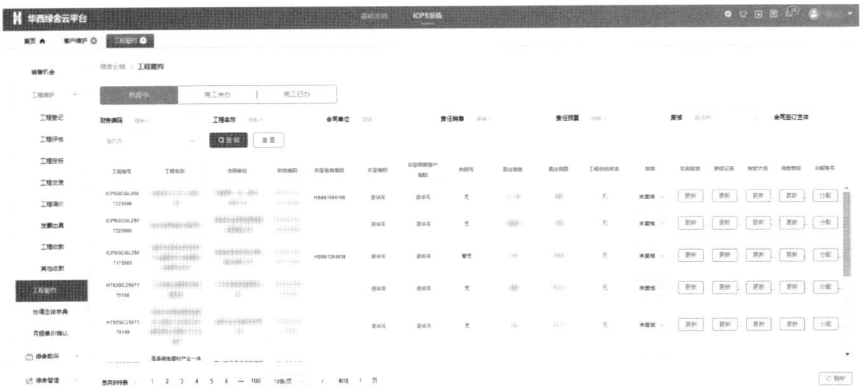

图 5-6 工程履约管理

算等。这些功能使得客户能够方便地进行业务操作，同时加强了公司与客户之间的沟通和协作。

ICPS 系统中的客户管理系统通过集成多项关键功能并支持系统对接与客户端功能，实现了对客户关系的全面管理和优化。这不仅提升了公司的业务处理效率和客户满意度，还为公司赢得了更多的商业机会和竞争优势。

2. 供应商管理系统

ICPS 系统中的供应商管理系统是一个集成化、智能化的管理平台，旨在实现与供应商的高效合作与协同。该系统通过整合供应商管理、合同管理、采购管理、收货管理、智能过磅以及供应商评价等功能，有效提升了供应链管理的效率和准确性。

首先，在供应商管理方面，系统建立了完善的供应商信息库，记录了供应商的基本信息、资质证明、供货能力等重要信息。这些信息有助于公司全面了解供应商的实力和信誉，为后续的采购决策提供有力支持。

其次，合同管理模块负责处理与供应商之间的各类合同，包括合同起草、审批、签署、执行和归档等流程（图 5-7）。系统支持在线编辑和审批合同，确保合同内容的准确性和合规性。同时，合同管理模块还提供合同到期提醒和续签管理功能，帮助公司及时跟进合同状态，避免合同风险。

图 5-7 供应商合同管理

再次，在收货管理方面，系统通过与智能过磅系统的结合，实现了货物质量的自动记录和验证（图 5-8）。这不仅提高了收货的准确性和效率，还减少了人为干预和误差。同时，系统还支持收货单的自动生成和打印，简化了收货流程。

图 5-8 收货管理

最后，供应商评价模块允许公司各站点对供应商的服务质量、供货能力、交货准时率等方面进行评价。这些评价信息可以作为后续采购决策的依据，有助于公司优化供应商选择和合作关系。

对于拥有自有系统的供应商，ICPS 系统支持与其进行对接，实现订单数据的实时交互和共享（图 5-9）。这有助于简化业务流程，提高数据处理效率。而对于没有系统的供应商，ICPS 系统提供了专门的系统功能，包括车辆管理、订单接收、司机交货 App、交货记录和结算管理等。这些功能使得供应商能够方便地进行业务操作，同时加强了企业之间的沟通和协作（图 5-10）。

图 5-9 供应商系统供应清单

ICPS 系统中的供应商管理系统通过整合各项关键功能并支持对接供应商自有系统

或提供专用功能，实现了与供应商的高效合作与协同。这不仅提升了公司的供应链管理效率，还降低了运营成本，增强了公司的市场竞争力。

3. 智能工厂管理系统

ICPS 系统根据混凝土生产工艺，集成订单信息、配合比管理、全自动配料、自动计量、材料抽检、混凝土质检等系统功能，是一个高度集成和智能化的生产管理系统。ICPS 旨在实现离散制造业的智能化、高效化和精细化管理。该系统通过融合物联网、大数据、云计算和人工智能等前沿技术，对制造过程进行全面优化和监控，从而提升生产效率和产品质量。

首先，智能制造系统拥有标准产品库管理功能，它可以存储和管理各类产品的标准信息，包括产品规格、材料要求、生产工艺等。这为公司快速响应客户需求，实现标准化生产提供了有力支持（图 5-11）。

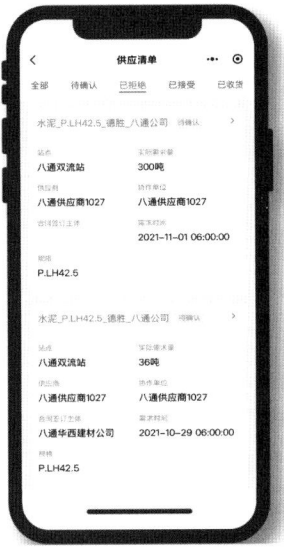

图 5-10　供应商手机端系统供应清单

图 5-11　混凝土标准产品库

其次，系统支持订单审核和订单管理功能。通过自动化处理订单信息，快速识别处理订单并自动分配至生产站点，确保生产计划的准确性和时效性。此外，系统能够实时监控订单状态，帮助公司及时调整生产策略，应对市场变化。

智能排程是智能制造系统的核心功能之一（图 5-12）。系统根据订单需求、设备状态、材料成本、物流运输成本和生产成本等因素，自动处理客户订单并分配至成本最优生产站点。这有助于降低生产成本，提高生产效率，同时确保生产过程的稳定性和可控性。

智能物流跟踪功能则实现了对原材料和混凝土物流的实时追踪和监控。通过物联网技术，系统可以实时获取原材料车辆和混凝土运输车辆的位置信息，确保物流过程的顺畅和高效。

此外，材料库存实时监控功能可以帮助公司实时掌握材料库存情况，避免库存积压

图 5-12　智能排程

和浪费。搭配公司集成应用无人值守地磅系统实现了材料从采购、订单、运输、计量等环节数据的自动记录和关联，提高了称重效率和准确性，避免材料计量过程中的人员舞弊行为。

混凝土生产过程中，公司自主研发或应用智能装备提升生产作业效率，主要包括吹灰口门禁系统、自动计量系统、工控系统、自动取样制样智能装备，进一步提升了生产过程的自动化和智能化水平，提高了生产效率，降低生产管理成本，为实现无人搅拌奠定基础。

公司集成应用无人值守地磅系统，该系统主要包括采购订单、过磅主界面、过磅记录、材料统计等功能。此外，针对没有系统的供应商免费提供业务管理 App 系统，供应商可通过手机快速便捷完成接单、发货、车辆运输信息等业务，实现了与供应商之间的信息互联互通，优化了订单处理流程，提高了整体运营效率全业务流程数字化（图 5-13）。材料入场过磅时，系统对接地磅计量、车牌识别、红外检测等传感器，真正实现了货物的自动称重和数据记录，从而完成物料无人称重，显著提高了工作效率和准确性，同时减少了人为误差，降低了企业的运营成本，增强了与供应商之间的合作关系，为企业的发展提供了有力支持（图 5-14 和图 5-15）。

图 5-13　供应商 App 系统功能

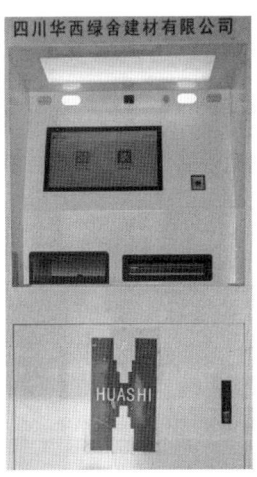

图 5-14　无人值守地磅系统　　　　　图 5-15　智能打票机

公司自主研发混凝土全自动试块强度智能检测系统，主要包括取样任务管理系统、试块管理系统、压力机控制系统和集成机器人控制系统，从而全面实现混凝土试块强度全自动检测，降低人员劳动负荷，提升作业效率，确保质量数据真实有效（图5-16）。

生产站点应用吹灰口智能管控硬件和吹灰口门禁系统，实现吹灰口智能管控。系统根据供应商来料车辆交货信息自动分配交货二维码或交货卡，司机通过扫码或刷卡方式待系统核对无误后自动打开吹灰口，避免打错料风险（图5-17）。同时，各材料罐加装应变式料位仪，实时监控材料库存信息，并通过显示屏可视化展示材料库存，避免爆仓风险，提升站点材料管理效率（图5-18）。

图 5-16　全自动试块强度检测系统　　　　　图 5-17　吹灰口门禁系统

针对混凝土生产过程管理，通过集成应用行业成熟解决方案，全面实现混凝土生产过程中的自动取样、自动制样、静置养护、养护立体库、自动取样试压、数据分析等，进一步提升混凝土生产的自动化水平和生产过程中的无人化管理，确保工作的一致性，消除人为因素导致的质量数据偏差，提升作业效率，确保质量数据真实可靠（图5-19和图5-20）。

图 5-18　材料库存显示屏

图 5-19　全自动取样、制样智能装备　　　图 5-20　智能立体库养护室

最后，针对混凝土质量管理，系统部署原材料质量快检、原材料批次检、第三方检验、混凝土抽检、养护室监控以及回弹检验等系统功能，实现混凝土全生命周期数字质量监控，提高了产品质量稳定性（图 5-21）。同时，系统根据各环节质量数据自动生成产品质量数据和分析报告，帮助公司了解产品质量状况，优化生产工艺和质量控制策略，形成产品质量闭环管理（图 5-22 和图 5-23）。

ICPS 系统中的智能制造系统通过集成多项关键功能，实现了对制造过程的全面优化和监控。这有助于公司提高生产效率、降低成本、提升产品质量，从而在激烈的市场竞争中保持领先地位。

4. 物流管理系统

ICPS 系统中的智能物流及浇筑管理功能是一个针对混凝土运输监控和混凝土前场浇筑环节的全面、智能、高效的解决方案，旨在提升物流运输和浇筑作业的效率与准确性。

图 5-21　质量管理系统

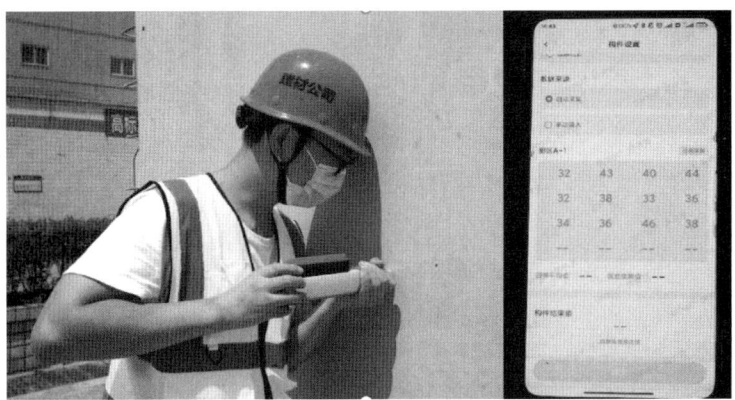

图 5-22　智能回弹系统

图 5-23　交工资料信息

（1）罐车管理。该功能允许系统对运输混凝土的罐车进行全面管理。通过车载智能终端实时追踪罐车的状态、位置及运输进度，系统可以确保混凝土按时、安全地送达目的地。此外，罐车管理还包括对车辆维护、调度和使用的全面监控，从而优化运输资源的使用。

（2）电子运输小票。系统通过自动生成电子运输小票，简化了传统纸质小票的繁琐流程（图5-24）。电子小票不仅便于存储和查询，还能实时更新运输信息，确保信息的准确性和实时性。这有助于提升物流运输的透明度和可追溯性。

（3）车辆GPS实时监控。系统对接车辆GPS监控设备，可实时监控罐车的行驶轨迹、速度和位置。这使得调度人员能够及时了解车辆状态，进行高效调度，确保混凝土运输的及时性和安全性。

（4）泵机调度。系统根据浇筑需求和罐车运输情况，智能调度泵机资源。通过优化泵机的使用，系统可以确保浇筑作业的连续性和高效性（图5-25）。此外，泵机调度功能还可以减少设备闲置时间，提高设备利用率。

图 5-24 运输司机 App 运输任务和电子小票

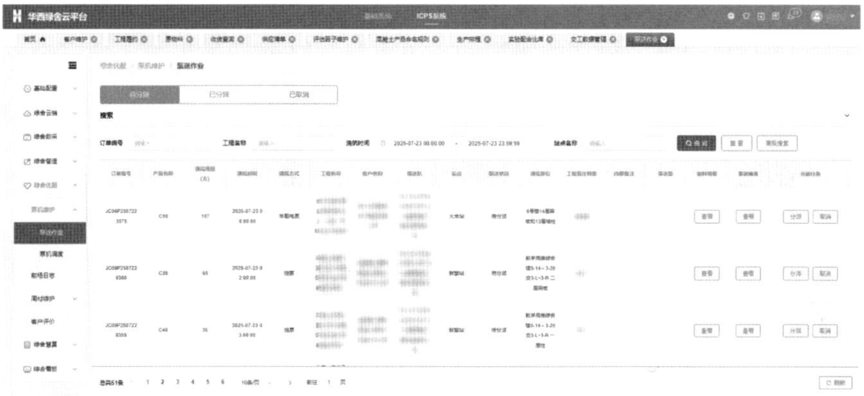

图 5-25 泵送作业管理

（5）扫码浇筑。混凝土浇筑时，泵工通过系统扫描物流司机电子运输小票，准确记录浇筑作业的相关信息，如浇筑时间、浇筑位置、混凝土强度、浇筑量等（图5-26）。这有助于确保浇筑作业的准确性和可追溯性，同时提高了工作效率。扫码浇筑功能还降低了人为错误的风险，提升了浇筑作业的质量。

（6）前场日志。前场管理人员通过手机端系统便捷记录浇筑现场的各种信息，如开盘时间、浇筑量、施工进度、设备状态、人员出勤、浇筑进度、浇筑养护情况等。前场日志为项目管理提供了重要依据，有助于及时发现和解决现场问题，提升浇筑作业的管理水平。

ICPS系统中的智能物流及浇筑管理功能通过集成多种技术手段，实现了对物流运输和浇筑作业的全面监控和管理。这不仅提高了工作效率和准确性，还降低了成本和风险，为公司的持续发展提供了有力支持。

5. 智慧结算管理系统

ICPS 系统中的智慧结算功能是一个高效、自动化的辅助结算工具，旨在简化结算流程，提高结算效率和准确性。系统结合合同中的结算及支付条款，自动生成业务电子结算单，涵盖了材料采购结算、混凝土运输结算、混凝土销售结算以及浇筑结算等多个方面。

（1）智慧结算系统能够自动从相关模块中获取结算所需的数据和信息，如材料采购数量、价格，混凝土运输距离、费用，混凝土销售数量、单价，以及浇筑量等。这些数据经过系统智能分析和处理后，能够生成准确、详细的业务电子结算单。

图 5-26 泵送任务

（2）系统根据合同中的结算及支付条款，自动计算各项费用，包括材料采购成本、运输费用、销售利润以及浇筑费用等。这些费用计算过程透明、规范，避免了人为计算错误和舞弊的可能性。

在生成电子结算单后，系统支持多种格式的输出和打印，方便公司相关人员查阅和审核。同时，系统还提供了数据导出功能，可以将结算数据导出至其他财务或管理系统，实现数据的共享和协同。

（3）智慧结算系统还具备强大的查询和统计功能。公司可以根据需要查询特定时间段、特定项目或特定客户的结算数据，进行统计和分析。这有助于公司更好地掌握经营情况，制定更精准的结算策略。

（4）智慧结算系统还提供了结算异常处理和预警功能。当系统检测到结算数据异常或超出预设范围时，会自动触发预警机制，提醒相关人员及时处理。这有助于公司及时发现和解决结算过程中的问题，确保结算工作的顺利进行。

ICPS 系统中的智慧结算系统通过自动化、智能化的结算流程，提高了结算效率和准确性，降低了结算成本，为公司提供了便捷、高效的结算服务（图 5-27 和图 5-28）。

图 5-27 原材料电子结算

图 5-28　混凝土电子结算

5.1.3　实施效果

5.1.3.1　经济效益

1. 提高生产效率

公司双流基地实施数智化建设后，人均月产量提升 25% 以上，达行业领先水平。

2. 人员成本降低

公司所有站点直接作业及管理人员精简 10%～20%，年成本降低约 1200 万元。

3. 提升财务效率

公司混凝土业务各类结算实现电子化结算，结算效率提升 80%，准确率达 95% 以上。

5.1.3.2　无形效益

1. 业务流程重组和决策科学

利用数字化技术实现公司的业务流程透明化，不断优化业务流程，实现业务流程精益化重组。同时，通过过程数据的实时采集与分析，反馈业务生产、经营实况，为公司业务管理决策者提供实时、有效数据，助力业务透明科学管理。

2. 业务管理方式的数智变革

通过业务数智系统和智能装备的应用，公司混凝土业务的生产和管理方式，正在由传统的以人为核心的管理方式逐步走向数智化管理的方式，实现业务管理方式的全面变革，进一步增强公司核心竞争力，引领行业数智化发展。

3. 产业链协同智造应用

公司 ICPS 系统以智慧工厂为建设核心，通过不断完善系统对外 API 接口、完善客户和供应商系统 SaaS 服务，提升全产业链业务数据的格式化和标准化，打破企业间信息孤岛，优化信息交互方式和流程管理，提升产业协同水平，助力行业高质量绿色发展。

5.2 华东材料智能工厂案例

5.2.1 项目概况

公司近年来一直秉持"数字引领,材料创造"的理念,持续关注商混行业信息化、智能化的发展态势,紧抓前沿建设。在信息化管理创新上做了诸多提升,公司将信息化管理优势转化为核心竞争力,致力于打造华东材料智能化"灯塔工厂",以品牌影响力的不断提升,助力市场拓展。

根据公司的业务需求和技术现状,通过 ERP 系统、MES 生产管控系统、智慧码头管理系统、视讯一体化管理平台、微商城系统、要货计划平台、外场服务系统、氤云管理平台的建设及运行,对供应链管理、财务管理、生产管理、仓库管理等功能进行管控,通过信息化系统的建设,帮助实现产品全流程管理环节中信息的高效采集、共享、统计、分析等,提高销售、采购、计划、生产、财务、质量等部门的业务管理水平。

公司遵循上级公司华东材料有限公司生产运营管理标准,对标商混行业智能化最新成果,以高起点、高标准、系统化、自动化、智能化作为建设指南。信息化建设成果应具备持续运维能力和快速迭代能力,维度高度统一、流程高度自动、系统高度集成,集团化运营、闭环化管理、智能化作业和生态化协同体系完善,达到降低生产运营成本、提高劳动生产效率、提高风控管控水平、提高产品质控能力、提高客户服务水平的落地目标(图5-29)。

图 5-29 总体架构

5.2.2 建设内容

5.2.2.1 生产运营数字化建设情况

1. 营销管理

为了保证企业客户的稳定性，逐步提升市场份额，需要不断提升企业的营销支撑服务体系，为客户提供不同的接触方式，拓展销售渠道。以行业标杆为己任，不断改进，持续创新，优化客户体验以提升客户的满意度。在信息化新技术手段不断更新的大环境下，勇于创新，加大企业转型力度。结合网络技术手段，利用企业集团化优势，形成线上线下多渠道响应（图5-30）。

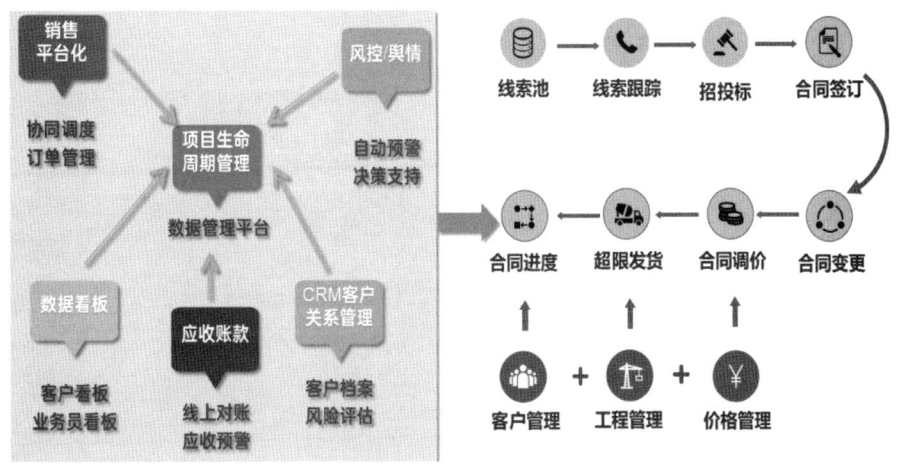

图 5-30 合同管理流程

合同管理是销发系统的核心，通过合同管理，可以实现对合同超发预警、合同回款预警、合同价格管理、付款方式、销售考核等多维度统一管理。通过合同全生命周期过程管理，可实时动态跟踪各合同"调价函""混凝土交验单（小票）""结算单""结算单汇总表""浇筑通知单（计划）""销售合同指标""结算对账单"等。

预警平台主要用于合同应收款及其回款的控制管理（包括临时合同浇筑截止日期控制），我们针对客户进行了分级分类，通过系统和人工筛选，A类和B类客户是长期合作、信用较好的，C类客户的授信额度会缩减，D类客户存在潜在风险，合同无法直接签订，需要经过多级评估和审批。系统将根据具体合同等信息，及时提醒客户欠款预警信息，并由系统自动控制合同计划上报权限。后续将发展成为可配置预警平台，集成微信公众平台，实现多种预警、一体化控制平台。

2. 外场服务管理

外场服务管理涵盖外场服务人员从到工地现场服务至服务完毕退场，途中反馈，问题记录等全流程系统操作。并为管理员提供便捷的外场服务管理中心，管理员可以及时收到反馈信息，随时随地查看外场服务人员所在工地及工作情况。所有外场服务文档及附件打通 ERP 系统，均存储于 ERP 系统内及文件服务器中，可追溯性强，ERP 也将自动生成考核分析报表，为管理层领导提供数据支持。

3. 客户应用服务

微商城平台可以轻松实现手机下单、快速补方、订单跟踪、客户评价、实时结算等功能，其价格信息公开透明，操作流程简便，不仅实现混凝土的市场开拓，同时也能有效净化现金混凝土的市场环境（图5-31）。对于合同客户，可以通过手机公众号自助服务，进行计划报送；客户可以通过手机数据看板查看计划执行、资金状况、授信预警等情况（图5-32）。

图 5-31　微商城　　　　　　　　图 5-32　客户报备

4. 生产管理

混凝土板块的生产管理内容，主要集中在企业和场站级别完成，混凝土生产企业的生产过程管理在销售合同签订（对于现金零售工程而言为款项到账）的基础上，从用户的订单计划开始，经过计划审核，形成生产任务，试验室根据任务关联配合比，调度室派车，混凝土搅拌车驾驶员接收运输任务，搅拌机组生产打料，混凝土搅拌车出场进行物流运输，直到现场物料交付，完成一次生产管理全过程，直到工地再次下计划。如此往复，形成了生产过程的闭环管理。在闭环管理过程中，结合有效的生产分级管控，包括订单管控、配合比管控、拌楼管控、运输管控和售后跟踪等，对整个生产阶段的良性循环起到监管和润滑的作用（图5-33）。

图 5-33　三维数字孪生

混凝土企业的任何一个管理环节都不能脱离整体，生产管理作为企业运营的核心，更是如此。它不仅与销售管理环节有上下衔接的关系，还与原材料管理、质量管理两大业务管理环节相互联系，形成综合管理的有机整体。

（1）生产任务全程跟踪。公司根据客户订单，综合关联信息，按成本最优原则将订单直接下发到承接项目的场站进行排产。公司场站目前均已实现远程集中控制，在改善工作环境的同时，也能大力提高调度员、操作工、主班试验员等各环节业务协同能力，合理调配生产资源，降本增效（图 5-34）。

图 5-34　远程集中控制

（2）安全管理。在公司严格遵守安全生产规范的前提下，进一步加强场站检维修作业多级监督，通过信息化手段，使检修作业全部实现线上报备审批，总部人员根据报备信息，特别是动火作业、密闭空间作业、高空作业等进行实时视频监管，对厂区监控无法覆盖区域，通过直播方式进行补充（图 5-35）。

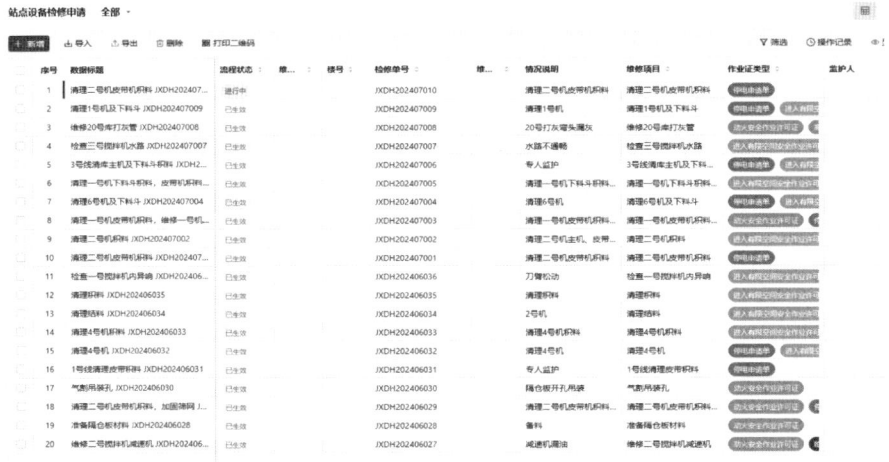

图 5-35　检维线上报备

（3）智能调度。智能调度在系统使用功能方面，与人工调度一致，区别在于"总调度－分调度"模式下，总调度人员向场站下发任务的人为分配方式，根据运输车辆、运距、生产成本、产能等综合数据大模型，变成系统自动分配，形成以系统为主、人员为辅的调度新模式。物联网技术的应用，有效加强了物流车辆的在途管理，通过 GPS 电子围栏实现车辆回厂、出厂、卸货等自动登记。

（4）质量生命周期管理。对混凝土质量及供应进行事前、事中、事后的全流程监管（图5-36）。通过平台，能够对混凝土的质量和供应做到数据真实透明、物流高效有序、质量安全可靠、监管精准到位，从而达到提升混凝土质量稳定性的主要目的。针对现场保供及质量服务的需求，公司建立现场数字化管理中心及现场试验室，提出现场质量、服务、保供新模式，将信息化数据采集和调度系统结合，实时跟踪机台运行信息，优化机台生产资源，精准调度，车辆轨迹动态监控，提高保障服务效率。手机移动端记录发货、浇筑全过程，通过手机电子围栏系统实现防止靠错泵、跑错工地的事故发生，质量跟踪在一机之间的可视化、精准化，协助客户质量管理。

（5）供应链（智慧码头）。公司是行业内少有的拥有码头资源的企业，码头管理信息系统作为码头开展中心业务的核心平台，对提高码头吞吐量、客户服务质量，进而对提升码头核心竞争力，降低物流及运营成本发挥了决定性的作用（图5-37）。加快推进码头信息化建设，是公司提升核心竞争能力、降低总体物流及运营成本以及适应竞争形势的必由之路。

目前，各码头都把推进信息化建设作为加速现代化步伐的重要举措，作为物流环节上的关键和核心节点。公司码头整体采取总体规划，分步实施的发展策略。以"建设数字化码头、智能化码头"为建设目标，努力把公司码头建设成全国一流的现代化、有管理特色的数字科技码头。

全流程管理是指从货主、第三方物流、承运商、司机到客户、站点，一站式全闭环管理。统一订单管理，数字化运输合同，实现自动订单分配。承运商统一管理，电脑端、App、多平台实时协同，支持订单的自动、手工录入。

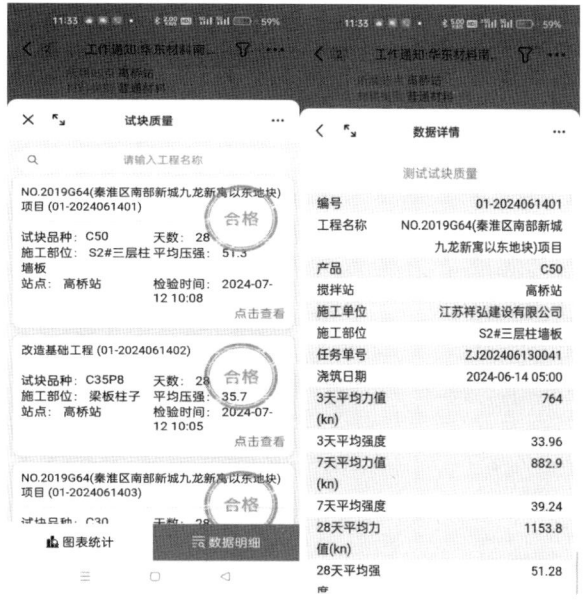

图 5-36　试块在线报告

图 5-37　智慧码头与混凝土场站实景

在途管理是指发货到签收，实时在途追踪，确保信息真实可信、异常随时上报，送达并交接，加速闭环确认，防止资产流失。

智能分析通过强大的混凝土方云平台，实现运输方、码头方、站点、企业一站式平台物流环节全程可视化，智能分析与监控可根据不同业务角色，提供不同业务分析报表。

优化对账功能是指强大计费引擎与完善的对账功能，支持一键生成账单，在线对账，能大幅节省对账时间，准确生成账单金额，灵活调整账单周期，有效规避结算误差。

电子交易则依托云平台实现上下游环节的全电子化交易，如电子结算、网上对账、电子发票等，依托无人值守地磅系统，实现计量环节的全电子化交易。

5.2.2.2 工厂内部网络架构建设情况

聚焦信息化业务基本安全需求，按照"一个中心、三重防护"的设计思路，围绕"体系合规，面向实战，常态保护"的安全建设目标，结合网络安全等级保护、NIST 网络安全框架（CSF）等业界代表性网络安全框架，根据工作职能的不同将目前公司内部的网络划分为不同的安全区域，整体架构建设如图 5-38 所示。

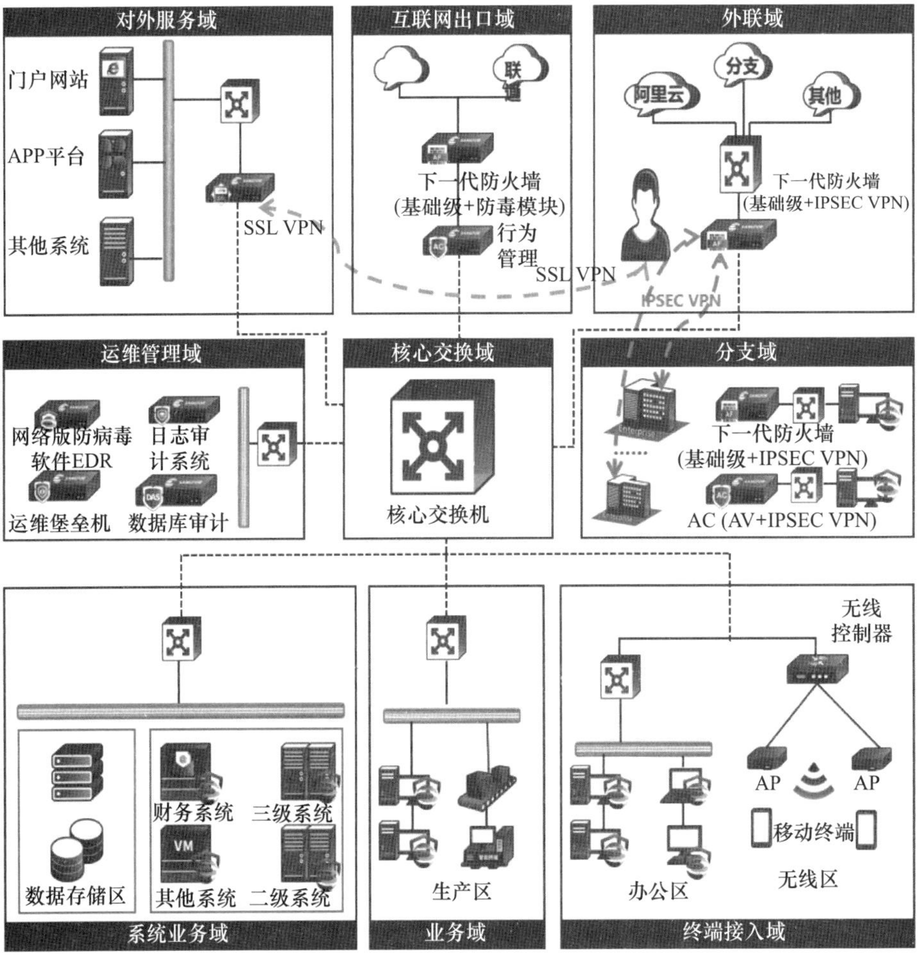

图 5-38　内部网络整体架构

通过在互联网出口部署一台下一代防火墙作为边界防护，精确识别用户、应用和内容，且融合了传统网络防火墙、入侵防护、漏洞检测、敏感信息防泄漏、DoS/DDoS 攻击防护、防病毒、防扫描、弱口令检查、防僵尸网络、Web 应用攻击保护等功能，为华东材料提供 L2～L7 安全防御能力，避免因业务系统漏洞导致的入侵，防范病毒、蠕虫、僵尸网络等威胁内容在广域网和单位局域网中传播。目前设备运行状况良好，CPU 使用率 55%（图 5-39）。

图 5-39　防火墙界面

1. 行为审计

通过在互联网干路中透明部署全网行为管理 AC，使得华东材料"让上网可视可控，让数据更有价值"，通过专业的用户认证与管理、应用控制、流量管控、行为审计等功能，使运维人员看得清带宽流量现状，管得住应用和内容，以此提高办公效率、规避泄密和法规风险、实现上网可视化管理。通过限制 P2P 等软件下载、在线观看视频等非办公应用，加强关键应用带宽的保障（如视频会议、OA 远程办公），提高员工办公效率。并在 AC 上增加上网安全模块，与安全云脑一起建立了"轻端重云"的上网安全防护体系。

2. 数据交互

内网的数据传输主要集中在核心华为 7706 交换机上，增强内网数据传输性能。设备使用过程中会有专业的运维人员定期提供服务及后续维护，全方位地保障设备可靠运行。

在每个终端、办公资产、生产和业务服务器上部署终端杀毒软件 EDR，围绕终端资产安全生命周期，通过预防、防御、检测、响应赋予终端更为细致的隔离策略，更为精准的查杀能力、更为持续的检测能力、更为快速的处置能力。在应对高级威胁的同时，通过云网端联动协同、威胁情报共享、多层级响应机制，与 AC、AF 进行深度联动，一起从终端安全、内容安全和网络安全三个方面立体化地提供上网安全服务，实现华东材料快速处置终端安全问题，保障内网数据安全，构建轻量级、智能化、响应快的下一代终端安全系统 – 终端检测响应平台。平台运行状况良好，CPU 使用率不超过 30%，磁盘资源使用较多（图 5-40）。

图 5-40　终端安全管理系统

VPN 网络的运行基础是互联网,所有的数据也必须经过互联网进行交换,而这些数据都是组织机构的私密信息,不允许为无关人员所知。且 VPN 支撑着整个组织的应用远程发布,分支机构及移动办公人员都需要依靠 VPN 网络所承载的办公平台进行日常的办公和事务的紧急处理。一旦 VPN 网络出现故障,将直接影响到其上所有人员的正常办公,严重的甚至将导致业务中断、酿成重大的网络事故,造成的损失将难以估量。

因此,公司将通过在互联网出口单独部署一台带有 IPSEC VPN 组网功能的下一代防火墙用于分支机构和总部组网互联,且该互联网线路仅用于分支业务组网;如果业务在云上,也可以在总部与业务云建立 IPSEC VPN 隧道,使业务数据进行加密上传,保障业务数据的安全,目前总部用于组网的防火墙设备运行状况良好,CPU 使用率不到 25%,内存未超过 50%;阿里云上用于组网的虚拟安全组件 vSSL VPN 的 CPU 使用率维持在 2%,隧道均正常使用。

3. 移动办公

移动办公人员访问总部时,则通过同样部署在互联网出口且独享互联网线路的 SSL VPN 硬件设备实现内网的业务数据,当分支用户通过 VPN 客户端接入系统后,会在互联网上建立一条加密传输的 VPN 隧道,实现异地间数据传输(图 5-41)。同时,为防止权限外人员和系统接入,防止权限内人员违规恶意操作,并识别冒用他人身份等行为,

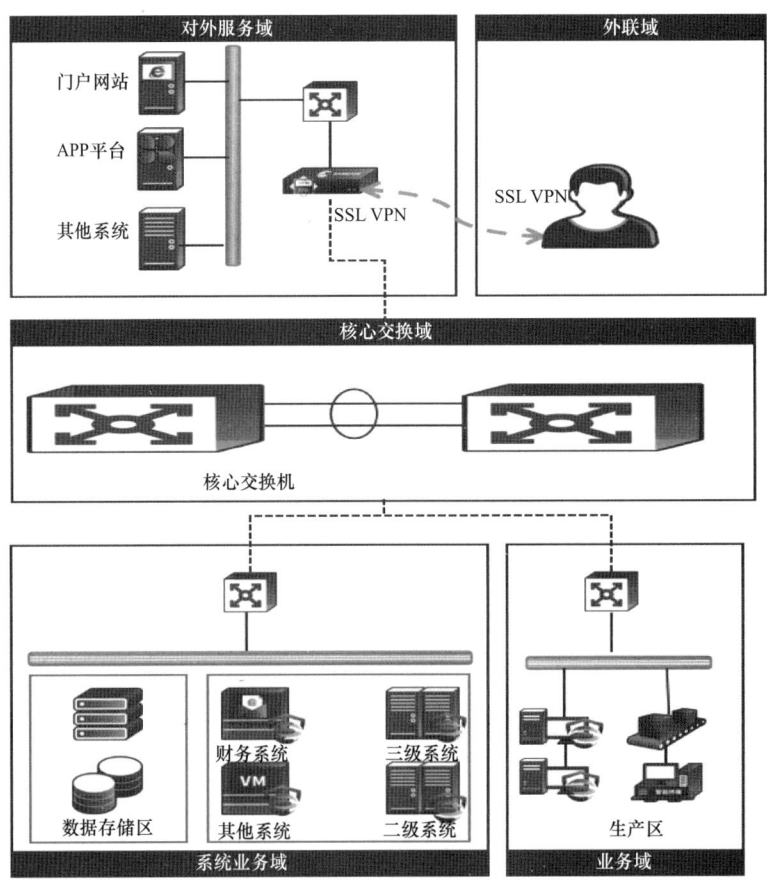

图 5-41 移动办公架构

保证访问接入方的安全可信，华东材料已经在访问接入前通过身份、环境、历史行为等信息，全面评估确定访问参与方的安全信任等级，基于信任等级授予特定访问权限，并持续监控访问过程，调整信任等级和访问权限，这种内网上网、分支组网和移动办公互联网线路独享的架构，使得访问区域从物理链路上进行划分，业务访问直接互不干扰，充分保证了整个网络和业务的稳定性。目前 SSL VPN 硬件平台运行状况良好，CPU 使用率不超过 40%。

4. 运维管控

出于运维审计和安全溯源需要，公司在网络中以旁路方式部署了一台运维安全管理系统堡垒机 OSM 在核心交换机上（图 5-42）。将系统中网络设备、安全设备等 IT 组件的管理运维端口，通过策略路由的方式，交由堡垒主机代理。通过统一身份认证、统一访问授权、统一审计管理，并对运维操作进行审计记录（录屏和键盘操作记录），实现对内网业务资产（如服务器、网络设备、安全设备、数据库等）的操作过程进行有效的运维操作审计，使运维审计由事件审计提升为操作内容审计，通过内控管理平台的事前预防、事中控制和事后审计来全面解决华东材料的运维安全问题。目前平台运行状况良好，内存使用率在 54% 左右。

图 5-42 运维管理界面

5. 等级保护

由于业务发展，用于业务生产的设备种类繁多，每种设备产生的日志格式也有所不同，结合等级保护 2.0 相关标准和要求以及国内外最新的安全防护体系模型，华东材料选择在数据库前的核心交换机旁路部署一台数据库安全审计系统和日志分析管理系统，以保障业务数据安全。

日志分析管理系统提供了众多基于日志分析功能，如安全日志的集中采集、分析挖掘、合规审计、实时监控、日志二次转发及安全告警等，通过对海量日志进行集中化存储、备份、查询、审计、告警、响应，出具相关的合规报表报告，满足日志审计，实现全生命周期的日志管理。日志分析管理系统目前已经充分满足华东材料实际运维分析需求及审计合规需求，是公司日常信息安全工作的重要支撑平台（图 5-43）。目前系统运行 CPU 使用率不超过 20%，磁盘资源使用较多，已达 83%。

数据库安全审计系统则为公司提供一体化策略配置、日志采集、查询报表等功能，支持数据库操作行为审计记录，且实时进行数据库访问监视与审计的安全设备，为事后

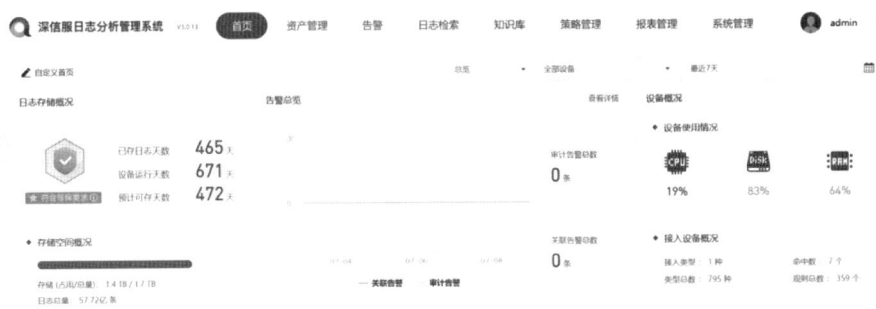

图 5-43 深信服日志分析管理系统

追查提供可靠的依据和来源（图 5-44）。帮助华东材料更好进行等保建设，同时保障数据库资产安全，为数据库正常维护提供保驾护航。目前平台运行状况良好，内存使用率未超过 23%。

图 5-44 数据库安全审计系统

2022 年，公司核心系统获得网络安全三级等保认证。目前公司电子商城、MES、ERP、OA 等系统均实现上云，财务系统、采购系统、人力资源系统等均由中国建材集团集中提供私有云平台服务。我们对现有云平台配置了云安全中心和 Web 应用防护墙 WAF，实时识别、分析、预警存在安全威胁的服务器主机，通过防勒索、漏洞扫描修复、防病毒、防篡改、合规检查等安全能力，避免服务器被恶意入侵，保障业务的核心数据安全，保护云上主机、本地服务器和容器安全，并满足监管合规要求。

5.2.2.3　信息安全保障情况

随着公司信息化建设的不断深入，业务信息数据越来越多地面向市场、服务商、政府平台等开放，在数据可视化业务带给我们高效便捷的服务同时，企业内部信息暴露面的增加，企业网络与广域网频繁的信息交互，黑客产业的兴起使得网络安全事件呈几何式的增加，企业不得不应对新形势下各种各样的网络安全问题，传统的网络安全建设模式已经显得力不从心，正面临巨大的风险和挑战。

根据《中华人民共和国网络安全法》的要求，落实国家相关部门和中国建材集团关于开展网络安全等级保护定级备案工作，公司围绕新一代信息安全模型进行设计，打造新一代网络安全管理平台，平台具有态势感知、全面安全防御、响应分析的能力，进一步加强针对工业互联网和智能工厂建设方面的安全防护，加强对企业网络安全监测预警的能力，最终形成了全程保护、全程分析、全程可视的安全体系，完善公司的信息化网络安全能力，进而打造企业数字化转型的贴身护卫。

公司对新一代网络安全管理平台功能进行建设和进一步完善，新一代网络安全管理平台具有态势感知、全面安全防御、响应分析的能力，最终形成了全程监测、全程保护的数据驾驶舱式安全防护体系。

该安全防护体系并不是简单的功能叠加，而是根据公司生产运营过程中业务数据可能遇到的各类型风险，进行定制化网络信息安全防护，为业务提供全程的安全保护，包括资产的风险监测，防御策略的合理性，安全防御手段以及响应分析机制，并将整个过程中相关信息通过多种方式推送给网络安全管理人员。

5.2.3 实施效果

5.2.3.1 数字赋能经营创效

1. 以服务客户为宗旨，实现无线互联互通

围绕信息互联互通理念，率先开启电商采购新时代，开创国内销售新模式。开发"微商城"系统，实现"手机下单、快速补方、线上结算"等功能，具备"价格透明、信息公开、流程简便"等特点，根据客户不同需求，提供个性服务和专业技术支持。注重提升服务质量，持续优化评价系统，实时线上建议与评价，系统客服及时反馈，人工客服及时跟进，专业人员高效解决，责任领导监督落实，实现了企业与客户间的无限畅联，极大提高了生产效率与服务水平。

2. 以风险控制为导向，建立智能预警体系

坚定华东材料营销"十字方针"，将数智管理与风险控制有机结合，保持市场变化中的持续战力。在风险的前置管控上，研发 CRM 系统，全方位、多维度采集客户资信，合理评分评级，自动优化客户结构，筛除潜在风险，降低风险项目占比，充分做到舆情管控。在风险的过程管控中，重点优化合同预警，欠款信息每日推送客户，持续强化付款意识，在传统的合同欠款预警基础上，创新开发"超方量、超金额、超时间"三维预警体系，在线推送风险信息，合理分类合同等级，自动锁定风险订单，差异授信资金额度，切实降低经营风险。

3. 以创新驱动为引领，开创业财一体模式

聚焦共建共享新生态，统筹推进精简、精细运营模式。针对商混业务结算难和周期长两大痛点，创新建立多功能结算中心，重组销售、财务、生产、供应等部门，有序结合内外工作，精准调度部门联动，有效促进齐抓共管，开创业财一体模式，参照银行标准，取号办理业务，为业务员、客户、委外单位、材料商提供一站式服务，极大提高工作效率和客户满意度。

5.2.3.2 数字赋能管理增效

1. 以项目现场为中心,创新保障服务模式

总部建有数字化指挥中心,重点围绕生产站点和项目现场,形成三级数智管理模式,践行"五大信息流",运用数智化、视频直播、5G 技术,集各条线管理数据于一体,实现数据看板、工单系统、预警平台、三维数字孪生工厂等功能,为现场提供规范化、专业化和高效化的保障服务。针对高危作业,新增架泵安全审核、检维修视频直播、料场人像识别报警等模块,切实降低安全风险。生产站点将调度系统与数据采集紧密结合,实时跟踪机台信息,高效优化资源,提高服务效率,开发移动端 App,随时调取浇筑信息,通过电子围栏防止跑错工地、靠错泵,使质量跟踪可视化、精准化。重点工程现场设置 5G 服务舱,显示混凝土从生产、运输到现场浇筑的全过程信息,实时了解即时产量,有效掌控施工进度,准确把握发货节奏,快速解决现场难题,把数智服务做到现场。目前,已成功在中国移动、河西金茂、华泰证券等九个项目投入使用。

2. 以智慧码头为抓手,构建供应生态链路

建立打造五座智慧码头,整合人、物、信息、交易四要素,构建以公司为核心的 $4+1+N$ 生态圈,精准链接上下游企业。依托智能中台系统,整合各类资源,打造基础货源池、优质运力池、港口信息池和配套服务池,实现运力共联共享、船舶智能调度、仓储数智管理、车船实时定位,订单全流程跟踪、对账结算可视化。通过云计算,搭建供应商、运输方、码头、站点一站式平台,发挥华东材料一体化产业链规模和集团招采系统优势,打通上游产业和生产站点间的市场壁垒,提高采购效率,降低采购成本。

3. 以降本增效为目标,质量、成本数据化

坚定华东材料生产"十字方针",推动质量、成本管控与数智管理深度融合,实现建库、建档、建模。以混凝土生产流程为主线,紧盯材料进场、产品出厂、现场浇筑、实体质量,通过巡检抽检、电子记录,形成材料信息、产品配合比数据库。在项目的全生命周期管理中,根据技术指标,利用云端软件,集成浇筑养护、试块管理、实体回弹等数据,形成工程技术档案。在质量、成本的深入管控过程中,数据实时联网,定时推送,运用大数据,深化对标体系,形成石粉用量、外加剂成本、水胶比、絮凝剂检测等标准化分析模型,动态优化配比。

(1)以信息流程为载体,加速企业运转效率。推进"三精管理1.0"向"三精管理2.0"转变,全面运用协同系统,严格规范审批流程,对点强化岗位职责,及时推送审批进度,自动抄送协同人员,做到无纸化办公,持续简化日常工作。

(2)以智能制造为支撑,深化企业瘦身健体。以提高劳动生产率为导向,生产站点全面覆盖一机双控、无人值守,监控 24 h 运行,计量工作随到随结、称重数据准确可靠,作弊行为有效预防。运行以来,相关岗位减少超40 个,人工成本下降5%。

(3)以物联感知为举措,打造绿色智慧工厂。坚决响应落实政府号召,实现绿色生产和运输。合理投入资金,优化厂区建设,绿化场地布局,实现自动上料、原材均化、雨水收集、污水处理、砂石分离、自动洗车、除尘降噪、安全监控,投入使用 800 辆轻量型搅拌车,有效解决了道路污染问题,获评预拌混凝土绿色制造创新中心、节水型示范企业。

5.3 金隅混凝土集团有限公司试点（唐山任各庄站）数智化工场案例

5.3.1 项目概况

金隅混凝土集团针对混凝土智能制造建设目标，提出"两场一中心"建设方针，以混凝土数智中心为核心赋能产业链，发展混凝土数智化工场，提升运营水平，开拓电子商务市场业务延伸，共同推进混凝土产业的智能制造平台生态体系建设（图5-45）。其中，数智化工场非"工厂"制造，而为"工场"制造，为从交易需求接单开始，到交付产品完成的全景广义数智信息化工场。其链条涵盖了砂石料运输、混凝土生产、罐车物流、泵送浇筑、养护、成品，以"数智化站点"为核心重点，向上下产业链条两端延伸形成数智化的生态信息体系。

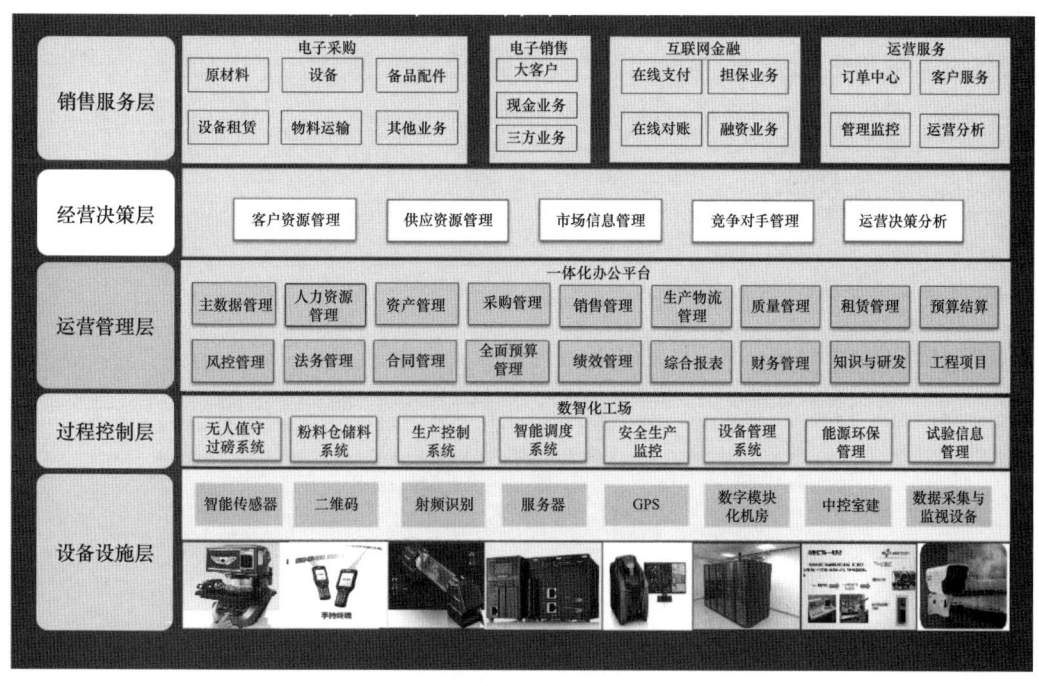

图5-45 金隅混凝土集团智能制造体系整体架构

金隅混凝土集团智能制造体系整体架构分为五部分：设备设施层、过程控制层、运营管理层、经营决策层、销售服务层，完整地实现供应、生产、运输全过程的数字化、精细化管理。

设备设施层主要为混凝土站点数智化基础设备设施，用于采集、传输、控制、支撑站点数智化生产运行，主要包含智能传感器、条码、二维码、射频识别、网络设备、5G、服务器、GPS、电子看板等感知和执行单元，以及可编程逻辑控制器、数据采集与监视设备、嵌入式控制设备、数字模块化机房、中控室建设等硬件装置。

过程控制层为使用信息系统以软硬件结合的方式对混凝土业务流程进行监测、控制，涉及的信息系统主要为可视化智慧园区监控平台、环境监测系统、设备状态在线监测系统、能源管理系统、无人值守过磅系统、料仓料位检测系统、生产过程控制系统、车联网系统、试验室数据实时监控系统、质量过程控制管理平台、智能调度系统。

运营管理层为对站点生产业务信息化、资源集约化的集中控制管理层，主要通过混凝土一体化平台进行管理，集成OA、ERP等多个信息系统功能，涵盖产供销财质五大业务模块，保障生产经营的流畅性、稳定性。

经营决策层主要通过对大数据的收集、展示及分析，对站点运行方针进行分析决策，通过资源管理系统、大数据分析与决策系统、数据服务与共享平台对站点运行状况进行精准把握，迅速调整决策方针。

销售服务层旨在为客户侧提供更便捷、更高服务质量的服务，如电子商务平台提供线上购买途径、物流追踪、合同发票管理等服务，手机移动端应用提供一键下单、服务质量反馈、线上专属客服等一系列高质量服务，始终将客户服务放在第一位。

唐山任各庄站作为金隅混凝土集团数智化工场项目建设的示范站点，过程控制层及设备设施层的智能过磅、集中调度、远程控制（含智能卸料、含水检测）、自动取试、光伏发电、可视化平台等多个项目均已经完成数智化改造。

5.3.2 建设内容

5.3.2.1 系统建设情况

图5-46为金隅混凝土集团数智化工场。

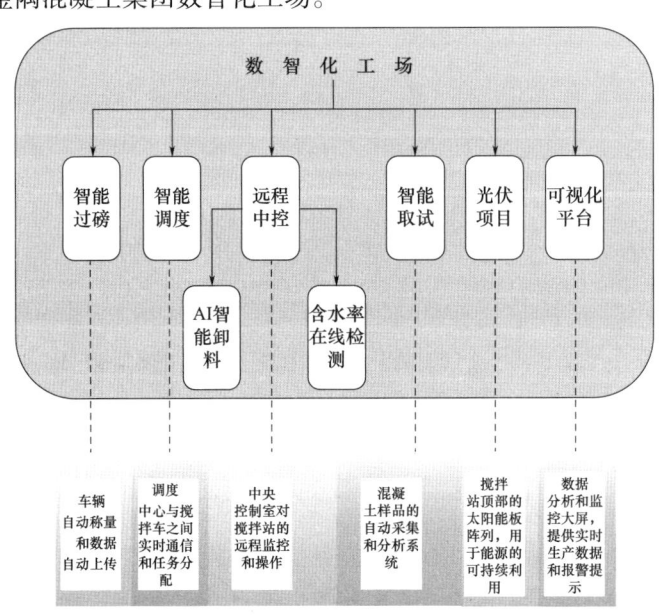

图5-46 金隅混凝土集团数智化工场

1. 智能调度系统

通过云端服务器与前端移动设备、后台管理系统无缝对接，形成一个信息共享的网络建立基于云服务的调度平台，集成订单管理、生产排程、物料追踪、车辆调度等功能模块。结合人工智能算法，实现对订单管理、生产计划、车辆调度的自动化和智能化（图5-47）。

图 5-47　金隅混凝土集团数智化工场智能调度系统

智能调度系统通过实时接收订单，收集订单信息，根据生产能力和资源合理配置，动态调整生产计划，进行智能排产，确保及时响应客户需求。同时，根据车辆位置和状态自动安排最优配送路线，提高发运效率，打破物流瓶颈。

2. 智能卸料与配料系统

智能卸料系统需要与中央控制系统紧密集成，通过图像识别技术，将画面数据实时传输到控制中心。AI算法分析这些数据，判断何时启动卸料过程，以及如何根据生产需求和现有库存智能地调整卸料速度和量（图5-48）。一旦AI系统确定了最佳的卸料策略，它会自动控制阀门开启、关闭以及输送带的速度，从而实现精确且高效的物料转移。这一过程减少了人为错误，提高了生产效率。

图 5-48　金隅混凝土集团数智化工场 AI 智能卸料

智能卸料与配料系统显著减少了配料和卸料过程中的等待时间和人为错误，提高了生产线的整体吞吐量。精确的配料控制确保了混凝土的一致性，避免了因配料不准确导致的产品质量问题。智能系统减少了原料浪费，同时降低了人工成本，提高了能源利用率，有助于长期的运营成本控制。精确的配料和自动化流程有助于减少粉尘排放和能源消耗，提升了搅拌站的环保水平。收集原料质量、配比数据，监测含水率变化，确保混凝土品质稳定。

3. 远程中控系统

通过建立中央控制室，利用不低于20 MB数据链路专线为传输途径，将生产数据和视频监控数据实时反馈到中央控制室内，配备大屏幕显示系统和数据处理服务器，实现远程监控和操作（图5-49）。

图5-49　金隅混凝土集团数智化工场远程中控系统

系统收集大量生产数据，可以通过数据分析和挖掘帮助企业优化生产流程、提高生产质量和降低能耗。定期分析数据可以发现潜在问题并提出改善方案，实现生产过程的持续优化，如生产状态、设备健康、能耗等。

4. 智能过磅系统

系统通过嵌入智能指仓算法与智能料位系统进行数据交互，实现原材料物流智慧化、原材料过磅的自动化（图5-50）。智能料位系统在粉料仓上安装贴片式传感器，通过传感器实时检测粉料仓因质量变化而发生的细微形变，从而计算出料仓余料数值。智能吹灰系统是通过无人值守系统指定粉料仓位，司机扫描该仓位二维码打开智能管道阀门使用空压机进行低压吹灰，将粉料输送进粉料仓。

系统确认车辆信息无误后，打开入口闸门，车辆驶入磅秤区域。车辆完全位于磅秤上时，称重传感器自动记录车辆质量。称重数据连同车辆信息一起被传输至中央控制系统。中央控制系统自动处理数据，验证是否与预期的装载量匹配。如果数据验证无误，系统发出放行指令，出口闸门打开，车辆离开磅秤。若发现质量异常或数据不符，系统

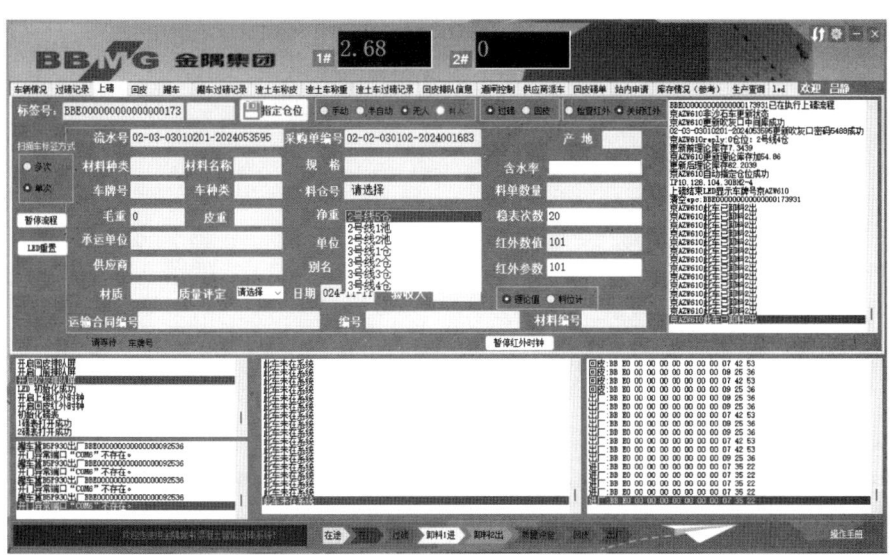

图 5-50 金隅混凝土集团数智化工场智能过磅系统

自动报警，工作人员介入处理。

5. 在线含水检测系统

安装在线含水率检测仪，利用红外技术，通过测量材料吸收特定波长的红外辐射来评估含水率。一旦检测到含水率的变化，系统能够自动调整加水量和其他材料的配比，以维持混凝土的和易性和强度。

在线检测系统可以持续监测砂石的含水率，数据实时传输至中央控制系统。中央控制系统根据含水率数据自动调整混凝土配料比例，确保混凝土性能的一致性。长期收集的含水率数据可用于分析材料含水率的变化趋势，帮助搅拌站预测和应对季节性或天气因素的影响。

6. 智能取样系统

能够在混凝土卸料过程中自动采集代表性样本，避免了手动取样的主观性和不一致性。可以精确控制取样时机和位置，确保样本能够反映混凝土混合物的真实状态，无论是在搅拌过程中还是在运输途中（图 5-51）。取样过程遵循预设的标准化程序，保证每次取样的一致性和可重复性，这对于质量控制至关重要。智能取样系统所有取样和测试数据都被自动记录和存档，便于追溯和质量审计。这也有助于长期趋势分析和预测性维护。智能取样系统可以与搅拌站的中央控制系统集成，实时上传数据，使得质量管理人员能够远程监控生产质量。

智能取样系统减少了人工取样和测试的时间，加快了质量控制流程。自动化过程减少了由人为操作引起的误差，提高了测试的准确性。能够快速响应质量波动，调整生产参数，提高生产效率和灵活性。历史数据可用于优化生产策略，预测潜在的质量问题。

图 5-51　金隅混凝土集团数智化工场智能取样系统

5.3.2.2　生产运营数字化建设情况

1. 集成平台和云服务

集成平台是构建统一的数字化平台，集成 ERP 系统，实现数据共享和业务协同。

云服务是采用云计算技术，提供弹性计算资源，支持大规模数据处理和分析，降低 IT 基础设施成本。

2. 关键技术与装备

（1）大数据分析：运用大数据技术，对生产、物流、销售等数据进行深度挖掘，辅助决策。

（2）人工智能：引入机器学习算法，优化生产计划，实时监测设备运行状态，打造智能调度物流。

（3）机器人技术：自动化生产线和仓储系统，提高生产效率，减少人力成本。

3. 创新集成应用

（1）智能调度：结合人工智能和大数据，实现生产任务的智能排程，提高设备利用率。

（2）智能卸料：自动化卸料系统，减少人工干预，提高卸料精度和速度。

（3）远程中控：基于物联网的远程监控和控制，实现无人值守的自动化生产。

（4）智能过磅：自动称重和数据记录，减少人工错误，提高效率。

（5）在线含水检测与智能取样：实时监测原材料含水率，自动调整配方，确保混凝土质量。

4. 新技术及自主技术创新

（1）自主开发软件：根据自身需求定制开发的软件系统，提高系统兼容性和灵活性。

（2）边缘计算：在数据源头进行处理，减少数据传输延迟，提高响应速度。

5. 模式创新

（1）智能制造：通过高度自动化和智能化，实现定制化生产，满足多样化市场需求。

（2）服务化转型：从单一的产品销售转向提供综合解决方案，包括设备租赁、维护服务等。

（3）循环经济：推动资源回收再利用，如废料循环利用，降低生产成本，减少环境影响。

预拌混凝土企业的数智化转型是一个复杂的过程，涉及技术管控、生产管理、过程控制以及组织文化的全方位变革。通过上述的系统架构、关键技术、装备及软件的创新集成应用，以及新技术的自主研发和模式创新，可以实现更高的生产效率、更低的运营成本、更优的产品质量，以及更灵活的市场响应能力，从而在激烈的市场竞争中脱颖而出。

5.3.2.3　健康安全环保情况

关注员工健康、践行低碳环保、承担社会责任也是金隅混凝土数智化转型升级的重要组成部分，建立集中控制室让一线操作人员远离了搅拌机组产生的噪声和粉尘，改善了工作环境；智能过磅系统让一线过磅人员远离了汽车尾气和噪声；可视化平台的建设，全方位监控场区，触发报警装置，实时启动预警机制，最大程度保护员工远离风险；光伏供电系统的建设不只是降低了企业的成本，更重要的是降低了碳排放，减少了生产固废的产生，使得预拌混凝土企业向着绿色建材企业迈进一大步；智能调度不仅能够提高发运效率，同时可以减少碳排放，降低司乘人员受伤害的风险；在线含水检测可以优化配比，合理利用水资源，最大程度减少水资源浪费等。

1. 光伏供电系统

在搅拌站的屋顶或其他适宜的空间安装太阳能光伏板，利用太阳光转换为电能，为搅拌站的日常办公和运营提供清洁、可再生的能源。这样的系统不仅可以满足搅拌站的部分或全部电力需求，还可以将过剩的电力回馈到电网中，进一步节省成本。

在日照充足的情况下，光伏系统产生的电力足以覆盖搅拌站的大部分甚至全部电力需求。如果电力过剩，可以通过净计量政策将剩余电力反馈至公共电网，抵消部分电费或获得相应的补偿。减少了对化石燃料的依赖，有助于降低搅拌站的碳排放。展示了企业的环保承诺和社会责任感，有助于提升品牌形象。

2. 可视化平台

系统通过传感器、监控摄像头和其他物联网设备收集的数据，实现实时监控搅拌站的运行状态。分析实时数据，识别潜在问题，并在故障发生前发出预警，以便及时采取措施。通过模拟不同场景，评估和优化生产流程，减少浪费，提高效率。确保敏感数据的安全存储和传输，遵守相关法规。显示混凝土生产过程的各个阶段，包括原材料供应、搅拌、装载和运输。跟踪原材料的库存水平、使用情况以及供应链中的流动。监控搅拌站设备的运行状态，包括温度、压力、振动等指标，以预防性维护。提供能源消耗的可视化报告，帮助识别节能机会。确保操作符合安全标准和环保要求，及时发现并解决潜在风险。基于数据分析，为管理层提供决策支持，优化资源分配和生产计划。

通过上述系统建设和运行情况，混凝土搅拌站实现了从原料入库到成品出库的全流程自动化和智能化，显著提高了生产效率和管理水平。数智化技术的应用不仅提高了混凝土搅拌站的生产效率和经济效益，而且在健康、安全和环保方面发挥了积极作用。通过减少人为操作，自动化和智能化的系统降低了职业危害，减少了安全事故的发生，同时也促进了资源的有效利用和环境保护。随着技术的不断进步，未来的搅拌站将进一步实现绿色、安全、高效的生产模式。

5.3.2.4 信息安全保障情况

金隅混凝土集团高度关注信息安全，利用17项技术或措施来保障信息安全，具体情况见表5-1。

表5-1　17项技术或措施

序号	措施	内容
1	数据加密	确保调度数据在传输过程中的安全，防止数据被窃听或篡改
2	日志审计	记录操作的日志，用于追踪异常行为和事件
3	系统隔离	将系统与其他网络隔离，防止跨系统攻击
4	固件更新	定期更新设备的固件，修补已知的安全漏洞
5	防火墙保护	设置防火墙以过滤进出网络的流量，阻止未经授权的访问。部署IDS/IPS（入侵检测/防御系统）来监控网络活动，识别潜在的攻击行为
6	防篡改机制	确保数据的完整性和准确性，防止非法修改
7	数据备份	定期备份数据，以防数据丢失或损坏
8	网络安全协议	使用安全的通信协议，如TLS/SSL，保护系统数据传输的安全
9	远程访问安全	对系统的远程监控和管理设置严格的访问控制
10	设备安全	确保设备的硬件安全，防止恶意物理接入或篡改
11	软件防护	使用防病毒和反恶意软件程序，保护检测系统免受软件威胁
12	用户权限管理	为不同角色的用户提供不同的访问权限，防止非授权访问敏感信息
13	数据脱敏	在展示数据之前，对敏感信息进行脱敏处理，防止泄露
14	物理安全	保护服务器、控制中心和网络设备不受物理破坏或盗窃
15	应急响应计划	制定并定期演练信息安全事件应急响应计划，确保快速应对安全事件
16	员工培训	定期对员工进行信息安全意识培训，提高他们识别和应对安全威胁的能力
17	合规性审计	定期进行安全审计，确保系统符合相关的法律法规和行业标准

5.3.3 实施效果

金隅混凝土集团为应对新的市场环境变化，把握预拌混凝土行业转型方向，以唐山任各庄站为试点开展数智化工场建设，长期规划和短期项目相结合，实时提高效益、效率的同时，为长期规划打好基础。

5.3.3.1 社会层面体现国企担当：承担社会责任，保障职工权益，率先绿色转型

1. 积极响应国家政策，推动智能制造创新

积极响应国家"十四五"规划中关于智能制造的战略部署，金隅混凝土集团致力于自主研发 AI 智能卸料系统，旨在深化人工智能技术与制造业的深度融合，激发产业创新活力。这一举措不仅彰显了企业对国家战略的坚定支持，也为行业转型升级注入了强劲动力。

2. 改善工作环境，保障员工健康安全

自动化卸料技术的应用，显著减轻了工人在恶劣条件下的劳动强度，大幅缩短了工人在高风险环境中的工作时间。这一变革不仅极大地提升了工作场所的安全性，还有效降低了职业病的发生率，为员工营造了一个更加健康、安全的工作环境。

3. 减少环境污染，助力行业绿色发展

通过精准控制卸料过程，AI 智能卸料技术有效避免了溢料和撒料现象，显著降低了对周边环境的污染。此举对于推动混凝土行业向绿色、环保方向发展，实现可持续发展目标具有深远意义，展现了企业对环境保护的高度责任感。运用智能调度系统，通过对大数据的全面智能分析，优化生产方案，有效缓解了道路交通压力，降低了交通事故风险，彰显了企业在履行社会责任方面的担当。

4. 促进节能减排，实现绿色生产

采用高效、智能的生产流程，能够显著减少能源消耗和碳排放，是实现节能减排目标的关键路径。AI 智能卸料系统通过优化作业效率，不仅促进了资源的合理利用，还为构建低碳经济模式做出了积极贡献，体现了企业对绿色发展的坚定承诺。金隅混凝土集团积极推进光伏电站建设，不仅提高了土地利用效率，还大幅降低了碳排放，为实现国家碳达峰、碳中和目标贡献了企业力量，展现了其在绿色能源领域的前瞻性布局。

5.3.3.2 行业层面做到示范引领：创新预拌混凝土工场建设理念，引领行业数智、绿色转型升级

1. 技术创新引领

金隅混凝土集团率先应用 AI 智能卸料技术，为行业树立了技术创新的标杆，推动了全行业的技术进步，展现了智能科技在提升生产效率与质量上的巨大潜力。

2. 转型升级推动

随着 AI 技术的广泛普及，金隅混凝土集团正加速向智能化、自动化的生产模式转型，全面提升整体生产水平和市场竞争力，为行业树立了转型升级的新典范。

3. 提升行业形象

通过 AI 智能卸料项目，金隅混凝土集团有效改变了公众对传统混凝土行业的固有认知，展示了行业向低碳环保、高效智能方向发展的决心，提升了行业在公众心中的形象。

4. 提高行业地位

金隅混凝土集团积极展示 AI 技术在生产中的实际效益，增强了社会各界对技术创新的信任与支持，营造了有利的舆论环境，为 AI 技术的进一步推广奠定了坚实的基础。

5. 多元化发展

立足行业优势，金隅混凝土集团积极践行多元化发展战略，不仅树立了优质的产品品牌形象，还奠定了智能系统产品在市场的坚实基础，展现了企业长远发展的战略眼光，为预拌混凝土行业的转型升级起到了引领示范作用。

5.3.3.3 企业层面实现全面提升：打破传统生产模式，全面提高效率，创新商业模式，实现快速复制

1. 高效快捷安全的原材料入场模式

通过智能过磅系统，实现车辆自动识别、无人值守、智能指仓，不仅提高了原材料入场效率，而且降低了沟通成本和原材料错仓风险。

2. 预湿骨料和在线含水检测

打破传统的搅拌模式，提高了预拌混凝土的质量稳定性，降低了用水量。

3. 集中工控和智能调度

提高了生产效率，减少了职工数量，用智能算法替代人工调度，使得混凝土搅拌站快速复制成为现实。

4. 集成平台

形成标准预拌混凝土智慧工场，降低人工成本和人为干预，更加快速地应对市场环境的变化和压力，开启新的商业模式。

5.4 上海建工建材科技跃港预拌混凝土智慧厂站案例

5.4.1 项目概况

扫一扫，了解更多

跃港预拌混凝土智慧厂站的建设主要包括数字基建、数字化管理系统、数字化生产运营和安全环保四个方面。其中，数字基建主要包括服务器、网络拓扑、数据安全、数据采集和数据云平台等信息化基础设施建设要素；数字化管理系统主要包括数字孪生系统、一体化管理系统和产业链电商平台，致力于形成集团 - 子公司 - 搅拌站三级全覆盖的全方位数字化管理系统；数字化生产运营主要覆盖生产计划与调度、生产作业、生产设备设施管理和质量管理几个方面。此外，智慧厂站的建设还包括安全环保相关的数字化管控。

上海建工建材科技集团（简称建材科技）致力于将跃港预拌混凝土智慧厂站打造成为一个全方位的智能化应用服务平台，挖掘数据价值，支撑智慧应用，形成智慧化的销售管理、计划与执行、仓储物流、设备管理、质量管理、能源环保安全管理等应用技术，打造数字孪生工厂，实现产品精准配送、设备运行优化、能源消耗监测、质量全过程追溯、安全风险实时监测、环保管控等应用场景（图5-52）。

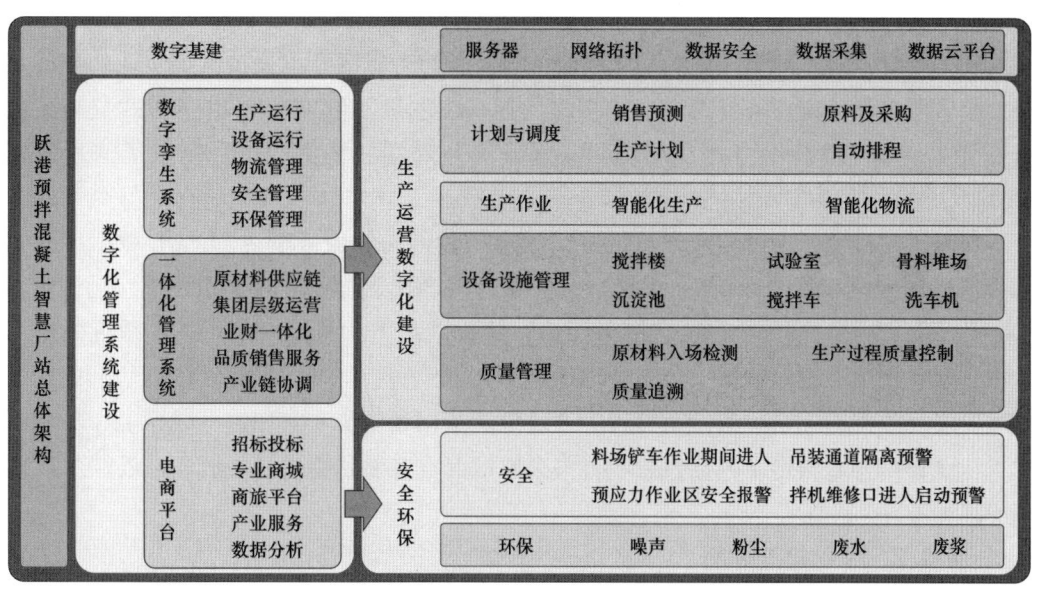

图 5-52　跃港预拌混凝土智慧厂站总体架构图

5.4.2　建设内容

建材科技于 2020 年底制订了跃港预拌混凝土智慧厂站的建设规划，分三期实现，其中第一期已于 2021 年完成，进行了生产和供应链管理的信息化；第二期已于 2023 年初完成，进行了工业物联网建设、系统间的互联互通并完成了数据中台建设，目前正在积极筹划实施第三期，充分挖掘数据资源，对核心场景进行优化升级。

建材科技于 2019 年年底成立了专门的数字化转型攻关小组，由公司高层领导全面协调各部门配合，再由信息部门和技术部门落实推动。具体由材七公司副总担任专班负责人，并同步设立了信息化专业岗位，积极推进公司数字化进程。目前本地数字化专业团队人员已超过 10 人。公司联合专业软件公司及外部咨询机构，在 2020 年初即开始进行共同规划、建设、实施及运维。如图 5-53 所示，为预拌混凝土场站数字化升级人员组织架构。

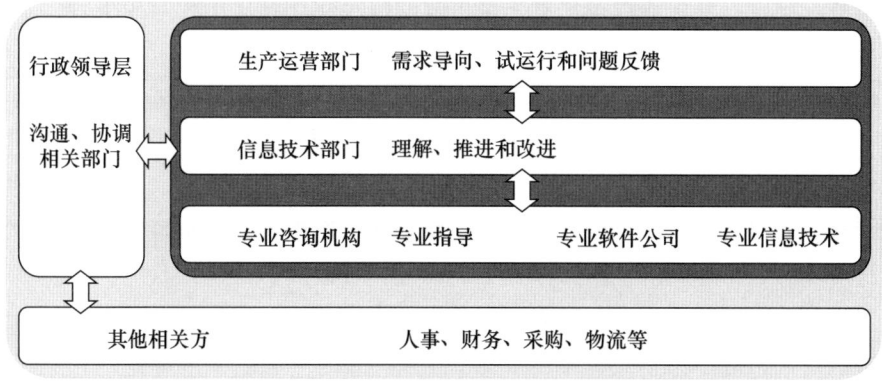

图 5-53　跃港预拌混凝土智慧厂站数字化升级人员组织架构

5.4.2.1 IT 基础设施建设

跃港预拌混凝土智慧厂站为防止病毒入侵，保障数据安全，通过选择专业的操作系统，提升服务器稳定服务能力，通过实时监控、双主机备份及指定 IP 等方式提高了数据安全性，通过优化网络拓扑结构，实现云端与局端的数据同步，保障了信息的及时性。

部署了防火墙，通过专业人员设置，限定了允许访问服务器内 MySQL 数据库的主机 IP。采用专业 Linux CentOS 7 操作系统，通过 MySQL 配置优化及索引优化，达到每秒 3000 次 SQL 查询（QPS）的稳定服务能力，防止网络上大量针对 Windows 系统的病毒入侵。建立混凝土企业数据安全云管理平台，实现销售、生产、配比、调度、财务、仓储等全流程数据的托管、备份及管理。通过生产数据云备份，实现生产线断电、断网情况下快速切换到云备份系统进行生产，为突发情况设立紧急预案，为搅拌站连续生产提供应急保障。

5.4.2.2 系统建设情况

建材科技集团混凝土生产场站数量众多，截至 2023 年 10 月底，混凝土站点数量已达 106 家，其中沪外市场 61 家、上海市场 45 家。目前，建材科技总装机容量已达 868.5 m³，其中沪外市场装机容量达 488.5 m³。总体来看，建材科技在预拌混凝土市场占有规模大、生产站点分散，通过采用数字化技术建立集团级供应链协同管理系统、全方位数字化运营系统、高效的财务业务一体化体系以及以市场和客户为中心的数字化服务流程，可以实现混凝土站点原材料供应的及时高效、集团内部全站点生产运行状态的实时监管，不断提升集团运营管理的一体化、标准化以及市场开拓能力和客户服务水平。

1. 数字孪生系统

数字孪生是依托互联网将动态信息赋予平面或者三维仿真模型实现从现实到虚拟的实时映射技术。预拌混凝土场站数字孪生平台可实时、准确地采集原材料、生产过程、产品质量、交付过程、检测结果、能源消耗、设备状态、人员行为等物理状态信息，从而提供一个与实际场站高度相似、涵盖预拌混凝土场站全要素、全过程的虚拟环境，实现数据的采集、整合、诊断分析和决策支持，进一步基于预拌混凝土场站计划、生产、物流、服务、安全、环保等数据建立三维可视的数字化场站展示和监控平台，从而建立产业协同新模式，提升运营效率（图 5-54 和图 5-55）。

生产运行模式可以实时监控搅拌站内搅拌楼、料仓、运输带、试验室、沉淀池等设备设施的运行情况，实时更新各类混凝土的生产数据，展示设施设备运行情况（图 5-56）。搅拌楼在生产模式下展示拌台的产能分析、计划完成度、近 7 日使用率、总生产、总签收以及料位库存列表等项目，料仓在生产模式下展示各骨料仓位内的材料名称和材料库存量，运输带在生产模式下展示其当日以及 7 日运行状况，试验室在生产模式下展示其养护温度和湿度，沉淀池在生产模式下展示沉淀池的 pH 值、清水液位、循环水液位等项目。

5 混凝土企业智能制造典型案例

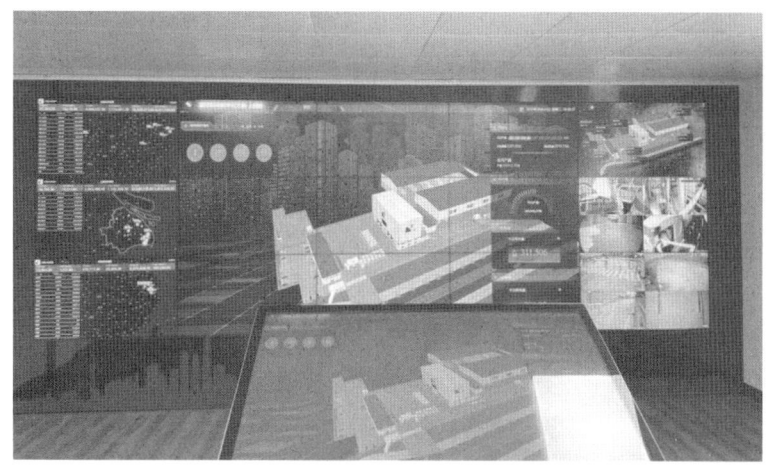

图 5-54　跃港预拌混凝土智慧厂站数字孪生系统

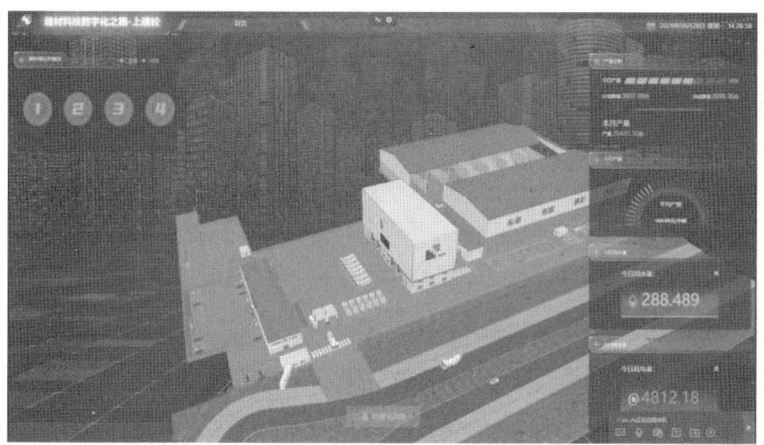

图 5-55　水电产能统计与分析

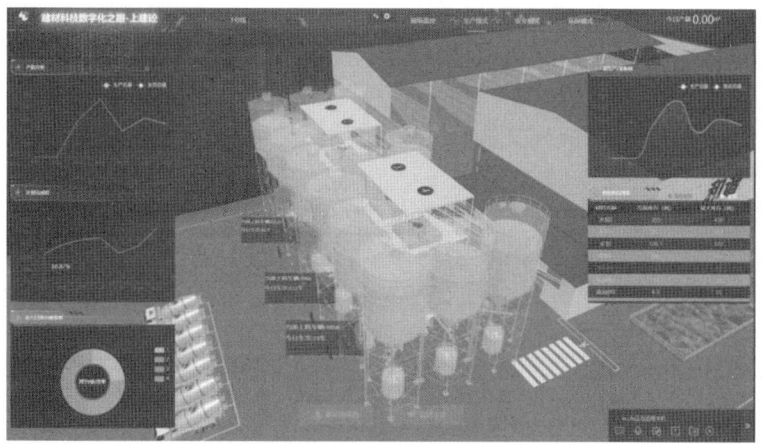

图 5-56　搅拌楼生产模式展示界面

设备运行管理模式下，通过搅拌站内各传感器采集搅拌站各设备运行状态信息，实时掌握拌台、洗车机、皮带机等设施设备每天的运行时长、运行状态、用电量等情况，实现设备故障隐患的提前预警。

物流运行管理模式下，通过 GPS 或北斗卫星定位系统及车载 AI 摄像头，实时获取搅拌车的运输动态，保障在途安全。对搅拌车按照排队、去程、工地及返程等位置状态信息进行统计分析，并将车辆信息以节点的形式呈现在动态地图上，实现物流信息的动态展示，便于快速掌握当前的发料信息，实现搅拌车在搅拌站内的装料状态监管以及在途期间往返程的监管。图 5-57 为物流运行管理模式展示界面。

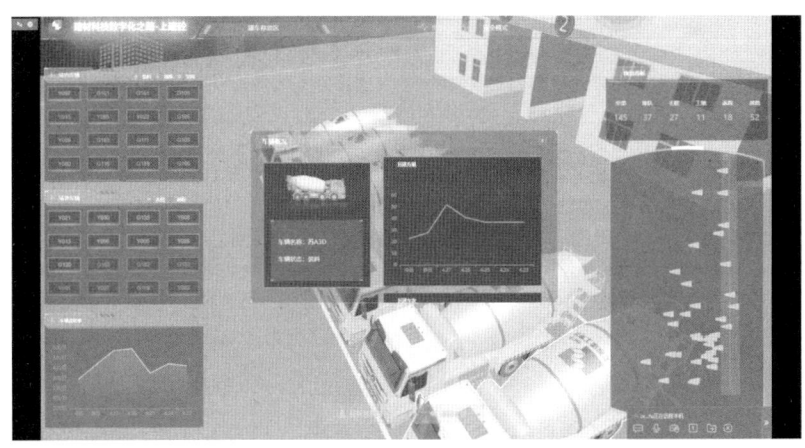

图 5-57　物流运行管理模式展示界面

安全管理模式下可以实现厂区各类安全隐患的提前预警，提前感知，并监管厂区内各类安全设施设备的状态，降低安全隐患。对骨料堆场内未按照规定佩戴安全帽、未穿反光背心的非法闯入行为进行预警和统计，对厂区内的整体消防状况进行展示。图 5-58 为堆场安全模式展示界面。

图 5-58　堆场安全模式展示界面

环保管理模式下，实现搅拌楼、骨料堆场等处的环保监管，在搅拌楼上料层、配料层、搅拌层以及骨料堆场等处安装粉尘传感器，监测粉尘浓度，对搅拌楼的 7 日用电和三月用电进行统计分析，实时掌握和展示厂区内各个角落的环保数据，便于维保人员提早发现并解决问题。图 5-59 为堆场环保模式展示界面。

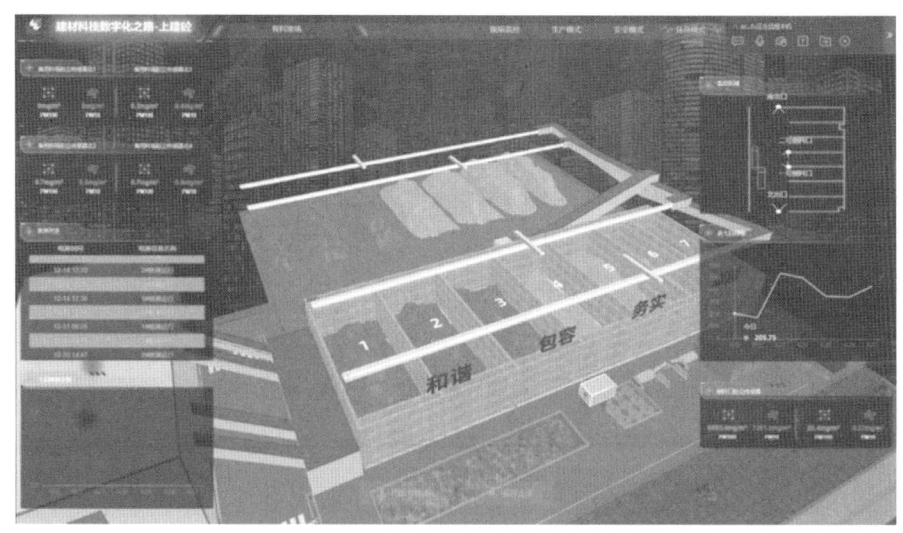

图 5-59　堆场环保模式展示界面

2. 一体化管理系统

建材科技致力于形成对预拌混凝土供应链的数字化协同管理。通过建立集成砂石骨料、粉料、外加剂等原材料供应的数字化管理平台，采集不同地区混凝土原材料的石矿资源、砂资源、粉料资源地理分布和品质信息，应用大数据、人工智能对不同原材料产地和供应商进行信誉分级，掌握原材料供应基地产品品质、物流运输能级与效率等信息。按照集团不同地区混凝土站点的需求，通过综合评估产品品质、运输成本、综合信誉等不同原材料产地和供应商的性价比，为集团各地站点的原材料采购提供数据支撑，提高原材料的供应品质和性价比。随后根据集团需要建立水泥、粉料等原材料集中采购系统，集中统计分析不同原材料的需求量，综合评估不同供应商的性价比后集中采购，降低原材料采购成本。

建材科技通过建立集团层级数字化运营系统，实现集团内部不同混凝土场站间的各类资源共享。建立集团级可视化生产管控平台和监控要素的一体化监控系统，实现生产系统的垂直一体化高效管理；建立集团内部重、难点工程，大方量工程的协同供应保障系统，解决大方量混凝土多站点供应协调难度大、特种混凝土设备技术管控要求高的问题；建立集团技术研发和质量管理系统，共享集团内部新技术、新工艺、新产品、新设备等技术信息，不断提高集团内各站点的技术水平；通过系统集中汇总和统计质量信息，集中解决共性问题和疑难问题，提供交流学习和解决方案的共享平台，不断提高集团技术和质量管控水平；通过建立企业 ERP 系统与集团管理、财务、市场、服务融合的一体化管理系统，提高集团内部行政管理水平和决策效率。

建材科技通过建立集团级高效的财务业务一体化管理系统，集成集团需要的账务处理、出纳管理、往来管理、结算、工资、固定资产、报表等功能，实现财务业务一体化管理。综合分析与优化不同分公司的原材料采购、生产运营等成本，根据企业战略进行指标制订，结合市场预测进行科学定价。采用数字化运营系统实现从发现问题、制订定量化策略、辅助决策到落地执行的线上化、自动化、智能化。在经营策略执行过程中，系统可协助集团内站点开展事中事后的检视工作，从不同维度对企业经营管理进行在线分析、规律提取，探索集团财务业务一体化管理效率提升路径。

建材科技致力于打造以市场和客户为中心的数字化销售服务系统。依托大型混凝土集团销售、生产、供应等海量数据，实时跟踪市场走向，利用大数据智能化分析客户类型、信用等级、潜力市场等信息，准确定位企业战略、站点力量布置、产品技术路线，提升客户体验和售后服务质量，不断提高企业服务水平，为企业科学开拓市场提供依据，不断提高客户服务水平。集中集团资源进行大客户资源开发和服务，与大客户建立全面战略合作关系，为集团内企业的全国化发展建立关键客户合作关系，推动混凝土市场的良性发展。

3. 电商平台

为更好对产业链进行管控，公司开发了上海建工建材科技集团企业电商平台体系，包括招投标平台、专业化商城、商旅平台、产业服务平台和数据分析等平台，充分发挥工业互联网全连接优势，探索商业新模式。建材科技 2023 年累计招投标采购 119.83 亿元，通过营造阳光进行招标或委托电商代理招标，2023 年建材科技通过电商公司提供的招标代理服务上线 8 个股权资产评估服务项目。建材科技招投标上线交易额从 2021 年开始每年都有增长，如图 5-60 所示，2023 年已上线生产相关类别如下：物资（占 98.69%）、设备（占 0.03%）、劳务分包（占 1.02%）、专业分包（占 0.22%）、集成采购及服务（占 0.04%）。

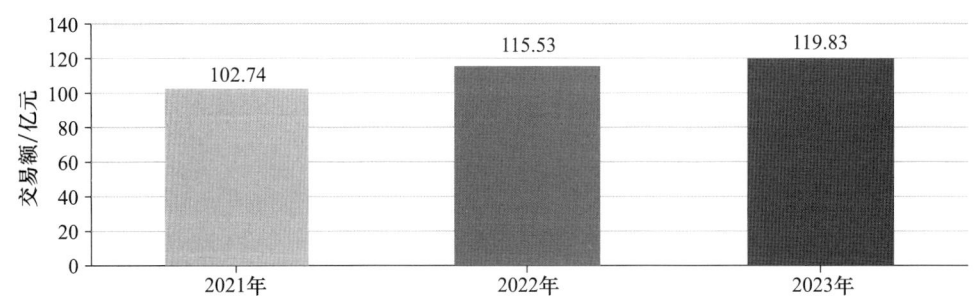

图 5-60　建材科技 2021—2023 年营造阳光撮合交易额变化

建材科技合格分供商名录数总计 576 家，合格分供商中具有物资供应商性质的分供商达到 436 家，配置了一套完善的分供商评价功能指标，围绕企业资质自动评分、集团指标以及各单位自评价三个维度。满足子集团对合格分供商每年两次动态评价管理，可按照业务条线精细化绩效评价，协助提升各单位的分供商管理能级，在实际开展采购业务中提供有力的参考依据。

建材科技电商平台专业化商城 2023 年累计采购 2541.92 万元，包括工业耗材、实验室用品、钢筋设备等工业品，采用先款后货的模式（图 5-61）。进一步地，将推动采取履约保证金先货后款结算模式，有效提升用户单位采购体验，缩短采购人员在频繁的请款流程中所消耗的时间，减少财务订单逐一支付及回笼发票流程的人工成本，使因公采购流程从下单到收货更加高效便捷。

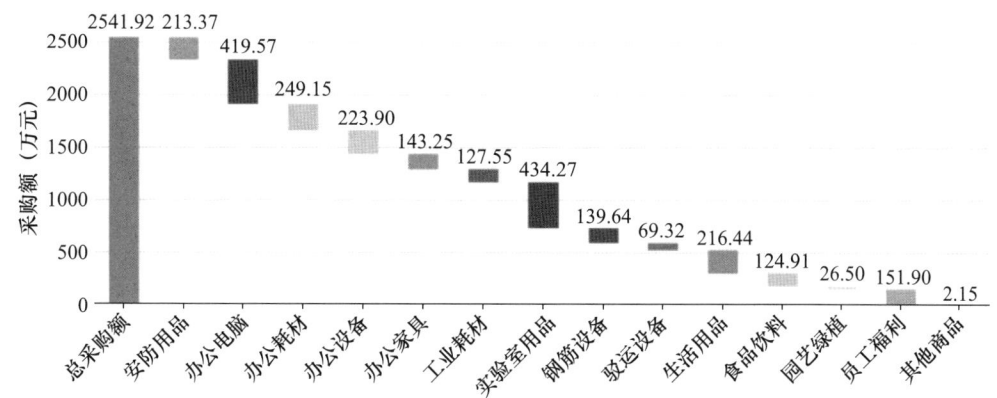

图 5-61 建材科技营造商城 2023 年各类别采购情况

建材科技企业通过电子商务平台充分应用新技术做强产业链金融，实现了防风险增效益的目标，依托产业链金融，服务产业链做深做实做强，使集团内企业形成协同联动、利益分享的共识。营造视界数据分析平台可按集团级—子集团级—工程公司级三个层级，查看招投标、商城、商旅等业务采购数据，并能将数据信息以清晰、可读、美观的图表形式展现，形成有效信息数据分析模型，从而辅助管理层高效便捷获取数据分析结果，满足实时监控、经营决策、风险预警防范需求。企业产业链电子商务平台坚持和各单位业务融合发展，提高采购单位和分供商的协作效率，降低采购成本，缩短采购周期，助力企业数字化管理转型升级。

5.4.2.3 生产运营数字化建设情况

1. 计划与调度

跃港预拌混凝土智慧厂站通过"新中大"ERP 建设了链接行业上下游的企业生产力资源管理智慧平台。实现了混凝土计划预测、原材料库存、生产排程、发货运输、交付签收等的全流程数字化，实现了质量监管、便捷对账、快速结算、风险管控，有效地提高了企业经营业绩，降低了运营成本，通过对接搅拌站基础业务数据，建立了双向交易流程和可信签收体系下的合规交易平台。

1) 销售预测

图 5-62 为建材科技销售业务整体流程，通过新中大业务系统实现了销售预测。

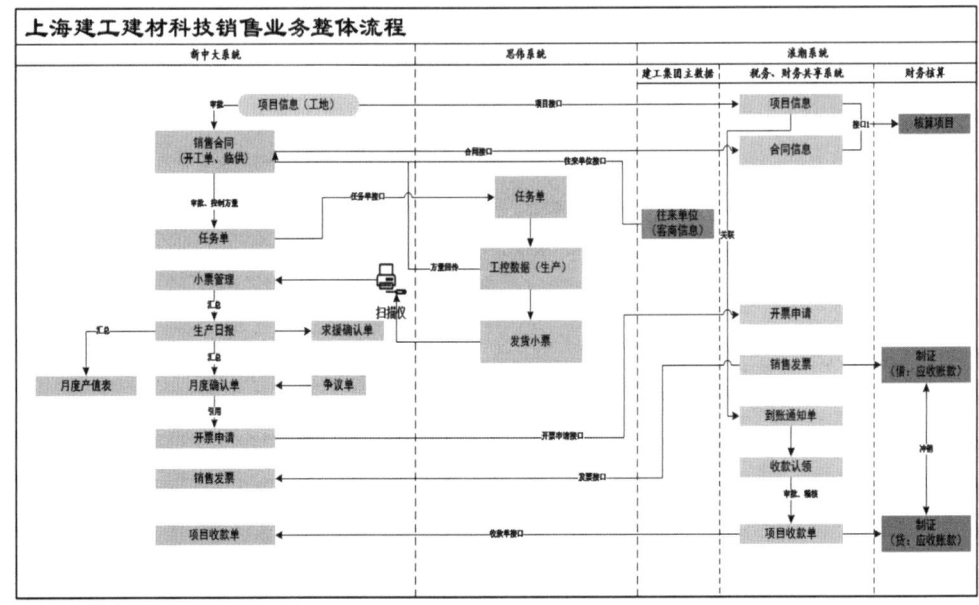

图 5-62 建材科技销售业务整体流程

2）原材料库存管控

依据采购计划及实时库存量，严格把控原材料的出入库流程，对库存进行可视化管理。通过对物料、指定装卸仓库和预设库存规则等自动计算，给出装卸仓库要求；通过对道闸、阀门及附属装卸设备等进行开关控制，防止驾驶员或装卸人员接触到错误的仓库。

在混凝土原材料进料过程中，为有效记录原材料的进料信息同时避免人为因素导致的原材料错误入库，采取刷 IC 卡控制电磁阀开关的方式控制原材料的智能化进料。首先，送料车进入地磅，地磅工作人员将该车的车号、原材料、品种规格、毛重和存放料仓等信息登记入 IC 卡，然后将该卡交给送料车司机；其次，送料车司机将车开至指定料仓处刷卡，对应的仓位门打开并亮灯提醒打料，结束后，刷卡关闭料仓门，同时该 IC 卡开关门功能失效；最后，送料车司机将车开至地磅处，刷卡读取该车相关信息然后去皮入库。通过 IC 卡的智能化管理，能够有效实现材料的正确入库以及原材料的信息监控。通过实时采集堆场信息进行三维建模，能够准确计算堆场库存量，进一步通过联动生产系统中的投料数据，完成库存计量模型的自适应修正（图 5-63）。

图 5-63 进料口处的刷卡机

3）生产计划

跃港预拌混凝土智慧厂站依赖智慧平台实现了混凝土全产业链业务协同和数据共享，通过大数据云平台及 App 应用，整合原材料供给、生产制造、物流运输、施工服务等产业链上下游各环节，建立协同采购、协同物流、协同生产和协同施工的服务体系。

在智慧平台中，供需双方在线下单，可绑定固定车辆驾驶员，系统智能识别和匹配运单，创建、更新相关记录，支持一次运输多次装卸和称重。将生产计划从传统的打电话下单改为线上下单，通过 App 中的"新建订单"按钮完成下单，提高了下单速度。用 App 可以随时随地下单，使生产计划及时报送，极大地缩短了从下单到收货的时间。如图 5-64 所示，搅拌站、工地、驾驶员、车队都可以用 App 查看"订单详情"，解决了因为看不到订单而耗费时间进行电话沟通的问题。

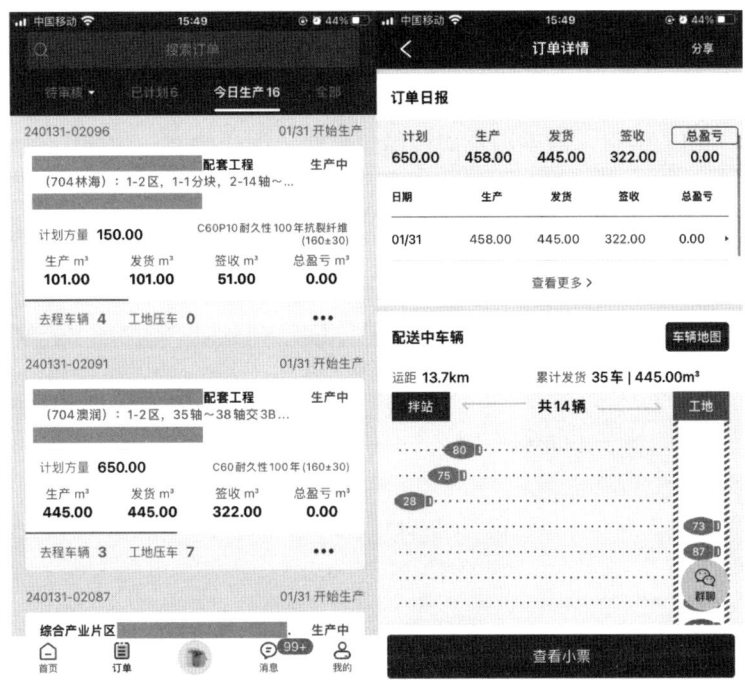

图 5-64　电子订单管理

4）生产排程

跃港预拌混凝土智慧厂站部署了"砼芯"智慧调度系统，通过 APS 自动排程把有规律有原则的复杂计算过程交由系统完成，避免由于计划过程复杂及由此造成的排程误差与失误，工厂因此减少了对资深员工的依赖，降低了由于人才流动所带来的技术风险（图 5-65）。

2. 生产作业

跃港预拌混凝土智慧厂站部署了"砼行"MES 系统，该系统一套软件覆盖了多种场景，让搅拌站管理更加便捷，生产更加高效，数据共享效率更快（图 5-66）。搅拌站生产前、生产中、生产后的物流及结算都可以基于"砼行"系统完成，销售、调度、

图 5-65 "砼芯"智慧调度系统

试验室原材料、BI、辅材、筒仓内部岗位模组串联一体化控制，构建了全站全岗位一体化协同办公体系。"砼行"MES系统简化预拌混凝土生产人员任务单分解、拌台生产安排、车辆实时分配等高强度工作，通过输入基本的任务单资料、拌台资料、搅拌车资料，系统全自动智能排产，从而使生产变得更简单、更高效、更智能、更人性化。

图 5-66 "砼行"MES 系统

1）智能化生产

称量系统采用物料仪、PLC和工控机组合的控制方式实现称量的智能化。每台物料仪控制一套计量装置，同时与PLC连接实现自动化控制，并且每台物料仪与工控机连接实现管理功能。此外，PLC通过比较当盘实际称量值与设定称量值，对超出范围部分自动控制物料仪进行称量调整，从而实现混凝土生产的智能化称量与自补偿。

搅拌过程中阻力增大，搅拌机输出功率也会随之增大，在驱动电机电压一定的情况下，输出电流会随之同步增大，通过建立搅拌机的功率信号或电流信号与混凝土性能之间的关系来预测混凝土搅拌状态,当功率达到平稳时,即可判断混凝土已搅拌均匀。此外,通过高清摄像头实时监测混凝土在搅拌机内的搅拌过程,这使得在搅拌环节就可对混凝土质量进行了有效控制,不仅大大提高了混凝土的出厂合格率,还避免了由于人为操作不当、含水率不准确所造成的混凝土性能不稳定的现象(图5-67)。

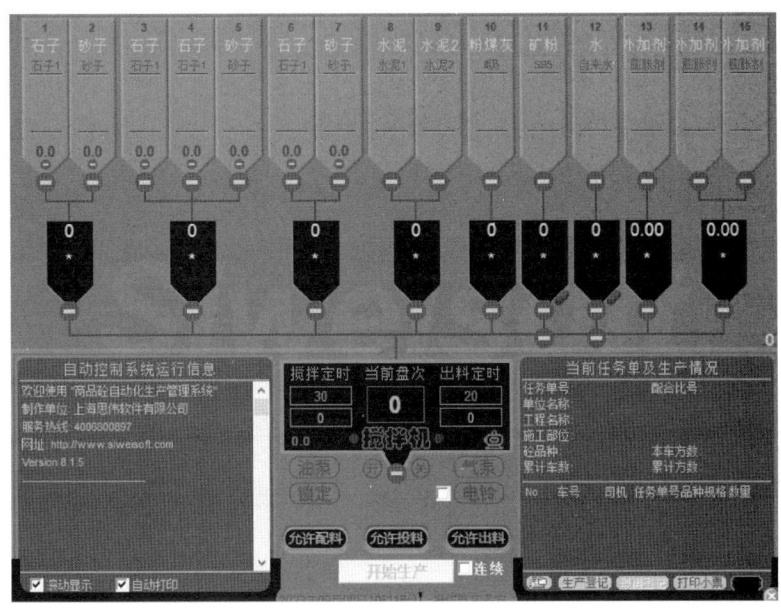

图5-67 智能化生产工控系统

2)智能化物流

自助打印智能终端,同步电子小票,让物流信息同步更及时、更准确。驾驶员通过自助终端自助打印小票,使企业管理层、基层调度、运输人员建立了连接。

生产管理系统为每一车混凝土生成唯一的二维码电子小票,可以记录该车混凝土的所有信息。当搅拌车空载驶入地磅控制区时,通过智能识别技术,对搅拌车进行确认并记录毛重,同时生成排队编号,自动进入排队系统。通过大屏指示该车装料位置,拌车驶入指定装料点后,再次进行识别确认,确保装料位置正确。装料完成后,对混凝土拌车再次称重,确认混凝土方量。

在混凝土的配送过程中,通过GPS、BDS及5G等无线通信技术将所有配送车辆联网形成一种以车辆为节点型的网络,实现混凝土的智慧化运输。通过该车联网技术建立综合性的监管平台,实时监控车辆的位置、行驶速度、实时状态和油量等状态信息,并根据信息智能化对车辆做出相应的强制性远程控制或者对驾驶者提供建设性的意见,有效避免交通事故,加强交通安全。

为解决途中卸料监管困难、疲劳驾驶不易监测、视野盲区难以发现等问题,使用混凝土搅拌车数字哨兵系统,利用车载摄像头抓取实时图片或视频,通过AI算法对行为进行自动判断,如判定为异常则会自动保存视频和图像,并推送异常报警信息到"砼行"App端和Web端,即时通知人员进行处理。

3. 设备管理与维护

跃港预拌混凝土智慧厂站通过 IoT 技术，实现设备层智慧感知，并通过数据中台进行分析应用，实现预测性设备管理与维护。

通过实时监控搅拌站内搅拌楼、料仓、试验室、运输带等设施设备的运行情况，提前掌握各类混凝土的生产数据，展示设施设备的运行情况。实时展示料仓料位变化、混凝土搅拌车运营情况、皮带机运行时长等。通过搅拌站内速度传感器、功率传感器、振动频率传感器等采集搅拌站各设备运行状态信息，实时掌握设备每天运行时长、用电量等情况，实现设备故障隐患提前预警等。

实施主要用能设备的耗能监测，主要包括搅拌楼生产线、皮带机、空压机等，实时电流、电压显示，对异常设备进行判别和预警，对设备设施能耗数据进行统计汇总，识别长时间空机运转设备，避免设备空转现象。对搅拌楼生产线运转、空闲或维保等实时状态显示，对实际运转时间、生产效率、维保时间等数据进行统计汇总，实时反映场站主要设备状态情况。

4. 质量管控

随着城市化的推进，基础设施建设耗用空前，使得预拌混凝土原材料的来源变得更加不稳定，品质波动较大，给原材料入场检测和预拌混凝土生产质量控制带来困难。预拌混凝土质量控制主要涉及生产质量控制和质量追溯。

预拌混凝土生产对经验依赖较大，且影响因素复杂，很难依赖某一个固定的算法进行计算。人工神经网络是一种基于人脑科学的非线性的信息处理系统，适用于预拌混凝土质量控制。建材科技通过采集和记录原材料性能数据、生产配合比数据、拌和数据、施工数据、工程信息、养护条件及对应混凝土性能等数据，形成了成套的预拌混凝土数据库。基于数据库采用人工神经网络等数据挖掘技术，研发了原材料性能进场快速初步检测技术，可根据当前原材料性能、拌和工艺等影响条件的变化随时进行配合比优化设计，对预拌混凝土性能进行在线预测，提高了预拌混凝土的质量控制水平（图 5-68）。

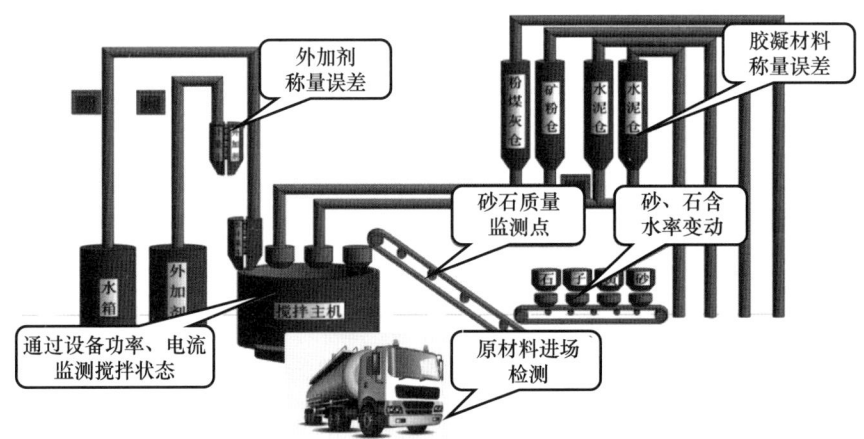

图 5-68 预拌混凝土质量控制要素

跃港预拌混凝土智慧厂站基于生产设备动态用电参数、运行数据及其他智能监测数据，采用物联网技术对场站设备进行智慧管理，通过数据中台解析设备相关数据随时掌握设备运行状态，预测维修周期，确保设备处于最佳运行状态，保障预拌混凝土拌和质量。在预拌混凝土生产过程中采用先进传感器及物联网反馈系统，对粉料、砂石骨料及外加剂的用量进行精准投料，基于生产设备动态用电参数、运行数据对混凝土拌和状态进行实时监控，精准把控最佳拌和状态，优化拌和工序。采用图像识别和 AI 分析等技术，通过搅拌机内置摄像头、下料口取样等方式获取混凝土拌和物拌和状态质量信息，并在搅拌车出料口位置安装摄像头，实时监测混凝土坍落度和监控工地加水，施行搅拌车装料出厂到工地卸货超时报警，实现混凝土质量风险的提前预警，提升混凝土产品质量管控水平。

目前，一般通过试验室记录批次原材料试验和生产配合比信息，跃港预拌混凝土智慧厂站进一步将这些信息汇总为配合比库，支持按工程、部位等条件检索（图 5-69）。跃港预拌混凝土智慧厂站通过原材料记录、生产记录、设备监控、现场拍照以及物流记录等进行质量追溯。

图 5-69 预拌混凝土质量追溯

5. 安全环保管控

建设预拌混凝土智慧厂站需要在生产的全过程树立安全环保意识，施行安全管理、低碳生产的智慧运营模式，从减少场站污染物排放、降低生产综合能耗出发，逐步推进从原材料到产品物流的全产业链绿色化、低碳化。

跃港预拌混凝土智慧厂站应用了基于 AI 智能识别和自动预警的危险区域智能识别和人员设备设施安全智能监管系统，实现了厂区料场铲车作业期间进人、吊装通道隔离预警、拌机维修口进人启动预警等各类安全隐患的提前预警、提前感知，并监管厂区内各类安全设施设备的状态，减少安全隐患（图 5-70）。利用现有的实时监控，通过指示灯等信号进行预警，在预警的同时，将预警信息由手机 App 等移动端推送至厂站管理人员，未及时处理的警报可逐级上达至上级管理层，直至预警解除；当现场管理人员接收到预警或推送后，可及时通知具体操作人员或到现场制止违规行为，并进行相应的处罚和隐患整改，形成安全管理闭环。

图 5-70 基于 AI 智能识别的安全预警

预拌混凝土绿色低碳化包括预拌混凝土产品绿色低碳化、生产过程绿色低碳化和物流过程绿色低碳化三个方面，需要施行污水完全循环利用、废混凝土废渣综合利用、粉尘噪声智能管控及能源智慧管控等绿色低碳技术。混凝土搅拌站普遍存在粉尘噪声较大、废水废浆随意排放、生产废弃物处理不到位等问题，对厂区周边环境和居民正常生活造成影响。跃港预拌混凝土智慧厂站从生产流程出发，对混凝土搅拌站的粉料运输车、粉料仓储存系统及粉料仓称量系统等重点部位的粉尘，运输通道、搅拌机外围等重点区域噪声，以及厂区内废水和废渣四大污染源进行识别，并实时反馈给控制系统。在各层增加粉尘、噪声等传感器，实时掌握和展示厂区各个区域的环保数据，通过环境监测系统根据监测结果控制自动喷淋系统，实现了粉尘的预测性提前喷雾降尘处理，有效地抑制了扬尘的发生，通过报警装置及报警信息自动上报给维保人员，实现了噪声的及时处理（图 5-71）。将搅拌机清洗用水、运输车辆清洗用水和生产区地面冲洗用水进行多级沉淀处理，通过 pH 值及含固量传感器实现水质的自动监测，确保符合标准，在不影响混凝土质量的情况下，做到回收水的全部循环利用，实现废水的零排放，极大地降低了生产用水量。通过砂石分离装置实现了砂石骨料的回收利用（图 5-72）。

图 5-71 自动喷淋系统

图 5-72 砂石分离装置回收砂石骨料

5.4.3 实施效果

跃港预拌混凝土智慧厂站在预拌混凝土生产中，构建了覆盖预拌混凝土原材料采购、销售、生产、调度、物流、签收、财务等的全流程数字化管理系统，并且依托数字化管理系统和预拌混凝土生产工控系统，实现了预拌混凝土的智能化生产。

建材科技通过营造商产业链电子商务平台，实现了混凝土企业对相关产品原材料动态的快速把握，便于根据原材料变化快速实现产品更新。通过集团层面的资源调配机制，实现了生产力的集中调配，技术人员的合理安排，特种混凝土装备的专产专用，实现了大方量混凝土多站点协同供应，特种混凝土装备集中排产。建立"砼行"预拌混凝土物流管控平台，实现了与运输公司之间的信息交互。公司依托云计算、远程定位等技术实现了搅拌车在多个站点间的智能调度，提高了预拌混凝土配送的及时性、准确性和连续性。基于网络化协同技术公司实现了生产资源的合理调配，实现了与供应商、物流服务商等合作伙伴之间的紧密连接和高效协同。

建材科技材跃港搅拌站通过智慧工厂建设，将精益制造转型升级为智能制造，使工厂在绿色环保、安全节能方面得到显著优化。例如通过基于AI智能识别和自动预警的危险区域智能识别和人员设备设施安全智能监管系统，使得骨料堆场的违规作业次数下降了90%，并实现了对违规行为的高效处理。跃港预拌混凝土智慧厂站通过对搅拌设备、清洗设备、皮带机等生产装备的每天运行时长、用电量等情况的统计，实现了装备在不同工作强度下的合理用电，场站的耗电量下降了约10%。通过水质在线监测系统，保证了水资源的有效利用率，实现了回收水的全部循环利用，节约生产用水约25%，运营效能及节能减排能力得到显著提高。通过对比2020—2023年的生产数据，发现跃港预拌混凝土智慧厂站在生产效率、运营成本、综合能效等方面都有较大程度的提升。建材科技已经以跃港预拌混凝土智慧厂站为样板将智慧厂站技术逐步向公司旗下100余家预拌混凝土场站进行推广。

5.5 山东博硕智能化搅拌站建设案例

5.5.1 项目概况

青岛圣丰混凝土搅拌站（简称青岛圣丰）位于青岛市黄岛区，拥有两套HZS240混凝土搅拌系统，生产能力达到480 m^3/h，年设计能力120万 m^3。公司管理团队历来重视智能化、信息化建设，2020年与山东博硕自动化技术有限公司（简称山东博硕）达成战略合作，协同研发《预拌混凝土企业综合管理系统》，建设目标如下。

1. 实现搅拌站管理办公的信息化、智能化

（1）实现混凝土价格管理、销售合同制定、业务审批等功能，混凝土客户可通过手机等移动端设备自主下单。

（2）实现混凝土生产方量、发货方量、签收方量实时汇总，管理人员可以随时掌握相应信息，可根据约定对合同生产进行信用控制。

（3）实现混凝土交易的无纸化签收，签收数据实时反馈到调度人员监控界面。异常情况，如出现剩混凝土时，可以通过平台进行灵活快速处置，比如转发或废弃。

（4）具有供应商管理、原材价格管理及采购计划管理等功能，实现搅拌站与原料供应商交易无纸化。

（5）实现搅拌站与供应商、混凝土客户的业务财务一体化。

（6）具有成本分析、原材料价格走势分析、混凝土盈利分析、欠款分析、应付分析等功能，给管理人员提供决策支持。

2. 实现搅拌站整场智能化，管控运营风险提升企业形象

（1）实现生产任务和运输车辆的智能调度，生产进度及配比等信息可通过移动端实时查看，客户可以查看运输车辆的实时位置及预估到达工地的时间。

（2）安装智能传感器，实现所有原料库存量自动检测，可根据库存情况及生产计划自动生成采购计划。

（3）安装相应的智能设备，实现混凝土从搅拌到泄出搅拌机整个生产过程的无人化，包括混凝土性能自诊断、搅拌机门自调整。

（4）实现材料入场无人化，具有原材料质量控制及入场智能引导等措施。

（5）具有混凝土配比管理功能并设计相应的防错措施，加强对车辆运输监控及运输防错，防止生产、运输、浇筑各环节出现质量问题。

（6）实现混凝土试块养护、压制等实验室过程的智能化、无人化。

基于与青岛圣丰搅拌站的合作目标，山东博硕充分发挥其专业优势，为圣丰量身打造了一套全面且高效的智能化信息化解决方案。该方案在实施完成后，成功满足了圣丰搅拌站的所有功能需求。整个项目分成如下两个方面的工作。

1. 信息化建设

（1）混凝土搅拌站 ERP 系统——山东博硕 BGM2.0。

（2）供应商采购管理及无纸化交易系统。

（3）客户电子下单及无纸化签收系统。

2. 智能化建设

（1）双控双机远程控制系统。

（2）无人值守地磅系统。

（3）粉料智能料位系统及粉料仓智能门禁系统。

（4）骨料库存智能检测系统。

（5）混凝土搅拌车倒车检测及防溢料控制系统。

（6）细骨料入场快检系统。

（7）智能实验室试块系统——养护及试压。

（8）智能票据打印机及票据回收分拣系统。

（9）车辆监控及安全辅助系统。

系统整体框架如图 5-73 所示。

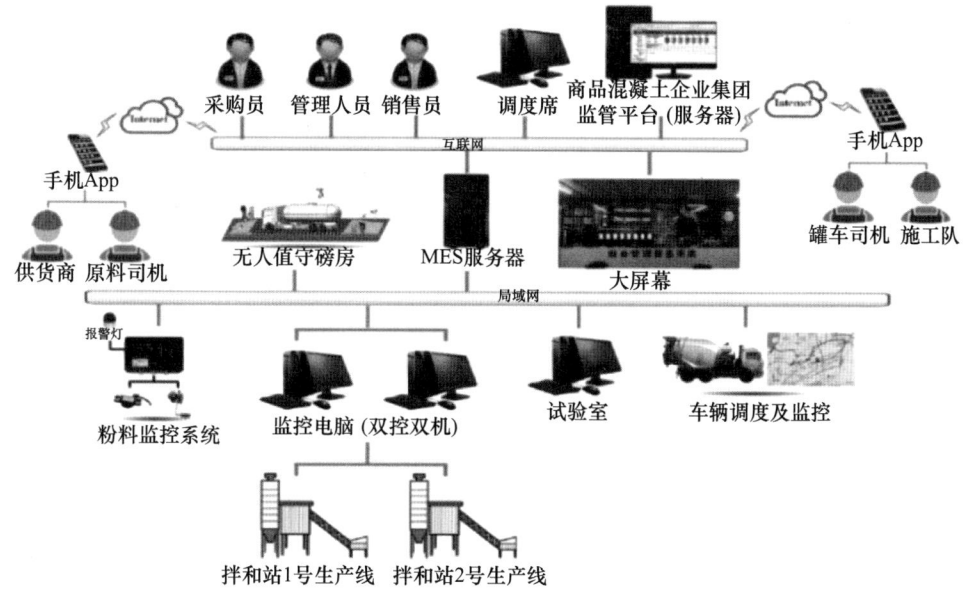

图 5-73　系统整体框架

5.5.2　建设内容

5.5.2.1　信息化系统建设

在青岛圣丰和山东博硕紧密合作下，信息化系统建设顺利，系统功能取得了良好的应用效果。智能化设备安装后，运行良好，为信息化系统的运行提供了数据支持，为企业运营降低了人工成本，提升了效率。

1. 信息化建设的核心——ERP 系统

站内 ERP 是信息化系统的核心平台，采用 B/S 架构设计，根据员工职能分配权限，支持电脑、PAD、移动端微信小程序访问（图 5-74）。

2. 销售及生产流程的信息化实现

系统实现了混凝土价格管理（涵盖多种定价策略，如地区参考价、合同价及产品属性组合定价）、客户与工程管理、电子合同签署等销售相关功能。在销售合同签署后，工地施工人员可通过微信小程序提交物料需求，需求信息将直接转化为生产订单。调度人员根据订单制定发货规则，并在规则约束下实行自动调度派车。生产数据、发货数据、签收数据自动汇总，根据签收情况进行客户发货进度统计，按照合同约定的商务规则进行对账结算，过程中可以设置信用控制，在必要时对生产和发货进行限制，整个业务流程如图 5-75 所示。

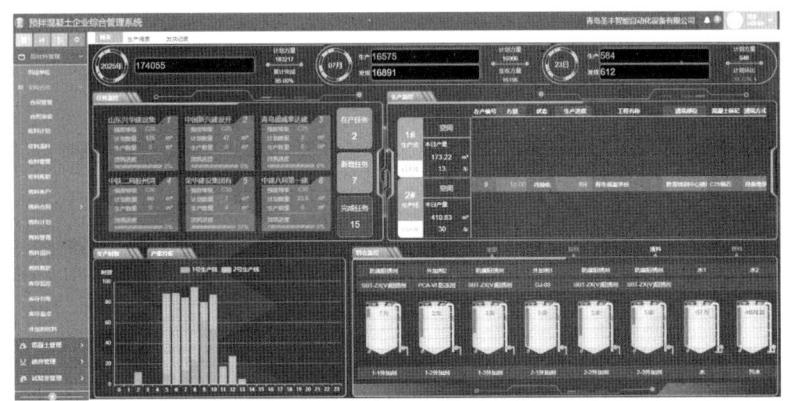

图 5-74　ERP 首页

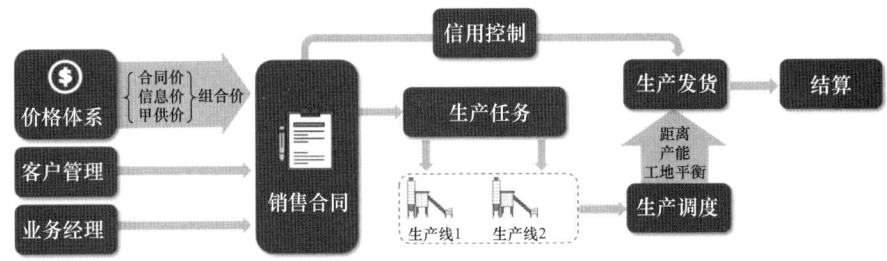

图 5-75　销售生产业务流程图

青岛圣丰混凝土搅拌站使用信息化系统，销售、生产调度和派车发货等业务产生的数据按照业务流程自动向下一环节传递，减少了录入工作，提升了工作效率和准确性。需要进行数据整理和审批的业务环节，均设置了微信小程序提醒功能，从而防止怠工，提升效率，并且降低工作量，让工作井然有序。图 5-76 为青岛圣丰信息化的合同管理及调度派车界面。

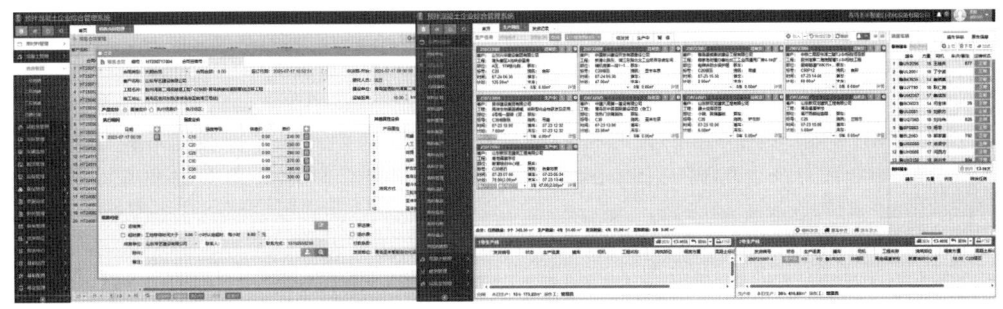

图 5-76　合同管理及调度派车界面

3. 原料采购入场管理的信息化建设

在原料采购环节，系统提供了供应商管理、库存管理、采购协议管理等功能。通过与供应商签订采购协议，明确原材料的运费和价格，依据库存状况和生产计划下达采购订单。供应商根据采购订单安排送货并登记送货车辆，司机将货物运到搅拌站后，实现不下车无人过磅入场，业务流程如图5-77所示。

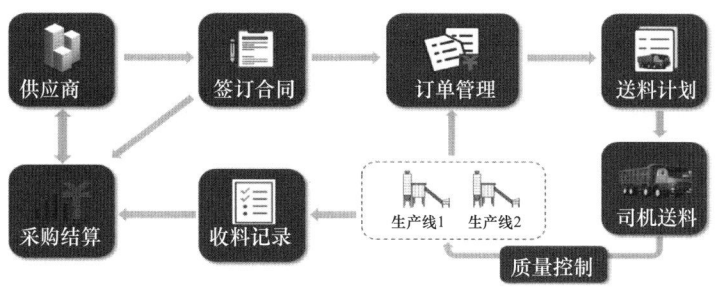

图5-77 原材料采购业务流程图

在原料进场管理方面，系统设置了质量控制环节：一是通过智能化的设备实现原料入场快速检验；二是为送料车辆指定卸货的粉料仓或者骨料场，并采用智能化的设备，对车辆卸货进行跟踪控制，防止因卸货错误出现混凝土质量事故。原料采购协议及收料管理如图5-78所示。

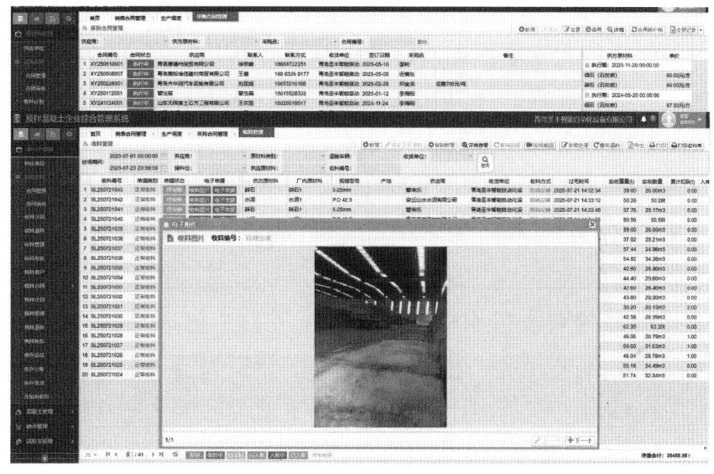

图5-78 原料采购协议及收料管理界面

4. 业财一体化的实现

销售生产和原料采购入场等业务环节在信息化系统上实现并正常运转后，搅拌站对信息化系统的另一个大的需求是实现业财一体化，借助信息化系统数据准确性高、及时性强的优势，降低财务统计、对账结算、收支管理等财务业务环节的工作负担和难度。业财一体化功能实现原材料采购、混凝土销售以及车队司机、车辆租赁费等所有环节的财务管理，实现生产销售原料采购等业务数据核对，实现搅拌站与客户、原材料、司机等的对账结算、收支账款的记录、应收应付的统计分析及往来票据的登记及管理等。图5-79为原材料对账结算、混凝土对账结算界面。

5. 质量管控的信息化建设

混凝土质量历来是搅拌站企业经营者关注的重中之重，运用技术手段对影响混凝土质量的各个环节进行干预，从而实现质量控制的自动化是信息化建设的重要目标。信息

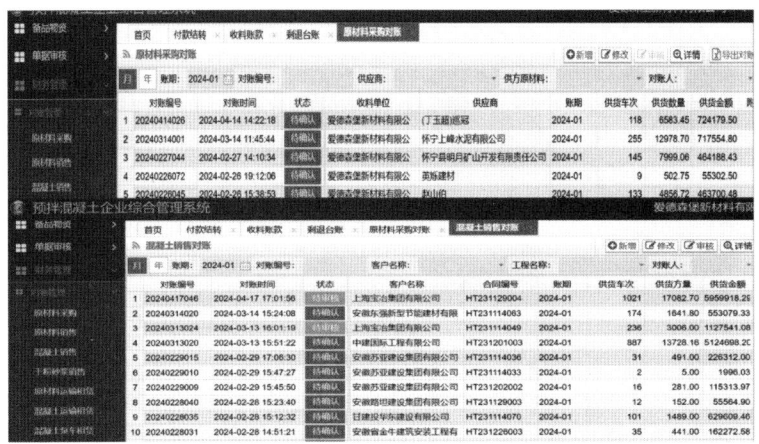

图 5-79 原材料对账结算及混凝土对账结算界面

化系统为青岛圣丰搅拌站设置了六道技术"门闸"，防止生产风险，提高混凝土质量。

（1）原材料进料防止进错仓。采用粉料仓电子门禁的形式，由收料员通过信息化系统或者系统根据规则自动为送料车辆指定接收的粉料仓，为车辆指定粉料仓时系统会自动进行原材料种类匹配检查。司机找到相应的仓后，用手机扫码验证通过才能开门进料，这样防止了因进错料造成重大的质量事故。

（2）配合比填制内容检查。为配比设置相应的密度，在信息化系统中进行配比录入时自动检查实际密度与设计密度是否相符、是否缺失关键原材料等，防止在配比设计时出现错误。

（3）施工配比调整权限设置。在制定基础配方时，可以为实验室人员设定各类原材料的调整区间，使得在执行具体生产任务时，实验室人员在规定范围内可以调整物料用量。这样一来，既确保了施工配比的灵活性，又避免了因个别实验员经验不足而导致的质量问题。

（4）混凝土搅拌车接料防错。通过在搅拌机卸混凝土口附近安装车辆识别装置，识别接混凝土车辆是否为调度安排的车辆，如果不一致则禁止卸混凝土，通知调度更换车辆，防止将混凝土运送到错误的工地，如图 5-80 所示。

图 5-80 混凝土搅拌车接料防错检查

(5)混凝土搅拌车出厂过磅。混凝土搅拌车出场时自动过磅,对所运输任务的方量、配比密度与过磅质量进行核对检查;对混凝土再次进行检查,防止生产过程中机械设备故障引起的质量事故。

(6)泵车接料防错。一些工地存在多辆泵车同时施工的情况,混凝土运输车辆到达工地后,如果不仔细区分,容易出现将混凝土卸到错误的泵车内进行泵送的情况。青岛圣丰信息化系统为每一个泵车设置一个标识二维码,混凝土搅拌车司机将混凝土运送到工地后,需要进行扫码;系统后台检查当前司机运送的混凝土是否应该卸到该混凝土搅拌车,匹配无误后方可卸混凝土,如果没有扫码卸混凝土或者匹配不正确,系统通过微信小程序自动通知泵车司机、罐车司机和调度,尽快进行干预,防止错误。

6. 信息化系统为管理提供决策支持

信息化系统建设一个重要的功能是向企业经营决策者提供信息,这些信息包括基本的生产信息,如生产线运行状态、工程施工进度、车辆位置及状态;也包括企业经营信息,如客户欠款情况、应收应付情况。为了让经营者更为准确地管理企业、提升他们做出决策的能力,信息化系统还要提供更多的隐藏在日常运营状态中的信息。这些信息往往需要按照一定的算法、将企业运行的数据进行大数据分析,挖掘数据价值,实现数据资源化,然后以简单易懂又符合管理者习惯的形式展现出来,这些信息包括原材料采购价格走势分析、混凝土成本分析、销售价格走势分析、销售合同盈利能力分析等。青岛圣丰信息化系统设计了丰富的信息分析及展示功能,为企业管理者提供决策支持,如图5-81所示。

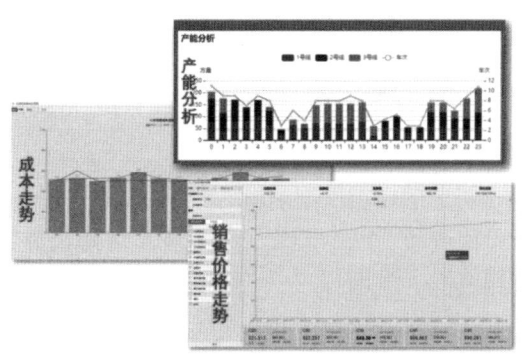

图5-81 青岛圣丰成本分析及销售价格走势分析界面

7. 移动办公及交易环节的无纸化实现

移动办公作为现代企业管理的一种新形式,发展非常迅速。在混凝土搅拌站企业管理中,销售、采购、质量监管、总经理、董事长等业务或领导岗位都不必要局限在办公室,灵活办公更利于工作的开展,可以通过手机、iPad等移动终端实现对信息的了解和决策的下达。工地施工方也可以通过手机完成对混凝土的电子下单,同样送料司机接收信息和按照要求送料更是通过移动终端辅助实现。

对于青岛圣丰搅拌站信息化系统,山东博硕在实现时选择微信小程序这个跨平台的工具予以实现[可在安卓(Android)系统、苹果(iOS)系统、鸿蒙(Harmony OS)

系统](图 5-82)。通过移动办公端，搅拌站管理者可以实时查看生产线运行状态、各环节工作状态、生产任务执行进度、车辆运输状态、原料库存、日产量及走势等；客户可以通过手机下订单，查看所下订单执行情况、运输情况、预估到工地的时间等；生产管理人员通过手机进行生产任务安排、现场要料审批等；质量管理人员可通过手机查看修改混凝土施工配比、工地质量检查等工作。

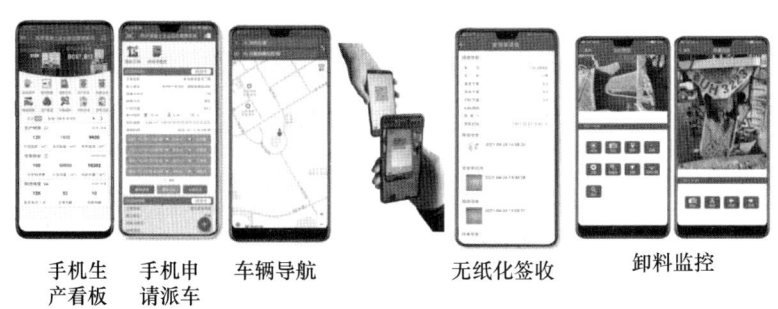

图 5-82　手机移动办公应用

建设青岛圣丰的信息化系统时，考虑到移动办公越来越重要、越来越普及，工程师精心设计，让使用者最大程度地享受到科技带来的便利，一是让信息尽可能的在各参与角色之间共享；二是尽量简化操作流程、减少录入工作，让操作者作为信息完善的执行者，而非发起者，从而规避移动办公中小屏幕设备输入不便的难题。

5.5.2.2　青岛圣丰搅拌站智能化建设

智能化终端，一方面作为信息化系统的采集端，另一方面也是信息化系统信息处理后的执行端。好的智能化设备，能提升搅拌站运行效率、管理效率，能降低搅拌站工作量、工作难度、人工成本，能完成人工无法完成的工作，能极大地提升企业形象和信誉。

山东博硕长期从事混凝土搅拌站控制系统、信息化管理系统、智能化设备的研发与调试，积累了大量的经验和产品，已经形成了非常齐全的解决方案和生态产品，对混凝土行业的智能化发展起到了推动作用。

青岛圣丰搅拌站一直认可智能化设备对企业发展的作用，行业内的智能化设备都有应用经历。作为山东博硕的战略合作伙伴，一些正在研发的智能化设备也在青岛圣丰搅拌站试用，为山东博硕的产品研发提供了很多助力。下面就几个比较典型的、对行业智能化发展意义较大的智能化系统，在圣丰搅拌站建设及应用情况进行介绍。

1. 双控双机控制系统

信息化系统的应用为操作员减少了很多的工作量，操作员不再需要进行生产任务录入（销售人员通过信息化系统录入），也不再需要进行配比录入（实验室人员通过信息化系统录入），不再需要进行派车操作（调度人员通过信息化系统安排或系统自动进行派车），操作员在此情况下有精力同时操作两条生产线，从而降低企业用人成本。

山东博硕开发的双控双机控制系统，将两条线的监控及操作界面集中到一台电脑上，让操作员非常容易地控制两条生产线，而不是在两台电脑、两套鼠标键盘间来回切换。为了提高稳定性，设置了另一台电脑同时热备份，任何一台电脑损坏都不影响两条生产线的正常生产，双控双机系统架构如图 5-83 所示。

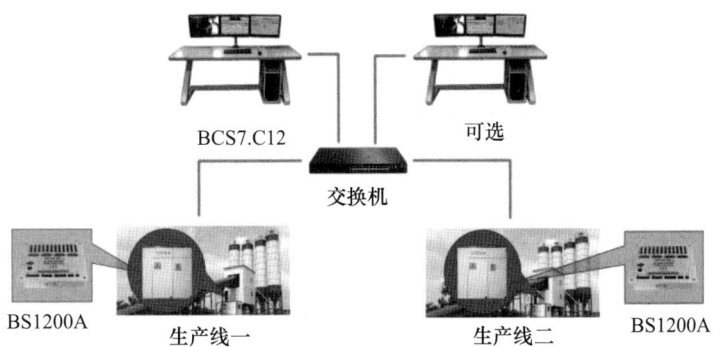

图 5-83　生产线双控双机系统架构

双控双机系统采用网络技术实现操作员对生产线的远距离控制，目前可以做到在几十千米外对生产线进行远距离控制，从而实现多站集中控制。青岛圣丰搅拌站内的集中控制，如图 5-84 所示。

图 5-84　站内集中控制室

山东博硕双控双机系统以先进的搅拌站专用控制器 PLY1200A 为核心，本身具有稳定性高、配料精度高、生产效率高、易维护等特点，极大地降低了操作员的工作量。

双控双机系统功能非常灵活，支持常规混凝土生产工艺的同时，也支持复杂的生产工艺，如二次投料二次搅拌工艺，即"水泥砂浆法""水泥净浆法"等，为高强度等级混凝土生产、混凝土专业技术人员实验研发提供很好的条件。青岛圣丰混凝土搅拌站为胶州湾第二海底隧道提供的混凝土，就是采用这个二次搅拌工艺生产的，混凝土可泵性及强度都有很大的提升。

2. 无人值守磅房系统

地磅是搅拌站不可缺少的设备，原材料进场、混凝土出场都需要过磅，传统的地磅存在如下缺点。

（1）过磅员责任心及素质影响公司原材料质量及公司经济效益。

（2）过磅效率低，过磅员工作量大，过磅成本高。

（3）过磅统计烦琐，过磅数据形成孤岛，不能形成与生产管理相关的数据链接。

（4）可追溯性差，出现问题，包括质量问题、数量问题不能进行问题溯源。

（5）业务上与其他系统不连贯，不能接入信息化系统，影响后续生产环节的自动化，比如原料入场管理、混凝土出场检查，都需要额外进行大量的人工操作才能实现。

无人值守磅房系统，利用智能化、信息化的手段解决了上述问题（图 5-85）。

图 5-85　无人值守磅房

无人值守过磅主要功能如下。

（1）实现原材料入场、混凝土出场无须人工协助、司机无须下车过磅。

（2）车牌自动识别摄像头识别车牌，司机无须下车刷卡登记。

（3）车辆到位检测以及 5 个摄像头从不同角度进行视觉拍照检测，防止作弊，同时记录过磅过程，用于异常溯源。

（4）过磅系统接收信息化管理系统指令，按照入场要求进行扣水、扣杂操作。

（5）过磅时将物料入场信息通过管理系统发给收料员进行物料复核、质量检验、指定卸料位置，并获得卸料授权。

（6）出厂过皮，自动识别车牌，即停即走提高效率，过磅结果发送到手机移动办公端，同时交易票据发给送货司机和供应商，便于后续对账结算。

（7）混凝土搅拌车按照引导进行出场过磅，调取车辆运送任务信息进行密度检查，异常情况进行车辆拦截处理，防止异常混凝土出场。

（8）根据需要设置智能小票打印箱，不支持电子签收的工地，混凝土车辆过磅时自动进行发货单据打印，司机不用下车即可拿票，提高出场效率。

3. 粉料仓智能料位系统

搅拌站的粉料仓用于存储水泥、粉煤灰、矿粉等散装粉状物料，容积一般在 200～300 t。粉料仓采用密封设计，筒体设计尺寸高，安装位置高。搅拌站一直有个难题就是如何测量仓内粉料的库存量。粉料这种物质容易黏附，常规的料位测量传感器如超声波、雷达等都不能长期使用。山东博硕技术人员潜心研发，于 2016 年推出了采用称重技术实现的粉料仓智能料位系统,并取得了 2 项发明专利和 4 项著作权专利授权。青岛圣丰混凝土搅拌站所有的粉料仓都安装了智能料位系统,如图 5-86 所示。

图 5-86 粉料仓智能料位系统及 LED 显示屏

粉料仓智能料位系统实时检测粉料仓内的库存质量,并发送给信息化管理系统,采购人员根据库存和生产计划及时安排采购,避免断料。同时粉料仓智能料位系统还具有如下特点。

(1) 智能料位系统测量精度可达 ±3 t。

(2) 设有就地显示单元,送料司机可实时看到当前库存情况,当库存达到上限时,采用声光报警的方式提示送料司机停止打灰,防止冒仓。

(3) 管理人员可以通过手机 App 实时查看仓内的库存。

(4) 结合无人值守地磅系统、电子门禁系统,实现粉料入仓防错和错误判断,及时制止错误防止重大质量事故。

(5) 安装简单,免维护,使用寿命长。

4. 骨料库存智能检测系统

骨料库存统计是搅拌站的另一个难点,主要是由于骨料散放在场地内,没有合适的测量设备。山东博硕研发的骨料库存智能检测系统,采用激光雷达传感器,实现骨料场的三维扫描,计算出堆体体积,然后计算出每种骨料的库存量,从而为采购人员安排采购计划提供准确的数据支持,青岛圣丰智能检测系统安装使用如图 5-87 所示。

图 5-87 骨料场库存智能检测系统

骨料场库存智能检测系统具有如下特点。

(1) 代替人工自动盘点骨料库存,节省人工。

(2) 一个雷达可以同时测量两个骨料仓,节省成本。

(3) 通过智能化平台可随时查询数据。

(4) 3D形式直观展现库存情况，检测误差不大于2%。

5. 混凝土搅拌车倒车检测及防溢料控制系统

信息化系统的应用和搅拌站生产线自动化程度的提升，很大程度地降低了操作员的工作量，提升了工作效率。信息化实施后，操作员工作量比较大的一项工作是观察混凝土搅拌车是否停到位、进行搅拌机卸混凝土门的控制（图5-88）。有经验的操作员，可以很好地防止混凝土卸到地上造成浪费和人工清理的工作量。采用自动化、智能化的技术设备，代替操作员的这项工作，进一步降低操作员的工作量，推动搅拌站的少人化、无人化。山东博硕研发的倒车检测及防溢料控制系统，就是为了将操作员解放出来，青岛圣丰是该产品的第一批用户。

图5-88 混凝土搅拌车倒车检测及防溢料控制系统

该系统采用视觉识别技术结合AI算法，实时分析车辆倒车过程受料斗是否与搅拌机卸混凝土口对齐。车辆对齐后通过指示灯及音响进行提醒，必要时提醒重新倒车。卸混凝土时，实时分析车辆受料斗内混凝土入罐的速度，一旦有溢料风险就自动进行卸料门的控制，在保证不溢料的前提下，尽可能扩大搅拌机卸料门的开度，从而提升卸料效率。操作员在整个卸料过程中不需要任何操作，将精力完全投入到混凝土质量的分析判断上。

6. 细骨料入场快检系统

搅拌站砂石料中的砂也称为细骨料，实验室检验要按国家标准执行。但检验工作量大、周期长、报表整理烦琐等原因，大多搅拌站的检验频次达不到国标要求。青岛圣丰混凝土搅拌站一直严格执行国标检验规定，检验工作量非常大，占用人工很高。为了完成检验工作，真正地控制住砂石料质量，将劣质砂石拒之门外，同时减少人工投入，防止人工作弊等情况，企业选用了山东博硕研发的细骨料入场快检系统。整个系统功能如下。

(1) 能够实现过磅入场时自动取样，在车上随机取样，且深度有一定的代表性。

(2) 能够实现含水率的自动检测，检测结果能在过磅时实现自动扣水功能。

(3) 能够实现细度模数检测，检测结果送入信息化系统，并作为检验报告内容。

(4) 能够进行亚甲蓝检测，结果送入信息化系统，超标的物料以多种形式报警。

山东博硕细骨料入场快检系统功能如图5-89所示。

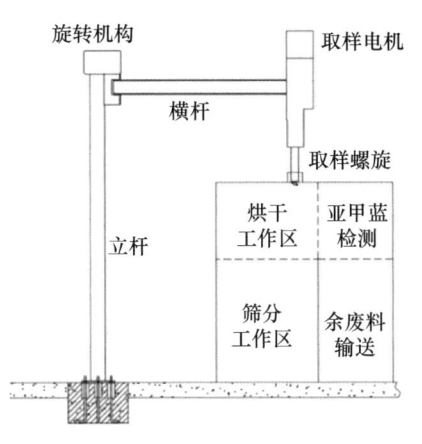

图 5-89　细骨料入场快检系统

7. 智能实验室试块系统——养护及试压

混凝土搅拌站实验室工作主要包括如下几个方面。

（1）混凝土取样，一般要求在某个生产任务的首盘混凝土生产卸混凝土时进行取样。目前人工取样做不到卸混凝土取样，大部分在首车混凝土接完料离场前，从车内卸混凝土取样。

（2）坍落度实验有一套标准的工艺流程，目前是依赖有经验和责任心的实验室人员人工完成，过程中有很多影响因素，造成结果不准确和反复实验。

（3）混凝土强度实验，需要制作混凝土试块，经过 28 d 养护，养护完成后进行脱模，合格的试块进行压力机压碎实验从而获得其试块强度。目前依靠人工完成，劳动强度较大，包括混凝土实验模具的管理、填模、搬运、养护、脱模、测量、压碎、清理等。

（4）数据整理，所有的实验数据需要形成报表，并与相应的生产任务进行关联存档，便于各级行政管理的查询，目前人工完成数据量多、周期长、工作量大、难度大。

青岛圣丰上马了智能实验室系统，实现混凝土实验室工作的自动化、智能化、无人化，功能主要有混凝土自动取样、坍落度实验、试块制作、试块养护、试块脱模、试块压力实验、模具清理、模具涂油（图 5-90）。

智能实验室工艺流程图　　　智能实验室脱模试验部分

图 5-90　智能实验室系统

通过信息化系统，将生产、试块试验、客户连接起来，为每个生产任务进行开盘鉴定，同时根据标准要求进行试块制作、养护和压制，最终的结果在信息化系统中进行记录并生成试块履历表，试块的生平履历允许最终的混凝土用户调取查看，需要时下载。

智能化实验室做到了有效降低人力资源投入，取样过程无人为干预，养护试件按龄期精准出库，强度检测数据真实可靠；混凝土坍扩试验机实现了混凝土坍落度、扩展度的实时在线检测，有助于技术员及时分析调整混凝土工作性能；所有数据对客户透明。

8. 智能票据回收分拣箱

青岛圣丰和山东博硕携手打造先进的信息化系统，对于混凝土交易双方的签收凭证，混凝土搅拌车司机和现场收料员双方手机扫码签收，签收方量可以进行即时调整，签收结果可以实时汇总到调度人员的监控界面上，出现剩混凝土时调度员可及时进行剩混凝土转发等处置工作。电子签收在青岛圣丰的客户中进行推广，但接受程度不高，电子签收率不到70%，仍有30%多的混凝土发货签收需要采用纸质发货单。

青岛圣丰混凝土搅拌站每天生产量在2400 m³左右，每天通过纸质签收的发货单有60张左右，这些签收单有时分布到10个左右的客户或工地，需要财务人员每天拿出1 h以上的时间分拣、整理、统计，过程中还容易出现分拣错误。山东博硕开发的智能票据回收分拣箱启用后，这部分工作由机器承担。智能票据回收分拣箱实现了发货单的自动回收、按工地自动分拣、异常票据处理、签收情况汇报统计等功能（图5-91）。司机回站后在票据箱前，面部识别自动判断其应交票并启动内部分拣程序；司机将票投入收票口，票箱内部的分拣装置即开始动作，完成向工地分配的小箱送票，如果签收方量需要改动，司机可在触摸屏上进行改动。智能分拣箱设有32个小箱用于存储32个不同工地的票据，每个工地的存票小箱可以接收50张小票，票箱满或工地任务结束时，票据箱通过短信或微信小程序通知财务人员取走小票。

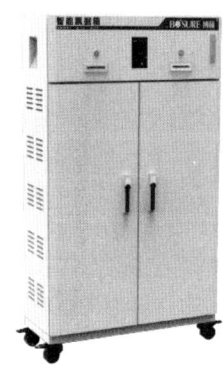

图5-91 智能票据回收分拣箱

5.5.3 实施效果

青岛圣丰已经通过智能化、信息化建设获益，逐渐体现出科技投入的价值。其在经济效益、社会效益等方面的价值主要体现在如下几个方面。

1. 经济效益方面的变化

智能化信息化建设在经济效益方面给企业带来的变化，包括生产能力提升和销售收入显著增加。通过科技投入，原材料入场和混凝土生产等环节效率显著提升，2022年企业年生产混凝土48万 m³，产值2.1亿元，2023年在整个市场环境不好的情况下，青岛圣丰仍然做到了逆势增长，企业年生产混凝土超过了60万 m³，产值达到了2.4亿元。

2. 堵住管理漏洞

企业通过信息化建设堵住了可能存在的管理漏洞。例如，原材料和混凝土进场无人过磅系统，防止人为作弊对供货商或企业自身造成利益损失，防止调度及生产人员、司机倒卖混凝土和燃油等一些不良行为。

3. 在降低人工成本方面更为显著

进行信息化智能化建设前，为了维持两条线的生产，需要4名生产线操作员、4名过磅员、8名实验室人员两班轮替，现在仅需要2名操作员、4名实验室人员，财务等相关人员也大幅减少。整体上，通过信息化技术和智能化技术的应用，最少为企业减少了13名人工投入，企业年人工成本降低100万元左右。

4. 智能化信息化建设是混凝土生产领域产业升级和转型的重要方向

青岛圣丰通过与山东博硕合作，提高了企业在产业中的竞争力和发展能力；在提高生产效率、节约资源、保障生产安全、改善员工生产环境以及促进产业升级和业务转型等方面都有重要的社会效益。

5. 引起同行重视

青岛圣丰完成信息化、智能化建设后，行业同仁非常关注，平均每周接待3家以上企业参观交流。一方面，通过青岛圣丰的成功应用，给同行很大的建设信心；另一方面，也为同行提供了宝贵的经验，起到很好的示范作用。

6. 引起连锁效应

通过青岛圣丰的信息化、智能化建设，山东博硕自动化技术有限公司不仅完成了产品的开发、验证以及完善工作，还受益于青岛圣丰的开放性，通过展示而让很多客户信任山东博硕，选择山东博硕的产品，如合肥爱德森堡新材料有限公司、河南新乡市成光混凝土有限公司、山东凯莱新型建材有限公司等。

5.6 常德市三一机械无人值守搅拌站案例

5.6.1 项目概况

扫一扫，了解更多

湖南华建新材料科技有限公司项目于2024年4月投产，采用全套三一集团有限公司（简称三一）设备，包括2套240C10C顶置式搅拌站、2套150制砂线、3万m^3智能化后料场，设计年产能约110万m^3，为行业首家L3级智能搅拌站（图5-92）。

项目以"数智引领、绿色低碳"为指导思想，以建成行业最先进的智能搅拌站为目标。利用AI智能算法、智能传感、智能物联、大数据等技术，实现搅拌站生产操控少人化、过磅入库管理无人化、原材成品质检自动化、运营管理智慧化。

该项目的建设要点如下。

（1）生产控制极致少人：通过移动互联网、大数据，结合AI算法建模、智能传感、参数自适应等技术，实现搅拌站下单、配料、计量、卸料、质检等流程的无人化。

图 5-92　园区鸟瞰场地图

（2）原材过磅入库无人：通过智能过磅、原材料智能管理等技术应用，实现原材料过磅、派仓、指引、入库等流程无人化。

（3）智能化质检：通过计算机视觉和深度学习算法，实现过磅骨料种类智能检测、上料骨料规格实时监测；通过运用先进的多模态 AI 算法与大数据建模，实现成品混凝土坍落度智能全检。

（4）设备维护智能化：通过预测性维护技术，实时监测搅拌站关键部位早期故障，辅助制订备件计划，提高设备的可靠性和可维护性，避免出现停机故障。

（5）园区管理数字化：通过跨应用、跨设备、跨站点定制化软件集成方案，打破数据孤岛，解决生产经营过程中管理低效混乱、数据不透明等痛点问题。面向混凝土企业生产、仓储、财务、采购等管理人员，实现产供销业务（市场需求、客户信息、营销风控、应收账款、物流调度、产品质量）全过程的数字化管控。

本项目聚焦生产操控、原材精准管控、智能质检、设备维保以及安全生产等环节，实现生产操控少人、原材过磅入库无人、关（键）重（要）件智能维保、园区智慧运营。

5.6.2　建设内容

为解决日益增长的智能制造诉求与目前落后的生产模式之间的矛盾，满足客户对数智化运营、精细化管理的迫切需求。三一基于客户需求，建设行业首家无人值守搅拌站，达到 L3 级智能化水平，实现生产操控无须专职操作手、原材过磅入库管理无人、设备智能维护、园区智慧运营，具体建设内容如下。

5.6.2.1　生产控制极致少人

生产控制系统通过 ERP 下发生产计划、自动启动生产，根据实时工况自动调节生产参数，基于实时含水率自动控水，由 AI 系统智能接管搅拌车倒车对齐指引与卸料防溢控制,在生产过程中通过坍落度智能监测系统实现混凝土出厂全检,实现生产全过程无人干预。

1. ERP 下单自动生产

ERP 通过微信小程序获取客户订单信息,合同履约判定后,实验员根据系统按强度等级推荐的配合比做适配选择。系统根据开盘时间、工地运距路况、浇筑方式、动态浇筑时间、车辆限行情况、车载方量等参数,自动叫号派车(图 5-93)。

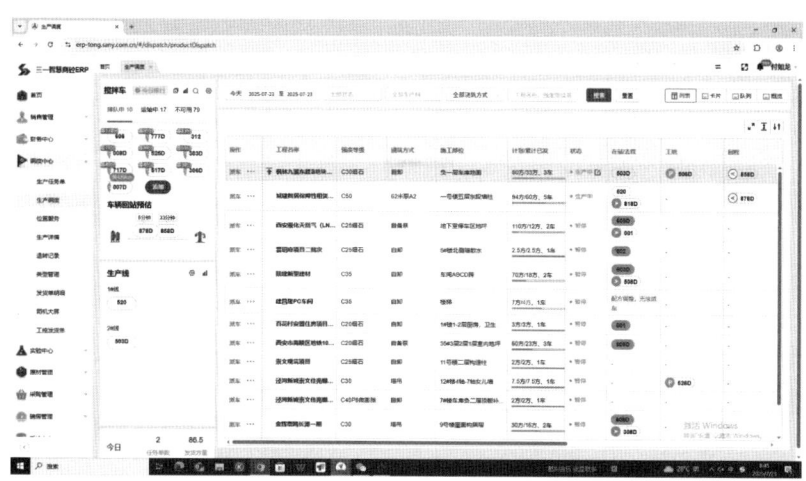

图 5-93　ERP 调度界面图

2. 参数自适应调整

生产参数无须人工调整,系统根据生产配方、计量及卸料过程等工况自适应调整计量及卸料参数,计量误差在 ±1% 以内;杜绝叠料、洒料等问题,实现料流输送无缝衔接,骨料输送时间每盘平均减少 3s。参数自适应功能启用前后各物料计量误差统计如图 5-94 所示。

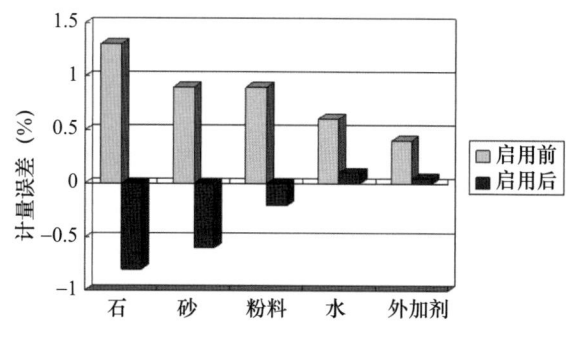

图 5-94　计量误差统计表

3. AI 智能卸料

通过计算机视觉深度学习算法,智能判断车辆接料斗对齐状态,实现倒车对齐智能指引;基于实时料位识别高度,智能切换不同开度的卸料挡位,卸料效率提升 40%,防溢控制成功率大于 99%,卸料全流程无须人工干预(图 5-95 ~ 图 5-97)。

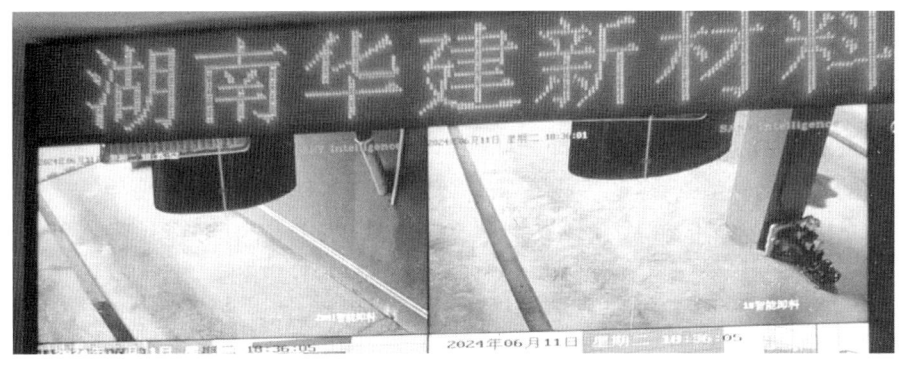

图 5-95　湘华建 AI 智能卸料系统

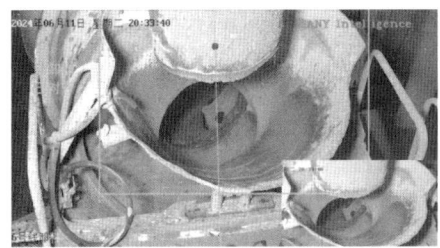

图 5-96　对齐智能判断

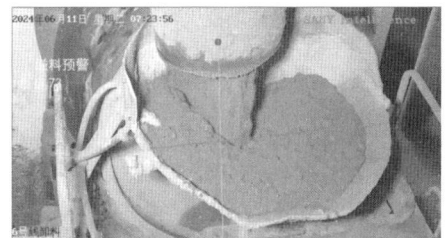

图 5-97　防溢智能控制

4. 自适应控水

通过自研高精度传感器高效精准检测每盘骨料实时含水率，生产界面实时显示各骨料含水率值；根据当盘实时骨料含水率检测值，自动调控当盘水和对应骨料用量，无须实验员频繁取样炒砂，无须操作手频繁加减水，由系统自动控制（图 5-98 和图 5-99）。

图 5-98　含水率检测系统

5. 坍落度智能在线监测

通过多模态 AI 算法对混凝土生产多维度特征数据基于大数据建模，实时预测每盘混凝土出厂坍落度，系统预测精度为 ± 20 mm 坍落度区间，准确率大于 90%（图 5-100）。同时预测值同步记录在订单报表中以便事后回溯。通过数字化质量监管手段，实现生产过程可追溯，有效避免批量质量异常，提升企业质量风险管控水平。

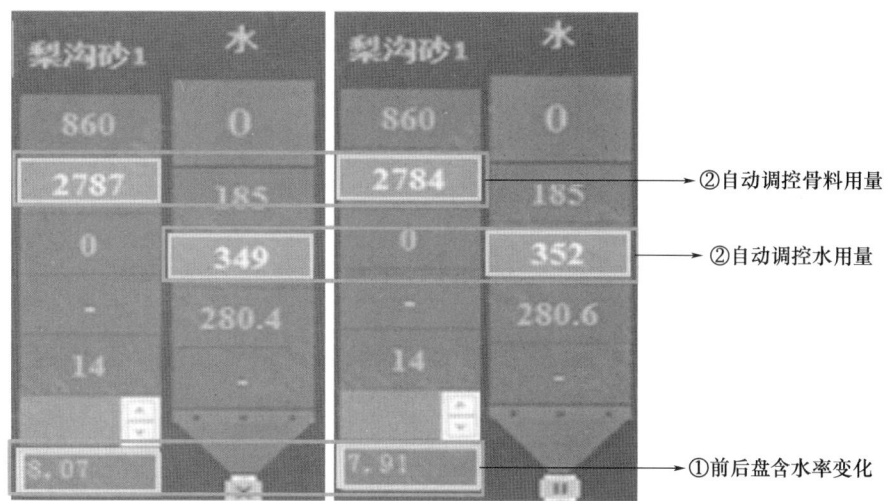

图 5-99 自动调控骨料及水用量示意图

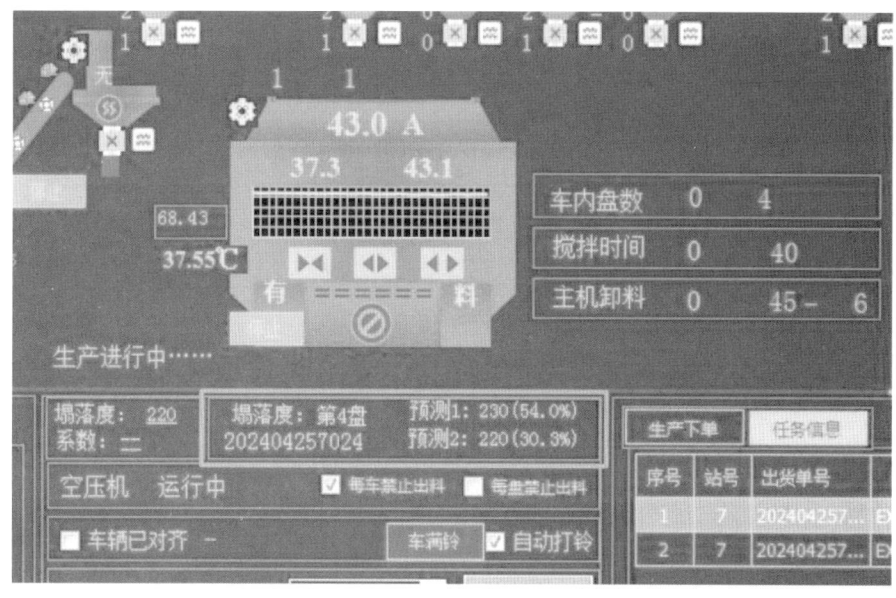

图 5-100 坍落度智能在线监测界面

6. 搅拌车信息识别系统

采用无线射频识别或蓝牙技术，读取电子车牌，生产过程中系统自动比对进站接料车辆信息与生产任务中车辆信息，杜绝搅拌车进错站、接错料（图 5-101）。

5.6.2.2 原材过磅入库无人

原材过磅入库无人通过三一商品混凝土 ERP、智能地磅、骨料防卸错等多系统集成，实现原材过磅入库过程自动化。减少人为错误，确保数据的安全性和可靠性，提升原材管理水平，降低人力成本。

图 5-101 搅拌车信息识别系统

1. 智能过磅

司机通过移动端提报送货信息，通过检测车辆到达停车位置后，系统自动亮起红色信号灯指示司机驻车，司机在自助机上进行过磅信息确认，骨料类型自动复核，过磅计量数据自动保存，道闸自动打开，车辆下磅。全自动过磅状态下，整个过磅时长不超过 1 min（图 5-102 和图 5-103）。

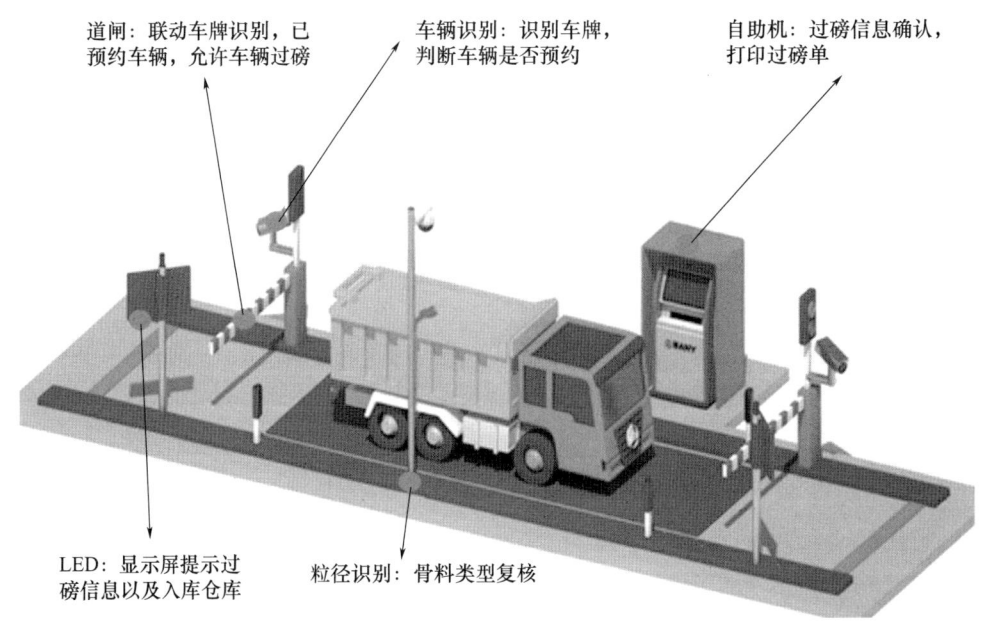

图 5-102 智能过磅

图 5-103　智能过磅现场

2. 原材入库自动派仓及自动指引

原材料车辆称重计量完成后，过磅系统根据原材料实时库存、产线生产、料仓是否禁用等情况，智能选择最佳入库仓位。系统将自动派仓的入库仓位信息通过移动端、语音播报、LED 显示等方式告知过磅司机，司机根据入库指引，实现自助入库（图 5-104）。

图 5-104　原材入库指引

3. 粉罐防打错

粉料防打错系统通过扫码自动识别粉罐仓位，操作盒与电子锁联动，智能防打错和防爆仓，并依托智能过磅系统可实现自动派仓、扫码上料防打错。粉料入库信息、上料报警信息等实时监测记录可在线查看，管理方便（图 5-105 和图 5-106）。

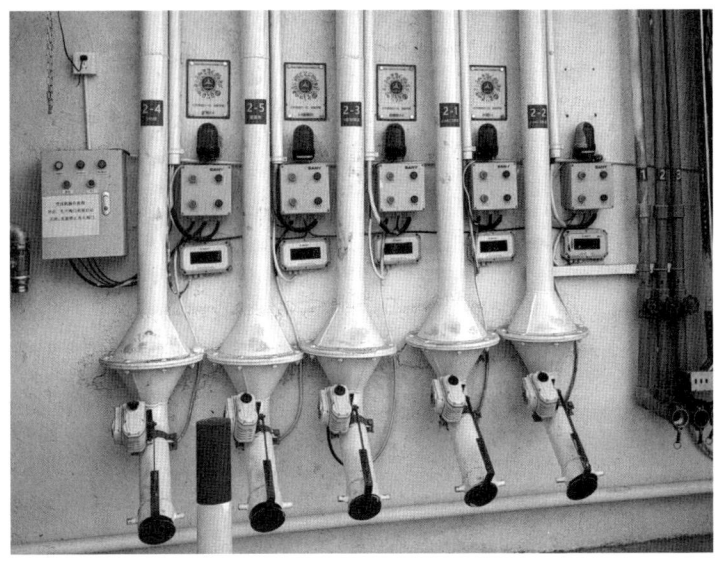

图 5-105　粉罐防打错系统

图 5-106　粉料扫码上料

4. 骨料防卸错

司机过磅后通过移动端、语音播报、LED 显示等引导，将车辆驶入卸料排队区（图 5-107）。卸料排队区设置排队大屏、语音播报、道闸及车牌机等设备，司机根据排队大屏信息，通过车牌机二次验证后，方可驶入卸料区卸料，同时联动上料系统，实现骨料防卸错。

图 5-107　骨料防卸错卸料口硬件布置

骨料粒径监测系统实时检测上料石料规格与级配分布，检测准确率大于 98%。若检测规格与上料仓库石料规格不符，联动智能上料系统自动停止上料，避免入错仓库（图 5-108 和图 5-109）。

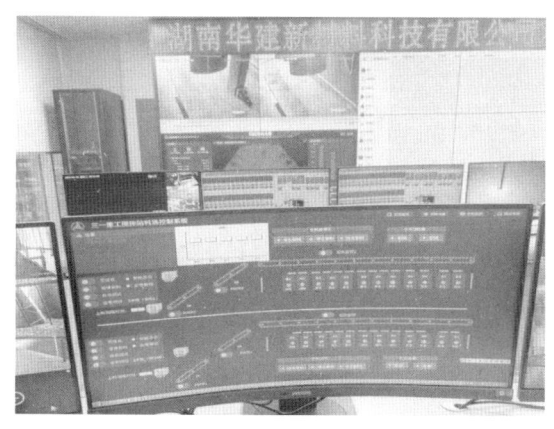

图 5-108　上料控制系统

图 5-109　骨料粒径监测系统

5. 原材库存精准盘点

粉罐智能料位系统实现粉料库存在线盘点，精度达仓最大容量 ±2%；骨料库存监控系统实现对骨料库存实时盘点，物料体积测量准确度大于 97%。料位数据自动同步移动端，库存信息实时掌握；联动 ERP 系统，库存自动复核，异常库存智能预警（图 5-110 和图 5-111）。

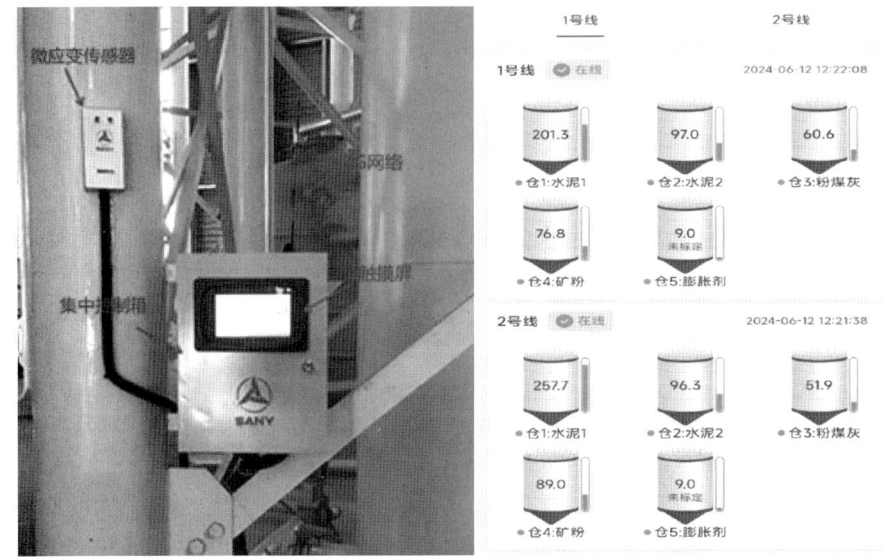

图 5-110 粉罐智能料位系统

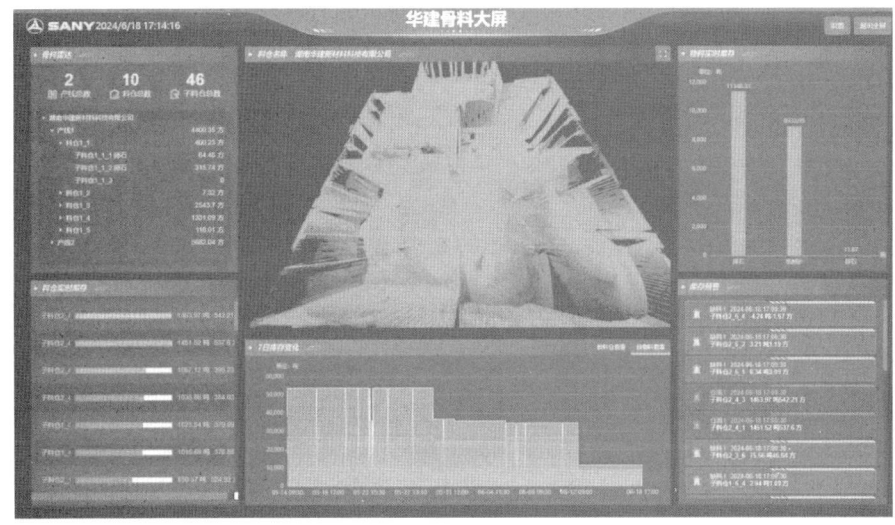

图 5-111 骨料库存监控系统

5.6.2.3 设备智能维护

智能维护依托人工智能、大数据分析，运用设备健康管家、预测性维护、皮带智能检测、免码标定、远程升级等技术，实现设备故障在线诊断，降低维修成本和意外停机故障率，为设备健康运行保驾护航，维护保养更便捷。

1. 设备健康管家

设备健康管家通过大数据＋行为分析工具，让监管人员可以实时监测和评估整站生产状态。能及时提醒维护保养，提高设备在线率，延长设备使用寿命（图 5-112）。

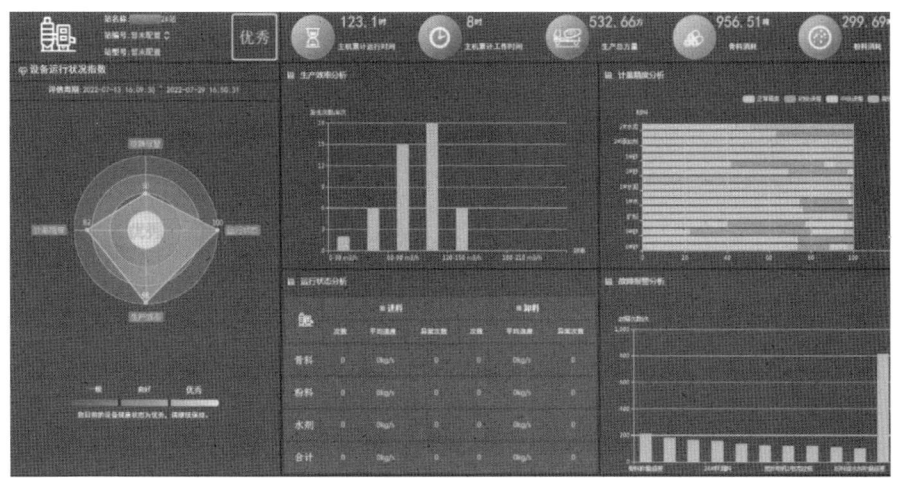

图 5-112　设备健康管家

2. 预测性维护

预测性维护系统通过在"关（键）重（要）"设备加装高频振温传感器，在设备故障早期就能发现潜在问题，并提供针对性的维护保养建议，避免事后检修以降低维护成本（图 5-113 和图 5-114）。

图 5-113　预测性维护小程序

3. 皮带智能检测

皮带智能检测系统由 AI 视觉系统对皮带状态全方位监控，替代人工巡查，系统可自动识别皮带跑偏、破损等异常情况，大幅提高皮带使用寿命（图 5-115 和图 5-116）。

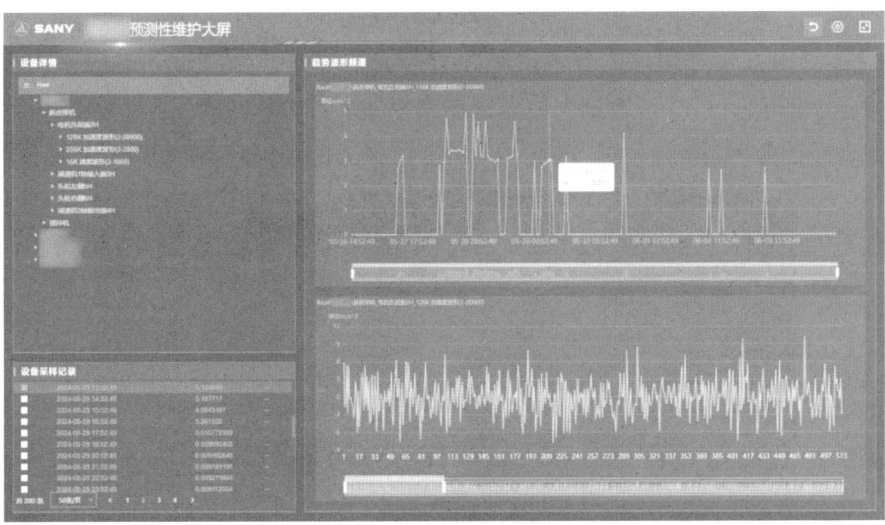

图 5-114　预测性维护数据监控大屏

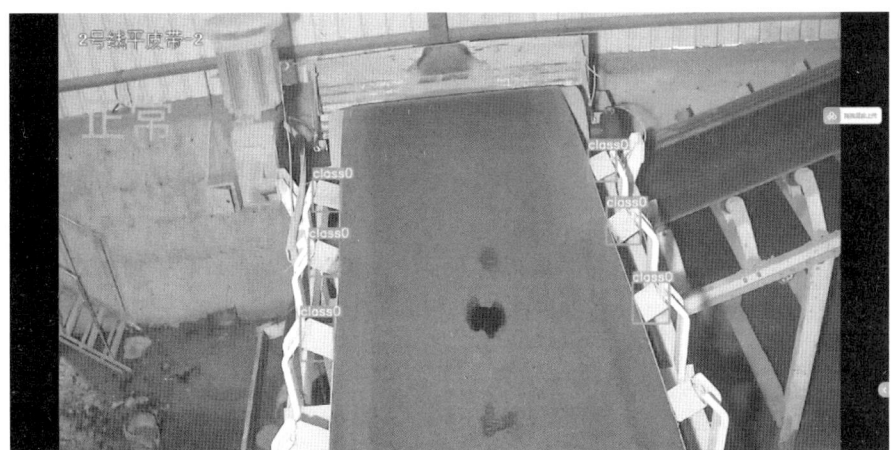

图 5-115　皮带智能检测（跑偏检测）

图 5-116　皮带智能检测（破损检测）

4. 免码标定

免码标定技术实现校秤无须砝码，只使用少量砝码验秤。同时提供称重传感器异常报警，适配不同品牌不同量程传感器，维护方便（图5-117）。

5.6.2.4 智慧园区综合管理平台

智慧园区综合管理平台由三一智慧商品混凝土 ERP 和 IoT 平台等系统集成，工作人员在集控中心集中办公，实现全方位智能化管理和高效运营。智慧商品混凝土 ERP 系统通过进销

图 5-117 免码标定变送模块

存全流程数字化运营，优化订单管理、库存管控和物流配送，降低管理成本和提高运营效率；IoT 平台监控设备运行状态，智能关联设备，异常自动报警，保障生产安全。以下进行详细介绍。

1. 智慧商品混凝土 ERP

智慧商品混凝土 ERP 是专为商品混凝土企业打造的稳定、高效、协同、智能的互联网产品。集成智能调度、智能过磅、防打错等多项智能化技术，实现商品混凝土企业混凝土设备互联、数据互通、场景互融，打造搅拌站智慧园区一站式解决方案。智慧商品混凝土 ERP 包含调度管理、实验中心、车辆管理、位置服务、销售管理、质检中心等功能模块，覆盖商品混凝土企业生产运营全流程业务场景。实现商品混凝土企业办公自动化、生产智能化、设备数字化、管控可视化，软件和硬件相结合，助力搅拌站数字化、智能化升级（图5-118）。

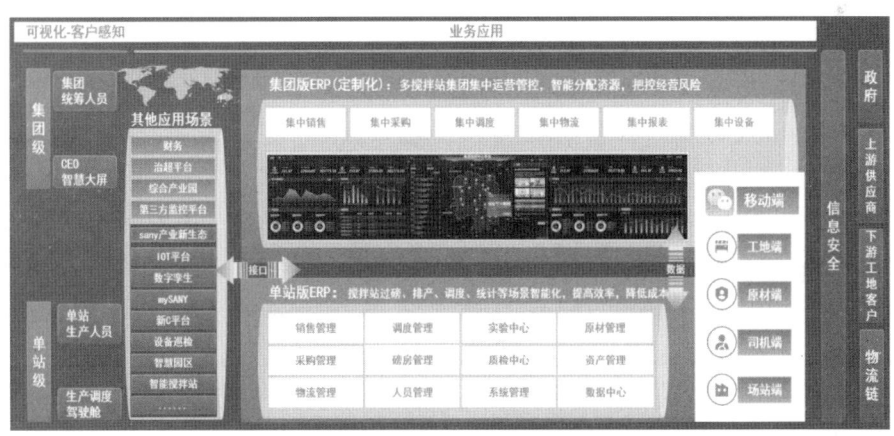

图 5-118 智慧商品混凝土 ERP

智慧商品混凝土 ERP 具有以下 4 个亮点。

（1）平台 SaaS 化：采用云计算技术，用户可以通过任何设备随时随地访问和使用系统，计算机端通过浏览器、手机端通过微信小程序访问。具备公安部信息安全三级等级保护（图5-119）。

图 5-119　信息系统安全等级保护备案证明

（2）信息数据化：通过设备集成及数据管理功能，实现全业务流程数字化管控，将生产、仓储、财务、采购等各环节在线数字化，方便管理人员快速获取和分析数据，实现精细化管理（图 5-120）。

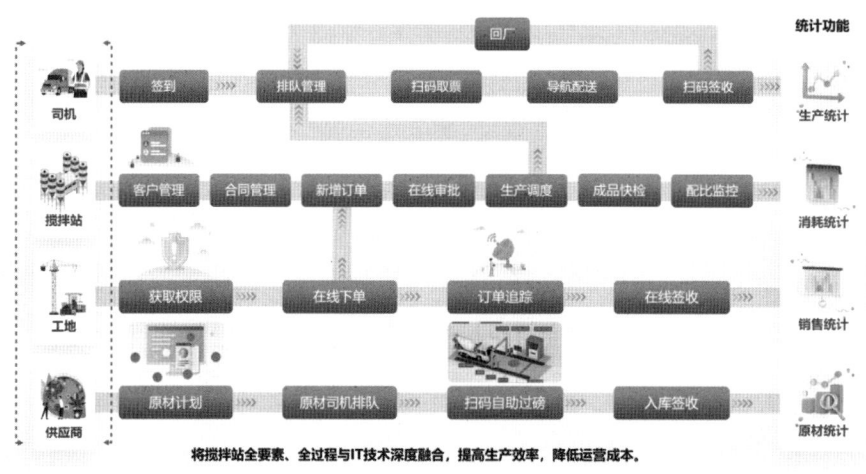

图 5-120　信息数据化

（3）管理智能化：对搅拌站的生产、仓库、财务、采购等业务进行智能化管理，提供数据预测、异常预警、资源优化等功能，实现自动排产（根据开盘时间、排队车辆、车辆载量、往返时间等自动排产）、智能仓储（无人过磅、自动扣杂、入库指引分仓、防卸错防打爆、智能提醒）、智能结算（根据合同价结算周期自动结算）、智能采购（对比供应商单价，实现智能采购），帮助管理人员做出更准确的决策和调整，提高运营效率和质量（图 5-121）。

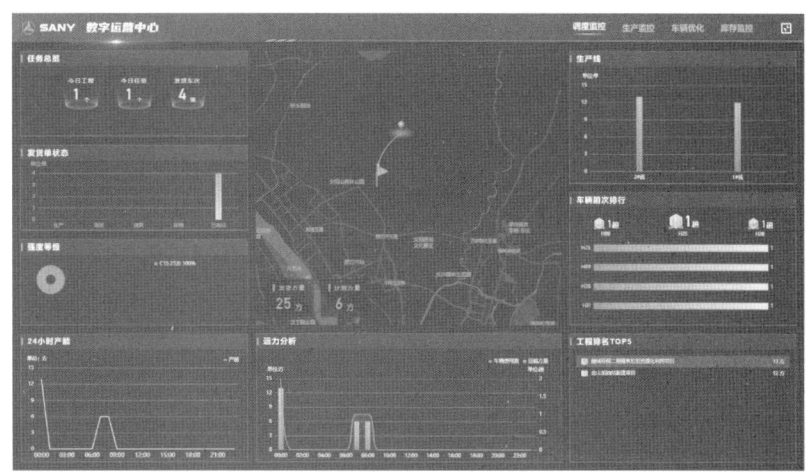

图 5-121 管理智能化

(4)体验极致化:注重用户体验,采用直观友好的界面设计和操作方式,提供简洁、高效的功能模块,让用户能够轻松上手和使用系统(图 5-122)。

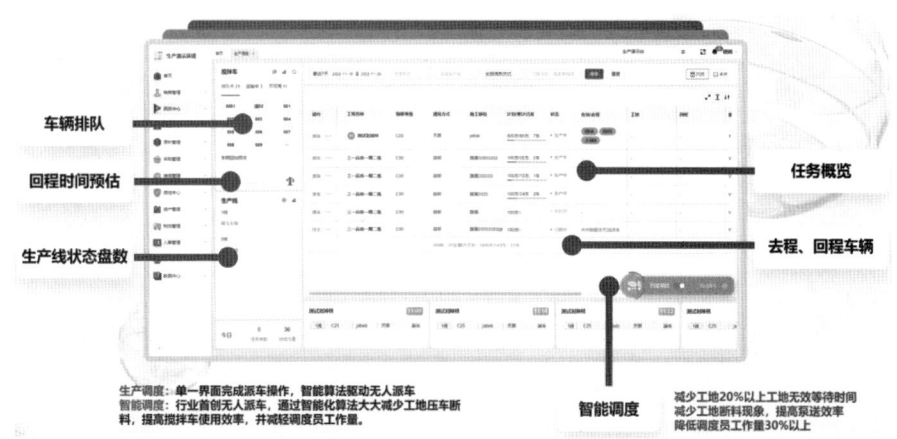

图 5-122 管理智能化

通过平台 SaaS 化、信息数据化、管理智能化和体验极致化等四个亮点,三一智慧商品混凝土 ERP 为搅拌站的管理人员提供全面、便捷和智能化的业务管控,帮助建材企业实现生产任务的高效执行和业务管理的优化。

2. IoT 平台

IoT 平台集成能源管理、安防管理、环境管理、数字孪生等系统。

(1)能源管理:统计园区内各个区域的用电、用水、用气、油耗,计算出单位产品综合能耗,并按照预拌混凝土能源消耗限额国家标准,将生产能耗与运输能耗进行评级(图 5-123)。并对用电行为进行分析,在达到预警和报警阶段的时候,采用不同的策略,保障用户正常的用电行为,通过用电情况、用电行为,进行风险评估,保障用电安全。

图 5-123　能源管理界面

（2）安防管理：通过智能视觉算法对现场生产过程中涉及的人员、设备、物料这些关键要素进行实时识别，针对搅拌站具体业务场景，设计智能搅拌站安防整体解决方案（图 5-124）。例如，骨料堆场人员闯入智能识别、搅拌主机主动安全防护、传动区域人员靠近检测、待料仓消耗智能识别、未戴安全帽智能识别等。

图 5-124　安防管理界面

（3）环境管理：通过物联网技术，接入园区环保设备、环境监测传感器及相关辅助设备，通过统一平台实现对混凝土生产环境的管理，实现自动喷淋等应用场景（图 5-125）。

（4）数字孪生：以三维场景建模为依托，实现园区生产运营实时孪生映射，实现设备至园区的逐级管理，并结合多维数据信息，对园区内人员、设备、车辆、原料、工艺、环境等进行协同综合管理，对生产过程进行实时孪生映射呈现、全局分析和智能决策，并可运用 VR 技术，提供全新沉浸式交互漫游体验，助力智能化园区运营服务（图 5-126）。

5 混凝土企业智能制造典型案例

图 5-125　环境管理界面

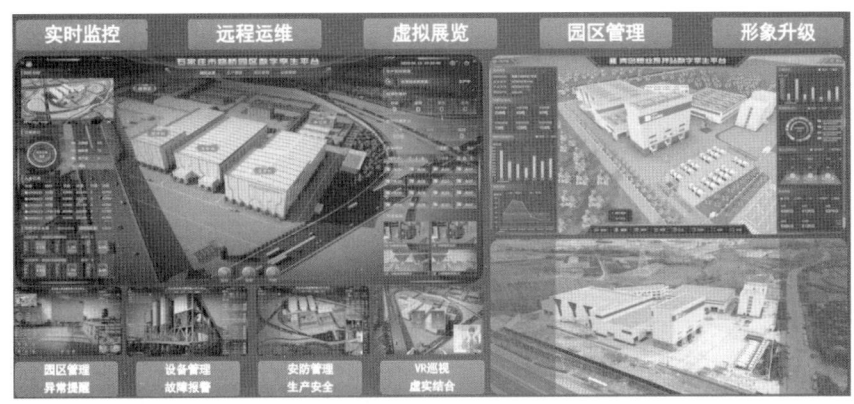

图 5-126　数字孪生界面

湖南华建新材料科技有限公司（简称湘华建）通过该平台实现园区数智化管理及绿色运营，全局可视、系统联动、场景智能、数据融合（图 5-127），进一步提高生产效率，降低生产成本，减少安全风险，为园区的可持续发展提供了坚实保障。

图 5-127　湘华健 IoT 设备总览

3. 集控中心

集合远程控制、一机多控、智慧大屏、后料场控制等技术,将生产运营人员、调度、操作手、质检员集中办公,减少沟通成本,业务高效联动(图5-128)。办公环境从搅拌楼搬至办公楼,无粉尘噪声污染,提高生产效率与员工舒适度。除水泥站,同样适用于沥青、干混砂浆、水稳、制砂等多种一体化园区办公场景(图5-129)。

图5-128　远程集控中心

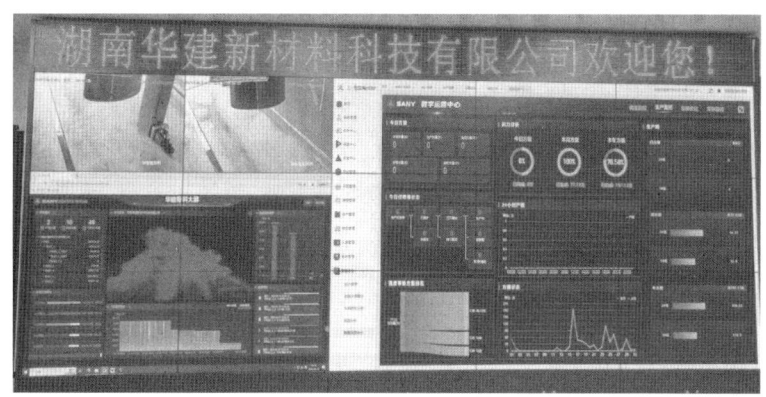

图5-129　智慧运营大屏

5.6.3　实施效果

无人值守搅拌站的实施给湘华建生产、运营、管理带来了一系列令人瞩目的效果,对搅拌站发展产生了深远影响。从以下几个方面介绍无人值守搅拌站的实施效果。

5.6.3.1　生产效率

智能化生产使搅拌站生产作业流程更加紧凑,缩短了生产周期,生产效率提升20%。智能调度和控制避免了人为因素导致的延误,调度工作量降低50%,搅拌车利用率提升15%。

5.6.3.2 质量管控

骨料在线检测、坍落度智能在线监测等技术，实现骨料类型、石料规格实时在线检测，混凝土出厂坍落度100%检测。通过原材及成品智能化质检，产品质量的稳定性和可靠性大幅提升。

5.6.3.3 成本控制

通过多项数智化技术集成，实现生产操控无须专职操作手、原材料过磅入库无人管理。双站减少7人，人力成本降低约70万元/年。预测性维护和皮带智能检测技术，融合智能回溯、设备健康管家等系统，实现站内关键重要设备潜在故障预警及整站设备健康状态全面监管，运维成本降低20%以上。

5.6.3.4 运营管理

无人值守搅拌站推动管理规范化和标准化，提高了管理的精细化和效率。ERP实时收集和分析海量生产数据，为企业提供了全面且深入的洞察。通过数据挖掘，企业更好地了解生产状况、设备运行状态等，从而及时进行调整和优化、提升运营水平。

5.6.3.5 安全可靠

无人值守搅拌站减少了人员暴露于危险环境的频率，降低了事故发生的可能性。此外，系统对设备的实时监控和预警功能，能及时发现潜在的安全隐患并预警。

三一无人值守搅拌站的成功实施不仅提升了搅拌站客户自身的生产和运营水平，也为混凝土行业的发展带来了新的机遇和挑战。随着技术的不断进步，相信无人值守搅拌站将继续发挥更大的作用，为混凝土行业的发展贡献力量。

5.7 北京建工新材数字化智慧管控平台案例

5.7.1 项目概况

北京建工新材公司（简称新材公司）为了适应转型升级和提升混凝土数字化运营管理的需求，结合公司的战略发展规划和系统架构，确定了将顶层管理信息化与基层场站智能化相结合的建设方向。公司开发了数字化智慧管理平台，通过整合主数据和各类编码，实现了生产、经营、物资和质量数据的实时上传，并对生产、质检、入库、发运和交付等全生命周期进行管理。该平台支持电脑和手机等多平台动态共享，有效解决了信息不共享导致的效率低下和人工成本高等问题。

本案例以智能制造整体规划为核心，新材数字化智慧管控平台由多个子系统组成，全面考虑了搅拌站和预制构件工厂的生产供货流程。通过采购、生产、流通等上下游环节信息的实时采集和互联互通，提高了生产制造和物流一体化运作水平，并实现了智能原材供给、智慧物流配送、生产数字化和智能化（图5-130）。

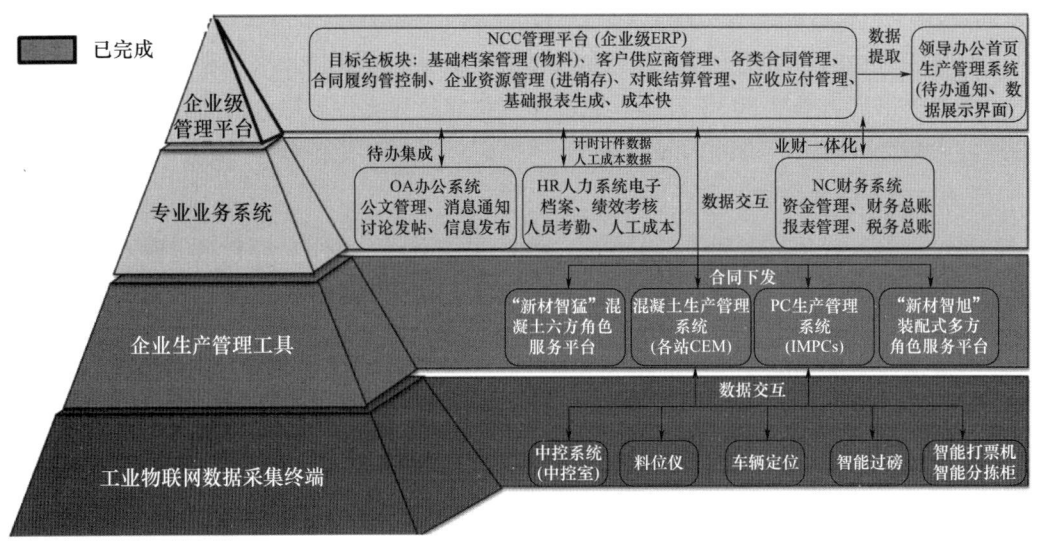

图 5-130 总体架构图

5.7.2 建设内容

5.7.2.1 顶层管理平台-NCC

经过严谨的筛选过程，北京建工新材公司最终决定采用用友 NCC 平台作为企业顶层管理平台的底层开发框架。针对新材公司的具体管理流程，所有的业务模块都进行了定制化的开发，同时利用云技术构建了 NCC 企业管理平台（图 5-131 和图 5-132）。此平台有效地整合了公司的主数据和各类编码系统，采用合同为主线进行审批流程的发布。在各站点，生产、经营、物资及质量数据实现了实时上传，确保了公司在账务、成

图 5-131 NCC 管理平台

本、资产和费用管理方面的精准控制。这样的架构既加强了集团的管理能力，又不妨碍各站点的经营活力。通过收集海量的数据，为公司的大数据分析打下了坚实的基础，同时也为集团的战略决策提供了更广阔的视角。

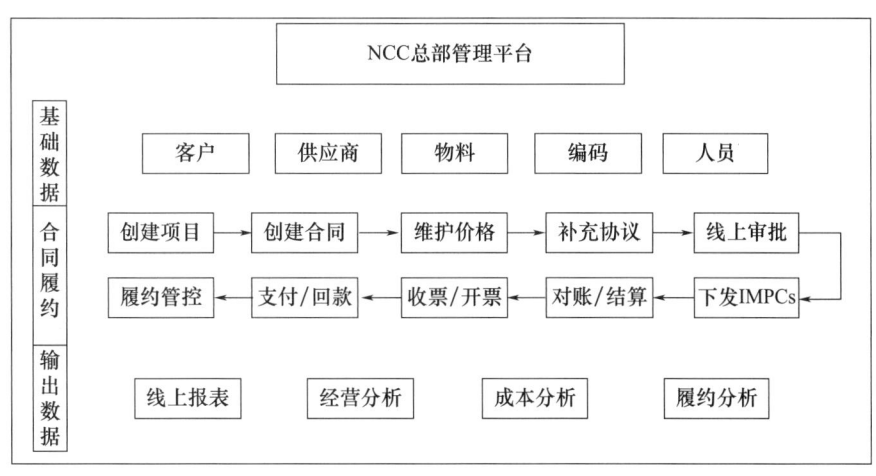

图 5-132　NCC 管理平台流程图

5.7.2.2　CEM 混凝土生产管理平台

新材公司旗下的所有搅拌站均已部署 CEM 平台，该系统经过定制化开发，作为搅拌站的集成化生产管理 ERP 系统，全面覆盖了搅拌站的生产经营各个阶段，包括生产管理、技术管理、物资管理、设备管理等多个关键环节（图 5-133）。CEM 平台能够有效应对搅拌站客户在混凝土供应方面的多样化需求及业务场景的复杂性，确保生产运营的高效与顺畅。

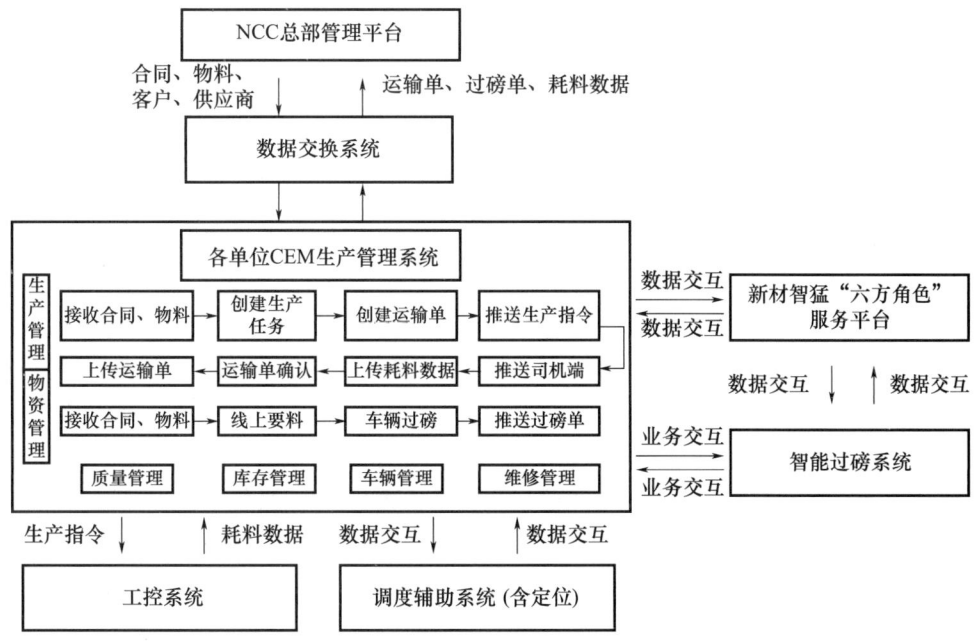

图 5-133　CEM 混凝土管理平台架构图

5.7.2.3 PC 构件生产管理平台（IMPCS 系统）

北京建工新材公司定制的 PC 构件生产管理平台有效地实现了预制构件制造企业的信息化管理。该平台的功能全面覆盖了 PC 构件企业业务流程的各个方面，包括客户管理、项目管理、经营规划、生产调度、质量控制、采购供应以及仓库管理，提供了一个全集成、企业级的综合信息化系统。通过构建按需定制、柔性生产和智能制造为基础的"智慧工厂"整体解决方案，该平台优化了企业的内部管理和客户服务流程，大幅提升了工作效率和企业运营的整体质量。IMPCS 系统的主要特点包括以下几点。

1. 数据导入

系统支持构件清单、钢筋料表和构件配件清单的数据导入，实现对每个工程项目的详细构件信息和材料消耗量的系统化管理，有效降低了部门间沟通成本，实现了数据的系统化集成。通过 IMPCS 系统，相关部门人员能够直接访问最基本的数据信息，从而免除了烦琐的沟通流程，提高了工作效率和数据的准确性。

2. 智能排产

利用 IMPCS 系统的智能排产功能，能够迅速地为各个车间的模台制订生产计划，无须人工逐一安排每日的生产任务。系统化的智能排产不仅优化了生产流程，还显著减少了生产部门在人力资源上的消耗。

3. 快速统计

IMPCS 系统提供了包括生产报表、入库报表、出库报表、材料入库报表、材料消耗报表、辅料入库报表、辅料出库报表、钢筋消耗汇总报表和构件配件消耗汇总报表等多种系统报表。这些报表的应用极大地提高了数据汇总的效率，大幅减少了对统计人员的依赖，提升了数据处理的准确性和时效性。

4. 构件查找

IMPCS 系统能够迅速定位特定工程、特定类型、特定仓库中的构件，并显示该构件的当前状态，从而有效避免了仓库管理人员在寻找特定构件（如楼梯等）时的重复劳动，显著提升了仓库管理的执行效率和准确性。

IMPCS 系统采用一物一卡技术，实现了对构件在整个生产周期中的精确跟踪和管理，包括排产、制卡、埋卡浇筑、质检、入库和出库等关键环节（图 5-134）。这种精确的跟踪和管理显著提升了管理效率和生产效率，直接促进了企业产值的增长，并确保现有资源得到最大化的利用。此外，IMPCS 系统的原材料采购管理、辅料采购管理、原材料仓储管理和辅料仓储管理功能能够精确监控和管理厂区材料及辅料的消耗情况，从而直接计算出成本。这些功能为企业生产提供了可靠的数据支持，有效控制了成本，助力企业实现利润最大化。

5.7.2.4 "产业互联网"新材智猛、智旭多方角色 App 服务平台

北京建工新材公司自主研发了"新材智猛"和"新材智旭"多方角色移动服务平台，构建了产业互联网平台。该平台坚持以客户服务为中心的理念，将公司的数字化转型扩展到供应链的上下游，并通过移动应用实现供应链上下游的线上交互。

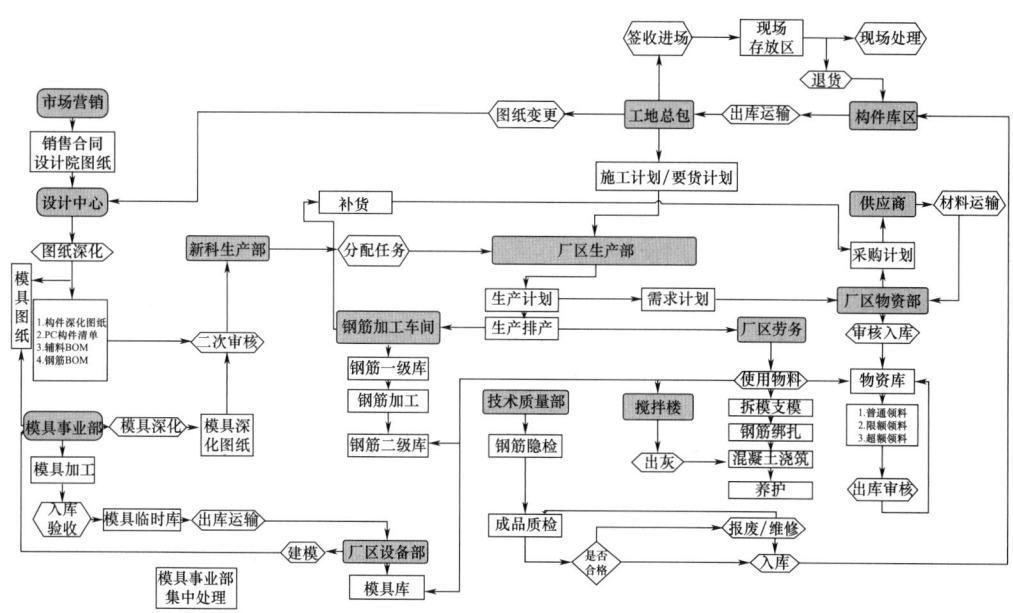

图 5-134　IMPCS 平台业务流程图

新材智猛和智旭建筑产业互联网平台旨在推动混凝土及混凝土制品生产行业的数字化转型和智能化发展。平台借鉴了成熟的互联网平台模式，如滴滴打车和饿了么外卖App，将其应用于建筑行业，并开展了线上交互的电商模式。这一创新使得工地能够像点外卖一样轻松下单，同时让运输司机扮演类似外卖员的角色，接受运输任务。

平台还整合了智能设备和子平台，以提升智能化水平、生产效率和数据质量，包括智能无人过磅、吹灰口门禁、票据自助打印一体机、回票自助分拣柜、一机双控、坍落度识别、新材有好料平台、资料电子化管理平台和预制构件三维质检平台等。通过建设一个集信息共享、资源整合和业务协同于一体的平台，实现了供货各环节的信息化和智能化管理，提高了生产效率，降低了成本，并提升了服务质量。平台致力于产业链各方打破信息壁垒，促进建筑行业各方参与者的信息交互和合作。此外，公司还通过产学研合作模式，为平台用户提供更全面的服务，帮助解决复杂的技术难题，并提供专业的平台迭代方案（图 5-135）。

自 2021 年 10 月起，"新材智猛"多方角色服务平台已全面推广使用，截至目前，该平台已为 2001 个项目提供服务，与 1349 家供应商建立了合作关系。通过 App 平台，共完成了 203361 个订单，调度了 469150 车次的供料服务，总下单量达到了 1345 万立方米（图 5-136）。

"新材智旭"多方角色服务平台自 2022 年 4 月启用至今，已为 66 个施工项目提供服务，通过 App 接收的订单数量为 9322 单，总下单方量超过 30 万 m^3。该平台已与 339 家供应商合作，处理了 5045 个供料订单。平台在各单位及上下游合作方之间的平均使用率达到了 99% 以上。服务的对象涵盖北京建工、中建、城建、中铁、中交、宝治等众多知名企业。

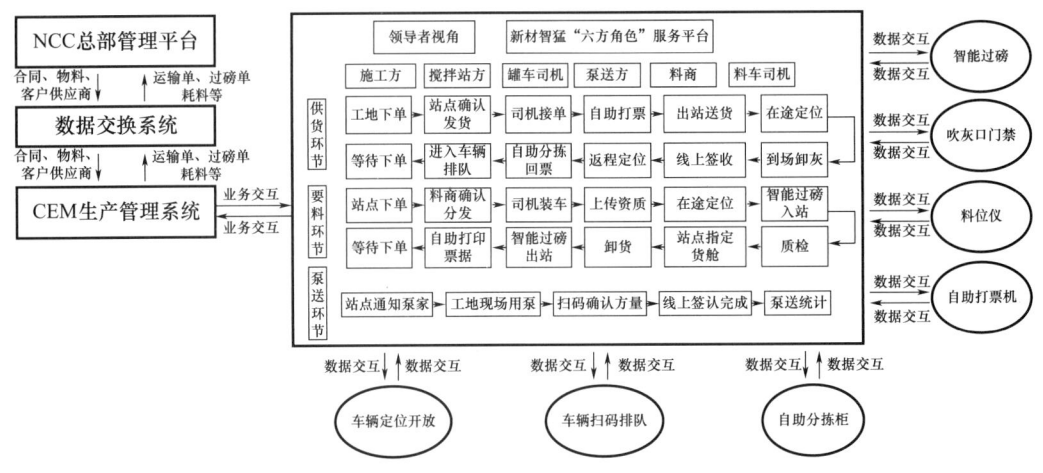

图 5-135 "新材智猛"六方角色 App 服务平台架构

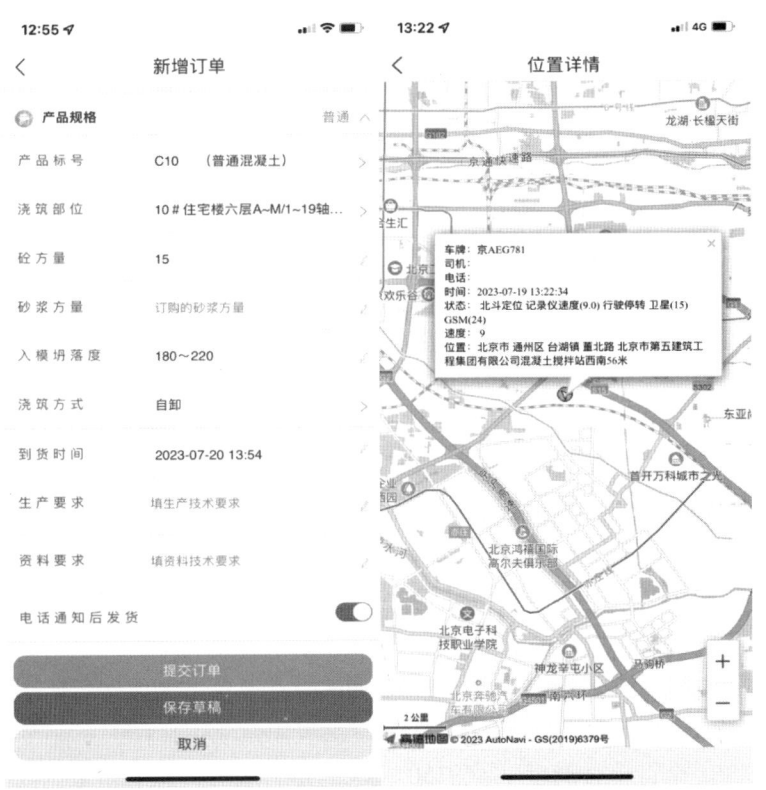

图 5-136 "新材智猛"六方角色 App 服务平台

5.7.2.5 配套智能物联网设备

1. 票据自助打印一体机

通过与站内 ERP 系统对接，司机可以通过人脸识别或出示"六方角色"移动应用的司机端 App 二维码，实现远程自助打票（图 5-137）。

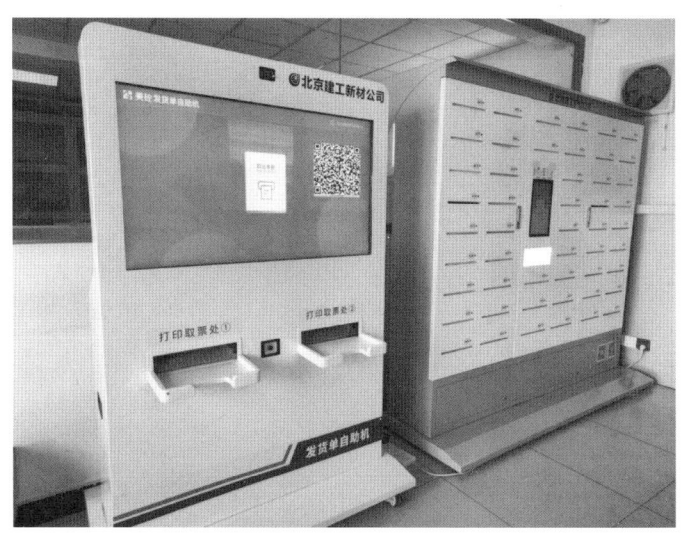

图 5-137　票据自助打印一体机

2. 回票自助分拣柜

回票自助分拣柜通过与站内 ERP 系统无缝对接，实现了高效的数据交换和处理（图 5-138）。当司机到达时，只需出示"六方角色"移动应用中的司机端 App 生成的二维码，或扫描发货单上的二维码，系统便能自动识别并标记司机已回站，同时开启相应的回票口。为了提升用户体验，系统配备了触控屏图示、语音播报以及指示灯，指导司机前往正确的回票口完成回票流程。

图 5-138　票据自助分拣柜

3. 吹灰口门禁系统

吹灰口门禁系统旨在确保混凝土原材料的质量，防止错误材料入仓，并结合门禁的附加功能对原材料进行更全面的管理（图 5-139）。系统通过二维码识别技术确保原料正确入仓，智能控制料仓吹灰口的开启与关闭，并支持远程电脑对车辆进行去皮操作。这些功能不仅便于物料管理信息的实时更新，而且显著降低了吹错仓的风险，提升了物料信息的直观性和准确性，从而加强了物料管理的整体效能。

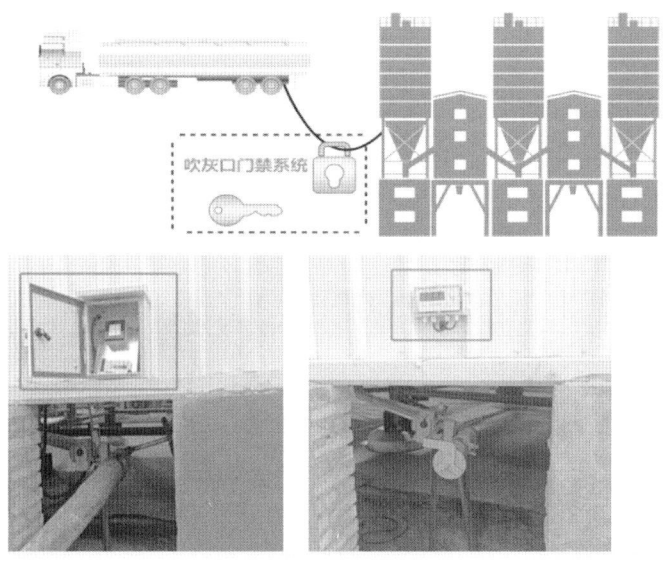

图 5-139　吹灰口门禁系统

4. 资料电子化平台

资料电子化平台是由北京建工新材公司自主研发的一个技术资料管理平台（图 5-140）。该平台遵循质量评估标准和新材技术质量部的管理要求，对涉及技术质量的电子资料进行集中存档和管理。平台为搅拌站和新材提供了电子报告自动存档功能，支持纸质记录的扫描上传和资料存档规则管理。此外，平台还为质量评估检查人员提供了在线电子资料检索服务，使他们能够在评估检查时即时在线访问所需的资料，无须从大量的纸质报告中翻找。

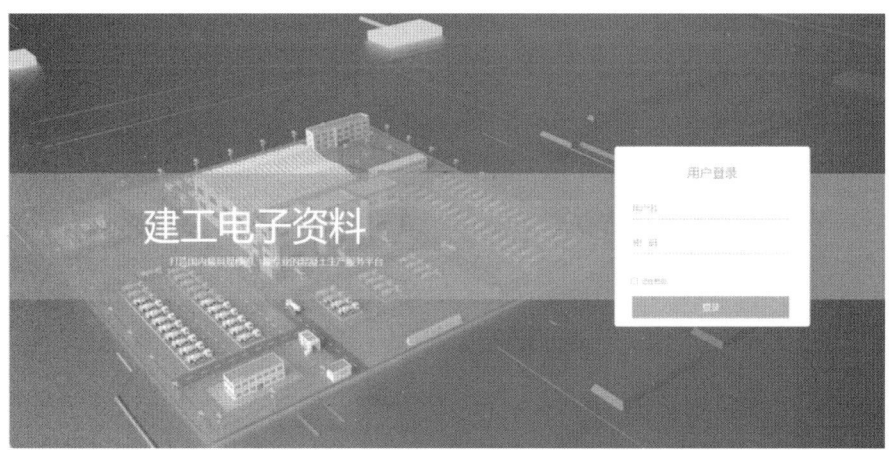

图 5-140　资料电子化平台

平台能够综合查询所有自动存档的电子资料以及手动扫描上传的纸质记录。例如，查询一个生产任务单时，可以检索与该任务相关的所有上下游资料，包括生产任务、原材料质量、出场检验、首次开盘记录等。对于单个报告，平台提供了查看、下载、修订和生成二维码等功能。

在记录存档方面，平台主要采用三种方式：CEM系统生成的电子报告自动存档（例如配合比申请单、试验报告），手工记录的扫描上传（例如试验记录、原材料质量证明文件），以及通过第三方接口上传的资料（例如混凝土小票）。这样的记录管理方式确保了资料的完整性、可追溯性和便捷性。

5. 新材有好料平台

新材有好料平台实现了与全国北斗定位系统的无缝对接，能够实时获取原材料运输车辆的定位和轨迹数据。用户无须安装额外的定位设备，即可对原材料运输车辆进行有效管理。系统与供料系统相互集成，将原料运输单与实时位置数据进行整合，使得搅拌站的质控人员能够监控运输过程，从而对混凝土搅拌站原材料的运输质量进行有效管理。

系统自动监控运单的原料装车位置，用户只需将原料厂位置与供货商绑定，系统便能自动将供货商的运单与相应的原料厂匹配，并实时监控车辆位置。对于轨迹异常的运单，系统会自动报警，质量监测人员无须逐一查询每个运单的轨迹，只需关注异常情况即可掌握所有运单的状态。这一功能大幅减轻了质监人员的工作负担，并实现了搅拌站原料的全覆盖溯源，为保障混凝土的质量提供了坚实的支撑。

6. "建筑机器人"装备

（1）钢筋自动绑扎机器人。钢筋自动绑扎机器人是与哈尔滨工业大学联合研发的产品。该机器人集成了先进的视觉识别技术，能够自动执行钢筋的摆放和绑扎工作，有效替代了传统的人工操作流程。通过引入这种自动化解决方案，不仅显著降低了人工成本，还提高了生产效率和施工安全性（图5-141）。

图5-141　钢筋自动绑扎机器人

（2）模具3D打印。混凝土3D打印边框技术的设计理念并未侧重于"如何提升打印高度",而是充分利用3D打印技术无须传统支模且易于构造复杂形状的优势,通过简化施工流程,避免了叠合板模具的安装步骤,从而显著降低了人工成本,提高了施工效率(图5-142)。

图5-142　模具3D打印

（3）构件智能视觉识别检测系统。采用先进的三维图像测量技术对各类预制构件进行高精度测量,可精确计算预制构件外侧的三维轮廓尺寸、上表面的平面面积尺寸及其平整度、门窗和预埋件的三维空间外形尺寸,以及外侧连接钢筋的直径、长度、间距和分布等参数(图5-143)。测量数据通过智能平台进行管理,按照构件型号、工艺步骤、时间班次等因素进行分类保存,并且与ERP系统建立数据接口。这样,测量系统就能从ERP生产管理系统中获取被测工件的相关信息,实现数据的高效流通和整合。

图5-143　构件智能视觉识别检测系统

系统支持多种方式展示观测数据,包括在二维图像上标注三维测量结果,以及根据输入的尺寸或图纸自动构建标准三维模型,并自动完成CAD图纸的读入和三维模型的建立。通过将当前测量结果与标准模型进行对比，系统能够自动标记和输出任何差异，同时在图像上输出指定位置的测量结果，并标记尺寸与异常区域。引入三维图像测量系统，实现了对构件成品质量的智能检测，显著提升了厂区 PC 构件成品的过程质量监督检查效率和质量。这一技术的应用不仅极大地减少了人力成本，还降低了出厂成品的错误率，从而不断提升厂区的质量监督管理效率。

（4）坍落度自动识别。混凝土拌和物智能分类识别系统利用先进的人工智能视频理解技术，通过对搅拌站产出混凝土的颜色、粒径和流动性特征差异的分析，实现对混凝土和易性的大规模在线识别（图 5-144）。这一技术的应用显著提升了搅拌站生产混凝土的整体质量，方便后期根据现场钢筋含量、运输距离、浇筑方法、运输方式、振捣能力和气候等条件对搅拌站出站混凝土的质量标准进行实时调整。

图 5-144　坍落度自动识别

系统支持实时展示混凝土下料口的视频画面，并能同时展示四路视频流，提供便捷的视频窗口切换功能。当检测到满足告警条件的下料情况时，系统会触发弹窗告警和声光告警，弹窗中展示告警视频片段和相关车次信息，如车号、混凝土强度、坍落度、施工部位等。配合告警灯和系统提示音，及时提醒操作员处理告警数据和相应的混凝土。

系统还统计和记录当天混凝土各类别（优、良、中、差）的告警数量和处理数量。用户可以根据选择的时间和监控设备，从搅拌站的 ERP 系统中获取对应车次的信息，如车号、任务单号、浇筑方式、施工部位、混凝土强度、坍落度等，并从网络视频录像机（NVR）中获取相应时间段的混凝土下料视频。质检人员根据实际情况将混凝土质量分为优良中差四个等级，并记录实际坍落度。系统后台自动整合视频信息和标记信息，为混凝土质量分析算法提供训练数据集，进一步优化质量监控过程。

（5）智能无人过磅系统。智能过磅系统融合了多项尖端技术，包括微波射频识别（RFID）、汽车电子衡、车牌识别、光栅识别、摄像头拍照、语音播报、道闸自动控制、数据库管理以及计算机网络技术。该系统自动记录过磅车辆的车牌号、质量、时间等关键数据，并指导车辆快速完成过磅流程，有效减少了人为错误，降低了司机和司磅员的工作负担（图 5-145）。通过全自动化数据信息采集，系统消除了人为操作漏洞，避免了人工干预，确保了信息采集的准确性和公正性。此外，智能过磅系统与 CEM 系统实现了无缝对接，支持远程监测和控制，从而实现了跨平台的远程称重操作，进一步提升了计量过程的效率和安全性。

图 5-145　智能无人过磅系统

5.7.2.6　智能化质量管控平台

北京建工新材公司自主搭建了智能化质量管控平台，采用先进的图像识别和动态识别技术，实现了对混凝土质量的智能化检测和智能抗渗分析。通过整合机械臂等人工智能自动化设备，平台能够执行机器人试块试压任务，并自动读取、上传压强数据，极大地提高了检测效率和数据处理的准确性（图 5-146）。质量管控平台包括多个子系统：混凝土抗压全自动智能检测系统、多层全自动混凝土抗渗仪、试验环境温湿度监管平台以及试验合规可视化监控平台等（图 5-147）。这些子系统的集成应用，不仅提升了混凝土质量检测的自动化水平，还加强了试验过程的标准化和透明度，为混凝土质量的持续提升提供了强有力的技术支持。

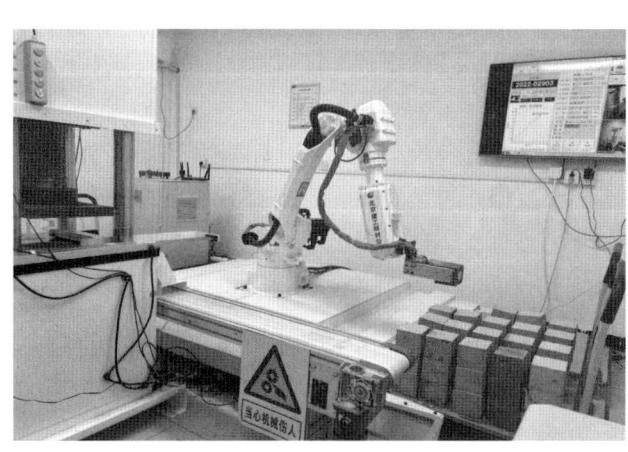

图 5-146　机器人试块试压

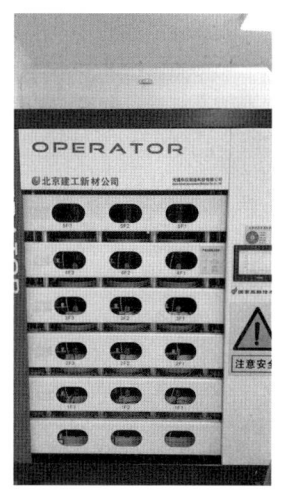

图 5-147　多层全自动混凝土抗渗仪

5.7.2.7 智慧能源管理平台

智慧能源平台通过其提供的可视化界面，使运维人员能够直观地监控光伏板的发电运行状态（图 5-148）。这包括光伏组件的发电量、发电功率等关键性能指标。通过这种直观的数据展示，运维人员可以更便捷地进行发电数据的统计分析，并基于这些信息做出更有效的运维决策。

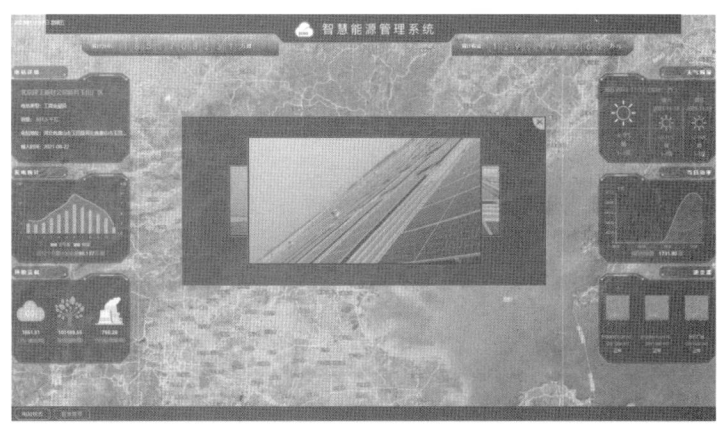

图 5-148　智慧能源管理平台

5.7.2.8 指挥中心——远程中央控制室

在厂区内建设远程中央控制室，并部署了 BI 大屏界面，以实现对整个厂区在原料管理、生产管理、运输物流管理、现场服务管理、厂区安防及权限管理等方面的统一监控和指挥（图 5-149）。通过 BI 大屏，操作人员能够访问各系统的界面，并实现站内全区域的视频对讲通信。此外，该系统还实现了生产质量全过程控制、厂区生产质量的实时监控、原材料仓位情况的实时监控，以及生产设备运转过程的实时监控，从而确保了生产过程的透明化和高效管理。

图 5-149　指挥中心——远程中央控制室

作为传统建材行业的老牌国有企业，北京建工新材公司通过数字化智慧管控平台，已成功应用于多个搅拌站及预制构件工厂，通过数字化转型，在成本控制、质量提升和服务优化方面取得了显著成效，赢得了广泛客户的认可和赞誉。北京建工新材公司致力于同步推进企业管理数字化和基层生产智能化。通过数字化转型，公司重塑了管理流程，调整了岗位编制，并通过产业互联网拓展了营销模式，为客户提供数字化体验服务。此外，物联网智能设备和建筑机器人的部署应用，推动了生产过程的自动化和无人化，不仅缩短了生产周期，提高了生产效率，还进一步提升了产品质量的可控性，确保每一车混凝土、每一件预制构件产品都达到高标准、高质量的要求。

5.7.3 实施效果

北京建工新材公司致力于通过数字化转型推动企业高质量发展。公司依托云平台构建了"NCC+CEM+新材智猛+智能装备"的成体系可复制的混凝土数字管理模式，成为行业数字转型的领跑者，实现减人降本增效。同时，公司还致力于打造"NCC+IMPCs+新材智旭+建筑机器人"的装配式智能标杆工厂，加速建筑工业化的升级。为了优化信息化和自动化手段，北京建工新材公司搭建了顶层管理平台，对接各板块业务系统，实现对公司的原材供给、物流配送、生产及产品质量控制等数字化智能化管控。具体措施如下。

在混凝土板块方面，通过导入精益管理提高生产管理的标准化程度，并优化管理流程，利用信息化手段固化管理流程，实现生产过程的可视化，提高管理的精度和准确度。同时，采用自动化设备提高生产效率和质量，实现从订单到交付的全生命周期的数字化管理，将生产和运输全过程的周期缩短10%，并全面提升生产效率，预计整体提升10%以上。

在装配式板块方面，通过提高生产线的自动化水平，降低固定摊销，实现混凝土方量和耗料的自动采集。结合BIM技术及BOM料单，实现限额领料控制成本，有效控制钢筋等各类物资使用。综合降低包括人工成本、劳务成本、材料成本、模具摊销、能源消耗和运输等成本30%以上，使全年运营成本降低30%以上。

借助"新材智猛"和"新材智旭"多方角色移动服务平台，构建产业互联网。以客户服务为中心的理念，将新材公司数字化转型覆盖至供应链上下游，多方通过移动App实现线上业务交互。包括线上要灰、线上要料、罐车及原材料车定位开放、自助打票、自助回票、料车自助过磅、工地自助认签、磅家自助算量等功能，有效增加了上下游各相关方的参与度，实现业务的降本增效。

根据交付计划，自动排定生产计划，并联动设备系统，打通生产和施工环节的信息通道。对产品的要货、生产、质检、入库、发运和交付进行全生命周期管理，实现生产全过程的管理，同时有效地节省了生产运营成本。

通过以上信息化和智能化手段，新材公司有效提升了包括生产、质控、运输和物流在内的各环节效率和质量，从而提高整体运营效益。

5.8 上海思伟软件智能工厂解决方案案例

5.8.1 项目概况

该项目位于华东地区,公司于 2018 年 5 月正式建成投产,占地面积 60 亩,生产设备、厂区建设投资近 1 亿元,设有 4 条 4.5 m³ 预拌混凝土生产流水线,总装机容量 18 m³,日产量最高可达 1.2 万 m³。2019 年与上海思伟软件有限公司达成战略合作后,从场站规划、设计、建设到运营管理,将智能化、绿色化、数字化理念贯穿全过程,所建智能工厂获评"2023 年度上海市级智能工厂",也是国内首个商混企业省级智能工厂。具体项目情况如下。

该项目涵盖三个核心部分:物链可视化平台、业务驱动化平台和制造智能化平台。这三个平台相互协作、各有侧重,共同推动企业整体强化,提升盈利能力,并促进高质量发展(图 5-150)。

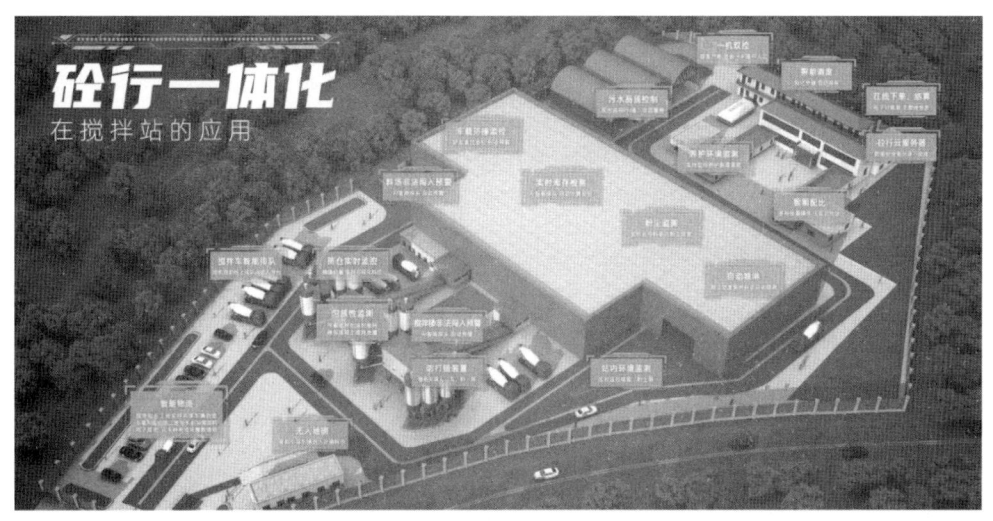

图 5-150　总体架构

物链可视化平台:通过部署 IoT 设备,确保关键数据的实时在线获取和监控。

业务驱动化平台:利用 AI 技术,提升企业运营效率,减少对人工依赖,并探索替代传统人力资源的可能性。

制造智能化平台:通过集成客户、供应商和多站点网络,实现需求的自动化处理和智能响应,促进供应链的灵活性和效率。

5.8.2 建设内容

5.8.2.1 系统建设情况

1. 数据采集

信息化数据：通过管理系统，强化了对供应链各环节的数据采集，包括货源地、原材料运输、卸料过程、试验室报告、泵车泵送、搅拌车卸料、现场外加剂补加等关键环节。同时，将原材料库存、小票履历、试验室检测数据等环节数据的采集方式从间接转变为直接，提高了数据获取的准确性和时效性。

设备数据：对传统搅拌站的监控数据进行全面升级，每条生产线的数据采集能力从原先的 10~15 路模拟量数据和 25~30 路数字量数据提升至超过 60 路模拟量数据和 300 余路数字量数据。这些数据全面覆盖了生产、环保、安防设备的状态、故障诊断以及使用频率等信息。

视觉数据：部署了超过 200 个摄像头，其中包括 50 多个 AI 摄像头，用于实时识别和记录人员活动、车辆动态、设备状况、安全风险以及原料和成品混凝土的质量情况。

通过建设物联网数据采集平台，实现了信息化数据、设备数据和视觉数据的三位一体互联互通，为数据分析和决策提供了坚实基础。同时，平台还预留了通过 3D 界面展示数据的扩展功能，以进一步提升数据可视化和交互体验。

2. 智能生产

供应环节：通过精准的供应计划算法，结合货源地图像和位置信息，实现高效的原材料运输。采用无人过磅、无人取样和无人卸车技术，确保材料的安全、精确计量和快速入库，整个流程由算法优化驱动。

发料环节：运用智能调度算法，实现泵车和拌车的最优调度，同时通过拌台调度算法，确保上料、配料、搅拌和装车等环节的自动化和无人化操作。无人过磅和智能运输系统保障了材料的及时、准确送达施工现场，并采用算法控制的卸料过程，确保作业的高效性和精准性。

通过以上流程的闭环管理，从原材料供应到产品交付的全过程得到了系统化、自动化和智能化的全面升级，建立了一个具备无人生产基础环境的先进系统。

3. 智能制造建设

试验环节：该环节涉及原材料取样、原材料检测、成品坍落度检测、成品试块制备、成品试块成型、成品试块养护、成品试块脱模以及成品试块试压等一系列标准化测试步骤，确保材料与成品的品质符合既定标准。

合规环节：依据国家标准、地方标准和企业标准，利用算法将生产数据、原料数据、复试数据等相互关联，确保交货验收流程的合规性，并满足质量检查的合格标准。

提升环节：通过分析试验和检测数据，推动生产过程向更高水平的智能化制造 L4 级迈进，实现生产效率和产品质量的双重提升。

5.8.2.2 生产运营数字化建设情况

1. 物链可视化平台

该项目构建的物链可视化平台（图 5-151），依托于物联网数据采集技术和数字孪生平台，致力于实现全方位数据采集，从而深入挖掘数据价值、进行诊断性分析，并达到支持商业决策制定的目标。

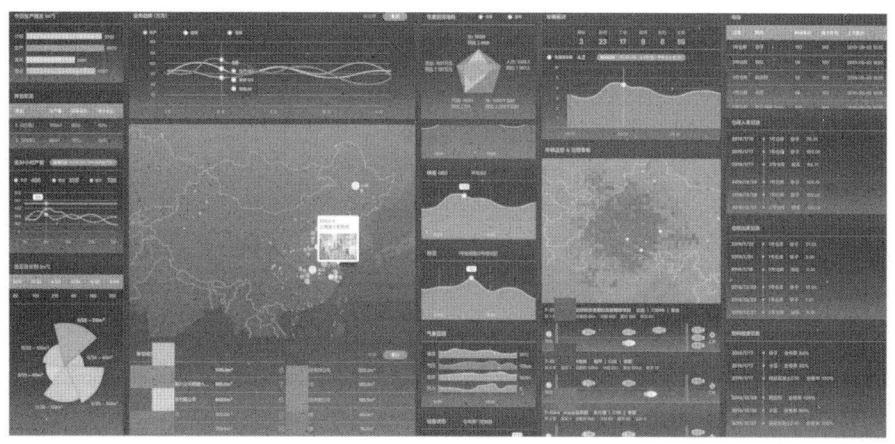

图 5-151 物链可视化平台

1）物联网数据采集平台

该项目通过部署超过 200 个摄像头和传感器，实现了对货源地、原材料运输、卸料过程、试验室报告、泵车泵送、搅拌车卸料、现场外加剂补加等关键环节的直接数据采集。这些数据覆盖了生产、环保和安防设备的状态监控、故障诊断以及使用频率统计。通过集成先进的数据探查和交互式可视化分析技术，成功构建了物链可视化平台，为企业的智能化决策提供了强有力的数据支持。

2）数字孪生平台

智能工厂依托数字孪生平台，综合运用传感器、物联网、云计算、人工智能等前沿技术，通过 2D/3D 数字孪生软件实现全厂数字化设备的集成，构建了一个与实体工厂高度仿真的虚拟环境。这一平台使企业能够做出更精准的决策、提升生产效率、降低运营成本、优化资源配置，并显著改善产品质量。

数字孪生平台能够模拟和测试多种生产场景、流程优化方案、设备配置以及供应链策略，从而评估不同方案的效果并制定最佳决策。通过虚拟模拟，搅拌站的工作人员可以在安全的环境中接受培训，熟悉操作流程。此外，维护人员可以利用数字孪生技术进行设备故障的诊断和维护工作，提高维护效率和准确性。

2. 业务驱动化平台

该项目的业务驱动化平台利用 AI 技术，致力于为企业提供智能化解决方案，旨在降低对人力资源的依赖，并探索替代传统人工作业的可能性。平台整合了工控系统、自动排程系统、无人值守地磅系统、设备全生命周期管理、区块链可信签收系统、安全监测系统、能耗监测系统、智能巡点检系统、环境检测系统等多项内容，以实现生产流程的自动化和智能化，提升企业的运营效率和管理水平。

1）工控系统

该项目的控制系统通过集成创新，实现了多线任务的无人化生产、流程集成，以及多配合比管理，确保了整个控制过程的实时可视化和透明度。系统高效地管理整个生产流程，并详尽记录所有生产数据，为全面的数据分析和监控提供了便利，从而实现了生产效率的提升和资源浪费的减少。

在任务管理方面，多条生产线共享同一任务单管理窗口，避免了信息的重复录入，提高了工作效率。此外，通过网络化生产，不同拌台可以协同生产同一任务，提高了生产的灵活性和效率。

控制系统支持多条生产线同时执行不同的配合比，且在单一界面窗口下即可完成各自配比的调整，确保了操作的独立性和便捷性。试验室亦可远程进行配比管理，进一步减轻了操作员的工作负担。

通过与高级计划排程系统（APS）的对接，实现了在一机双控工作模式下的便捷操作。在此模式下，各机组可以在一个界面下独立登记，小票自动累加，显著简化了操作员的操作流程，提升了工作效率。

2）自动排程调度系统

该项目采用的自动排程系统，即 APS 系统，是基于计算机和软件技术的先进规划和调度工具，专门用于生产、运输、供应链等领域的规划和调度任务。系统通过复杂的算法和模型，结合实时数据和企业业务需求，生成最优化的计划与调度策略。APS 系统考虑了包括各种约束条件、资源限制以及企业目标在内的多方面因素，为管理层提供全面的决策支持。

通过实施 APS 系统，企业实现了生产计划和调度的自动化、高效化和最优化，显著提升了生产效率、准时交付率和客户满意度。APS 系统助力企业实现精益生产、供应链协同和成本控制等关键目标，增强了企业的市场竞争力，并使企业能够灵活适应市场的快速变化。

3）搅拌车自动装车系统

该项目应用了搅拌车自助装车系统，旨在自动化控制混凝土搅拌车在搅拌站的装车过程。该系统采用 AI 智能算法、车辆识别等先进技术，显著提升了混凝土装车的效率、质量和精确度。当车辆进入站点后，AI 智能相机利用智能算法分析车辆的停放位置是否准确。若停放位置恰当，系统将同步信息至配料系统（TGL），允许放料；若停放位置不正确，系统将通过司机大屏幕发出提醒。

为防止接错料或送错工地，系统设计了严格的车辆生产完成和接料结束的流程。只有当前车辆的最后一盘混凝土放料完毕并关好车门后，系统才会验证车牌并允许车辆出站。该系统的应用大幅减少了人为干预和错误的可能性，缩短了装车时间和排队等待时间，从而提高了生产效率并减少了资源浪费。

4）发货单自助打印系统

该项目对发货单打印系统进行优化，通过在"砼行"系统中部署自主一体式打印机,实现了司机的自助取票功能。司机在收到小票后,可以利用手机上安装的 App 生成二维码自助打印取票,这一改进使得司机操作更加便捷,同时也提升了调度的效率。

（1）智能便捷性：系统帮助调度人员省去了人工打印和派发小票的烦琐工作。司机到场后,可以通过 App 自助打印小票并扫码取票,这不仅提高了调度效率,也增加了车辆配送的频次。

（2）高安全性：系统采用一票一码的设计,确保每张小票的编码都是独一无二的,并记录驾驶员的打印次数,有效防止了篡改和打印假票的行为（图5-152）。

（3）高自由度：系统设计人性化,允许随意部署"砼行"自助终端,根据需求的变化灵活调整,摆脱了地理位置的限制。

（4）超长保护：小票采用高级防护纸张制作,具备防水、防油、防PVC的特性,确保小票的保存时间更加长久。

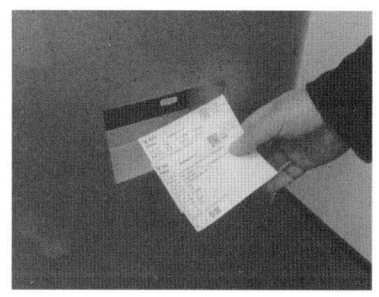

图 5-152　司机自助取票过程（基于二维码使用"砼行"取票机取票）

5）匀质性数字化在线监测

该项目运用能量线理论构建了匀质性监测的数学模型,用于优化混凝土生产过程中的投料策略,精确控制搅拌时间,从而降低能耗（图5-153）。该模型能够实时在线检测和记录混凝土拌和物的匀质性,确保混凝土的生产质量,并显著提升混凝土的生产效率。

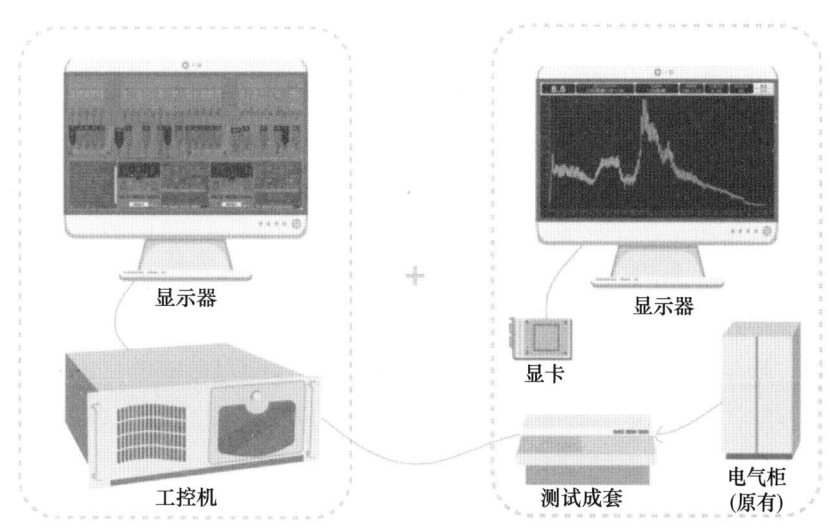

图 5-153　匀质性数字化在线监测

6）废水含固量在线检测

该项目通过实时数据采集和实时分析技术，实现了环保相关监测数据的自动化分析和实时预警功能（图 5-154）。

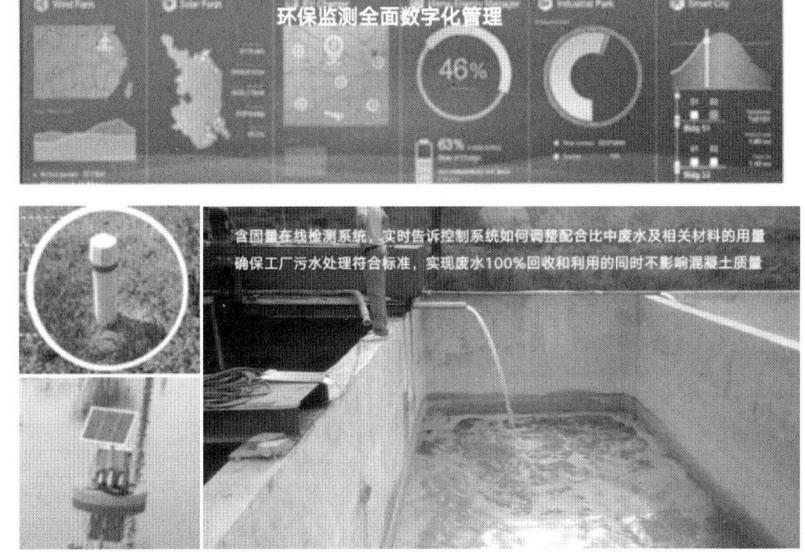

图 5-154　环保检测全面数字化管理

环境监测方面，系统对污染源进行实时监测和预警，包括废水、废气和固体废物排放的监测，以及污染成分的自动化分析。同时，系统还监测废水和中水的回收利用情况，以及废水中的固体含量。

在综合环保管理方面，项目采用了全面的数字化管理策略，实现了环保监测的智能化和数据化。系统通过多能互补和智能调度，提高了能源利用效率。此外，通过对监测大数据的分析，项目推动了环保措施的持续改进，为企业的可持续发展提供了支持。

7）无人值守地磅系统

（1）无人监管过磅：对地磅及其相关硬件进行了全面的配置和管理，支持包括红外、道闸、地感、射频刷卡、车牌识别、AI 分析、拍照存档、LED 语音播报一体机等多种设备，确保了稳定可靠的无人监管称重功能。系统确保只有合规车辆完全停放在磅秤上才会提供称重值，以保障称重的准确性和合规性。

（2）智能订单运单：系统允许供需双方在线下单，并可绑定固定车辆驾驶员。系统智能识别和匹配运单，创建和更新相关记录，支持一次运输过程中的多次装卸和称重，并细化了订单、运单、仓库统计的维度。

（3）仓库电子管控：系统通过对物料、指定装卸仓库和预设库存规则等进行自动计算，提供装卸仓库要求。系统还通过对道闸、阀门及附属装卸设备等进行开关控制，防止驾驶员或装卸人员接触到错误的仓库。

（4）场区车流和时间管控：系统通过设备和业务逻辑流程，限制场区车辆的通行路径，控制场区和仓库的车流量，以及限制装卸和逗留时间。

(5) 完善的记录和数据输出：系统提供记录和数据输出功能，包括业务全过程记录和操作记录，支持随时查询和导出仓库、物料等基础数据，以及出入库清单和详细数据、操作记录等。系统还支持进行称重、关键信息变更等事件的通知，确保了业务流程的透明化和数据管理的有效性。

8）原材料进出全管控

(1) 在采购计划阶段，系统实时监控供货量，并根据生产需求自动生成采购计划，同时智能分配供应商和运输商，确保供应链的稳定和高效。

(2) 在材料运输阶段，车辆可预约到场时间，系统在途实现实时可视化监控，并根据实时路况动态预测到场时间，提高了运输过程的透明度和预测性。

(3) 材料到场后，系统支持自动取样和自助过磅，并通过 AI 摄像头进行 AI 复核，确保了取样和称重的准确性和效率。

(4) 在原材料卸料过程中，系统通过自动化和智能化的手段，提升了卸车过程的效率和安全性，优化了物流运输中的卸车环节，实现了均匀布撒等功能创新。

(5) 卸料完成后，系统支持车辆自助回皮和驾驶员自助取票，进一步简化了操作流程，提高了整体物流效率。

9）粉料筒仓安全控制系统

该项目开发了筒仓料位监测系统，旨在有效应对断料和料仓溢满等安全问题，并防止司机误操作打错料仓。系统配备了精准的料位监测和报警机制，能够在料位过高时自动关闭进料口阀门，防止料仓溢满，并发出报警以避免材料浪费和环境污染。此外，在料位过低时，系统会提醒及时补料，确保生产连续性不受断料影响。系统通过实时读取料位计数据，满足了企业对高效连续生产的需求，并支持快速切换料仓，优化了生产流程。

10）智慧物流系统

在本项目的混凝土运输环节贯彻了"互联网＋"的思维模式，构建了智慧物流管理系统。该系统为企业建立了一条信息高速公路，使得工程相关人员能够实现即时互动和联系，同时实现工厂、工地、第三方之间的实时数据共享。系统支持网络下单和运输全流程的线上监管，并实现线上电子签收。

与传统的物流系统不同，本项目中的物流系统采用了分布式存储的底层设计，确保数据的可信性和不可篡改性（图5-155）。此外，系统还实现了人、车、货、单的自动匹配和及时预警功能。它不仅能够追溯搅拌车的运输轨迹、生产—发货—浇筑时间等信息，还集成了车载 AI 系统，能够对违规卸料、工地加水等异常情况实现第一时间的预警。

(1) 管理端 App。管理端 App 专为拌站业务管理岗位人员设计，提供全面的业务数据实时展示和统计分析功能，支持合同管理、销售下单、生产管理、配比耗料查看、车队管理、物流过程监控、实时库存等数据，并以图表和明细的形式直观呈现。此外，App 还支持在线文字和语音沟通功能，并与管理 Web 端共享相同的管理权限。

在 App 的订单页面，用户可以查看所有生产系统中的订单，包括订单详情、执行情

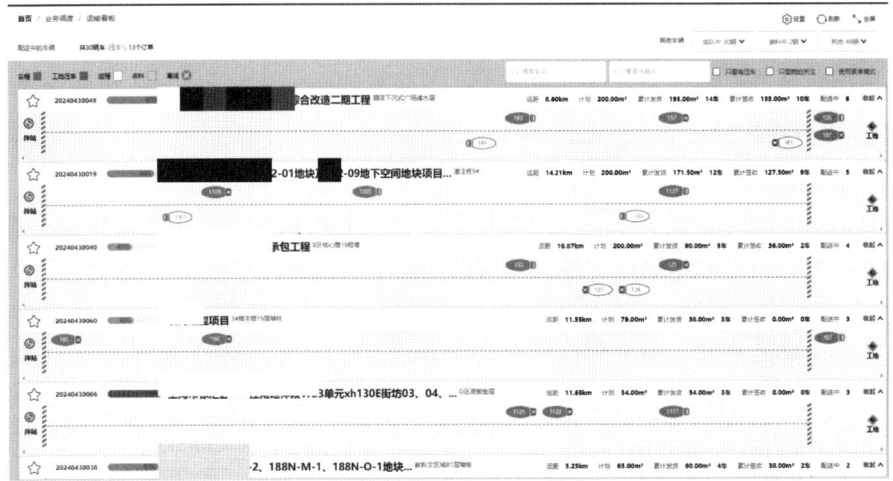

图 5-155　业务调度看板

况,并能深入到小票层面,查看具体的小票生产、发货履历信息以及物流过程信息(图 5-156)。

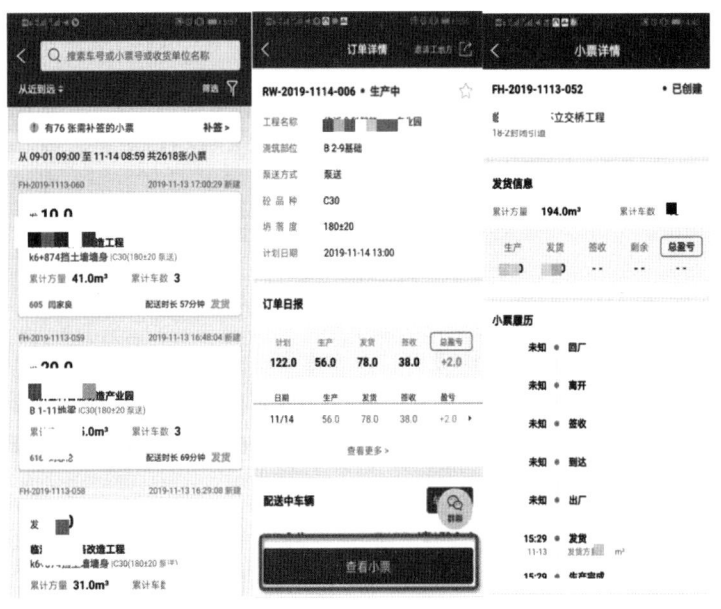

图 5-156　订单页面

(2)司机端 App。为司机提供了一系列便捷功能,包括上班打卡、排队管理、小票信息查询、路线导航等。该 App 还支持电子加油卡使用、百公里单方油耗统计、报修申请等功能。司机可以通过小票上的二维码在工地方小程序上操作,实现扫码签收。在手机端,司机可以查看工作量统计和运费提成信息。

系统具备电子围栏功能,司机只能在预设的拌站电子围栏范围内上班,而下班地点则不受限制。在拌站范围内,司机可以点击排队并加入队列,系统会通知司机队列的变化，并在即将轮到其进入拌台时发送语音提醒。

App 支持小票信息的查看，司机可以查看所有接收的小票，并进入小票详情查看发货信息及物流过程信息。在配送过程中，App 主页显示小票的概要信息。配送完成后，司机可以在线签收并提交签收及剩余信息，辅助调度提前干预余料退料等异常情况。

对于泵车司机端，App 可以接收预定安排的泵送任务，并支持对任务进行开始和结束状态的标记。若在泵送过程中发生泵车故障，司机可以利用 App 的保修功能提交维修申请。泵送完成后，泵工可以通过手机端查看接收的小票信息，系统会自动帮助泵工统计累计报表，方便泵工了解工作量等相关信息。

（3）工地端小程序。工地端用户需在拌站方开通权限后方可启用相关功能。工地方用户可通过手机提交订单，并查看拌站的计划生产及生产发货信息。在获得拌站授权的情况下，工地方用户还可以查看车辆的 GPS 定位及罐体反转信息。工地方用户可通过小程序扫描司机的二维码小票，完成电子签收。在收货质量异常时，工地方用户可使用小程序记录异常情况并拍摄现场照片，提交给拌站。此外，工地方用户还可以接收拌和站的对账单，并在线上进行签章确认对账。

在小程序的首页，具备相应权限的工地人员可进入新建订单界面，提交工地用料计划。在提交计划后，拌和站将进行审核，工地人员可以查看具体的计划安排及生产状态信息。工地人员还可以使用小程序查看任务单的生产进度以及发车状态信息。在获得工地授权后，工地方用户还可以实时查看送货车辆的 GPS 位置。工地方用户可以使用小程序的签收功能，扫描司机的纸质小票或手机端的二维码后，进入签收界面填写具体的签收及退货信息。

11）车载智能终端

通过车载摄像头捕捉实时图像或视频流，系统利用 AI 算法对行为进行自动分析。一旦系统识别出异常行为，例如工地加水或异常卸料等，系统将自动保存相关视频和图像，并通过"砼行"App 端和 Web 端推送异常报警信息，以便即时通知相关人员采取相应处理措施（图 5-157）。

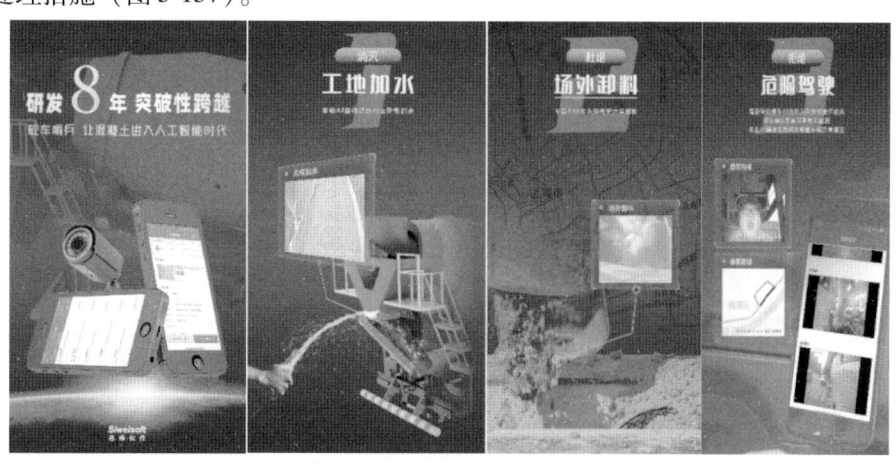

图 5-157　车载智能终端

12）区块链可信签收系统

项目整合了传统纸质小票的手工签名签收流程，并引入了实时拍照上传功能，以及扫码和扫车牌的电子签收方式，实现了货物签收的线上化。这一变革增强了签收数据的精准性和可靠性。电子签收不仅代表了未来发展的趋势，更重要的是直接减少了用户在统计和结算过程中所需的时间和人力资源，为发货过程中的退转料提供了明确的数据依据。

13）安全监测系统

依托于前沿的安全行为识别技术与智能物联控制手段，项目构筑了一套综合性的智慧安防管理系统，旨在对人、物资及环境进行全方位的安全监控与智能化管理（图5-158）。在人员安全管理方面，系统通过视频监控设备，自动识别并警示未佩戴安全帽等潜在安全隐患行为，以强化施工作业人员的安全防护措施。针对车辆安全管理，系统能够对厂区内部车辆的行驶速度进行实时监控，对超速行驶及时发出预警，从而预防交通事故的发生，保障厂区交通秩序与人员安全。

图5-158　安全监测系统

14）环境监测系统

项目通过系统集成，构建了一套高效的环境监测系统（图5-159）。该系统利用贯穿产品全生命周期的信息追踪与反馈机制，促进了产品的协同创新和可持续发展，提升了跨企业网络协同设计与制造的能力，扩展了产品的价值链，并实现了产品服务的延伸和精准管理。

此外，项目还推动了企业走向节能减排的绿色发展之路。在环境监测方面，系统利用实时数据采集与分析技术，自动对环保相关监测数据进行处理，并实现实时预警功能。具体包括以下几项。

（1）污染源监测：对废水、废气和固体废物排放进行实时监测和预警，并自动化分析污染成分。

图 5-159 环境监测系统

（2）废水处理与回收：监测废水和中水的回收利用情况，以及废水含固量的实时监测。

（3）综合环保管理：实现环保监测的全面数字化管理，通过多能互补和智能调度优化能源使用，并结合监测大数据分析，推动环保措施的持续改进。

15）能耗监测系统

该项目采用可靠的数据采集技术，对拌车、铲车等设备的燃油消耗数据进行实时监测，并对皮带输送机的电能消耗以及用水量等关键能耗指标进行跟踪（图 5-160）。基于上述数据，项目构建了一个可视化的能耗监测平台，为现场作业提供实时反馈和指导，从而有效降低现场能耗，提升能源使用效率。

图 5-160 能耗监测

3. 制造智能化平台

该项目构建的制造智能化平台，依托工业互联网技术，实现了与客户、供应商以及多个站点的高效连接。基于这一平台，需求信息能够自动流转和处理，从而提升了业务流程的自动化水平，加强了供应链的协同效应，并优化了资源配置。增强了企业的市场响应速度和竞争力。

1) 工业互联网平台

项目通过构建工业互联网平台，全面覆盖了从物联网连接、数据采集、智能建模、应用到开发与部署的整个过程，旨在快速且低成本地响应客户业务需求，推动企业数字化转型的实质性落地。平台的三大建设特点包括海量数据采集分析、灯塔级智能化应用开发、打通所有信息化系统。

2) 智能巡点检系统

项目利用在线数据采集技术，实现了对设备相关参数的直接可视化，从而优化了巡检内容。智能巡检机器人和视频巡检等新型巡检方式，有效地减轻了人员作业负担（图5-161）。

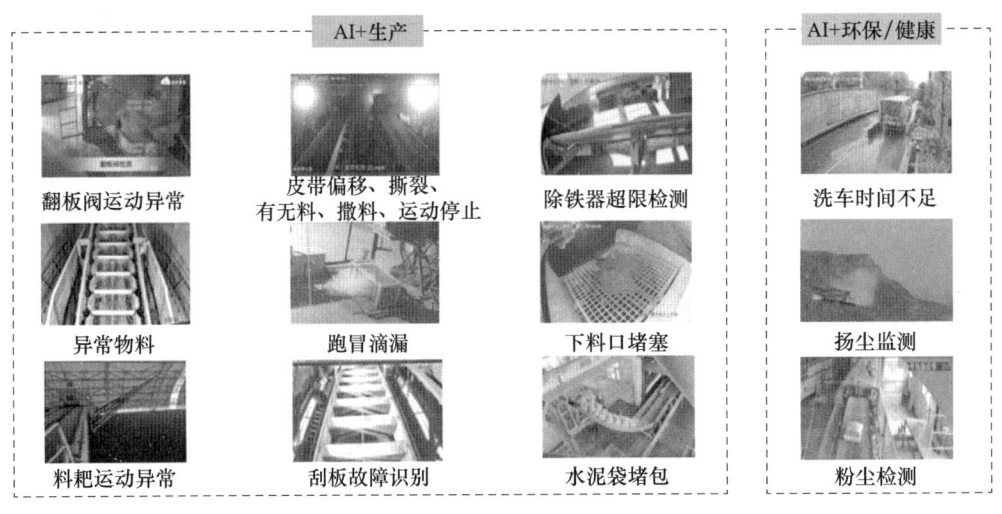

图 5-161 制造智能化平台

（1）自动报警：系统依据点巡检以及在线检测状况，对突发或者即将发生的异常，自动创建维修工单，发送相关指令到对应组织负责人。设备巡检系统用于管理和执行设备巡检工作的软件或系统，帮助组织和企业有效地计划、跟踪和管理设备巡检活动，以确保设备的正常运行、安全性和可靠性。

（2）计划和调度：设备巡检系统可以根据设备维护计划和要求，自动创建巡检任务，并将其分配给相关的巡检人员，有助于提前安排巡检工作，避免漏检和延误。

（3）巡检记录：巡检人员使用设备巡检系统记录实际的巡检情况和数据。这些记录包括设备状态、异常情况、需要维修或更换的部件等信息。记录的数据可以被保存、检索和分析，以便后续的维护决策和分析。

（4）提醒和通知：设备巡检系统可以通过提醒和通知功能，向巡检人员发送即时提醒，以确保巡检任务按时进行。这可以大大减少因疏忽而导致的巡检遗漏，并提高巡检工作的效率和准确性。

（5）异常处理和故障报告：如果在巡检过程中发现设备异常或故障，巡检人员可以使用设备巡检系统记录并报告这些问题。

3）设备预测性维护

设备在线检测系统采用预测性维护策略，摒弃传统的故障后维修模式，为工厂提供全方位的保障，确保维修成本的可控性（图5-162）。

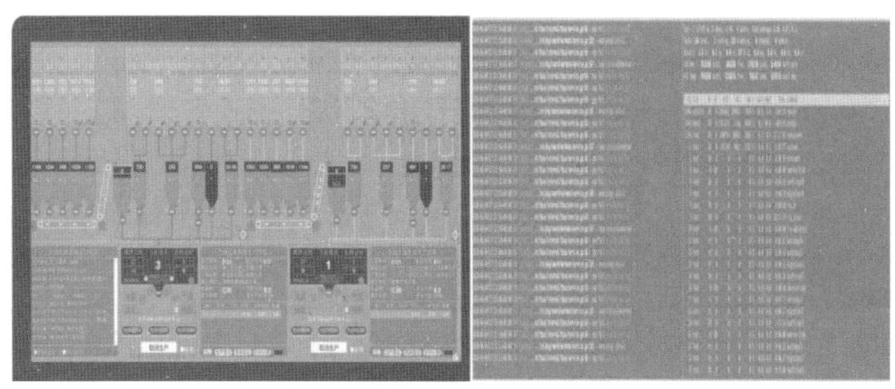

图5-162 设备预测性维护

4）配合比优化学习系统

该系统凭借大数据和云计算技术的支撑，实现了配合比的优化学习功能。系统通过积累和分析大量数据，能够自动匹配和优化配合比，使得每一次生产都成为一次试配的过程，而每一次试配都成为技术积累的环节。这不仅显著提升了实验室的工作效率，也增强了企业的技术储备，从而为产品的安全性（包括降低混凝土的主材成本）提供了坚实的保障。

5）骨料识别与自动取样系统

细骨料是指粒径较小的颗粒状物质，利用集成AI算法的摄像机对骨料进行表观检测，系统能够自动化地识别和分析骨料的外观特征（图5-163）。而细骨料自动取样系统的应用，可实现生产过程中对细骨料的自动化取样和样品收集，以便进行质量监控和分析，确保了质量监控的准确性和效率。

图5-163 骨料识别与自动取样系统

6）坍落度在线监测

该项目在搅拌机拌和混凝土的过程中，实时采集混凝土的图像数据。通过分析这些图像信息，系统能够提取混凝土的形状特征，进而判别混凝土的工作度。此外，这些数据还能够为调整混凝土配合比提供决策支持，从而提升实验室配合比设计的效率，并有效避免因混凝土工作度不达标而导致的资源浪费和经济损失。

4. 信息安全保障

项目在系统规划阶段便对数据安全和系统安全给予了高度重视，并采用了"砼行"云——数据安全云管理系统进行数据处理（图5-164）。该系统涵盖了销售、生产、配比、调度、财务、仓储等全流程的数据托管、备份和管理。在维护人员尚未发现数据安全和故障隐患之前，"砼行"云系统已能够自行修复漏洞、排除故障隐患，确保生产过程的连续性和稳定性。

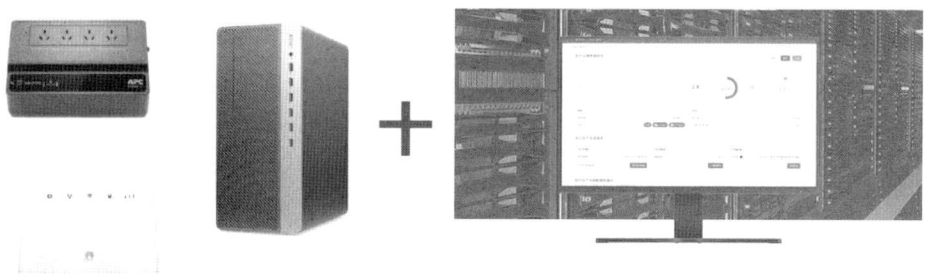

图5-164 "砼行"云系统

5.8.3 实施效果

通过智能工厂的建设，该企业实现了生产效率的显著提升。原先的生产瓶颈环节已被高效自动化设备所取代，生产过程得到了精确的调度和优化，显著减少了等待时间并降低了设备空载率，从而显著提升了单位产能，使企业在激烈的市场竞争中保持领先地位。

在生产环节，通过一人一机控制两条生产线，实现从任务单到投产的全流程管理，直接减少了50%的操作工人，同时间接降低人员管理费用和控制系统维护成本。远程集中控制允许操作人员集中管理生产，相互监督和协作，同时改善了操作人员的工作环境，远离了粉尘和噪声污染，使搅拌站管理更加安全、快捷、环保和高效。

在绿色环保方面，智能工厂采用先进技术，对生产过程中的粉尘、废水和废渣进行了全方位的监控和处理。通过实施源头控制和废物再利用，粉尘得到有效抑制，废水经过精密处理后达到排放标准，废渣则经过高效回收和再加工，转化为有价值的再生资源，实现了生产过程的"零排放"。这不仅降低了环境影响，还为企业带来显著的经济效益，实现绿色生产与可持续发展的双重目标。智能工厂的运行数据显示，生产作业用水量减少约35%，碳排放减少约12%，环保效能得到提升。

在智慧化管理方面，企业的生产线操作变得更加智能化和精益化。算法模型和大数据技术的应用，使生产决策更加精准，显著降低了对人工操作的依赖，优化了人员配置，提升了约25%的工作效率。实时分析原材料采购数据，使企业能够精准采购，降低了约5%的原材料成本，实现了资源的有效利用。经过测算，企业综合供货能力提升了10%以上，确保了产品供应的稳定性和响应速度，满足了市场变化和客户的需求。智能工厂的运营优化了库存管理，减少了库存成本，降低了生产周期，确保了企业的市场竞争力。

总体来说，该企业的智能工厂建设不仅提高了生产效率、环保性能和整体运营效能，还为混凝土行业的转型升级树立了标杆，展现了智能制造在行业中的巨大潜力和价值，为社会创造了可持续发展的典范。

5.9 广东恒利混凝土数智化经营管理模式案例

5.9.1 项目概况

公司自成立以来，不断推进生产经营的标准化和数字化、智能化融合，率先在行业内自主开发并实施"智砼数智企业平台"。在不断增设智能设备的基础上，建成全业务流程信息化管理体系，对营销、财务、生产、质量、运输、材料进行标准化、智能化管理，以信息化带动工业化，有效提升生产效率和经营管理水平（图5-165）。公司目前已建成以"智砼数智企业平台"为核心的全业务流程信息化管理体系，覆盖企业研、产、销、管各个业务环节，各信息系统高度集成、数据互通，有效支撑起公司生产经营全流程的信息化、智能化管理。

扫一扫，了解更多

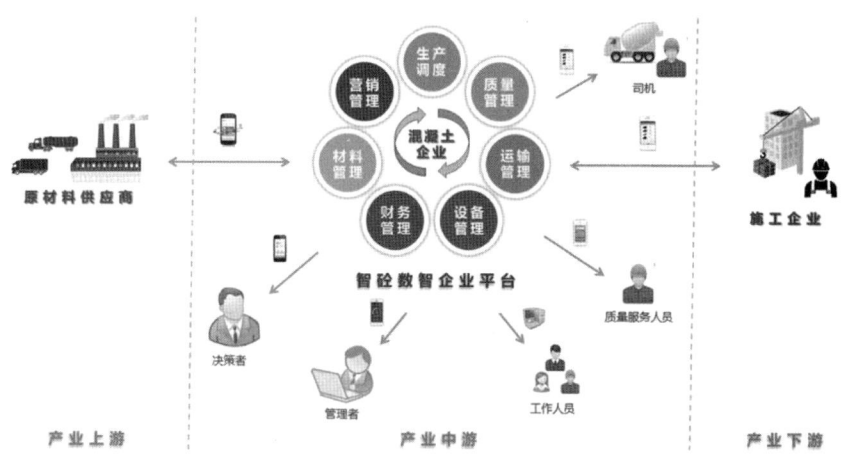

图5-165 信息化管理体系总体架构

作为公司信息化、智能化管理的核心平台,"智砼数智企业平台"覆盖了混凝土生产经营的各个方面管理。该平台通过利用移动互联网和云存储技术,与中控系统、地磅、ERP、BDS/GPS 及其他硬件设备和管理系统无缝对接、集成,将运营过程中各种离散的资源数据有机整合并进行实时监控分析,为企业建立精细化管理模式,变单一的人为管控销售、生产、质量、供应链、设备和财务等各环节为信息系统自动化、智能化控制。该平台投入使用后,能有效降低公司用电、用水、用油消耗,在确保产品品质的同时降低了产品价格,生产高质量产品和节省成本。

"智砼数智企业平台"的架构分为四层,分别为设备层、执行层、运营层和决策层(图 5-166)。设备层负责生产线、生产相关设备的运行和管理;执行层负责现场生产、质量的运作调配;运营层统筹供销、财务、计划、供应链等管理;决策层负责企业决策、经营规划。

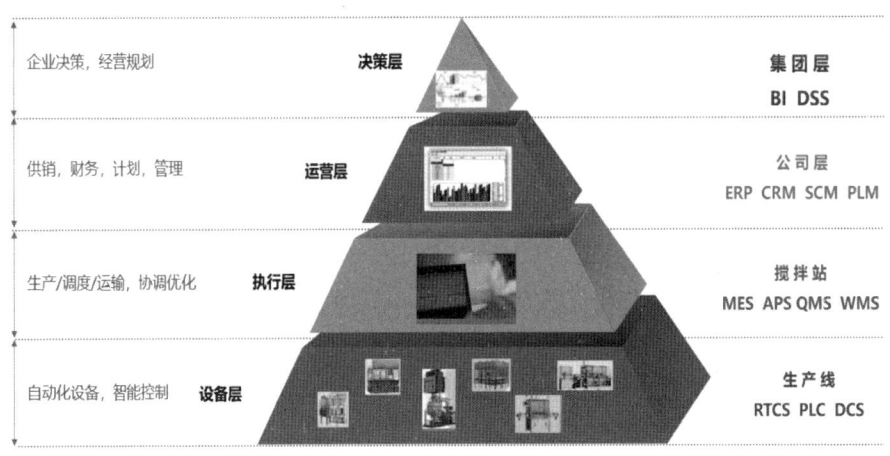

图 5-166 "智砼数智企业平台"架构图

设备层以 PLC、DCS 系统为基础,自主研发的各种 RTCS 系统作为设备控制核心,实现了生产设备的自动化、智能化运作,以及对生产设备的集中、综合协调的管理。它包括生产控制 RTCS 系统、生产上料 RTCS 系统、砂石分离回收控制 RTCS 系统、污水回收利用控制 RTCS 系统和原材料布料控制 RTCS 系统等。

执行层以自主研发的制造执行系统(MES)为核心,包含"智砼订单智能分析排产系统(APS)""智砼生产调度系统(DMIS)""智砼混凝土质量监控系统(QMS)""智砼仓储管理系统(WMS)"等构成。

运营层以自主研发的 ERP 系统为核心,包含"智砼营销管理系统(CRM)""智砼材料供应管理系统(SRM)""智砼配送监控系统""智砼财务管控系统(FMS)"等。

决策层在实现从设备到运营的在线化管理基础上,为公司和集团管理提供决策支持。如销售分布分析、客户服务评估、产品结构分析以及生产效率、生产能耗、运输效率、产品研发、生产成本优化分析等。

5.9.2 建设内容

5.9.2.1 系统建设情况

目前，公司建立有核心"智砼数智企业平台"，已搭建联网的 APS、MES、QMS、WMS、ERP、CRM、SCM、PLM、BI、DSS 等信息化系统，覆盖企业研、产、销、管各个业务环节，各信息系统高度集成、数据互通，有效支撑起公司生产经营全流程的信息化、智能化管理。

公司还在智能调度中心设有大数据智能大屏展示平台，实时监测公司各个业务流程的具体整体情况，并且在车间设置摄像头进行监控，通过引入相关大数据分析工具，将采集到的海量数据整合并实现生产数据可视化，建成新一代混凝土数字化智能化工厂。

图 5-167　公司智能调度中心

5.9.2.2 生产运营数字化建设情况

"智砼数智企业平台"是实现从客户下单、智能排产，到生产调度、配送服务，再到财务结算的订单全流程全生命周期管控，实现各部门的一体化高效运作，通过智能化的分析和调配将产线、车辆和人员最大化发挥（图 5-168）。

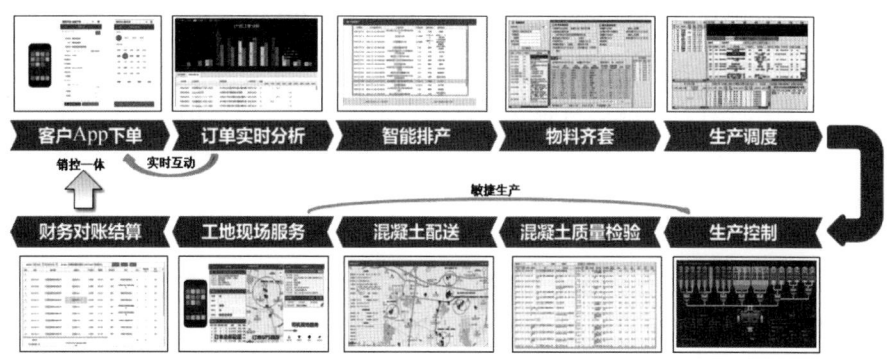

图 5-168　"智砼数智企业平台"建设

1. MES 系统建设情况

"智砼数智企业平台"是公司信息智能化管理的核心平台,其执行层以自主研发的 MES 系统为核心,MES 系统包含 APS、DMIS、QMS、WMS 四大功能模块。

1) APS

APS 采用自主研发的排产算法,负责根据订单需求进行实时分析排产,自动计算产线、车辆以及材料需求,确保能高效利用产能,又保证工地生产不断料、不积压。

2) DMIS

生产调度是混凝土企业日常运作的核心管理内容,DMIS 能对客户订单进行智能化实时分析,自动计算各个时段的产线、车辆、人员需求,将需求信息、供应信息与运输信息进行分析与匹配,确定生产和运输方案,合理安排生产配送计划。

此外,系统还会结合智砼配送监控系统数据,将车辆运输信息与车辆定位结合在一起,调度人员通过系统平台及手机 App 可随时掌握运输车辆位置及方量信息,提升混凝土生产与车辆周转效率,减少车辆配置数量;针对施工需求及时调整安排生产,避免压车、断料等浪费行为,最终达到降低成本提升公司经济效益的目的。

3) QMS

QMS 可实现原材料质量、生产过程质量、混凝土浇筑及最终成品质量的一体化管理,建立原材料检验数据、生产及过磅数据、现场浇筑数据、混凝土质量数据等的完整质量数据链条,能快速地对产品的质量进行跟踪及回查,对混凝土进行精准高效的质量管控。

4) WMS

通过在水泥、煤灰、外加剂等仓库安装入库限位器、料位传感器、防爆传感器等,WMS 可对各仓库进行实时库存采集、盘点、盈亏跟踪分析等功能,实现高效、安全、智能仓储管理。

2. ERP 建设情况

"智砼数智企业平台"是公司信息智能化管理的核心平台,其运营层以自主研发的 ERP 系统为核心,ERP 系统包含 CRM、SRM、智砼配送、FMS 四大功能模块。

1) CRM

除了提供常规的客户、合同、接单、对账等客户销售基础功能外,CRM 还提供客户手机自助下单、配送跟踪服务、订单异常提醒、客户电子签单、订单服务评价等便捷、高效的功能。此外,实现了对企业营销提供销售分布分析、销售结构形态分析、产品销售分析、客户服务反馈分析等决策支持功能,帮助企业更好地开展管理工作(图 5-169)。

2) SRM

SRM 主要提供原材料供应服务,根据客户订单排产情况自动计算的材料需求,结合实时库存状况,自动生成对供应商原材料采购计划,并跟踪其执行情况,确保材料供应稳定。

3）智砼配送监控系统

该系统能实时掌握车辆配送进度、工地浇筑进度、现场质量情况外，对配送过程和工地现场浇筑异常进行主动预警，为客户提供更便捷、高效的服务（图5-170）。

4）FMS

FMS可实现应收应付账务的管控及生产经营成本的管控。灵活采用信用额控单、期限控单，符合控单规则自动审单，当客户应收应付达到设定的风险条件时，系统自动通知财务和销售经理，

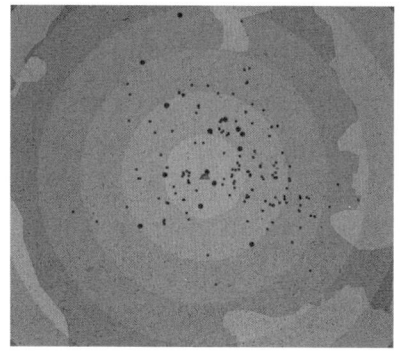

图5-169 销售热点分布示意图

并对新的订单进行排产管控，能有效降低企业的资金风险。FMS还实时汇总生产运营数据，实时计算材料成本、运输成本、人力成本等，并提供成本异常跟踪追溯查询，帮助管理者优化成本，能减少人工操作工作量。

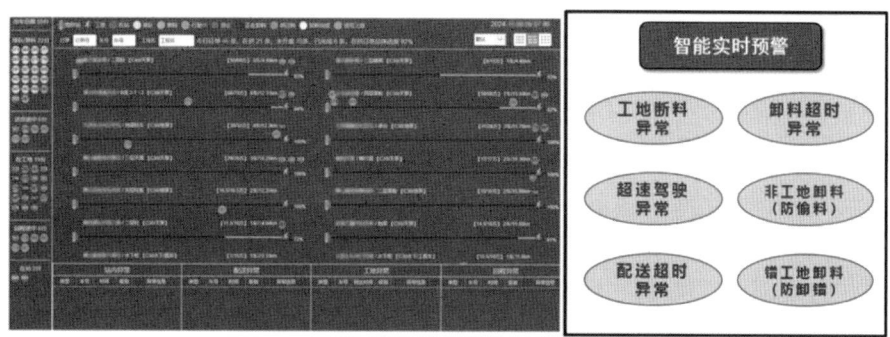

图5-170 智砼配送监控系统

3. ERP、MES系统信息互联互通情况

运营层ERP系统与执行层MES系统数据互通，MES系统可以从ERP系统中得到混凝土物料、采购、销售等基础数据，同时，MES系统又为ERP系统提供混凝土等相等关键生产信息，协助ERP系统了解对混凝土生产所需物料、交货日期、生产是否与计划相符合等情况。

此外，ERP系统还对接财务用友系统、蓝凌OA系统、百傲瑞达一脸通系统等日常运作的专业系统，并与政府主管部门的数据上报对接（如广东省粤建三和混凝土搅拌远程监控系统），实现对生产过程、品质过程、物流过程、生产设备等数据的综合分析应用，实现制造过程全流程信息透明及账务处理自动化，为高效生产、精细化管理提供有效支撑。

4. 智能排产、生产排程柔性化情况

生产调度是混凝土企业日常运作的核心管理内容，借助恒利"智砼数智企业平台"可以实现各部门的一体化高效运作，通过智能化的分析和调配，将产线、车辆和人员最大化发挥。恒利"智砼数智企业平台"提供智能订单分析排产系统，能对客户订单进

行实时分析，计算各个时段的产线、车辆、人员需求，合理安排生产配送计划。在混凝土供应时，平台采集生产环节的各种数据，指引调度合理派单，同时对影响生产运作的异常进行实时预警，最大限度提升效率，实现产能最大化（图 5-171）。

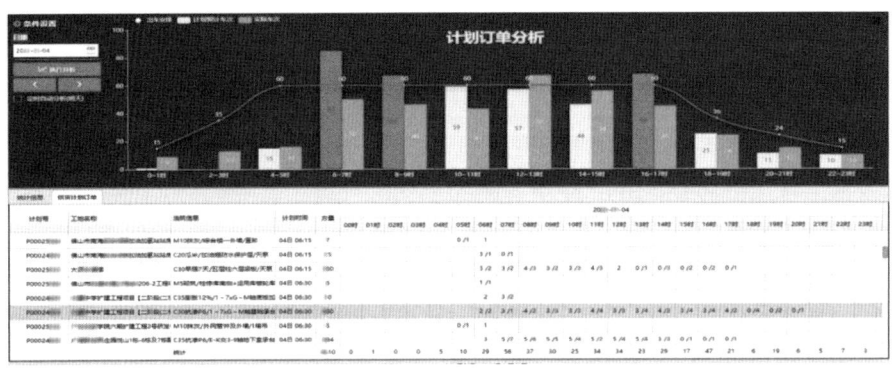

图 5-171　订单分析及自动排产

5. 质量控制及可追溯情况

质量管控是混凝土企业管理的核心，但混凝土质量控制牵涉面广、难度大、成本高。在质量管控方面，公司利用"智砼混凝土质量监控系统（QMS）"打破质量数据孤岛，将原材料采购数据、仓管和检测数据、生产控制数据、施工状况数据、试块检验数据等各个环节进行全面的数据采集，并将数据融合成完整的质量控制数据链条（图 5-172）。通过质量控制数据链条的数据，实现从配方设计、技术验证、生产过程管理、配送过程管理、试块管理、原材料质量管理等全方位、全流程可控制、可追溯。

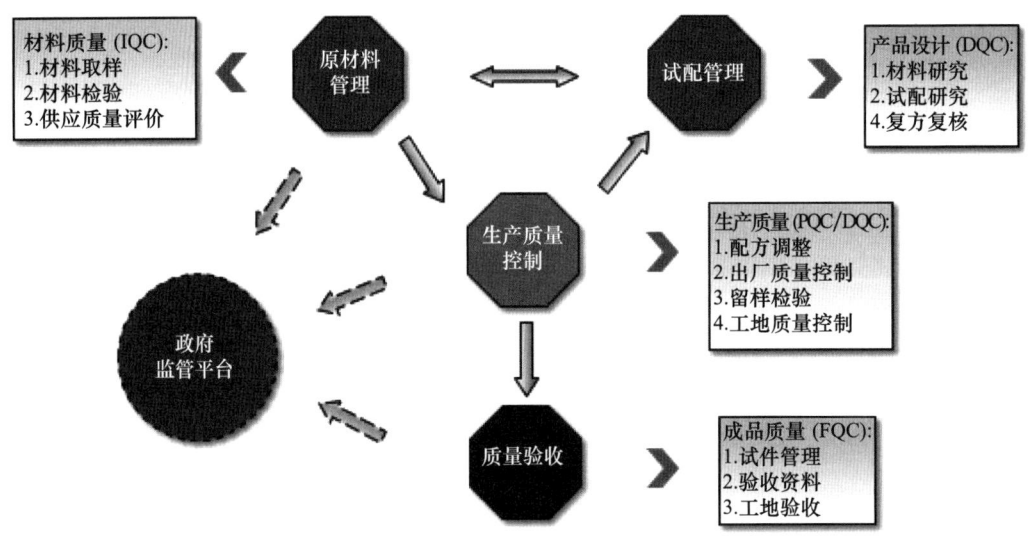

图 5-172　质量管控

在混凝土装料、混凝土运输到达工地以及混凝土到达工地后卸料，均采用混凝土质量监控系统对混凝土质量进行全程监控。司机通过移动端应用程序拍照或拍摄视频上传至云盘，实验室人员可实时在电脑端进行查看，随时监控混凝土质量，并且能依据混凝土实时状态微调用料配比,有效保证为客户送到工地的混凝土为最佳质量,且实现混凝土质量控制可追溯。

与此同时,系统也提供现场工地服务的相关 App,公司外派到工地的现场质控员利用这些 App 可记录混凝土现场浇筑质量、后期养护、后期回弹检测等数据,并将数据回传到平台中,对混凝土的质量进行管控,确保混凝土的最终品质。

此外,公司与佛山大学合作研发骨料智能在线检测系统(图 5-173)。该系统可以对骨料级配、针片状、超径数据等进行实时在线检测,并无缝对接 RTCS 系统和 MES 系统,当数据出现波动超标时,立即通知品控员对混凝土配方等进行实时调整,保证混凝土的质量和施工性能。

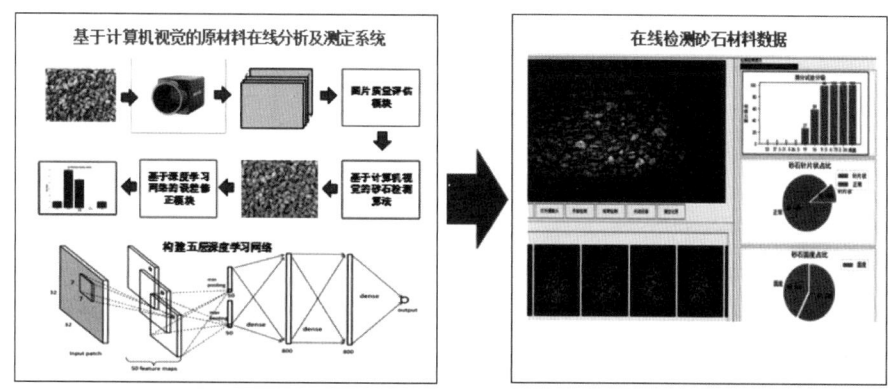

图 5-173　骨料智能在线检测系统

6. 生产设备自管理情况

"智砼数智企业平台"基于物联网技术实现生产设备的全覆盖联网,使得生产过程、设备维保数据实时在线化,生产效率更高、称量更精准、质量更保障,并结合大数据和智能分析技术为设备提供更科学、更精准的保养维护计划,有效为企业节能降耗,降低成本(图 5-174)。

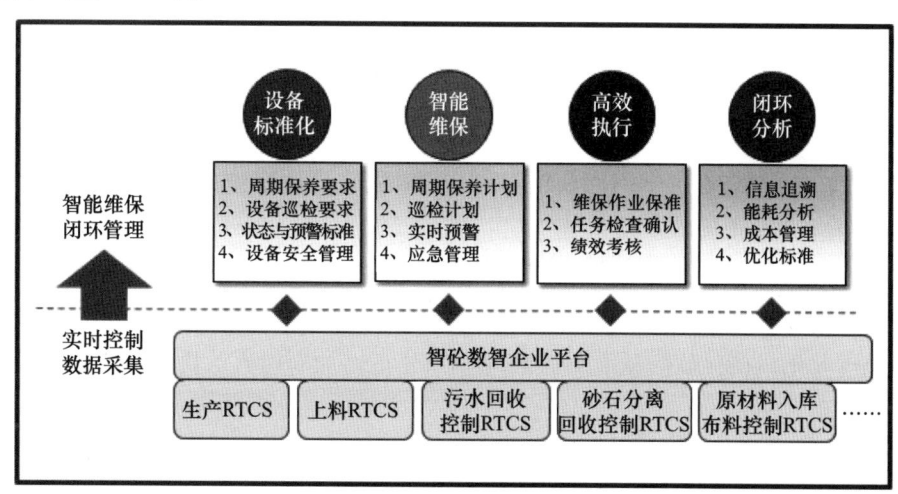

图 5-174　生产设备自管理

公司与清华大学共同合作研发，通过对生产关键部位的数据采集，利用人工智能学习算法对设备的正常工况、故障异常进行深度分析，实现设备的健康状况评估、维保提醒、异常预警等，大大提高生产线可靠性，同时有效降低设备维保成本（图5-175）。

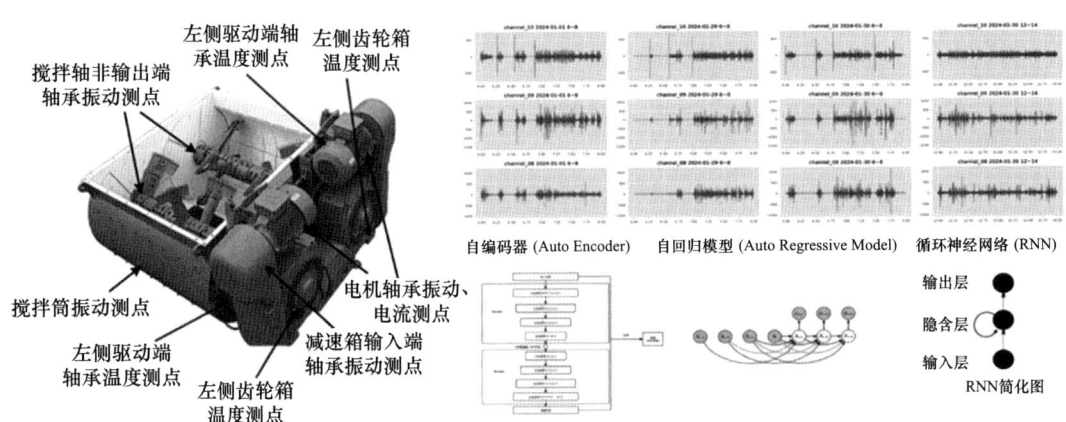

图 5-175　数据测点与算法模型

7. 生产管理透明化情况

公司建有智能监控调度中心，通过设备数据采集、信息系统采集、拍照录入等方式，全面采集生产相关数据，从调度中心的智能大屏中可以看到混凝土从原材上料—搅拌生产—成品出厂的全流程，能够跟踪订单生产进度、掌握物料齐套情况、分析产线、车间产能和生产效率，可直观看到搅拌站的现有可分配资源、已分配资源、未分配资源以及对应的送货方量等信息，实现透明化生产。在信息实时透明的情况下，调度员能及时发现生产异常，合理制定生产策略，提高生产管控水平。

8. 物流配送智能化情况

公司自主研发对站内、站外的物流系统。在站内，砂石材料入库采用"智砼原材料布料控制RTCS系统"，通过控制皮带自动传输砂石和自动布料，代替传统高能耗、效率低的铲车堆放材料模式；粉料和水剂入库，则采用"低压输送系统"和"智砼粉料提升机RTCS系统"，通过低压空压机集中泵送、粉料提升机高效入库装罐，以代替传统的高能耗、高噪声的车泵泵送材料模式；在生产时，原材料通过"智砼生产上料RTCS系统"进行控制，实现材料的自动皮带输送、自动精准计量；在生产完成装车后，车辆通过"智砼自动地磅系统"进行二次计量，通过实现无人值守的自助过磅计量，代替传统的司磅员过磅模式，对车辆进出及货物运输进行智能化管理，在无人干预的情况下迅速、准确、安全、稳定、可靠地完成整个称重的流程，实现计量过程中数据采集的全自动化，在保证信息采集的准确性和公正性的同时大大降低人员的劳动强度，提高工作效率。

在站外，通过"智砼配送监控系统"对车辆的配送服务进行跟踪，通过在车辆安装车载监控、搅拌车鼓卸料传感器、司机工地服务App等，实现车辆定位、车辆轨迹以及区域提醒，强化对物流的跟踪及管理，由配送监控系统确定运输车辆当前位置、跟踪车辆行驶路线，实时掌握物流配送进度，并且能够分级别智能异常提醒，不同级别的管理者可随时手机接收异常消息及时处理，确保混凝土的供应和品质。

5.9.2.3 绿色环保情况

公司始终坚持"安全生产，绿色环保"的理念，通过多年的探索和努力，建成三封两尘、废污零排放、绿色环保的混凝土生产模式。

通过在储料区、主机搅拌楼、物料输送系统等主要生产区域实现全封闭管理，配置主动式收尘、降尘设备以及全封闭环保式自动生产线；采用"混凝土砂石分离系统"和"智砼平台废污回收利用系统"，将工地剩余的混凝土分成砂石和水重新输送到生产线上再利用，实现混凝土整个生产过程废污零排放；通过对生产电柜、搅拌主机、上料皮带、空压机等主要生产耗能设备安装智能电表和电流表，实时采集监控能耗数据和设备运转状况，对于每个时间段采集回来的能耗数据进行统计，能耗超出指标管控范围会预警，及时制止能耗浪费。

此外，公司还在生产厂区中安装多套环境监测设备，并利用恒利"智砼数智企业平台"实时采集温湿度、PM2.5等数据，能够对生产厂区的环境和排放进行有效管控，实现混凝土绿色环保生产。

5.9.2.4 智慧能效管理

在绿色能效方面，"智砼数智企业平台"通过在各个生产线设备安装多套传感器和数据采集器，采集生产线的水、电、气等数据，并结合"智砼RTCS工控系统"和"智砼MES系统"的生产、调度等数据，进行实时、高效、智能的能效管理。

1. 全面管理、绿色能效

"智砼数智企业平台"对全站能效进行全方位管理，包括每个生产任务背后的耗时、耗电、用气等的管理，生产空闲时全站的水、电、气的浪费管理，光伏发电的使用管理，雨污和废料的回收利用等，通过统筹全站能效及环保回收利用，实现绿色生产以及内部效益最大化。

2. 实时监控、智能提醒

"智砼数智企业平台"实时计算和监控生产各个环节的效率和能耗，对能效异常、设备空转浪费等现象进行主动提醒，减少每个环节不必要的每一秒，减少设备损耗、效率浪费、能耗浪费。包括生产环节超时提醒、设备异常运行提醒及设备能耗浪费提醒。

生产环节超时提醒，例如车辆进/离磅超时提醒、称料超时提醒、搅拌超时提醒、卸料超时提醒等。

设备异常运行提醒，例如主机电流/温度异常提醒、称料漏料提醒、生产线气压异常提醒、设备能耗异常提醒等。

设备能耗浪费提醒，例如皮带空转提醒、主机空转提醒等。

3. 智能调节、合理使用设备

"智砼数智企业平台"对各条生产线设备的使用进行统一安排，对生产过程中的大能耗设备进行主动调节或按需启停，在保证生产的同时达到节能降本的目的。例如全站空压机的供气会根据生产线的开启情况进行自动调节；在"一带双线"的骨料上料时，系统根据顶仓的上料状况，自动决定皮带的开启数量等。

4. 可视化分析挖潜

"智砼数智企业平台"通过图形化的数据分析对比，发掘出效率和能耗提升的空间。例如，当天每个时段每车的生产耗时分析、生产线每个批次的生产耗时、耗电分析等（图5-176和图5-177）。

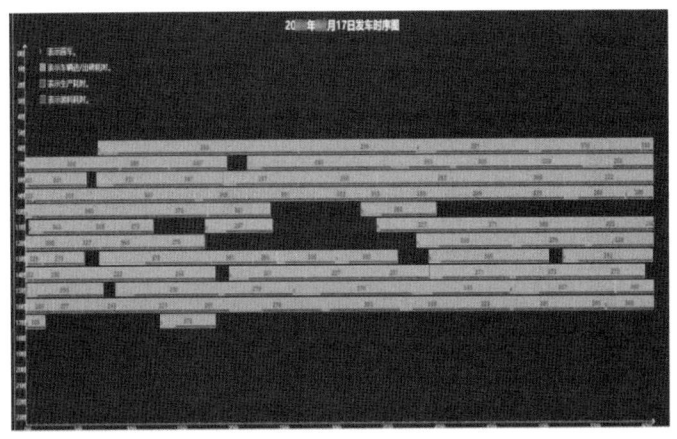

图 5-176　当天生产分析

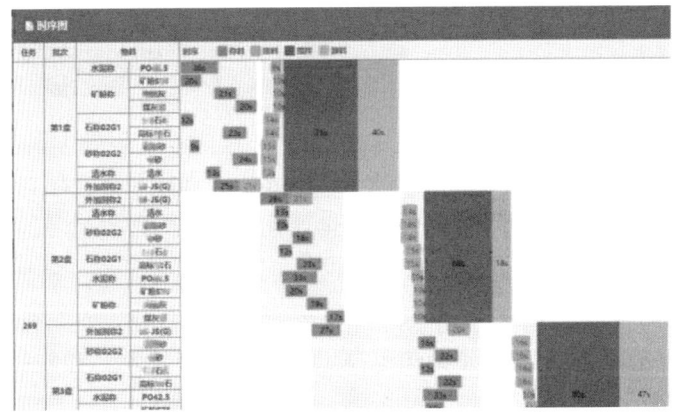

图 5-177　每车生产分析

5.9.2.5　信息安全保障情况

目前，公司从管理制度、信息设备设施技术、信息化运行监管以及突发事故应急管理四方面做好信息安全保障，确保我司信息系统的可用性、机密性和完整性以及包括联网设备安全、控制系统安全、信息系统安全和数据安全。

在管理制度方面，公司已建立了完善的信息安全管理制度，配备专业信息安全管理团队，对信息设备安全、应用系统安全、数据安全、保密制度、信息安全培训等方面进行规范管理。如信息系统的权限管理相关制度、员工入/离职、调岗的信息权限管理规范、各系统的数据备份/清理规范等。

在信息设备设施技术方面，公司机房按《数据中心设计规范》（GB 50174—2017）要求在温湿度控制、防静电、独立供电、UPS配置等方面进行建设，以保障核心信息设备的安全运行。对外网络，公司配置了专业的防火墙、网络行为管理器、IDS设备等对网络安全和上网行为进行有效的管控；而在公司内部网络，分为日常办公网、无线专网、视频监控专网、智能设备专网、生产专网五个子网络，其中，日常办公网、无线专网、视频监控专网、智能设备专网连接核心路由，通过规则进行有限制的连接，而生产专网独立于其他网络，只与生产直接相关设备、生产电脑和服务器连接，以确保生产的稳定性和安全性。

除网络安全防护外，公司服务器还安装专业防火墙和杀毒软件，对DDOS攻击、ARP攻击、端口攻击、会话攻击、Web服务及数据库应用攻击、暴力破解等进行安全防护（图5-178）。

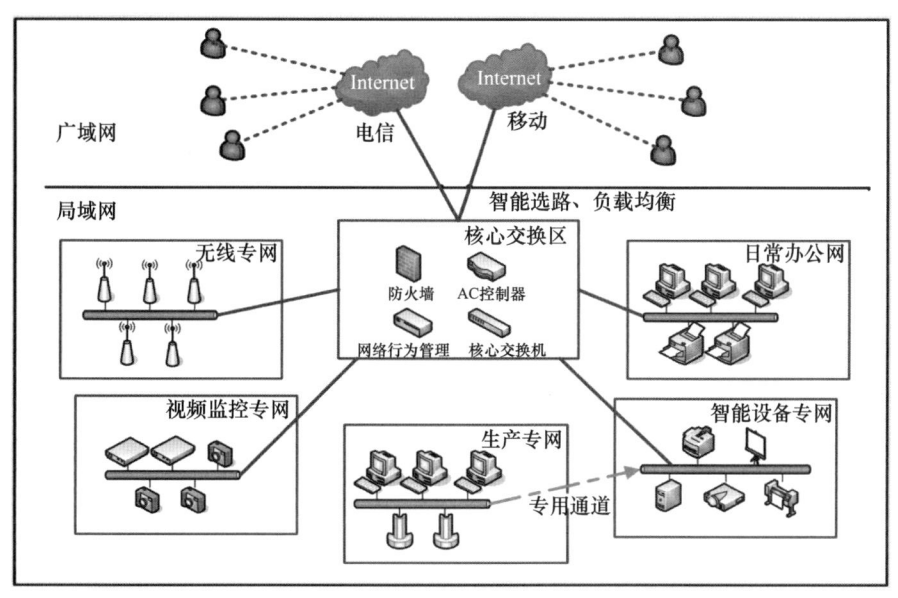

图5-178　网络结构图

在信息化运行监管方面，公司从设备、传输、系统三个层面进行信息安全管理。在设备层面，利用任务系统对信息设备的巡检、维护保养、故障跟踪进行高效的管理，最大限度减少突发性设备故障；在数据传输层面，利用深信服的行为管理工具及三层网络设置，对日常员工的上网权限、网络行为进行有效监管；在系统和数据层面，利用平台权限管理、数据操作日志管理等对信息安全进行有效的监管。

在突发事故应急管理方面，公司对网络故障、服务器故障、生产信息设备故障均做了三级预案处理：一级预案为最高级别预案，用于处理灾难性故障；二级预案用于处理重大故障，如局部网络瘫痪，影响正常生产运作；三级预案用于处理小范围故障，如单条生产线的生产信息设备故障。

5.9.3 实施效果

公司不断推进生产经营的标准化和数字化、智能化融合，达到以下效益。

5.9.3.1 经营管理提升

1. 管理更精细、执行更保障

"智砼数智企业平台"通过收集和分析各类经营数据，使得管理层能够更精确地掌握企业运营状况，从而做出更合理的决策。

公司通过"智砼数智企业平台"能够优化企业内部的业务流程，自动监控流程执行情况，确保各项任务按时按质完成。同时，平台能够实时反馈各项任务的执行进度和结果，使管理层能够及时发现问题并进行调整。这种及时的反馈机制有助于公司快速响应市场变化，保持竞争优势。

2. 一体化运作、协作更高效

"智砼数智企业平台"能够实现对整个企业的统一管理与调度，这种统一的管理方式有助于企业更好地整合资源，提高整体运营效率。同时，它打破了原有的部门之间信息壁垒，实现了信息的实时共享和透明化。这使得各部门能够更快地了解彼此的工作进展和需求，从而加强协作和沟通，不仅可以提高工作效率，还可以促进部门之间的合作与交流，增强团队凝聚力。

3. 工作追踪溯源更清晰、问题定位更精准

"智砼数智企业平台"实时采集和监控生产经营的各个环节数据，使得工作流程可追溯。当出现问题时，可以迅速定位问题产生的原因和环节，快速响应和处理各类问题，这种快速响应机制有助于公司减少损失并提升客户满意度。另外，通过对大量数据进行分析和挖掘，可以提前发现问题和隐患，为生产经营提供有力保障，帮助公司更好地应对挑战。

5.9.3.2 人力成本优化

1. 人员分工更清晰、更易培养

"智砼数智企业平台"为公司的标准化、规范化、流程化管理提供有力的支撑，在自动监控流程执行情况的同时，实时收集和分析员工的工作数据，为管理层提供决策支持。这有助于公司根据员工的实际表现进行岗位调整和优化，确保员工在最适合的岗位上发挥其潜力。平台在规范流程和标准执行的同时，提供通过相关岗位的智能辅助，降低员工经验要求和培养成本。

2. 生产岗位更精简、节约人力成本

"智砼数智企业平台"通过信息化、自动化、智能化的手段，对公司生产管理环节进行优化，减少人为操作环节，为公司岗位整合和优化提供有力的支持。一些易出错的生产经营环节，由"系统实时监控"取代"人力监控"，一旦发现异常情况，系统可以自动发出预警，并采取相应的措施进行干预，避免生产事故的发生，降低人力成本的同

时，大大提高生产运作的可靠性。

5.9.3.3 综合成本优化

1. 生产环节更紧密，更高效

"智砼数智企业平台"使得生产流程更加透明和可控，减少了不必要的等待时间和生产瓶颈，提高了生产线的整体效率。通过实时数据采集和分析，公司能够实时监控生产过程中的关键指标，如生产效率、一次成品率等，确保生产配送服务的顺利进行。

2. 设备运转更高效

"智砼数智企业平台"通过引入自主研发各类 RTCS 系统，实现对生产设备的远程自动化控制，减少人为干预，提高设备的运转效率。同时，实时监控设备的运行状态，提前发现潜在故障，实现预防性维护，减少设备停机时间和维修成本。

生产设备的智能化控制，还可以通过收集设备的运行数据，不断优化设备运行参数和工艺参数，有效保障产品的质量。

3. 能耗和综合成本更低

"智砼数智企业平台"对包括水、电、气等的全站能效进行全面管理，通过智能合理调节使用设备、提醒浪费、辅助分析挖潜等手段，优化生产计划和设备运行参数，实现节能降耗。

通过基于数智化的混凝土智能工厂管理模式的应用，避免原材料库存积压和短缺，实现对预料不足、满仓、异常卸料等工况的预警，提高了混凝土的生产效率，减少了原材料浪费和混凝土浪费，达到减少现场检测人员、节约混凝土成本、降低混凝土损耗率的效果，经济效益明显。

此外，基于大数据和人工智能技术，信息化系统可以为公司提供更加准确和及时的决策支持，降低决策成本。

5.9.3.4 客户服务体验

1. 客户沟通更便捷、协同更充分

"智砼数智企业平台"通过覆盖全面的生产经营管理，最大限度提升效率，为客户提供更高效、及时的混凝土供应服务。同时，为客户提供自助下单、物流配送跟踪、服务跟踪评价等更透明、更便捷的服务，实现生产与客户工地现场施工的无缝衔接，为客户带来了更好的服务体验。

2. 服务质量更保障、责任更清晰

"智砼数智企业平台"对原材料、生产配送、现场施工规范等各个环节质量进行全面管控，为客户提供可靠的高质量的混凝土产品和服务，让客户更放心和信赖，提升了公司的竞争力和品牌形象。

5.9.3.5 社会效益

项目基于"智砼数智企业平台"的应用，在行业内打造了将混凝土生产工艺及经营管理与物联网、大数据、人工智能为代表的现代信息技术进行深度融合，建成具备全面感知、柔性生产、敏捷服务、科学决策、产业协同、绿色安全等特点的新一代混凝土工厂，能够为混凝土行业提供可复制性的"云计算+大数据、互联网+物联网"的混凝土智能工厂管理模式，以大数据智能化引领上下游行业转型升级，对于推动产业高质量发展具有重大示范意义，社会效益明显。

5.10 上海法信控股混凝土搅拌站全流程数字化管理案例

5.10.1 项目概况

上海法信投资控股是一家成立于2004年的集团型企业，总部坐落于上海，旗下拥有多家预拌混凝土搅拌站，始终致力于推动混凝土行业迈向高质量发展之路。自2015年起，集团公司逐步推进数字化转型，其中，旗下的上海申昆青松混凝土有限公司成功通过了行业三星级"预拌混凝土智能工厂"评价。集团公司运用数字化智能化技术，搭建起一整套以混凝土全生命周期管理为基础的数字化管理平台，涵盖原材料采购检测、一键化生产配送、客户端交付验收全流程服务，持续为客户提供更为透明的保姆式服务，使混凝土产品具备可追溯性与可预测性。同时，数字化转型也为集团公司大幅提升了生产效能，带来了一定的经济收益。

法信控股混凝土搅拌站数字化整体架构如图5-179所示，集团公司梳理了预拌混凝土企业内外部所有业务流程，利用数字化技术进行了再造、重组和优化。通过移动端App小程序、招投标平台、客服及ERP/MES系统，实现与上下游供应商和客户的业务对接与数据链接；利用订单管理、上下游供应链管理、生产仓储和物流管理等系统，对内部业务进行整合，实现了从原材料、制造、运输、交付混凝土全生命周期的数字化管理。

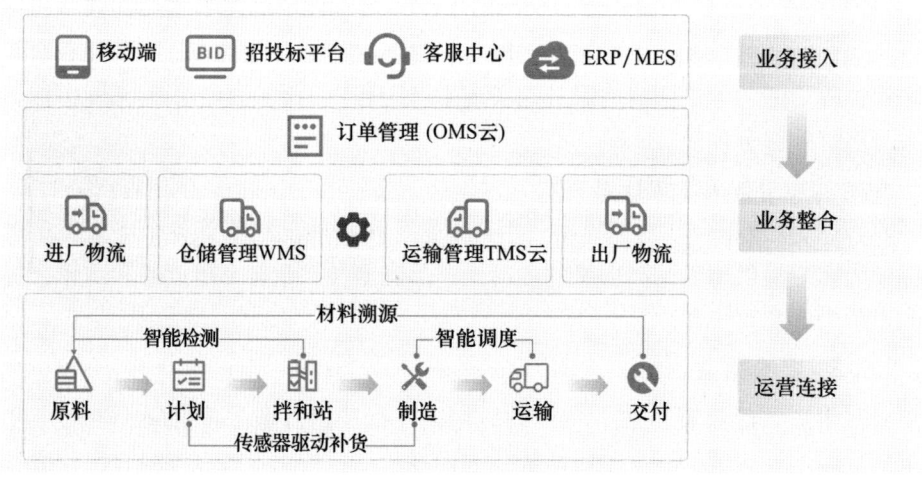

图5-179　混凝土搅拌站数字化整体架构

5.10.2 建设内容

在构建了数字化管理的总体架构之后，具体的实施内容和路径成为推动混凝土搅拌站转型成功的关键步骤。本节详细阐述了从原材料管理到产品交付的每一个环节如何通过数字化手段进行优化和革新。这不仅涉及技术的部署和应用，还包括对现有工作流程的重新设计，以及员工技能和组织结构的相应调整。通过这些实施内容，搅拌站能够实现更加高效、灵活和可持续的运营模式。实施路径则明确了各项技术在搅拌站运营中的具体应用步骤和方法，确保每一步的实施都能达到预期效果，并有效整合进整个生产管理系统中。接下来将逐一探讨这些关键领域的数字化转型。

5.10.2.1 原材料管理数字化

在混凝土搅拌站的数字化转型过程中，原材料管理是一个关键环节，其效率和准确性直接影响到生产成本和产品质量。通过引入先进的数字化工具和平台，搅拌站能够实现原材料采购、存储和使用的全面优化。本节将介绍两项上海法信控股（简称法信）已经应用的创新管理手段：招投标平台和数字化供应链管理平台。

1. 招标平台

为了优化供应链管理并增强原材料采购的透明度和竞争性，法信自主开发了在线招投标平台（图 5-180）。该平台允许供应商通过互联网自主投标报价，极大地提高了采购流程的效率和公平性。平台的主要功能包括以下几项。

图 5-180　法信招标平台

（1）资质认证：该功能旨在确保所有参与招投标的企业或个人具备适当的资质和资格。通过资质认证环节，平台可以审核参与者的资质证书、营业执照以及其他相关证明，确保其符合特定标准和要求。

（2）投标管理：该功能可协助管理整个投标流程，包括投标文档的提交、评审和选择最终中标者。投标管理也支持实时更新和通知，使所有参与者都能随时了解流程状态。

（3）价格比较：通过价格比较功能，用户可以对不同的投标进行比较，查看各项报价并根据价格和服务质量等因素做出选择。这有助于增加透明度并促进公平竞争。

（4）对账单管理：对账单管理功能显著提升了财务流程的效率。它辅助企业全面管理和审查与项目相关的对账单和财务记录，确保付款准确无误，并有效处理财务争议。

（5）发票管理：发票管理功能涵盖发票的创建、提交、审批和归档。该功能支持电子发票处理，简化发票处理流程，加速付款周期，并提升整体财务管理的效率。

该平台不仅简化了招标流程，还通过增强竞争性和透明度，降低了原材料成本，进而提高了整体运营效率。

2. 数字化供应链管理平台

在数字化供应链的构建中，法信采取了一系列创新措施，充分利用信息技术优化供应链管理，提高了采购环节的效率和准确性，同时也为成本控制和决策提供了坚实的数据支撑。图 5-181 是该平台的关键功能。

图 5-181　法信数字化供应链管理平台

（1）集成价格分析功能：法信通过构建一个包含全面市场价格数据的数据库，实现了原材料价格的实时监控和分析。该系统可以根据历史价格趋势、市场供需关系等因素预测未来价格变化，为采购策略的制定提供科学依据。通过这种方式，法信能够在原材料价格较低时采购，有效降低了成本。

（2）矿源地图的应用：法信开发的矿源地图功能，利用地理信息系统（GIS）技术，实时展示原材料的产地信息、运输路线、矿源分布等关键数据。这不仅提高了原材料采购的透明度，也使采购决策更加精准和高效。通过矿源地图，法信能够选择最佳的原材料供应商，优化物流成本。

（3）供应商信用及能力分析：利用大数据和 AI 技术，法信构建了一个全面的供应商评价系统，该系统可以综合分析供应商的信用记录、交货能力、产品质量等多个维度。这种评价机制不仅提高了供应链的稳定性和可靠性，还确保了原材料的质量，为生产提供了坚实的保障。

（4）原材料供应计划的优化：通过数字化供应链系统，法信可以实现对原材料需求的精准预测，根据生产计划自动生成原材料的采购计划。这种自动化的计划制定大大提高了采购的效率和准确性，减少了库存成本，同时也降低了因原材料短缺导致的生产中断风险。

（5）物流数据分析：法信的数字化供应链系统还集成了物流数据分析功能，可以实时跟踪货物的运输状态，分析物流成本，优化运输路线和方式。通过这种方式，法信不仅保证了物料的及时供应，还进一步降低了物流成本。

构建和优化数字化供应链，实现了供应链管理的高效、透明和智能化，不仅为采购环节提供了强大的数据支持和决策依据，也为公司的成本控制和市场竞争力提升提供了重要保障。

5.10.2.2 生产管理数字化

在混凝土搅拌站的生产管理过程中，引入先进的数字技术可以显著提高生产效率和产品质量。本小节将探讨两个关键项目：利用 AI 机器学习优化混凝土配比，以及应用无人铲车自动化骨料上料，这两者共同推动了生产流程的现代化和自动化。

1. 智能配合比设计

混凝土的质量在很大程度上取决于其配比的准确性，传统的配比方法需要依赖经验且调整过程烦琐。为了解决这一问题，法信引入了 AI 机器学习技术来自动生成混凝土配比（图 5-182）。

图 5-182 法信智能配合比软件

通过机器学习算法，AI能够根据历史数据和实时环境条件（如温度、湿度、运距、原材料物理性质等）自动优化混凝土的配比设计。这不仅可以提高混凝土的强度和耐久性，还能优化材料的使用，减少浪费，降低成本。例如，使用神经网络模型预测混凝土的压缩强度，帮助研发更加环保和经济的混凝土产品。

2. 无人铲车自动上料

为了进一步提升生产效率，法信还引进了无人铲车技术进行料场的骨料自动上料（图5-183）。无人铲车通过以下方式优化料场操作。

图5-183　法信无人铲车自动上料系统

（1）自动化操作：无人铲车根据生产需求自动从料堆铲料，减少了对铲车驾驶员的依赖。

（2）精确控制：通过集成的传感器和控制系统，无人铲车能精确地进行料的计量和搬运，保证骨料的供应量与需求精确匹配。

（3）实时监控：管理系统可以实时监控无人铲车的操作状态和位置，及时调整生产计划和物流安排。

通过这种自动化和智能化的上料系统，搅拌站不仅可以节省人力成本，提高生产的连续性和可靠性，还可以在需求突增时迅速响应，提高整体生产能力。

5.10.2.3　质量管理数字化

在混凝土搅拌站的运营中，质量管理是保证产品符合行业标准和客户要求的关键环节。随着技术的发展，数字化和自动化工具的应用已成为提升质量监控效率和准确性的重要手段。本小节将详细介绍两个创新项目：原材料检测无人实验室和在线试块成型养护系统，这两个系统都通过自主研发的自动化设备实现了高度的自动化和无人化操作。

1. 原材料检测无人实验室

为了确保进入生产流程的原材料达到所需标准，法信开发了一套自动化检测设备，构建了原材料检测的无人实验室（图5-184和图5-185）。智能实验室设备均以《普通混凝土用砂、石质量及检验方法标准》（JGJ 52—2006）为指导，利用自动化技术完整复现了人工实验的操作流程。实验室能够自动执行各种骨料检测实验，并将检测结果进行反馈和存储，有效避免了由于质量检测人员不足或检测技能水平不足造成的质量管控和检测误差问题。

图 5-184　原材料检测无人实验室

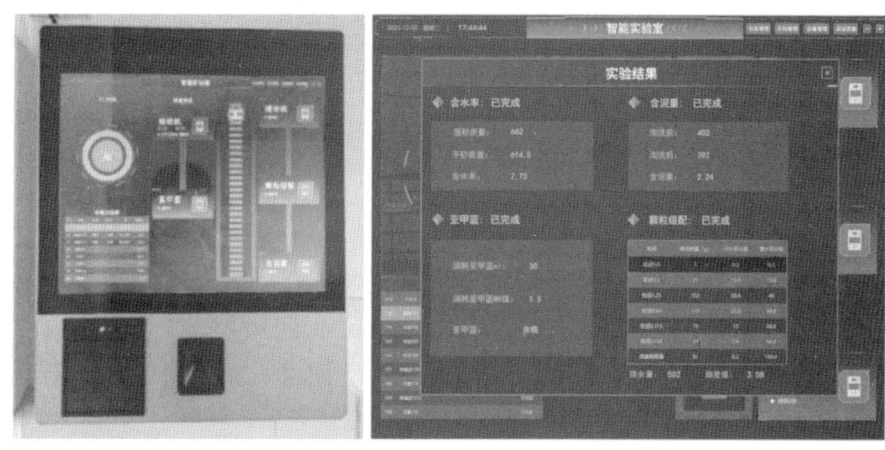

图 5-185　原材料检测无人实验室交互终端与界面

该系统的主要特点有以下几项。

（1）全流程自动化：从原材料的接收、样品制备到实验执行和结果记录，整个检测流程完全自动化。这种自动化能够显著减少人为操作的需求，减少操作过程中的错误和偏差。自动化设备能够24h连续运行，提高了实验的吞吐量和效率。

（2）实验结果真实可靠：自动化实验室利用先进的传感器和精准的仪器设备来进行原材料检测，这些设备通常具有高于人工操作的准确性和重复性。自动化系统还能在控制条件下持续监测，确保实验环境的一致性，从而提供更真实、可靠的测试结果。此外，自动化数据采集减少了数据记录和传输中的人为错误，保证了数据的完整性。

（3）节省人力成本：通过引入全自动的检测系统，显著降低了对实验技术人员的依赖。这不仅减少了人力成本，也允许技术人员将时间和精力投入到更需要专业知识和创造性思维的任务上。此外，减少了工作中的重复性和劳动强度，可以提高工作满意度和员工的职业发展。

通过这种无人化实验室的运用，搅拌站能够显著提高原材料检测的效率和准确性，减少人为错误，加快响应时间，从而保证了生产质量的一致性和可靠性。

2. 试块在线成型养护系统

另一个关键的混凝土出场质量保证措施是在线试块成型养护系统（图5-186）。该系统在混凝土生产过程中自动进行以下操作。

图5-186 试块在线成型养护系统

（1）自动取样：在搅拌机下料过程中，自动设备精确地取出所需量的混凝土样品。

（2）自动试块制作：取样后，设备自动进行试块的成型和脱模。

（3）标准化养护：成型的试块被转移到养护室，自动设备控制环境条件（如温度和湿度），确保试块按标准养护。

该系统的应用显著减少了人工操作的需求，同时提高了试块制作和养护的一致性和准确性。自动化的取样和养护过程确保了每一批混凝土的质量检测结果能够准确反映其性能，从而协助搅拌站维持高质量标准并满足客户需求。

综上所述，通过实施这些先进的自动化质量管理系统，搅拌站不仅提升了其质量控制的标准和效率，还确保了产品的持续优良性能，增强了市场竞争力。这些数字化和自动化的解决方案为混凝土搅拌站提供了一个高效、精确且经济的质量管理途径。

5.10.2.4 运输管理数字化

在混凝土搅拌站的运营中，运输管理扮演着至关重要的角色，它直接影响产品的及时交付和成本控制。为了提高运输效率和减少物流成本，法信自主研发了智能调度系统（图 5-187），该系统通过先进的算法和实时数据处理，优化了运输调度和车辆管理。该系统具体通过以下几个方面实现了供应链的优化和效率提升。

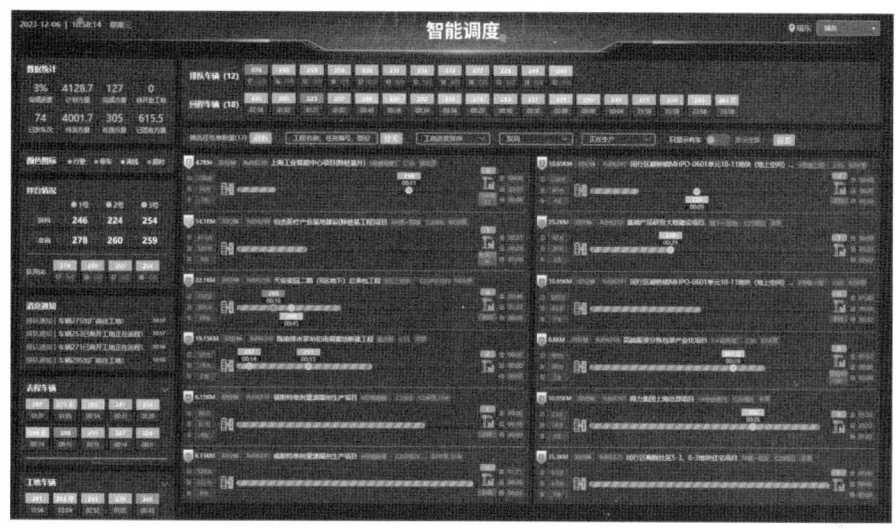

图 5-187　智能调度系统界面

（1）AI 智能排单与调度优化：法信的智能调度系统运用 AI 算法，综合考虑施工部位、运载量、运距、施工效率和泵送实时数据等多个变量，自动计算出最优的调度方案。这种智能化的排单和调度方式不仅极大提高了混凝土的供应效率，还有效避免了施工现场的断料和压车问题，从而确保了施工进度的顺利进行。

（2）实时数据的应用：通过安装在混凝土运输车辆和泵送设备上的传感器，系统能够实时收集运输和泵送过程中的关键数据，如位置、速度、混凝土状态等。这些实时数据的运用使得调度系统能够动态调整排单和运输计划，以更好地适应施工现场的实际需求和突发情况。

（3）施工效率的提升：智能调度系统的应用显著减少了因混凝土供应不及时或不准确导致的施工延误和资源浪费。通过精确匹配混凝土供应与施工需求，法信的客户能够实现施工效率的显著提升，降低成本，加快工程进度。

（4）客户体验的改善：通过智能调度系统，法信为客户提供了更加透明、高效、可靠的服务体验。客户可以通过系统实时了解混凝土供应的状态，从而及时调整施工计划，减少不确定性和风险。这种改善不仅增强了客户的满意度，也进一步提升了法信在市场上的竞争力。

5.10.2.5　营销管理数字化

在当今的商业环境中，营销管理的数字化转型是提升市场竞争力的关键。对于混凝土搅拌站而言，通过引入先进的数字化营销工具，能够更有效地与客户互动，优化销售流程，增强客户体验，并提升品牌知名度。本小节将介绍四个主要项目：开放式数据接口、混凝土线上交易平台"齐信贸"、营销交互平台，以及服务反馈平台。

1. 开放式数据接口

法信实施的开放式数据接口系统（图5-188）旨在通过技术整合加强与客户的业务联系。此系统具备以下关键功能。

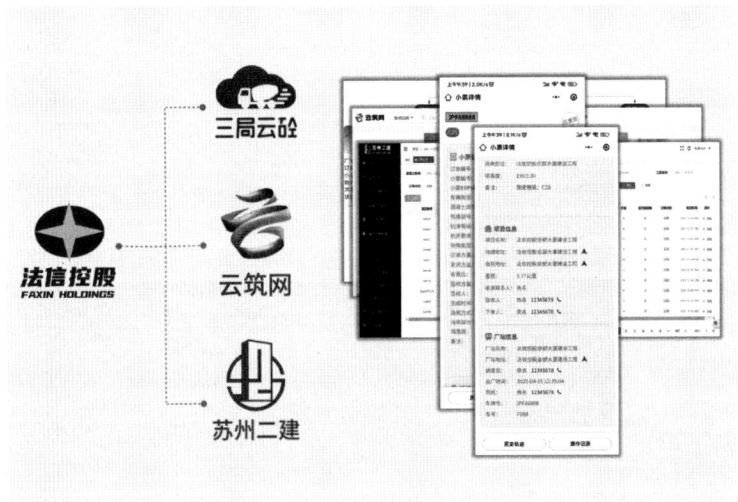

图5-188 开放式数据接口

（1）发货单深度对接：允许客户的系统直接访问和整合发货数据，使订单处理更加自动化，减少手工输入错误，加快处理速度。

（2）车辆信息开放：客户可以实时访问运输车辆的位置和状态信息，提高物流透明度，使客户能够更好地计划其项目进度。

（3）混凝土参数透明：确保所有混凝土产品的参数，例如强度等级、配比等，都对客户完全透明，这种透明度有助于建立信任并提高客户满意度。

（4）在线结算业务：支持在线支付和账务处理，简化财务流程，减少纸质文件的使用，提高整体交易效率。

目前法信已与三局"云砼"、中亿丰、云筑网等九家平台和66个项目进行了对接。这些功能的集成不仅提高了交易的效率，还通过提供即时数据和透明度来提高客户服务质量。

2. 线上交易平台

"齐信贸"是法信自主开发的混凝土线上交易平台，齐信贸商城小程序已成功实现混凝土购销模式的数字化转型，打造了一个便捷的混凝土在线交易平台（图5-189）。用户可随时在线选购混凝土，享受即用即买的灵活体验。除了基本的商品购买功能，商城还融合了优惠券、会员制度和积分等多种营销策略，有效激发客户的购买意愿，进一步提高交易成功率。这一小程序融合传统混凝土销售模式与现代创新理念，显著优化了客户的购物流程，为用户提供了更加便捷、高效的购物方式。该平台具有以下优势。

| 平台首页 | 商家简介 | 下单界面 | 订单详情 |

图 5-189　混凝土线上交易平台"齐信贸"

（1）拓展销售渠道：该平台能够跨越地理限制，接触更广泛的客户群体，从而扩大市场份额。

（2）降低交易成本：通过减少中间环节，直接连接生产者与终端用户，显著降低销售和营销成本。

（3）增强客户体验：用户界面友好，购买流程简洁，支持多种支付方式，使购物体验更加便捷。

（4）提高品牌知名度：线上平台结合有效的数字营销策略，如 SEO 和社交媒体广告，提升品牌在市场中的可见度和影响力。

3. 营销交互平台

为了更有效地管理客户关系并优化销售流程，法信自主研发了营销交互平台（图 5-190）。该平台设计用于增强与客户的沟通，提供实时的订单管理，增进客户满意度。该平台的主要功能有以下几个。

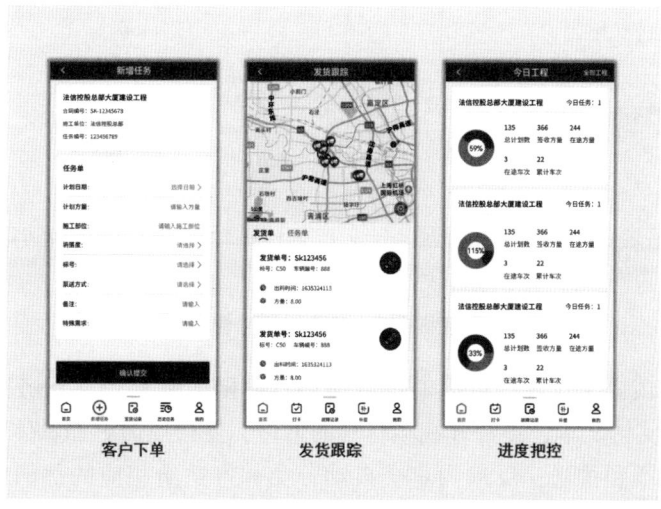

| 客户下单 | 发货跟踪 | 进度把控 |

图 5-190　营销交互平台

（1）实时订单监控：客户可以在平台上查看实时订单状态，包括订单确认、生产进度、发货准备和运输状态。该系统通过集成内部生产和物流信息，确保客户对其订单的全面了解，从而提高透明度和信任。

（2）数据分析与报告：平台提供强大的分析工具，允许客户和营销团队深入理解订单趋势、消费模式、市场需求和运营效率。数据报告帮助企业及时调整生产计划和市场策略，确保资源的最优配置，并预测未来的市场需求，从而使营销决策更加精准。

（3）发货跟踪：客户能够跟踪每一批次的具体发货信息，包括预计到达时间和当前位置。这项功能对于那些项目时间敏感的客户尤其重要，可以帮助他们更好地安排项目进度和资源分配。

营销交互平台不仅提升了搅拌站和客户的沟通质量和效率，还增强了企业对市场动态的理解和反应能力，是数字化营销战略中不可或缺的一部分。通过这种方式，不仅维护了现有客户关系，也吸引了新客户，持续推动业务的增长和成功。

4. 服务反馈平台

在提供优质服务的过程中，收集和响应客户反馈是至关重要的。为了更有效地管理客户反馈并提升服务质量，法信开发了服务反馈平台（图5-191）。该平台利用微信小程序，提供一个便捷、直观且高效的方式供客户提交反馈。该平台的主要功能和优势有以下几个。

图 5-191　服务反馈平台

（1）即时反馈提交：客户可以通过微信小程序随时随地提交服务或产品相关的反馈和投诉。平台支持文本、图片和视频材料的上传，使得反馈更加具体和有用。

（2）自动分类和推送：反馈内容会自动分类并推送给相应的部门或个人，如质量控制、客户服务或技术支持团队。这种自动化流程确保问题能够迅速被正确的团队处理，提高了处理效率。

(3) 实时跟踪与通知：客户可以在小程序中实时查看他们反馈的处理进度。每当处理状态更新或问题解决时，系统会自动通知客户，保持透明度和沟通的连续性。

(4) 满意度调查：在问题处理完成后，客户会收到一个满意度调查，以评价服务质量和整体体验。这些数据被用来进一步分析服务表现，识别改进的领域。

服务反馈平台通过技术化和自动化的处理流程，不仅优化了客户反馈的管理，还显著提升了客户服务的质量和效率。这一平台不仅加强了与客户的互动，也为持续改进和增强客户体验提供了强大的工具。

通过这些前沿的数字化营销工具和平台的实施，混凝土搅拌站在市场中实现了显著的优势。每个项目都专注于提高交易效率、增强客户体验、优化资源配置，并通过实时的数据分析支持更明智的决策制定。这些数字化工具的实施不仅提升了操作效率，还加深了与客户的互动，为企业带来了持续的增长和发展。

5.10.2.6　产品交付数字化

在混凝土搅拌站的运营中，产品交付的数字化不仅优化了供应链管理，还显著提高了产品质量和客户满意度。为了实现这一目标，法信开发了几个关键的数字化项目：浇筑指挥平台、泵车现场施工管理平台和云端回弹数据库。这些工具和平台通过提供实时数据和 AI 分析支持，确保了施工过程的顺利进行和产品质量的符合标准。

1. 浇筑指挥平台

在大方量混凝土施工项目中，协调和监控浇筑活动是至关重要的。为此，法信自主研发了浇筑指挥平台，旨在优化浇筑过程中的通信、协调和实时监控（图 5-192）。该平台特别适用于需要多站协调和大量混凝土供应的复杂项目。该平台特点主要有以下几个。

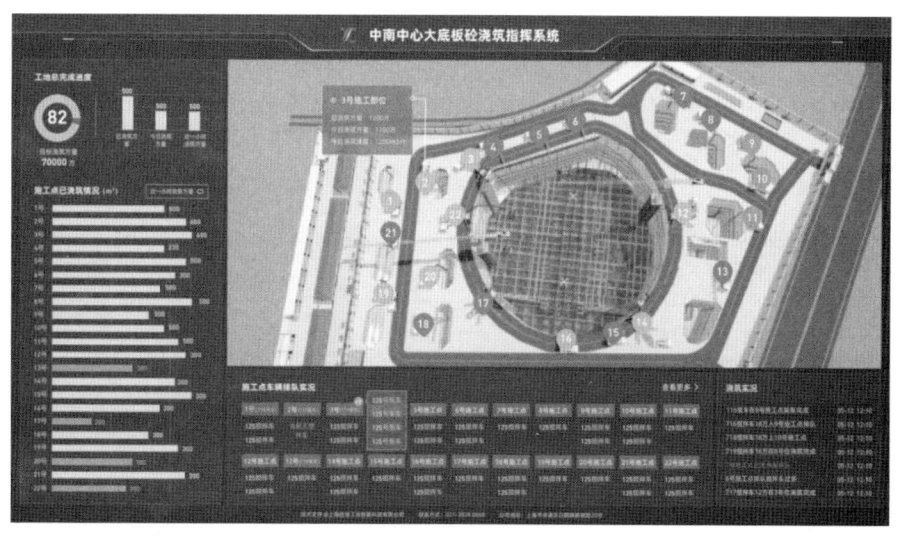

图 5-192　浇筑指挥平台

(1) 实时数据集成与显示：平台能够实时显示来自不同搅拌站的生产数据、运输车辆的位置和状态以及施工现场的浇筑状态。集成的信息显示包括混凝土的浇筑速率、已浇筑量、预计完成时间等关键参数。

（2）多站点协调：对于涉及多个搅拌站的项目，该平台可以同步各站点的生产计划和调度，确保混凝土供应与施工需求精准匹配。平台提供的协调功能确保了生产和供应的连续性，避免了浇筑中断和资源浪费。

（3）通信和协作工具：平台内置通信工具支持实时的对话和文件共享，使项目管理者、搅拌站操作员和施工现场人员能够轻松交流。这些工具确保所有参与方都可以快速接收到更新和调整指令，增强了项目执行的灵活性和响应速度。

（4）高级数据分析和预测：平台采用先进的数据分析技术，根据实时数据预测项目的关键趋势和潜在问题。分析结果可以帮助项目管理者做出前瞻性决策，如调整浇筑计划或优化资源分配。

（5）可视化仪表板：所有相关信息通过一个直观的图形用户界面进行展示，包括动态地图、进度条和自定义报表。可视化工具帮助项目团队更好地理解复杂数据，简化决策过程。

浇筑指挥平台是一个强大的工具，专为大规模和要求高的混凝土施工项目设计，通过实时数据和协调功能，显著提高项目的执行效率和成功率。

2. 泵车现场施工管理平台

在现代建筑工程中，确保混凝土浇筑过程的质量和效率至关重要。为此，法信开发了泵车现场施工管理平台（图5-193），这是一个集成了高级AI视觉识别技术的智能系统，旨在提升浇筑过程的监控和质量控制。该平台通过泵车装配的摄像头实时监控，实现了混凝土浇筑过程中质量问题的即时识别和处理。该平台特点主要有以下几个。

图5-193 泵车现场施工管理平台

（1）实时视频监控：泵车装配的高清摄像头能够捕捉浇筑现场的实时视频，这些视频数据被传输回管理平台进行分析。视频监控不仅帮助远程监控人员实时查看施工现场，也为质量控制提供了直观的依据。

（2）AI视觉识别技术：平台内置的AI模块可以识别视频中的各种质量问题，如气泡、裂缝、离析等常见的浇筑缺陷。AI还能监测混凝土的流动性和一致性，确保混凝土的正确混合和浇筑。

（3）混凝土硬化过程分析：利用AI技术分析混凝土从浇筑到硬化的整个过程，确保每个阶段都符合质量标准。该功能帮助预测和避免可能出现的长期问题，如收缩裂缝和耐久性问题。

（4）警报系统和即时反馈：一旦AI检测到潜在的质量问题，平台会自动触发警报并通知现场工作人员和项目管理者。通过即时反馈机制，现场团队可以迅速采取措施纠正问题，减少损失。

（5）数据记录与报告生成：平台自动记录所有监控数据和事件，为质量评估和后期审查提供详尽的记录。自动生成的报告帮助项目团队追踪质量表现，并为客户和监管机构提供必要的文档支持。

泵车现场施工管理平台通过其先进的监控和分析技术，不仅优化了施工过程，还提升了项目的整体质量和效率。这一平台为混凝土浇筑项目提供了一个强大的工具，确保每一步操作都符合最高的质量标准。

3. 云端回弹数据库

为了提高混凝土结构的质量检验效率和精确度，法信开发了云端回弹数据库（图5-194）。该系统利用现代蓝牙技术与云计算相结合，实现了混凝土强度检测数据的自动收集、上传、分析和报告生成，极大地提升了结构强度评估的速度和可靠性。该系统具有以下特点。

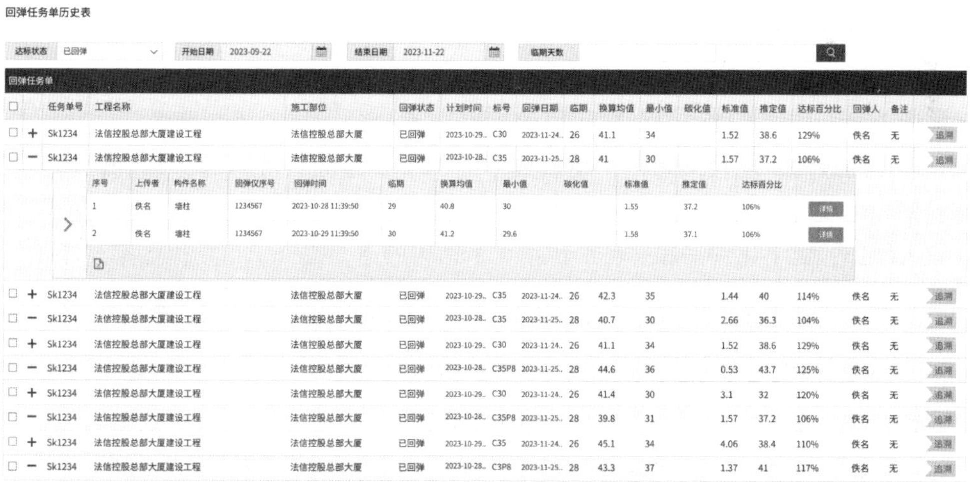

图 5-194　云端回弹数据库

（1）自动数据上传：通过蓝牙回弹仪进行混凝土表面强度的测试后，数据自动上传到云端数据库，无须手动输入，减少人为错误。设备简单易用，能够在各种施工现场环境下稳定工作。

（2）实时数据分析：云端系统实时接收数据，并使用预设的算法立即分析数据，评估混凝土的强度等级。分析结果包括强度曲线和预测模型，帮助工程师判断结构的长期性能。

（3）报告生成：系统能够根据分析结果自动生成详细的检测报告，包括强度数据、图表和评估结论。这些报告可供工程师、项目管理者和监管机构查看，支持质量保证和合规审查。

（4）数据存储与备份：所有收集的数据和生成的报告都存储在云端，确保数据安全且易于访问。云存储还提供数据备份和灾难恢复功能，保护数据完整、安全。

（5）用户访问控制：系统支持多级用户权限设置，确保数据访问的安全性和隐私性。项目团队成员可以根据需要获取访问权限，便于协作和信息共享。

通过实施产品交付数字化的各项措施，包括浇筑指挥平台、泵车现场施工管理平台以及云端回弹数据库，企业显著提升了混凝土搅拌站的整体运营效率和产品质量控制。这些技术的应用不仅优化了生产过程和物流管理，还确保了每个项目阶段的质量标准得到满足，从而提高了客户满意度和市场竞争力。

5.10.3 实施效果

在混凝土搅拌站的数字化转型中，法信实施了一系列先进的管理手段，这些变革不仅显著提升了企业的运营效率和市场竞争力，还带来了环境和社会效益。通过具体的案例分析，本章将探讨这些管理手段的经济、环境和社会效益，以及企业和行业层面的提升效果。

5.10.3.1 经济效益分析

成本节约：通过实施数字化原材料管理和生产管理系统，搅拌站显著减少了原料浪费和能源消耗。具体表现为原材料使用效率提升了15%，能源消耗降低了20%。自动化和智能化的运输管理系统降低了物流成本约10%，通过优化运输路线和调度，减少了空驶率和延误。

收入增加：数字化营销和交易平台扩大了销售渠道，提升了市场覆盖率，年销售收入比实施前增长了25%。提高的服务质量和客户满意度也增强了客户忠诚度，带来了更多的重复购买和推荐。

5.10.3.2 环境效益分析

减少环境污染：数字化生产管理系统通过精确控制原材料配比和减少废料产生，降低了生产过程中的环境污染。使用无人铲车和自动化设备减少了对化石燃料的依赖，进一步降低了碳排放。

资源循环利用：引入的智能废料管理系统促进了废料的回收利用，不仅减少了废物的填埋量，也为其他行业提供了原材料。

5.10.3.3 社会效益分析

提升工作环境：自动化和智能化的工作流程减少了员工从事高强度和危险性工作，

提升了工作安全性和满意度。员工培训和技能提升项目增强了工作人员的职业能力和职业发展前景。

推动行业创新和标准提升：法信的数字化转型实践被行业广泛认可，成为行业内的模范，推动了相关数字化标准的制定和更新。

5.10.3.4 复制推广和行业示范作用

模范作用和行业影响：法信的数字化案例在行业内多个论坛和会议上进行了展示，激励了更多企业投资于类似的数字化升级。行业内的多家企业已开始模仿法信的做法，引入了类似的系统，提升了整个行业的技术水平和管理效能。

政策推动和支持：法信的成功案例引起了政府的关注，促进了政策的制定，如提供财政补贴和技术支持，以鼓励更多企业进行数字化升级。

通过这些数字化管理手段的实施，搅拌站不仅在经济上获得了显著的益处，环境和社会效益也得到了提升。法信的经验和成功案例为整个建筑材料行业的现代化和可持续发展提供了有价值的参考和启示。

5.11 重庆建工公鱼砼数字工厂案例

5.11.1 项目概况

扫一扫，了解更多

由重庆建工建材物流有限公司打造的公鱼砼数字工厂，位于重庆市长寿区，是一个以绿色、智能为特色的预拌混凝土生产站点（图 5-195）。公鱼砼数字工厂始建于 2011 年 10 月，占地 52 亩，配备有 HZ240 型混凝土生产线两条、年产 50 万 t 骨料优化系统一套。

图 5-195　公鱼砼数字工厂实景图

公鱼砼数字工厂将物联网、大数据、人工智能、云存储、GPS 定位等现代信息技术与预拌混凝土企业的订单处理、生产组织、运输管理、质量管控等生产流程进行深度融合，实现从订单下达到产品交付整个过程的智能化管理控制，生产流程自动化、过程管控少人化，数据智能采集与分析处理、生产资源集中优化调度、供应链上下游数字化协同以及混凝土工厂环境的智能监控与调节等。公鱼砼数字工厂通过产业数字化重塑预拌混凝土生产的工艺流程和协作方式，实现网络联通、数据打通、业务打通，全面提升行业竞争力。其总体架构如图 5-196 所示。

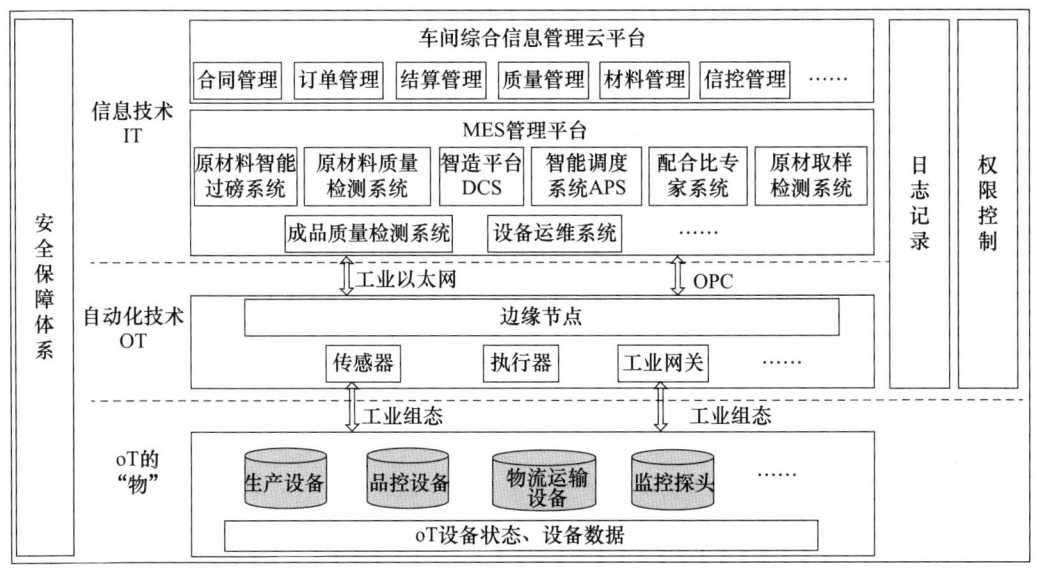

图 5-196 砼数字工厂总体架构图

在底层信息互联层，利用以太网、无线网络、RFID 技术及配备的传感器等，实现生产检测设备和运输工具的网络连接，实时采集生产与运输环节的数据。通过分布式控制系统（DCS）、数据采集系统及生产监控系统等，高效管理物理制造资源，实现数字工厂生产资源的感知与互联互通。在智能制造执行层，运用机理分析、流程建模、机器学习及大数据分析等技术，对采集的数据进行处理，构建数据模型和关联模型，依据既定规则，对生产异常事件进行智能决策，实现生产过程的智能调度、智能品控及智能生产决策等管理功能。在资源管理层，实现供应链、物流、成本等企业经营管理的优化。

5.11.2 建设内容

公鱼砼数字工厂以核心智能制造装备为重点建设方向，强化软硬协同。开展原材料智能过磅检测系统、混凝土质量管控系统、智慧物流系统与泵送跟踪系统等的集成应用，实现工厂内外部硬件设备的数据采集和连接，加强生产过程质量管控；综合应用微商砼客户订单系统、智能调度系统、云工控系统以及安全环保监管系统等，促进生产过程无缝衔接，实时感知、采集、监控生产过程中产生的大量数据，提高生产管控的精准性和效率效益。

5.11.2.1 网络及基础设施建设

采用分层网络架构（骨干层、传输层、接入层）建设内网设施，并专门建设车间工控网，两者之间采用工业安全网关进行隔离。建设覆盖加工设备、在制产品、物料、人员、控制系统和生产管理信息系统的无线网络，并实现有线网和无线网的结合，为实时生产数据和信息的互联互通提供网络基础。建设数字工厂的机房等设施，对服务器数据库等软硬件基础设施进行选型和布置。公鱼砼数字工厂信息通信与网络系统架构如图 5-197 所示。

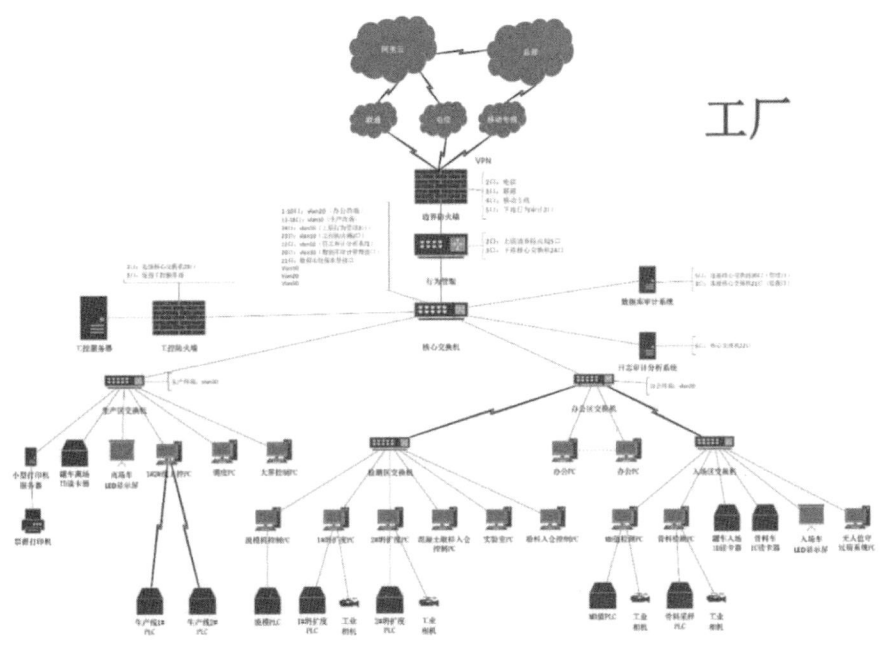

图 5-197　信息通信与网络系统架构图

公鱼砼数字工厂同时接入电信、联通的企业带宽，通过边界防火墙实现负载均衡，保证单条线路也能保障网络正常运作，主要用于办公上网，以及工厂数据与阿里云上云平台数据的交换。同时也接入了移动的企业专线用于 VPN，主要用于视频监控、系统运维等。

5.11.2.2 生产运营数字化建设

为构建公鱼砼数字工厂的物联网体系，实现生产、检测设备的泛在连接，互联互通，加强数字工厂的数据感知、数据分析、边缘计算处理能力，主要通过以下两个步骤的实施，构建精准、实时、高效的数据采集环境。

（1）对混凝土生产过程进行物理信息系统的整体规划，引入工业相机、VGA 采集卡、伺服视觉工业机器人等，并大量部署智能传感器，对生产过程涉及的设备实现智能改造。对于传感器、小型仪器和原有短板设备，利用自主开发的嵌入式系统、数据采集卡和智能网关获取数据；对于高新设备，则结合设备厂商提供的资料，开发中间件，实现与设备各模块的数据交互。

（2）采用 IoT 联通混凝土搅拌机、压力机、传感器与工业电脑，采集关键有效数据，并通过统一协议平台提供开放的业务接口，进行大数据分析和计算，最终为 SaaS 应用开发提供各种易用高效的微服务功能模块，从而实现混凝土原材料品质自动识别、生产状态实时监测、产品质量智能检测、检测结果自动上传。

1. 微商砼客户订单系统

传统混凝土企业的客户订单主要通过电话、短信、微信等手段处理，在订单执行过程中易出现错报、误报和漏报问题，且信息转录过程中也常伴有错误和延迟现象。这些因素导致客户无法实时自主跟踪订单进度和物流状态，使得订单处理效率低下，透明度不足，且完全依赖人工管理。在当前数字化、智能化发展的趋势下，这种状况严重影响了客户的使用体验。

（1）主要功能。公鱼砼数字工厂微商砼客户订单处理系统通过数据中台实时汇集工厂端的 ERP、MES 数据，配送端的配送车辆信息、驾驶员信息和 GPS 地理位置信息，高效结合移动端和数据中台优势，为客户提供手机端计划报送功能，客户可随时随地发起订单计划，并确认现场准备情况。混凝土企业端可对订单计划进行在线审核并引入混凝土工厂生产。

（2）应用效果。微商砼客户订单处理系统实时动态反馈订单状态、执行情况、物流信息，解决客户的等待焦虑。此外，在订单执行过程中，客户可以对订单进行线上签收和评价，促进公鱼砼数字工厂提升数字化应用水平，改善订单执行效果，提升客户使用体验。

2. 智能调度系统

混凝土企业生产调度涉及产线情况、材料情况、车辆情况、工地情况、供应等级、浇筑进度、交付方式、人员配合、交通管制、气象变化等多种因素，需要及时了解全局计划与交货达成情况，包括工序平衡、生产瓶颈（负荷）、工地突发事件、道路交通情况，实时变化信息量巨大，对企业调度人员的综合素质提出了极高的要求，且工作强度大，常面临应接不暇的局面，容易因沟通不到位等人为原因造成计划不合理，出现调度失误或偏差。在市场环境不断演变和竞争日益激烈的背景下，计划排产作为制造流程的起点，其科学性、效率、灵活性和协同性显得尤为重要。

（1）主要功能。为满足重庆建工建材物流有限公司作为混凝土集团企业工厂化管控的需要，公鱼砼数字工厂将客户订单系统、生产计划管理系统、生产资源管理系统、制造执行系统、车辆调度系统有效融合，通过智能调度系统自动编排计划、智能调度派车，实现生产站点效率最大化。该系统基于客户订单的交付时限，遵循交付优先、产能优先、成本优先等调度原则，全面考虑生产设备效率、准备时间、仓储成本、运输距离和逾期订单状况，以实现订单的最优排程。同时，系统对排程过程进行实时监控与动态调整，实现了自动编排计划、智能推荐计划和调度派车的自动化。

公鱼砼数字工厂所用的智能调度系统采用总部与分部两级架构设计，包含 4 个子模块。在总部调度层面，系统综合考虑各站点的产能、材料状况、运输车辆、泵送设备以及运输距离等关键因素,并参考客户信用等级和综合供应成本等指标,通过模型分析,智能决定客户订单应分配至哪个分站点进行生产,以实现派单的最优化。在分部调度层面,各站点将依据任务的具体信息(如开盘时间、任务量、混凝土强度等级、浇筑速度、浇筑方式、运输距离及车辆需求量)作为目标参数,结合自身产能和订单需求制定最佳生产方案。同时,系统还将根据现场的实际浇筑速度和实时路况信息,动态调整生产计划的执行,确保生产效率最大化。

(2)应用效果。通过智能调度自动排产,实现生产订单的自动编排、自动流转,最大化地发挥了车间产线的生产能力。订单计划的准确率达到100%,系统能够实时从订单开盘准时性、供应连续性、断料控制等多个角度分析订单绩效数据,显著提升了客户服务体验,客户足不出户,即可远程掌握数字工厂的生产供应状况,极大地提高了客户满意度。

① 生产调度水平得到大幅提升。通过移动互联网与物联网结合,直接将客户最真实需求提交至生产计划管理平台,生产计划管理平台通过产能管理、库存管理和智能编排调配,第一时间下达生产计划。商品混凝土生产车间,生产管理人员时刻掌握各车辆运转情况和产品生产状况,智能调度系统作为车间生产大脑,根据生产计划指令,自动调度车辆,安排生产。整个调度过程被清晰地记录在系统中,实现了自动化、高效化、透明化、无纸化调度,生产调度效率的大幅提升推动了企业产能的快速扩大。

② 有效提高企业运输车辆利用率。智能调度根据工程进度用车任务量的不断变化进行调配,适时组织车辆的上场和下场,减少车辆闲置,做到合理科学的调度,提高了车辆的利用率。

③ 有效降低企业人力资源成本。通过智能调度系统的逐步推广,可将人力资源从重复的发车、打票工作中解放出来,合理调配到其他重要的工作、管理岗位,促进公司人力资源配置的优化。

3. 云工控系统

公鱼砼数字工厂云工控系统是一个基于计算机网络、大数据、物联网、人工智能、边缘计算等现代信息技术,可帮助传统人工搅拌站向无人值守自动化搅拌站转型的云端控制系统。以高效率、高可用性、灵活性和可扩展性等为目标,公鱼砼数字工厂云工控系统设计技术框架如图 5-198 所示。

(1)主要功能。公鱼砼数字工厂云工控系统主要包括三大功能:云端可视化操控接管、智能预警及智能复盘。

① 云端可视化操控接管。通过网页下达指令、控制生产线各设备,实现工控操控等功能,可以同时对多条生产线进行控制,并实现本地无人值守的混凝土自动生产。

② 智能预警。智能预警展示生产过程中产生的系统提示和报警,实现智能监控实时的产线生产数据,根据预警规则对突发情况预警,现场生产情况获取报警信息,实时预警和应急处理。

③ 智能复盘。智能复盘即生产过程的复盘,该功能可以回放查询每一车的生产过程,还原指定任务生产全过程时序数据,动态复盘任务生产过程。

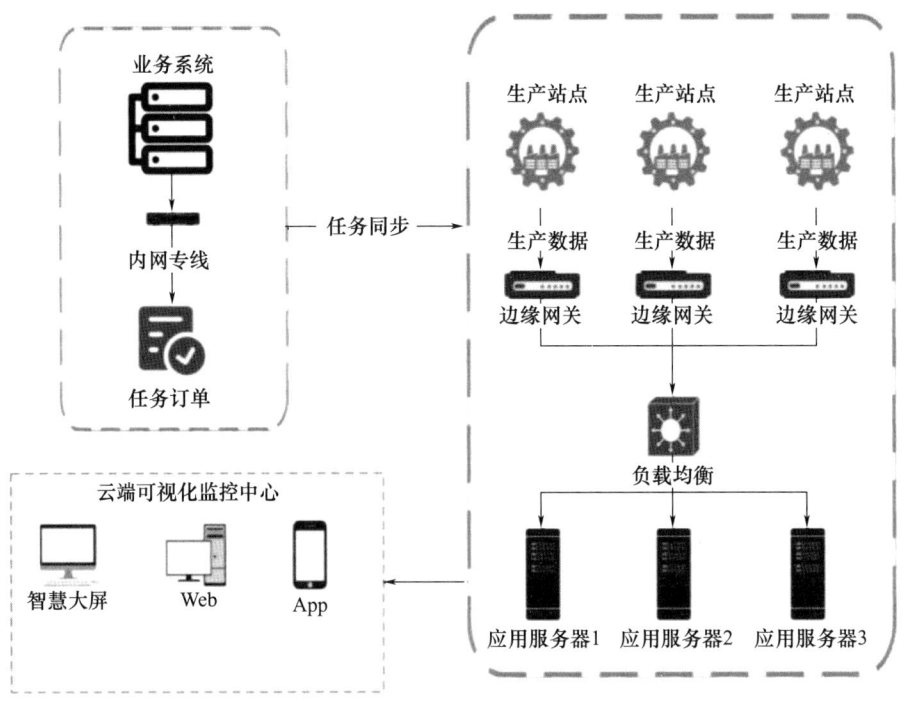

图 5-198 DCS 工控系统技术架构图

（2）应用效果

① 资源优化管理。通过云工控实时监测不同地理位置的搅拌站生产线的运行状态和资源利用情况。通过数据分析和智能算法，可以优化资源调度，实现最佳生产效率。

② 数据共享协同对生产效率和质量的提升。通过云工控集中生产，将生产数据集中化，以提供实时的数据分析和决策支持，帮助管理者做出准确的决策，提高生产效率、提升质量管理。

③ 远程监控与维护。实现对不同地理位置的搅拌站生产线的远程监控和维护。通过云工控，管理者可以实时监测生产线的运行状态、设备运转等信息。一旦发现异常情况，可以迅速采取措施，避免生产线停机和损失，保证生产质量。

④ 智能化生产管理的可拓展性。未来通过数据分析和机器学习算法，可以预测生产过程中的故障和质量问题，提前采取措施防止事故发生并提升质量服务。同时，可以通过物联网技术实现设备自动化控制和远程操作，提高生产线的自动化水平和生产效率，为智能化生产管理拓展提供更多可能。

4. 原材料智能过磅系统

为消除混凝土企业在原材料运输车辆过磅过程中的停车与上下车安全隐患，防止人为篡改称重数据和质量作弊行为，从而避免经济损失和材料质量风险，并实现原材料入场的自动化与智能化抽样检测，以防材料造假，公鱼砼数字工厂应用了由无人值守过磅系统、骨料自动取样及智能检测系统、低压吹灰及粉料入仓控制系统等组成的原材料智能过磅检测系统（图 5-199），实现原材料入场环节的高度自动化和精准化，有效降低人力需求。

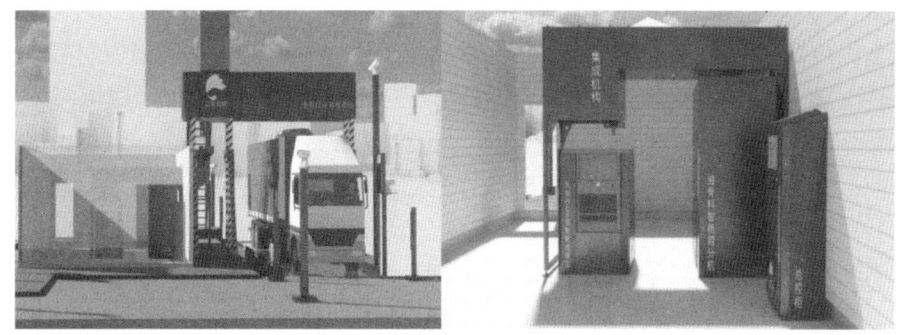

图 5-199 原材料智能过磅场景图

（1）主要功能

① 无人值守过磅系统。司机无须下车，自助快速过磅，系统可根据材料预设的取样策略模型，自动提示抽样。

② 骨料自动取样及智能检测系统。司机使用移动端二维码自助启动取样，设备自动化完成取样、制样、送检，通过温度传感器、重力传感器、工业相机等完成砂石骨料质量智能检测和检测结果同步，通过二维码的唯一标识和后台数据库的关联，可以实现质量检测数据的追溯和查询（图 5-200）。

图 5-200 砂石骨料自动取样及智能检测系统

粉料入仓控制系统：基于移动端二维码，智能化控制粉料入仓，系统同时配备自动取样装置，根据设定的取样规则和时间间隔，自动进行粉料取样操作。

（2）应用效果。原材料智能过磅检测系统可引导司机自助快速过磅，每次过磅时间缩短至 20 s 以内。此外，系统可根据材料预设的取样策略模型，自动提示抽样，并引导司机完成材料抽样检测和入仓卸料，直接为公鱼砼数字工厂节省 3 名工作人员，显著提升了公鱼砼数字工厂的成本效益和材料供应管理水平。

5. 混凝土质量管控系统

公鱼砼数字工厂质量管控数字化，主要是以数据采集与监控系统、AI 视觉识别系统、配合比自适应调控专家系统、混凝土性能智能检测等智能化系统将原材料、生产过程、产品质量、交付过程、检测结果等物理状态信息，利用互（物）联网技术进行实时、准确、自动采集，实现对涵盖全要素、全过程的感知能力，形成原材料采购、生产、质检、交付等产品质量全生命周期的智能化管理，实现质量可追溯。

（1）全过程视频监控系统。运用机器视觉识别技术，对现场设备及各种监控系统的计算机图文信息和视频信号进行采集和利用，形成覆盖原材料入场抽检、粉料入罐、下料计量、搅拌等生产过程以及出厂试件成型、脱模、试压等试验室检测过程的全覆盖监控系统，构建起高效便捷的视频信息显示与交流平台，满足企业实时会商、决策及信息反馈等需求。

（2）配合比调控专家系统。基于神经网络技术和大数据算法建立的配合比调控专家系统，是 Keras 深度学习框架下的 BP 神经网络在混凝土配合比强度预测中的应用。配合比调控专家系统的目的是提炼、总结企业历史生产经验，在符合混凝土配合比设计国家标准前提下，建立原材料质量与混凝土配合比之间的相关关系，最终实现配合比随原材料质量波动而自适应调整变化，实现配合比智能设计与优化。

（3）混凝土出厂自动抽样、养护系统。混凝土出厂自动抽样、养护系统以《混凝土质量控制标准》（GB 50164—2011）和《混凝土物理力学性能试验方法标准》（GB/T 50081—2019）为指导，将 PLC（可编程逻辑控制器）、微处理器控制单元等自动化控制技术应用于混凝土出厂取样、振捣、抹面、转运、仓储养护等过程，通过设备装置和管理系统的研发以及工控改造，实现混凝土按系统设定的规则自动执行取样、制样、转运和出入库操作。同时，利用 RFID 技术，将 ERP 系统中的样品信息写入试件盒，取代人工贴标签、做标识，实现对物品流动的定位、跟踪、控制等，确保试件制作和流转过程不受人工干扰（图 5-201）。

图 5-201 混凝土出厂自动抽样、养护装置实物图

该系统实现从出厂留样试件制作、出入库、上架、转运及物流追踪等全过程的自动化、信息化与智能化，旨在提高混凝土出厂抽样和出入库环节的准确性、及时性、可靠

性，降低劳动强度，提高生产效率。

（4）混凝土试件自动脱模、强度自动检测系统。通过 RFID、自动化控制技术、传感器技术以及工业机器人等的应用，实现混凝土试件自动脱模、抗压强度自动检测（图 5-202）。通过压力机系统与 ERP 进行信息交互，实现检测数据的实时监控和数据采集、分析与处理，实现混凝土出厂抗压强度质量检测的全自动化和在线化。

图 5-202　混凝土试件自动脱模、强度自动检测系统

（5）运输质量监测系统

针对运输和泵送排程高时效性要求，通过算法对车辆单次满载率和循环趟数，以及路径进行优化，提高运输效率，保证产品质量。在逆向物流中，实现退货、转发数据即时回馈、途中监控、进厂自动称重、对应配合比等处理流程。同时对罐内产品温度和二次搅拌时间进行监控，保证产品质量。

6. 智慧物流系统

为解决混凝土配送信息不对称、运输过程缺乏有效监管，服务水平低下等痛点问题，公鱼砼数字工厂应用了盼砼智慧物流系统。

（1）主要功能。盼砼智慧物流系统（图 5-203）基于云端部署的 SaaS 层隔离架构，综合应用 MIS、GPS、LBS、TTS 语音合成等技术，集成业务发布、订单承接、过程可视、智能结算、在线支付等功能。盼砼智慧物流系统 App 整体架构主要由官网及管理后台、可视化模块、系统服务智能支撑模块、数据交换系统组成，全面覆盖商品混凝土供应链行业应用场景，满足不同用户的业务需求。

（2）应用效果。盼砼智慧物流系统实现运输车辆及大型设备实时状态监控，通过智能优化算法，实现车、货线上匹配；通过车票识别技术，引导运输车辆驶入匹配工厂装载混凝土，运送至订单客户指定的建筑工地浇筑，保障生产企业与混凝土施工企业的有效衔接，提升砼数字工厂物流配送效率，车辆在途监管得到加强。

7. 安全环保监控系统

采用摄像头、粉尘检测仪等监控设备对公鱼砼数字工厂的厂区进行全方位覆盖，对工厂内环保进行实时动态监测预警，并将信息实时上传集中控制指挥中心，实时掌控了工厂环保动态，通过厂区智能雾化系统根据监测系统反馈的信息进行智能喷雾改善环境。

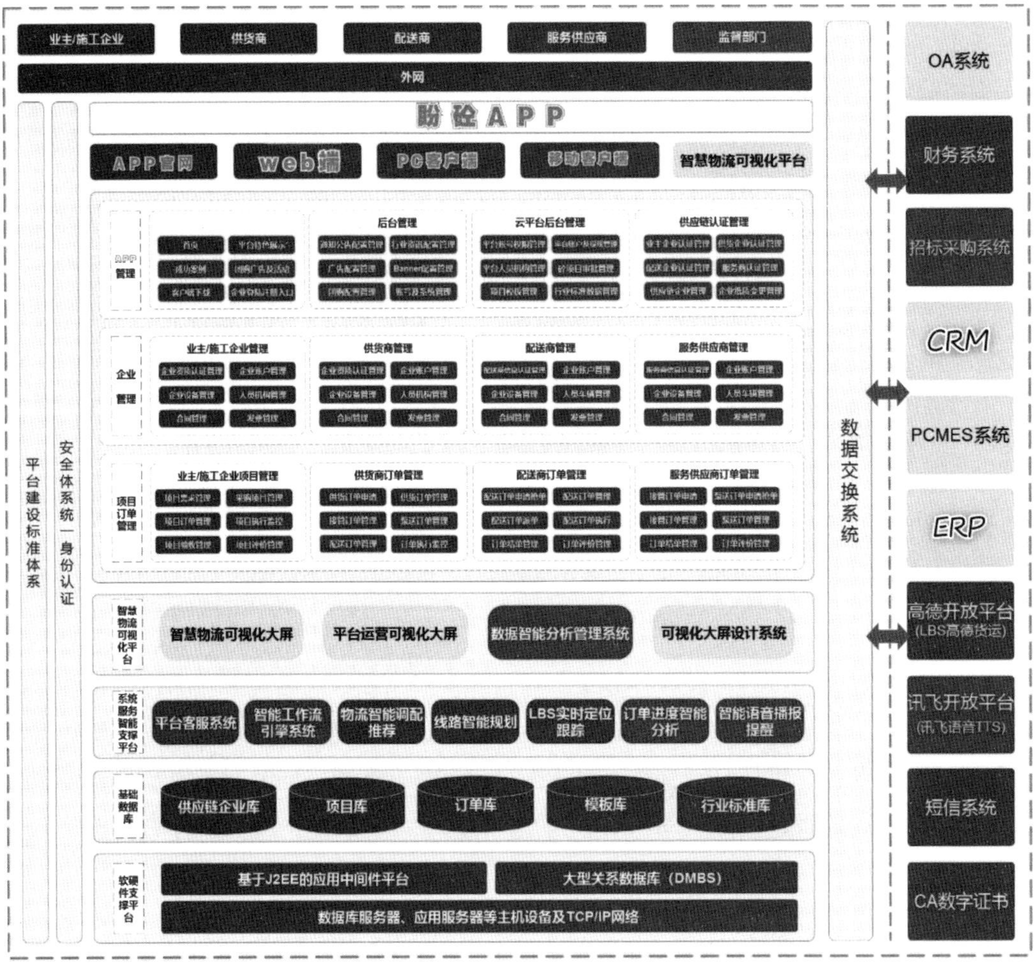

图 5-203 盼砼智慧物流系统整体架构

5.11.2.3 信息安全保障建设

公鱼砼数字工厂按工业互联网安全分类要求，建立了包括边界防火墙、工控防火墙、上网行为管理、数据库审计系统、日志审计系统等信息安全保障系统。通过在核心交换机上划分 VLAN，将网络分为 4 个区域：网络设备、服务器、办公区、生产区。办公区包含了办公楼的办公电脑，也包含了原材料的入厂检测和混凝土成品出厂的检测。生产区主要是成产的部分，由调度电脑和生产电脑组成。根据不同的防护等级，分别对上述 4 个区域在防火墙、行为管理设备上设置不同的网络策略，保障网络安全。

1. 初步建成完善的信息安全管理制度与组织体系

按照国家有关规定，参考《信息安全技术 网络安全等级保护基本要求》（GB/T 22239—2019）、《信息安全技术 信息系统安全管理要求》（GB/T 20269—2006）等标准规范要求，根据公鱼砼数字工厂信息安全管理需求，确定安全管理目标和安全策略，建立满足工业互联网等级保护要求的信息安全管理制度与组织体系。

针对信息系统的各类管理活动，制定人员安全管理制度、系统建设管理制度、系统运维管理制度、定期检查制度等，规范安全管理人员和操作人员的操作规程等，初步建成完善的安全管理体系。

建立信息安全组织体系，明确领导机构和责任部门，落实规范和相关制度。根据职责分工，分别设置安全管理机构和岗位，制订每个岗位的职责与任务，落实安全管理责任制。

2. 建立纵深防御的网络安全体系

通过对信息系统进行区域划分，提升网络架构的扩展能力，通过一体化纵深防御、云管端联动的设计理念，保障业务系统安全。网络安全建设规划如图 5-204 所示。

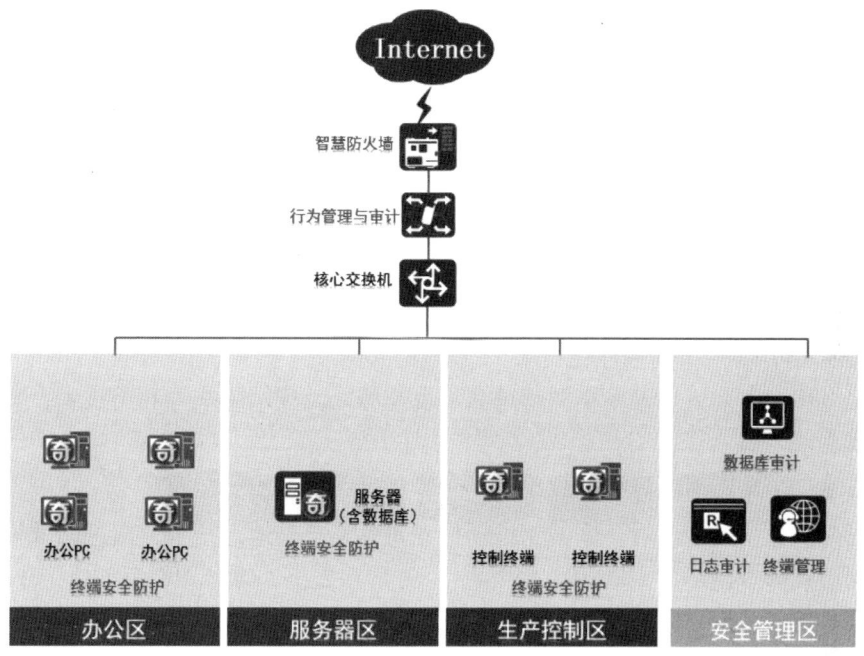

图 5-204　网络安全建设规划图

（1）组网方式。采用透明模式组网，管理中心将上网行为管理部署在防火墙与核心交换机之间。

（2）网络防火墙设置。互联网边界：部署一台智慧防火墙设备以及一台上网行为管理与审计系统设备。集成基础网络访问控制、链路负载均衡、地址映射等基础功能以及深度的上网行为管理控制能力，满足《中华人民共和国网络安全法》和《公安机关互联网安全监督检查规定》（中华人民共和国公安部令第 151 号）相关实名认证上网及日志留存要求。

生产终端、办公终端及服务器区域：部署一套一体化终端安全管理系统，集成主机防病毒、补丁管理、漏洞检测、终端管控、审计等能力，实现全网主机统一安全体验，打补丁、恶意代码过滤、病毒木马查杀、运维管控，从而保障服务器及终端的安全运行。支持与边界的安全设备防火墙联动，通过边界安全设备配置安全准入策略，对终端进行安全接入检查及安全联动，达到网关边界联动防御效果。

部署日志审计、数据库审计等，对全网网络设备、安全设备、服务器、数据库等资产的日志集中采集和安全技术分析。

5.11.3 实施效果

通过数智化建设改造，基于智能化设备、数字化应用系统及分析决策系统的开发、应用，公鱼砼数字工厂实现了软、硬件设施的数字化与数据的集成利用，实现了生产过程全流程自动化、数字化，品控智能化、配方设计智能化，厂区监控全覆盖，企业管理人员实时、精准掌控经营数据，有效降低人力资源投入，提高了生产效率和混凝土出厂合格率，全面提升自身管控水平。

5.11.3.1 主要技术经济指标的提升

项目实施后，公鱼砼数字工厂数据采集率达到90%以上，厂内数控设备占比80%以上，主要设备联网率达到100%，实现了工厂的互联互通。

从成本及效率方面看，订单处理效率提高40%，一线员工劳动强度大幅降低，专业技术人员需求量降低20%以上，产品质量合格率100%，客户满意度大幅度提升，实现了较好的经济效益。

从提升供给质量角度看，项目实施后使供需直接交互、精准对接，开展以用户为中心的C2B定制，满足市场多样化需求。

在安全环保方面，通过污染源管理和环境监测以及废水废浆再利用技术，实现搅拌站零排放。

5.11.3.2 模式创新与社会效益

从提升产业协同角度看，本案例推动信息对称，打破地理约束，促进区域性生产协同。在当前我国承诺的"碳中和、碳达峰"的目标之下，绿色可持续的生产模式必将成为混凝土行业长期发展目标。通过数字工厂的打造，可显著降低资源消耗、提高效率，实现社会资源最优化配置，引导行业进入绿色、环保、零（低）碳、创新为导向的良性发展模式。

5.11.3.3 复制推广情况

公鱼砼数字工厂模式及所用的数智化软硬件系统，如无人值守地磅系统、原材料自动取样检测系统、混凝土强度智能检测系统等已在河北雄安、山东青岛、新疆哈密以及川渝等多个省（区、市）推广应用。

5.12 砼联科技混凝土智慧工厂案例

5.12.1 项目概况

扫一扫，了解更多

江西经开厂隶属中建西部建设中建商品混凝土有限公司，位于江西省南昌市经开区白水湖工业园。经开厂拥有两条240全封闭环保生产线，年设计产量可达100万 m^3，于 2017 年 1 月正式开业。砼联科技结合多年混凝土工厂数字化转型经验，形成了一套混凝土智慧工厂智能化系统解决方案（图 5-205）。该方案能够有效提高企业的数字化能力、信息化管理能力和市场竞争力，以适应时代发展和市场需求的变化，推动行业数字化转型。通过建设混凝土工厂的智能制造、智慧物流、智慧工地、智慧管理，为业主单位打造"四位一体"智慧工厂，具体以达成"作业自动化、管理标准化、运营数字化、生态协同化"为阶段目标。

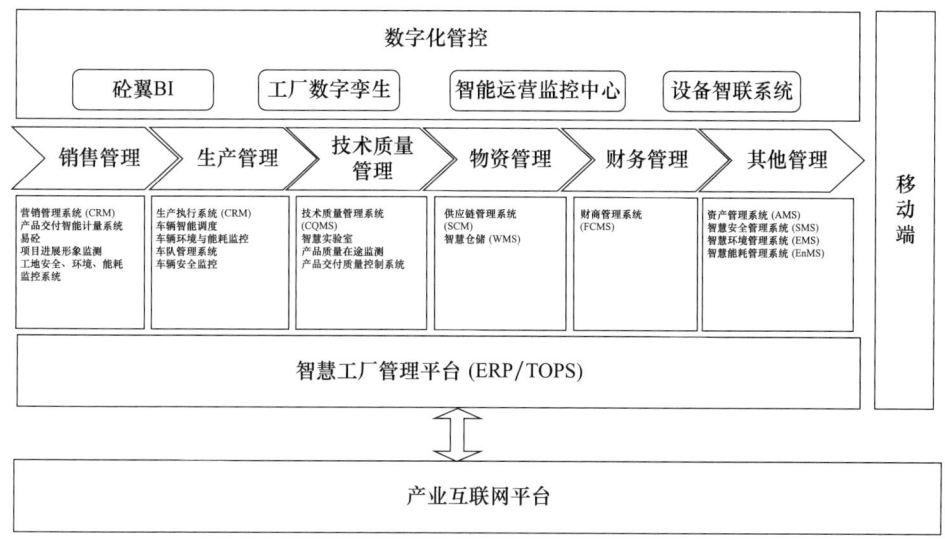

图 5-205　砼联智慧工厂智能化系统解决方案架构

砼联科技根据中建商品混凝土有限公司江西经开厂（简称经开厂）业务特点，选取了匹配的产品组合，形成了适用于经开厂的智能化软件架构（图 5-206），在经开厂项目迭代期间，砼联科技自身的智慧工厂、数字化管控、产业互联网产品也同步得到迭代优化。

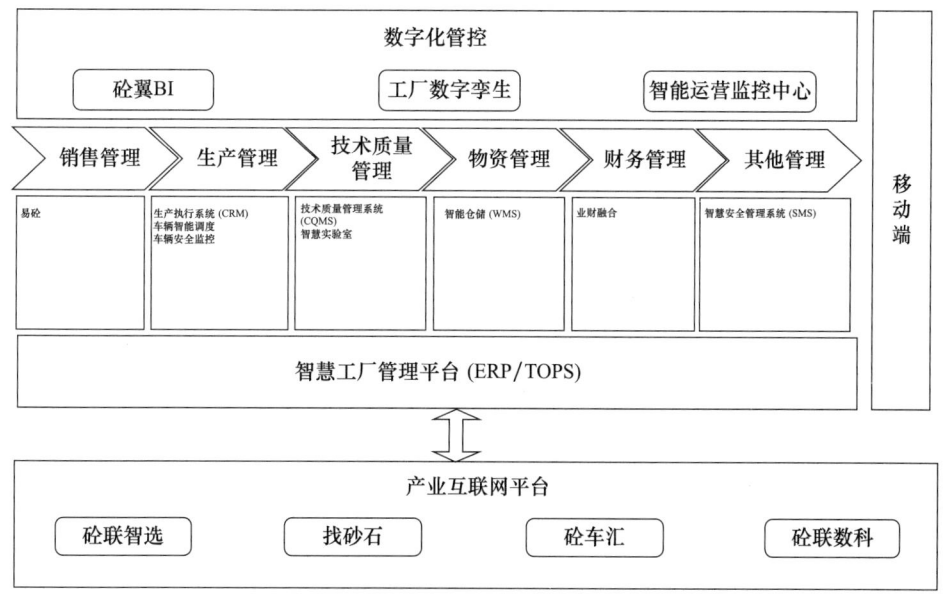

图 5-206　经开厂智慧工厂系统解决方案架构

5.12.2 建设内容

5.12.2.1 数字化管控实施内容

1. 砼翼 BI

该系统为经开厂上级单位统一管控上线系统,主要目标是打通市场、企划、运管、党建、商法、科技、投资等多个业务系统,覆盖多个业务线条,可为高频、流式决策和自治系统提供支持(图5-207)。近20类管理数据通过数据集成替代线下统计,减少线下报表收集环节,预计业务管理数据流转流程精简25%,集成近千个数据元,集中把控业务数据要素,整体工作效率提升40%。

2. 工厂数字孪生

通过数字孪生系统建立工厂实景建模,实现数字巡检、生产辅助、资源分析等功能,提升了企业软实力,树立了区域数字化管理行业标杆,提升了厂站数字化管控水平,改善了用户管理体验(图5-208)。

3. 智能运营监控中心

通过ERP实施和硬件改造,将生产、物资、技术人员合署办公,实现一名操作人员控制多条生产线,聚合相关信息面板,提高生产调度和运营效率,开发数字可视化大屏,实时呈现生产经营情况。

图 5-207　砼翼微端功能界面

图 5-208　数字孪生界面

5.12.2.2 业务数字化实施内容

1. 智慧工厂管理平台

主要实现厂站内部核心生产运营业务管理活动，串联销售、生产、技术、物资、财务等业务，连接各系统，实现系统之间的数据通信，该系统为厂站的 ERP（图 5-209）。

图 5-209　智慧工厂管理平台软件界面

2. 易砼

主要实现客户在线下单、在线交流、实时查看供货进展，客户的反馈可以直达厂站管理人员，让信息更透明、沟通更便捷，增强服务黏性（图 5-210）。

图 5-210　易砼产品推广概念图

3. 生产执行系统

通过一岗双控的实施，相关设备的技改优化，配合开发排产发货系统，实现了厂站生产效率、资源利用效率与保供水平的提升，降低制造成本与能耗（图 5-211）。

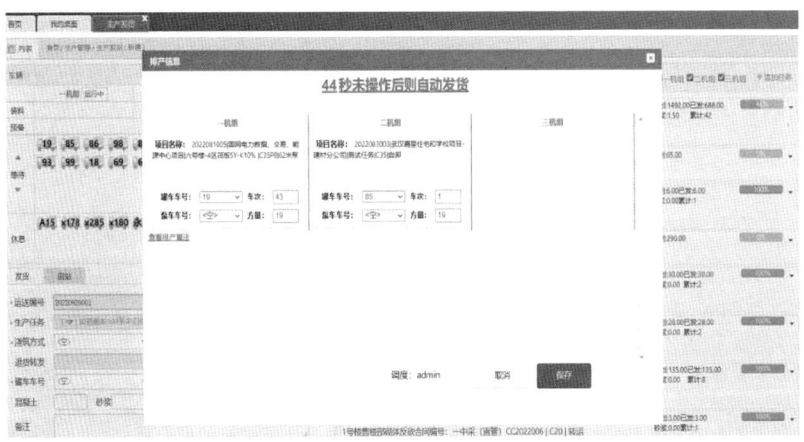

图 5-211　智能排产发货系统界面

4. 车辆智能调度

车辆进出厂自动识别,司机自助完成打票,回站小票自动回收,车辆自动排队,提高车辆运转效率(图 5-212)。基于车辆北斗定位技术,上线车队管理系统,对车辆实时运输状态进行管控。

图 5-212　车辆调度系统(进出厂装置)

5. 技术质量管理系统

搭建完整的质量数据流转系统,通过对质量全过程数据集成、统计分析、监控、预警与预测,实现产品质量的可追溯性和多样质量管理方式。利用质量数据管理平台对数据的监控+视频监控全时、全过程智能调控,实现对企业质量管理情况的实时监控(图 5-213)。

6. 智慧实验室

试点实施实验室环节业务自动化,上线砂石含水率在线检测、粉料自动留样装置、

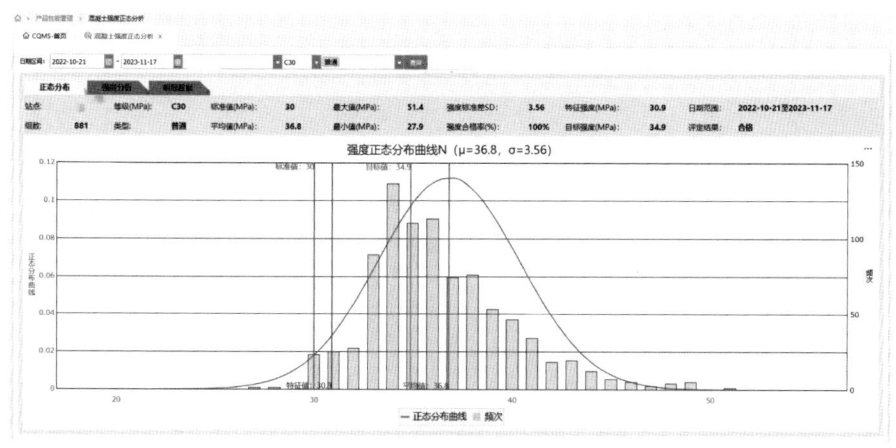

图 5-213　技术质量管理系统界面

骨料自动取样检测设备、细骨料智能筛分机、粉煤灰智能检测机、机制砂 MB 值检测仪、抗压强度智能检测机、施工现场视频监控系统等设备，提高业务环节自动化，实现业务数据自动集成（图 5-214）。

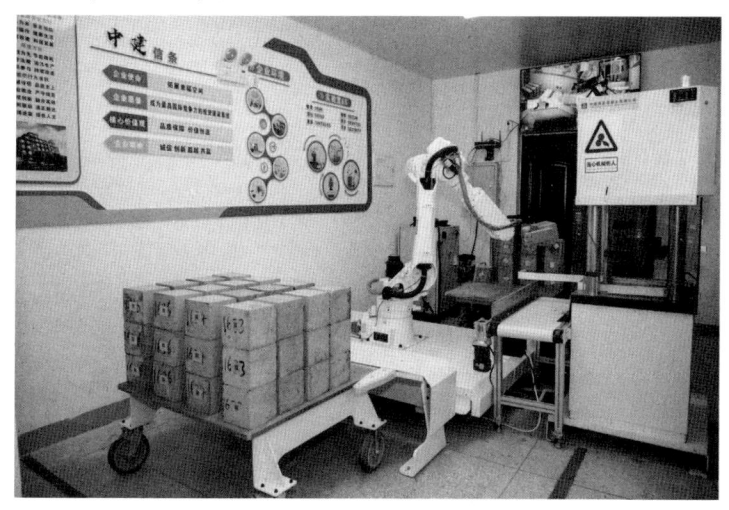

图 5-214　机器人自动压试块设备工作图

7. 智能仓储

实现磅房无人值守，提升数据可靠性，实现减员增效；防止充错料仓；实时粉料及液剂料位盘存及预警，降低冲爆罐和非预期断料风险（图 5-215）。

8. 业财融合

通过业务系统与财务系统集成，实现主数据、合同、单据集成，实现审核后的业务数据自动传输到财务系统，自动生成相关财务凭证，降低财务工作量，减少数据口径差异，降低后期数据稽核成本。

9. 智慧安全管理系统

通过在线审批、人脸识别、电磁锁等设备控制，实现经审批及人脸识别清理时，搅

图 5-215　智能过磅系统概念图

拌机无法误启动，实现清理搅拌机作业的安全管控（图 5-216）。视频监控系统与智慧工厂平台融合，实现安全帽、反光背心佩戴着装规范预警。另外实现了车辆超时监控、安全在线巡检、隐患上报、线上报表管理。

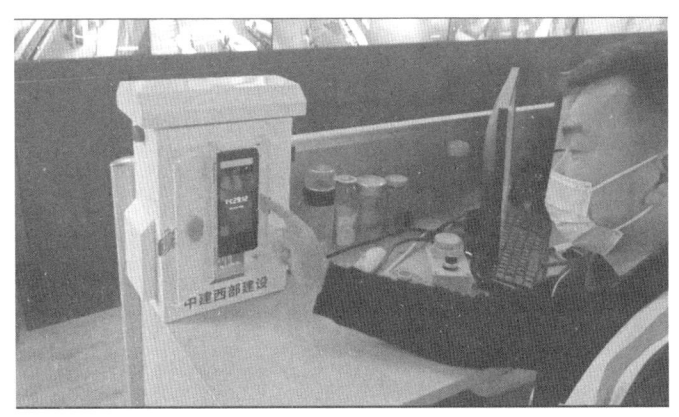

图 5-216　搅拌机人脸识别停机保护设备工作图

5.12.2.3　产业互联网实施内容

1. 砼联智选

起初以实现小额现金混凝土业务在线管理为主要抓手，为厂站拓宽业务来源，之后实现各项业务均在平台流转的目标，实现在线下单、结算、付款和核算，以及混凝土销售与各类客户在线连接。该平台与易砼正在进行融合升级。

2. 找砂石

上线找砂石价格标尺功能，实现厂站采购砂石挂牌询价、在线竞价，并实现在线签约和结算等功能，实现与砂石材料方的在线连接。找砂石与智能仓储结合，在进场过磅环节可达到取消砂石过磅单的效果。

3. 砼车汇

为厂站提供在线车辆管理、车辆安全管理、物流报表核算等平台工具，砼车汇与车载调度系统连接，实现车辆轨迹服务向其他平台对接。达成厂站与物流端在线连接。

4. 砼联数科

主要提供供应链融资功能，帮助经开厂解决票据贴现、合作伙伴融资等场景问题，提供更高效、更可靠的金融服务工具，达成厂站与金融端在线连接（图5-127）。

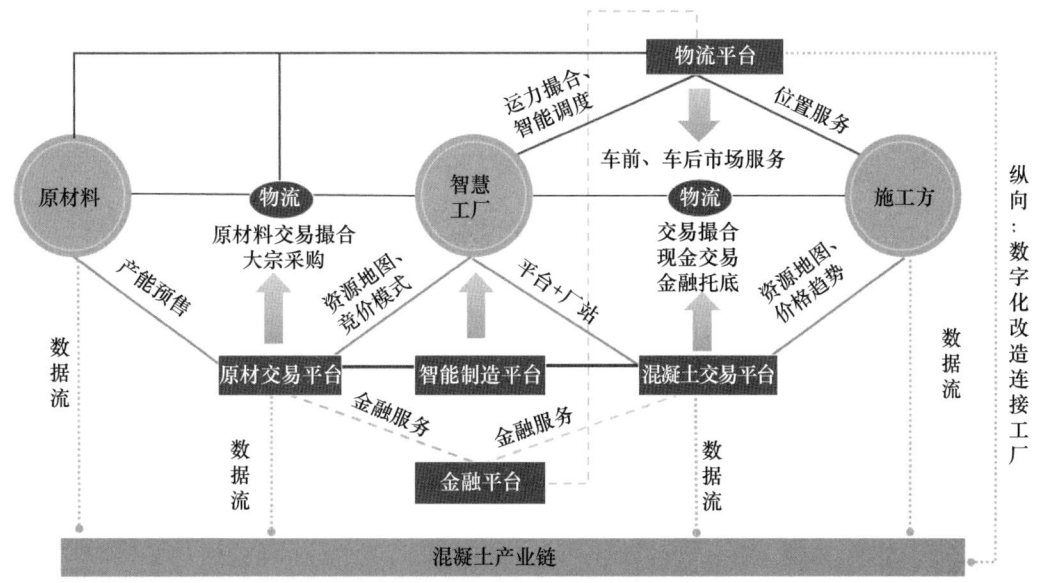

图 5-217 产业互联网价值链示意图

5.12.2.4 项目实施路径

经开厂于2021年开始打造数字化工厂。砼联科技核心团队经过实地调研，了解了厂站的业务现状和管理痛点，并结合行业数字化发展阶段，参与制定厂站的数字化改造规划。规划明确了"四位一体"智慧工厂建设思路，包括智能制造、智慧物流、智慧工地和智慧管理项目群，旨在实现一体化混凝土智慧工厂。为确保项目的成功上线，客户方派出一名专职信息化人员进行项目管理和技术运维，经开厂的上级单位也派驻了一支信息化专业团队在现场协助推进项目建设。砼联科技团队通过现场和远程方式，对项目的建设提供技术和服务支持。

在项目建设过程中，部分项目已经较为成熟，如ERP、视频监控系统和CQMS视频监控等，而另一些项目则需要进行设计和定制开发，如智能过磅、智慧仓储、智慧实验室、数字孪生系统和易砼。产业互联网项目在规划初期也同步进行建设和完善。为确保厂站实施效果，砼联科技从2021年筹备阶段开始，快速组建了五大产品事业部，分别负责智慧工厂建设、混凝土电商业务、砂石撮合业务、物流运力撮合和供应链融资。这些事业部为各项产品的孵化提供了扎实的研发基础。在项目建设过程中，各产品事业部的人员分批入驻现场办公，加快了软件场景的迭代，缩短了产品应用上线的周期。

在部分新产品的开发过程中，砼联科技充分利用软件产品迭代思维，围绕"三减三增"工作思路进行产品的迭代开发。首先，通过调研了解业务的管理痛点，充分分析业务场景，对业务进行数字化分解，设定产品功能规划，逐步提高业务环节的效率和智能化水平。其次，进行迭代产品开发，制定产品原型并进行上线应用，收集应用问题并改进系统硬件、软件及配套措施，经过几个循环，产品功能得以完善。再次，形成标准的硬件清单、实施手册和运维标准，并配套相应的管理措施，提高产品功能的成熟度和规模推广能力。最后，发挥试点示范效应，邀请同行业单位观摩学习，并提出意见，进一步提高产品对不同场景的适应性。

5.12.3 实施效果

经开厂智慧工厂解决方案的应用，主要产生五个方面的效果提升，具体如下。

完成销售、生产、技术、物资、账务数据线上化，实现销售收入自动化核算、高效生产发货、技术质量关键风险控制、原材料过磅、盘存自动化、单项目收支核算等功能，建立了厂站的数字孪生可视化模型，运营数据在线实时监控。

实现业务流程和人员工作量精简，原材进场过磅、仓储环节业务流程由 17 个节点减少到 12 个节点，材料过磅无人化，统计员、试验员（检测数据一次录入）、成本员（凭证自动生成）工作量分别下降了 82%、76%、32%。

在混凝土搅拌机操作上实现人机分离，操作人员可在办公室远程控制机器，减少了安全风险；原有一人操作一条生产线的方式转变为一人操作两条，提高了劳动效率。

安全生产方面，提高了危险源感知，通过 AI 识别、物联网设备，实现危险区域入侵警报、危险行为预警提示、密闭空间作业（搅拌主机清理）安全管控，杜绝人身伤害。

企业间协同效率提升，通过平台的生态连接，实现与客户、供应单位、物流单位的在线协同，促进了高效协同。

经开厂通过数字化工厂项目的打造，不仅提高了自身生产效率，也优化了资源配置，实现了生产过程的局部自动化、数字化和智能化。这意味着生产过程更加高效，资源利用更加合理，产品质量得到了有效提升，次品率也得到了显著的减少。此外，经开厂还试点研究出了一批先进的制造技术和设备，这将促进产业链上游的技术升级和创新，为整个行业的发展带来了新的机遇。

智慧工厂的实施是对传统混凝土工厂管理模式的突破，引领了混凝土行业向数字化、智能化方向发展的趋势。传统的混凝土工厂管理模式存在着许多问题，如生产效率低下、资源浪费严重、产品质量不稳定等。而数字化工厂项目的实施，通过引入先进的数字化技术和智能化设备，实现了生产过程的高度自动化和智能化，从而解决了这些问题，使得混凝土工厂的管理更加科学、高效。

经开厂将该解决方案率先在西部建设内部进行推广复制，通过实际应用的验证，证明了该方案的可行性和有效性。随后，经开厂将各项产品分阶段推广到全国 100 余座搅拌站中，取得了良好的社会反响和经济效益。推广复制该解决方案不仅为搅拌站提供了先进的生产技术和管理模式，也为混凝土行业的数字化、智能化发展提供了宝贵的经验和借鉴。